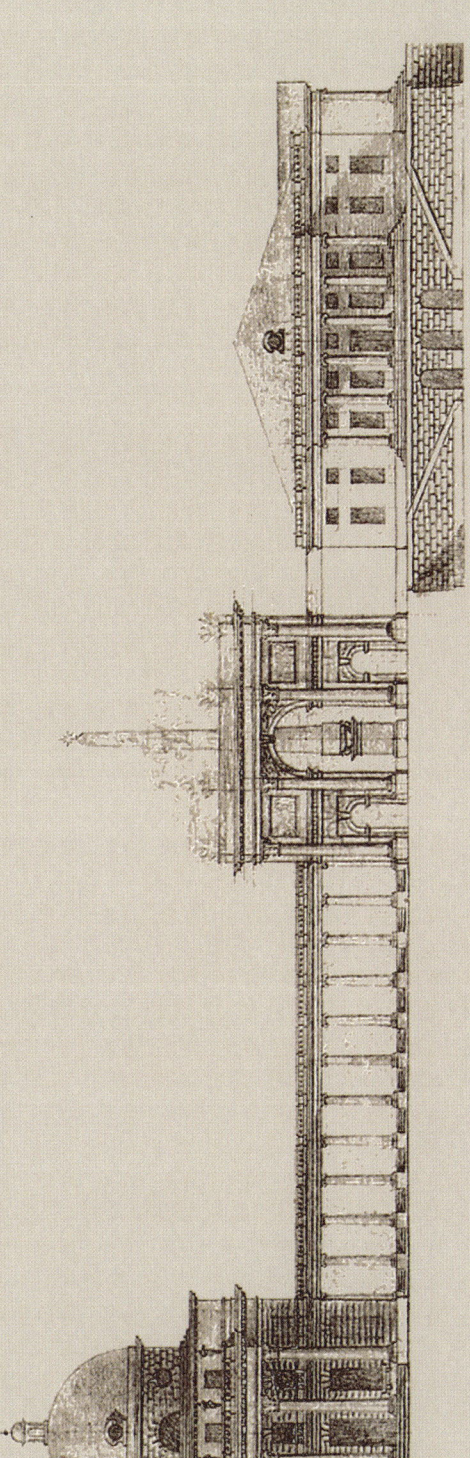

Ausstellung und Katalog wurden ermöglicht
durch die großzügige Unterstützung von

Sparkassen-Kulturstiftung
Hessen-Thüringen

Der Mediendienstleister
www.visualart.de

Heinrich Christoph
JUSSOW

1754 – 1825

Ein hessischer Architekt des Klassizismus

Eine Ausstellung der Staatlichen Museen Kassel
Museum Fridericianum
24. April – 18. Juli 1999
Staatliche Museen Kassel
Kassel 1999

Wernersche Verlagsgesellschaft • Worms

Ausstellung
Konzeption und Projektleitung: Christiane Lukatis
Ausstellungssekretariat: Christiane Lukatis, Gerd Fenner, Stefanie Heckmann,
F. Carlo Schmid
Sekretariat: Gundula Boerner, Ingrid Knauf
Aufbau: Bernd Borst, Helmut Jordan, Jürgen Kähler, Jürgen Wicke,
Daniel Rothen, Hans-Peter Tewes, Dieter Fuchs
Restauratorische Betreuung: Guntram Porps, Pia M. Hilsenbeck,
Winfried Schurm
Photowerkstatt: Arno Hensmanns, Gabriele Bößert, Ute Brunzel

Katalog
Katalogredaktion: Wanda Löwe, unterstützt von Stefanie Heckmann
und Christiane Lukatis
Umschlagentwurf der Katalogausgabe: Michael Sommer, VISUALart, Neuss
Umschlagentwurf der Buchausgabe: Wernersche Verlagsgesellschaft, Worms
Zur Ausstellung erscheint eine CD-ROM, die der Katalogausgabe beigelegt ist.
Umschlag der Katalogausgabe: H. Ch. Jussow, Entwurf zum Südtrakt
der Löwenburg, 1794/1795, Staatliche Museen Kassel
Umschlag der Buchausgabe: H. Ch. Jussow, Entwurf zum Osttrakt
der Löwenburg, 1794/1795, Staatliche Museen Kassel
Vorsatz: H. Ch. Jussow, Idealprojekt für Schloß Weißenstein, 1786,
Staatliche Museen Kassel

Die Leihgeber

Die Autoren des Katalogteils

Thomas Dann (TD)
Gerd Fenner (GF)
Ulrike Hanschke (UH)
Stefanie Heckmann (SH)
Wanda Löwe (WL)
Christiane Lukatis (CL)
F. Carlo Schmid (FCS)
Holger Schulz (HS)
Lorenz Seelig (LS)
Sabine Thümmler (ST)

Inhalt

VORWORT

Den Stellenwert Kassels machen neben den kulturhistorischen Sammlungen und den Impulsen für die zeitgenössische Kunst die hervorragenden historischen Architekturen und Parks aus, welche in ihrer Zeit Innovation und monumentale Dimensionen in aufsehenerregender Weise miteinander verbanden. Die Reste dieser Bauten aus dem 18. und frühen 19. Jahrhundert verweisen auf eine Gruppe von Architekten, welche die Baugestalt der Stadt prägten und in engem Zusammenhang wirkten. Dies sind die Mitglieder der Architektendynastie Du Ry, Jussow, Grandjean de Montigny, der junge Klenze, Bromeis und als zeitweilige Gäste Ledoux und De Wailly. Für viele Jahrzehnte war die nordhessische Residenzstadt durch Aufträge und Investitionen der Landesherren in die nützlichste der Künste ein Schauplatz der Architekturgeschichte.

Dieser Epoche gilt das Interesse der Jussow-Ausstellung, welche die zentrale verklammernde Gestalt des Hofarchitekten in den Mittelpunkt der Betrachtungen stellt. Im Gegensatz zu vielen anderen Architekturausstellungen wird nicht die gebaute Architektur, die durch vorbereitende Zeichnungen und Photographien in der Ausstellung dargestellt wird, zum Ziel der Präsentation gemacht, sondern der Architekt mit seinen Zeichnungen als Entwerfer und Zeichner in seiner ureigensten künstlerischen Tätigkeit verdeutlicht. Die Zeichnungen offenbaren zusammen mit den Berichten und Archivalien die inneren Entwicklungen der Planung bis hin zur gebauten Architektur.

Während andere Hauptstädte ihren großen Architekten Monographien gewidmet haben, ist dies in Kassel nur in Ansätzen geschehen. Hier ist der Katalog Hans Vogels von 1958 zu nennen und die Epochenausstellung »Aufklärung und Klassizismus in Hessen-Kassel unter Landgraf Friedrich II. 1760-1785« im Jahr 1979. Manche Schätze der Architekturgeschichte bleiben noch zu heben und zur Darstellung zu bringen, und in diese Richtung ist diese Ausstellung ein erster Schritt.

Der Klassizismus, die Architektur der Aufklärung, der frühe Historismus und die Architektur der Romantik haben seit den siebziger Jahren eine umfangreiche Darstellung und Neuinterpretation erfahren, die für Kassel in dem Buch zu Schloß Wilhelmshöhe von Hans-Christoph Dittscheid ihren Kumulationspunkt fand. Dabei wurde deutlich, daß mit den neugefaßten Aufgaben zu öffentlichen Bauten und denkmalhafter Monumentalität im Palastbau ein Weg beschritten wird, welcher die Grundlagen für die Architektur des 19. und frühen 20. Jahrhunderts schafft.

Frau Dr. Christiane Lukatis, die Leiterin der Graphischen Sammlung, hat das Ausstellungsprojekt und den Katalog initiiert und organisatorisch vorangetrieben. Mit großem persönlichen Engagement hat sie sich dieser Aufgrabe gestellt und sowohl das Oeuvreverzeichnis auf CD-ROM konzipiert als auch das Ausstellungsbuch zusammengestellt. Ohne die tatkräftige Unterstützung der Mitarbeiter und der

9

Autoren wäre es nicht möglich gewesen, dieses Ausstellungsprojekt in eineinhalb Jahren zu realisieren. Unser besonderer Dank geht zunächst an Gerd Fenner, Dr. Stefanie Heckmann und Dr. F. Carlo Schmid, die mit ihrem großen Einsatz entscheidend zum Gelingen der beiden Publikationen und der begleitenden Ausstellung beigetragen haben. Weiter danken wir den Katalog- und Aufsatzautoren Dr. Thomas Dann, Dr. Ulrike Hanschke, John Harris, Bernhard Korzus, Dr. Wanda Löwe, Holger Schulz, Dr. Lorenz Seelig und Dr. Sabine Thümmler für ihre wissenschaftlichen Beiträge. Wanda Löwe hat das Manuskript redaktionell überarbeitet, Dr. Micha Röhring stand bei computertechnischen Problemen zur Seite und Arno Hensmanns arbeitete sich für das Projekt in die digitale Photographie ein. Restauratorisch wurde das Projekt von Guntram Porps betreut. Ihm verdanken wir zahlreiche Hinweise zum Zustand und zur Technik der Blätter.

Die Kollegen von der Verwaltung der Staatlichen Schlösser und Gärten Hessen, Bad Homburg v. d. H., und der Stiftung Preußische Schlösser und Gärten Berlin-Brandenburg, Potsdam, haben unser Vorhaben mit Wohlwollen begleitet und in jeglicher Hinsicht unterstützt. Unser Dank gilt hier vor allem Dr. Kai Mathieu, Dr. Friedl Brunckhorst, Anja Dötsch, Carlo Dräger sowie Karl-Heinz Viereck. Adelheid Schendel und Evelyn Zimmermann sind wir für ihre stete Gastfreundschaft und Hilfsbereitschaft bei zahlreichen Besuchen in der Plankammer in Potsdam besonders verpflichtet. Großzügig kam uns die Stiftung Preußische Schlösser und Gärten Berlin-Brandenburg bei unseren Photoaufträgen entgegen, die sonst den knappen finanziellen Rahmen des Projektes gesprengt hätten. Für wissenschaftlichen Rat und Unterstützung danken wir weiter Dr. Franz-Josef Christiani, Städtisches Museum Braunschweig, Dr. Karin Gieschen, Niedersächsisches Hauptstaatsarchiv Hannover, John Harris, London, Ulrich Helbing, Frank-Roland Klaube, Stadtarchiv Kassel, Sabine Köttelwesch, Gesamthochschul-Bibliothek Kassel, Landesbibliothek und Murhardsche Bibliothek, Bernhard Korzus, Münster, Dr. Karljosef Kreter, Stadtarchiv, Hannover, Dr. Uta Löwenstein, Hessisches Staatsarchiv Marburg, Dr. Markus Miller, Hessische Hausstiftung, Museum Schloß Fasanerie, Eichenzell, Dr. Winfried Nerdinger, Architekturmuseum, Technische Universität München, Bodo Paeske, Stiftung Schloß Glücksburg, Ingrid Reißland, Staatliche Museen Meiningen, Dr. Gisela Scheffler, Staatliche Graphische Sammlung München, Dr. Jutta Schuchard, Kassel, Karl-Hermann Wegner, Stadtmuseum Kassel, Dr. Fritz Wolff, Hessisches Staatsarchiv Marburg sowie den Kolleginnen und Kollegen der Staatlichen Museen Kassel.

Ermöglicht hat uns die Durchführung des Projektes letztlich jedoch erst die großzügige finanzielle Unterstützung Dritter. Die Ernst von Siemens-Stiftung, vertreten durch Herrn Dr. Heribert Närger, die Hessische Kulturstiftung mit der Geschäftsführerin Frau Claudia Scholtz und die Sparkassen-Kulturstiftung Hessen-Thüringen, repräsentiert durch Herrn Dr. Thomas Wurzel, haben mit großen Beträgen unsere Arbeit gefördert und geholfen, die Ausstellung und die beiden Kataloge zu verwirklichen. Ihnen sind wir in besonderer Weise verpflichtet und sagen diesen drei Förderern unseren herzlichen Dank.

Dr. Hans Ottomeyer
Direktor der Staatlichen Museen Kassel

HEINRICH CHRISTOPH JUSSOW

Christiane Lukatis   Zum Thema und zur Ausstellung

Zum Forschungsstand

Zwei Jahre nach dem Tode des hessischen Oberbaudirektors Heinrich Christoph Jussow erschien 1827 im »Neuen Nekrolog der Deutschen« ein Nachruf von Dittmer auf den »churfürstlich Hessischen Geh. Kammerrath, Director der architectonischen Classe bei der Akademie der bildenden Künste« und »Commandeur des churhessischen Löwenordens«.[1] Jussow, der nach einer langen Planungsphase den Wettbewerb um die Gestaltung des Corps de logis von Schloß Wilhelmshöhe für sich entschieden und seinen Lehrer Simon Louis Du Ry als Bauleiter des Schlosses abgelöst hatte, prägte nicht nur das Bild des Schloßparks und seiner Bauten entscheidend. Er führte unter Landgraf Wilhelm IX., dem späteren Kurfürsten Wilhelm I., auch die wichtigsten Bauaufgaben des Hofes für die Residenzstadt Kassel aus. Die Bedeutung seines Werkes für die hessische Architekturgeschichte war seinen Zeitgenossen durchaus geläufig. Jedoch beklagte bereits Dittmer, »[...] daß über das Leben des verdienstvollen churfürstl. Oberbaudirectors Jussow zu Cassel, der sich als Künstler und Mensch ganz vorzüglich ausgezeichnet hat, keine vollständigen Nachrichten mitgeteilt werden, wiewohl es doch so sehr zu wünschen wäre, daß sein Andenken durch eine ausführliche Aufzählung seiner beachtungswerthen Werke und Handlungen der Nachwelt aufbewahrt würden.«[2]

Jussow verstarb 1825 ohne direkte Erben. Sein zeichnerischer Nachlaß gelangte zunächst in den Besitz seines fachkundigen Neffen, des Hannoveraner Hofbaurates Georg Ludwig Friedrich Laves (1788-1864). Ihm verdankt Dittmer wesentliche Informationen, da Jussow selbst sich nicht über sein Leben und sein Werk geäußert hat, abgesehen von einer autobiographischen Notiz, die allerdings bereits 1779 endet.[3] Aufgrund der schlechten Quellenlage sind wichtige Stationen seiner Biographie, wie die Reisen nach Frankreich, Italien und England, nur mühsam durch Hinweise im zeichnerischen Werk zu erschließen.[4]

Obwohl Jussow den Vergleich mit anderen namhaften zeitgenössischen Architekten wie Peter Joseph Krahe oder Friedrich Weinbrenner nicht zu scheuen braucht, geriet sein Werk dennoch schnell in Vergessenheit. Eine grundlegende Monographie zu seinem Gesamtwerk steht nach wie vor aus. Neben den biographischen Lücken wird dies seine Ursache auch in der Zerstörung vieler von ihm entworfener Gebäude haben. Im Zweiten Weltkrieg wurden Hauptwerke von Jussow, wie das Schloß Wilhelmshöhe und die Löwenburg, schwer beschädigt. Während die Restaurierung der Löwenburg nach wie vor nicht abgeschlossen ist, wurde beim Wiederaufbau des Schlosses auf die zentrale Kuppel auf dem Corps de logis verzichtet. Den Mittelbau, dessen Innenarchitektur undokumentiert in den Bombennächten verloren ging, paßte man nach 1968 im Innern der modernen musealen Nutzung an. Die Innenausstattung des Kirchflügels, die den Krieg unbeschädigt überstanden hatte, wurde

1 Dittmer 1827, S. 841.

2 Dittmer 1827, S. 841.

3 Diese Notiz ist vollständig publiziert bei Dittmer 1827, S. 841-846.

4 Die ausführlichste Biographie zu Jussow hat bislang Dittscheid 1987, S. 17-26 vorgelegt. Dittscheid beschränkt sich allerdings auf die Zeit bis zum Schloßbau und behandelt die Zeit danach nicht mehr. Bei ihm findet sich auch ein umfangreicher Forschungsbericht. Danach erschienen an wichtigeren Arbeiten: Wolter 1991, S. 49-58; Fenner 1995; Dittscheid 1997/1; Dittscheid 1997/2; Dötsch 1998; Fenner 1998. Zu einzelnen Bauvorhaben und Zeichnungen vgl. die bei den Katalognummern angegebene Literatur sowie den parallel mit diesem Katalog publizierten Bestandskatalog (Katalog Kassel 1999).

erst nach dem Krieg entfernt. Damit sind wichtige Zeugnisse für die qualitätvollen Innenausstattungen Jussows unwiderruflich verloren. In der Kasseler Innenstadt fielen die Unterneustädter Kirche und verschiedene Privatgebäude von Jussow den Bomben zum Opfer. Das Frankfurter Tor und das Meßhaus hatten bereits um 1880 und 1904 anderen Planungen weichen müssen. Vom Wilhelmshöher Tor wurden nur die Wachhäuser realisiert und der Bau des letzten großen Projektes von Jussow, der Chattenburg, kam durch den Tod von Kurfürst Wilhelm I. nicht über das Anfangsstadium hinaus. Eine große Anzahl seiner Entwürfe blieb zudem bereits in den Planungen stecken und wurde nie ausgeführt.

Schon Helmut Kramm hat 1940 darauf hingewiesen, daß eine Werkmonographie zu Jussow eine dringliche Aufgabe sei.[5] Bis 1957 war diese Arbeit jedoch kaum zu leisten, da sich sein Nachlaß nach wie vor in Privatbesitz befand und kaum zugänglich war. Mit über 600 Zeichnungen ist er die wichtigste Grundlage für eine wissenschaftliche Aufarbeitung des Oeuvres. Da nur die Zeichnungen des Hessischen Staatsarchivs Marburg für Recherchen zur Verfügung standen, kam es zu etlichen Fehleinschätzungen.[6] Bis in die dreißiger Jahre konnte darüber hinaus der Bestand der - damals preußischen – Schlösserverwaltung in Kassel eingesehen werden. Die Sammelbände mit Architekturzeichnungen aus der ehemaligen Bibliothek Wilhelms IX. im Schloß Wilhelmshöhe enthalten etliche Pläne von Jussow.[7] Noch vor dem Zweiten Weltkrieg wurden sie zur Inventarisierung nach Berlin gegeben. Später gelangten sie in die Plankammer der Staatlichen Schlösser- und Gärtenverwaltung in Potsdam, wo sie sich noch heute befinden. Bis 1989 waren auch diese Zeichnungen nur unter größten Mühen einsehbar.[8]

1957 gelang es dem Hessischen Landesmuseum, den Nachlaß von Jussow aus Privatbesitz zu erwerben. Im Rahmen einer Ausstellung wurde eine Auswahl von Blättern erstmals der Öffentlichkeit vorgestellt. Die begleitende kleine Publikation bot bislang den einzigen Überblick über Jussows gesamtes Schaffen.

Der Erwerb des Nachlasses und die begleitende Ausstellung fanden große Resonanz. »Man wird nicht fehlgehen,« schrieb Hans Reuther in einer Rezension in der Kunstchronik, »wenn man dem Erwerb dieser Architekturzeichnungen allein für die Baugeschichte von Schloß Wilhelmshöhe und seinen Parkanlagen die gleiche Bedeutung beimißt wie im Jahre 1927 der Erwerbung der Würzburger Residenzpläne durch die Staatl. Kunstbibliothek.«[9] Dennoch stieß der nunmehr zugängliche Nachlaß zunächst nicht auf das erwartete Interesse in der Forschung. Erst 1987 kam es mit der Dissertation von Hans-Christoph Dittscheid über das Schloß Wilhelmshöhe und die Löwenburg zu einer ersten grundlegenden Bearbeitung eines Teilbestandes. Bis heute tauchen Entwürfe von Jussow jedoch zumeist nur vereinzelt in Überblickswerken oder Aufsätzen auf oder werden gänzlich übersehen. So waren etwa auf der umfangreichen Ausstellung »Revolutionsarchitektur. Ein Aspekt der europäischen Architektur um 1800« alle namhaften deutschen Architekten der Zeit vertreten, darunter auch die Kasseler Jussow-Schüler Johann Conrad Bromeis (1788-1855) und Georg Ludwig Friedrich Laves, nur Blätter ihres Lehrers fehlten.[10]

5   Kramm 1940, S. 222.

6   So wurde z. B. der Umbau des Schlosses Schönfeld von Losch (1913, S. 80-81) und Holtmeyer (1923, S. 412-413) Bromeis zugeschrieben.

7   Soweit möglich, wurden diese Pläne in den Bestandskatalog aufgenommen; vgl. Katalog Kassel 1999.

8   Die Potsdamer Pläne zum Schloß Wilhelmshöhe und zur Löwenburg hat Dittscheid 1987 in dem seiner Dissertation beigegebenen Katalog publiziert.

9   Reuther 1959, S. 49.

10 Vgl. Katalog München 1990. Die Lehrtätigkeit von Jussow wird im Essayteil allerdings ausführlich in dem Beitrag von Zehnpfennig gewürdigt.

Der vorliegende Ausstellungskatalog versucht das Werk von Jussow über den kleinen Kreis von Architekturkennern hinaus einem breiteren Publikum nahezubringen. Anlaß zur Ausstellung und zum begleitenden Katalog ist der Abschluß eines langjährigen Forschungsprojekts, das von 1977 bis 1982 von der Deutschen Forschungsgemeinschaft finanziert wurde mit dem Ziel, die hessischen Bauzeichnungen des 18. Jahrhunderts zu publizieren.[11] Aufgrund des Umfangs dieses Bestandes konzentrierten sich die damaligen Bearbeiter, Jutta Schuchard und später Hans-Christoph Dittscheid, jedoch bald auf den Nachlaß von Jussow. In erweiterter und veränderter Form ist dieser Bestandskatalog in den letzten anderthalb Jahren nach fast fünfzehnjähriger Unterbrechung abgeschlossen und, aufgrund des großen Umfangs, in digitaler Form publiziert worden. Er stellt der Forschung mit über 900 Zeichnungen einen Großteil des zeichnerischen Werkes von Jussow zur Verfügung, um nachfolgende Recherchen anzuregen und zu erleichtern. Seine Fertigstellung war der Anlaß zu dieser Ausstellung.

Der vorliegende Ausstellungskatalog stellt ergänzend die wichtigsten Bauvorhaben Jussows anhand einer Auswahl der qualitätvollsten Zeichnungen vor, wobei bevorzugt Blätter von Institutionen aufgenommen wurden, die im Bestandskatalog nicht enthalten sind. Ergänzend beleuchten verschiedene Aufsätze Aspekte des Werkes von Jussow, die von der Forschung bislang eher vernachlässigt wurden, wie die Bauprojekte für die Residenzstadt Kassel, die Bewertung Jussows als Gartenarchitekt oder die Einordnung seiner Pläne in die Geschichte der Architekturzeichnung. Aufgrund der äußerst knapp bemessenen Zeit für beide Publikationen, den Bestands- und den Ausstellungskatalog, war eine umfassende Analyse des Jussowschen Oeuvres und die Einordnung in die internationale Architekturgeschichte nicht zu leisten.

»durch eisernen Fleiß eine Fertigkeit im Zeichnen zu erwerben«

In seiner autobiographischen Notiz berichtet Jussow, daß er bereits als Kind gezeichnet und als Elfjähriger mehrfach den »Preisler« kopiert habe.[12] Nachdem er sich zum Studium der Architektur entschlossen hatte, suchte er »[...] durch eisernen Fleiß eine Fertigkeit im Zeichnen zu erwerben. Bei diesen meinen Bemühungen,« so Jussow weiter, »hatte ich indessen sehr wenig Hülfsmittel, Sturm's, Goldmann's, Penther's Schriften und die Deutsche Übersetzung des Vignola waren diejenigen Quellen, woraus ich allein schöpfen konnte.«[13] Die Bekanntschaft mit neueren Vorlagenwerken und Architekturtraktaten wird Jussow bei seinem Lehrer Simon Louis Du Ry gemacht haben sowie während seiner Studienzeit bei Charles De Wailly in Paris, der seinen Zeichenstil entscheidend prägen sollte.[14] Jussows Fleiß zahlte sich aus. Die Qualität seiner Zeichnungen wird im Vergleich mit Blättern anderer Architekten, etwa seines Neffen und Schülers Laves, deutlich.

Laves hat mehrfach Blätter seines Onkels kopiert. Auch bei dem Schnitt durch ein von Jussow entworfenes Mausoleum handelt es sich vermutlich um die Kopie einer verlorenen Vorlage des Onkels (Abb. 1). Stilistisch ist das Blatt eindeutig Laves

11 Einen umfassenden Überblick über dieses Forschungsprojekt bietet Katalog Kassel 1999.

12 Vermutlich handelt es sich um Johann Daniel Preißlers Zeichenbuch »Die durch Theorie erfundene Practic«, das 1721-25 in Nürnberg erschien.

13 Dittmer 1827, S. 845-846.

14 Vgl. dazu hier den Beitrag von Hans Ottomeyer.

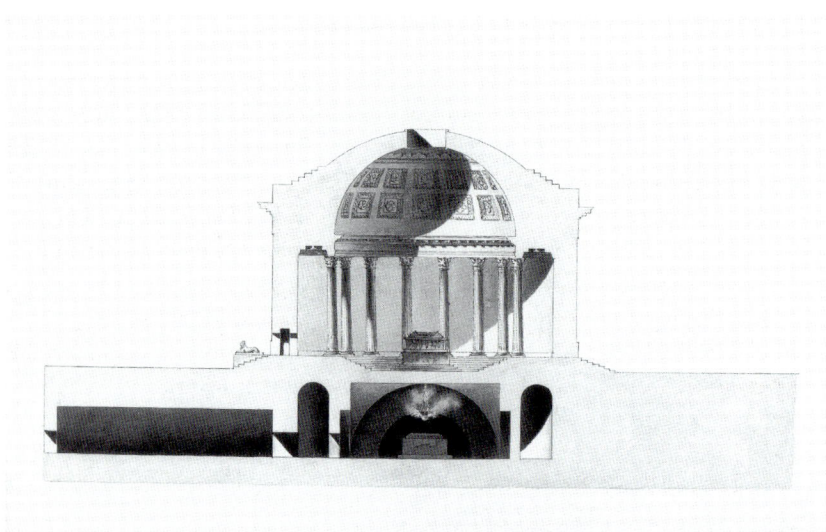

1 Georg Ludwig Friedrich Laves, Schnitt durch ein Mausoleum nach Heinrich Christoph Jussow, um 1805. Laves-Nachlaß, Stadtarchiv, Hannover

zuzuweisen.[15] Stellt man es dem Aufrißentwurf von Jussow gegenüber (vgl. Kat. Nr. 13), so enthüllen sich deutliche Schwächen in der Ausführung, wie die mangelnde Sorgfalt in der Lavierung oder die Unsicherheit im Figürlichen.[16]

Die besondere Qualität der Zeichnungen von Jussow liegt gerade im Bereich der Kolorierung. So ist auch der Aufriß des Mausoleums äußerst präzise und fein in Grau laviert. Andere Blätter von seiner Hand, wie der Aufrißentwurf zum Südtrakt der Löwenburg (vgl. Kat. Nr. 45), zeichnen sich dagegen durch eine besonders originelle Farbgebung aus. Die intensive Rotfärbung bewirkt hier einen ausgeprägten illusionistischen, fast kulissenhaften Zug. Er wird noch dadurch verstärkt, daß auch die Gräser im Vordergrund entgegen ihrer Lokalfarbigkeit rot erscheinen. Derartige irreale Beleuchtungseffekte tauchen ausschließlich bei den Aufrißentwürfen zur Löwenburg auf und sollten wohl deren Bedeutung als Monument aus alter Zeit unterstreichen.

Die Fähigkeit Jussows, durch die Lavierung eine dreidimensionale, plastische Wirkung zu erzeugen, dokumentiert etwa die Dachaufsicht des Palais Veltheim (vgl. Kat. Nr. 97). Eine besonders lebendige Kolorierung durch einen fleckigen Farbauftrag in verschiedenen Brauntönen zeigt dagegen der Entwurf zu einem nicht identifizierten Gartengebäude im gotischen Stil (vgl. Kat. Nr. 112). Im Vergleich zu diesen Blättern wirken die braun lavierten Federzeichnungen zur Löwenburg deutlich schwächer, ja fast grob (vgl. Kat. Nr. 41). Je nach Wichtigkeit der Aufträge und der zur Verfügung stehenden Zeit scheint Jussow Technik, Stil und Aufwand variiert zu haben. Ob ihm dabei Hilfskräfte zur Verfügung standen und wie genau die Arbeit im Zeichenbüro des landgräflichen Baudepartements organisiert und aufgeteilt war, darüber ist nur Weniges bekannt.[17]

Die zu überarbeitenden Entwürfe zur Löwenburg hat Jussow häufig auf der Basis von Kopien der alten Planungszustände angefertigt. Ob er die Kopien selbst zeichnete oder ob diese Arbeit ein Kopist übernahm, ist fraglich. Deutlich ist nur, daß die Kopien durchweg von guter zeichnerischer Qualität sind.[18]

15   In Katalog Hannover 1988, S. 128, Nr. 16.30 wird der Schnitt noch Jussow zugeschrieben. Zu demselben Bauprojekt haben sich noch weitere Zeichnungen im Laves-Nachlaß erhalten, darunter auch eine Gesamtansicht des Mausoleums. Danach wurde es von zwei Grabmälern in Sarkophagform flankiert, die von Zypressen umgeben waren.

16   Die genannten stilistischen Unterschiede sprechen dafür, daß einige Blätter aus dem Jussow-Nachlaß eher Laves zuzuordnen sind. Daß Jussow auch Blätter seines Neffen besessen hat oder aber Blätter von diesem zufällig in den Nachlaß gerieten, als er sich im Besitz von Laves befand, verwundert nicht. Der von Dittscheid (1987, S. 335, Nr. 81) als drittes Idealprojekt zum Corps de logis bezeichnete Entwurf (Staatliche Museen Kassel, Inv. Nr. GS 9554 [s. Katalog Kassel 1999]) ist meines Erachtens eindeutig von Laves' Hand. Die Zuschreibung des sog. Zweiten Idealprojekts an Jussow und die entsprechende Interpretation der beiden Zeichnungen (Staatliche Museen Kassel, Inv. Nr. GS 6347 und GS 9555 [s. Katalog Kassel 1999]) sollte überdacht werden.

17   Vgl. dazu Dittscheid 1987, S. 30.

18   Über die Mitarbeiter des Baudepartements hinaus, die jeweils im Staats- und Adresskalender aufgeführt werden, scheint es zumindest temporär eine Kopistenstelle gegeben zu haben. Auf diese Stelle hat sich Johann Henrich Wolff im August 1772 vergeblich beworben; vgl. StAM Bestand 5, Nr. 11420. Den Hinweis verdanke ich Notizen von Jutta Schuchard, Kassel.

Architekturzeichnungen, wie diejenigen von Jussow, zeigen häufig Korrekturen oder Radierspuren, nachträglich schnell einskizzierte Varianten oder stellen anhand von Klappen verschiedene Lösungen zur Diskussion. Ihre enge Einbindung in den Prozeß der Ideenfindung und -umsetzung sowie die besondere Nähe zur Entwurfspraxis des Künstlers machen ihren besonderen Reiz aus. Über ihren dokumentarischen Wert hinaus besitzen sie häufig hohe ästhetische Qualitäten und sind als eigenständige künstlerische Leistungen anzusehen. Als solche wurden sie von Bauherren, Kollegen und Architekturliebhabern geschätzt und gesammelt.

Obwohl sich Werke der Architektur bekanntlich nicht angemessen ausstellen und abbilden lassen, treten dennnoch in monographischen Ausstellungen und Publikationen die Zeichnungen meist hinter den Bauwerken zurück und werden ausschließlich als Beleg für die Baugeschichte benutzt, ohne ihre spezifisch graphischen Ausdruckswerte zu thematisieren. Demgegenüber rückt der vorliegende Katalog die Zeichnungen in den Blickpunkt.[19]

Die Geschichte des Sammelns von Architekturzeichnungen ist noch ungeschrieben. Was die hessischen Landgrafen angeht, so läßt sich seit dem 17. Jahrhundert in Archivalien und Inventaren eine große Wertschätzung dieser Gattung nachweisen. Dabei wurden nicht nur Zeichnungen der eigenen Bauvorhaben zur Dokumentation und Präsentation verwahrt, bei mehreren Landgrafen läßt sich auch im Bereich der Architekturzeichnungen ein enzyklopädisches Interesse nachweisen. So schrieb etwa Landgraf Moritz (reg. 1592-1627) im Jahr 1603 mehrere Fürsten an und bat um die Sendung von Rissen prominenter Bauvorhaben, um eine »Bibliothecam architectonicam« zu gründen.[20] In diese Sammlung sollten auch seine eigenen Zeichnungen einfließen, die der Architekturdilettant zu verschiedensten, meist nicht realisierten Projekten angefertigt hatte.

Im Gegensatz zu Moritz scheint sich Landgraf Karl (reg. 1677-1730) auf Blätter konzentriert zu haben, die seinen eigenen Bauvorhaben dienlich waren. Die Architekturzeichnungen wurden gemeinsam mit der Kunstkammer und anderen graphischen Beständen im Kunsthaus verwahrt. Im »Inventarium von denen in dem Königl. Kunst Hauß befindlichen Schildereyen, Rissen, Zeichnungen, Kupferstichen und sonstigen Sachen [...]«[21] aus dem Jahr 1747 werden zum Beispiel etliche Risse zum Herkules-Monument auf dem Karlsberg erwähnt, dem ambitioniertesten Bauprojekt von Karl. Die Platten zur »Delineatio montis«, dem Stichwerk, das er zur Dokumentation seiner hochgesteckten und nur in Ansätzen realisierten Pläne bei dem italienischen Architekten Giovanni Francesco Guerniero in Auftrag gegeben hatte, tauchen bereits im Inhaltsverzeichnis des Inventars auf. Weiter werden mehrfach Risse zu »Wasser Maschinen« und »Kunstwaßerwercken« erwähnt und unter Nummer 27 »Ein groß Buch mit allerhand Desseins welche der König in Pohlen Serenissimo zu perfectionierung derer Cascaden zu Weißenstein, zugeschickt, in sich enthaltend 12 Stück, nebst der description [...]«[22] Wie Moritz, so verständigte sich auch Karl mit anderen Fürsten über seine repräsentativen

19 Zur Bewertung von Architekturzeichnungen vgl. den grundlegenden Aufsatz von Kieven 1993.

20 Vgl. dazu Hanschke 1997, S. 266.

21 StAM Bestand 4b, Nr. 830.

22 Die Pläne des Hofarchitekten von August dem Starken, von Johann Friedrich Karcher, haben sich zum Teil im Hessischen Staatsarchiv Marburg erhalten. Vgl. dazu Hentschell 1969, S. 25-30.

Bauprojekte und tauschte mit ihnen Architekturzeichnungen und Stichwerke wie die »Delineatio montis« aus.

Das Interesse der hessischen Landgrafen an Architekturzeichnungen hielt sich bis ins 19. Jahrhundert. Als begeisterter Architekturliebhaber, Bauherr und Dilettant hat Wilhelm IX., der Dienstherr und Auftraggeber von Jussow, seine Projekte akribisch dokumentiert. In der Schloßbibliothek befanden sich nach einem handschriftlichen Verzeichnis vom Mai 1909 mindestens acht Sammelbände mit Architekturzeichnungen, von denen sich sechs in der Plankammer in Potsdam erhalten haben.[23] Von dem Hofbibliothecarius und Verfasser der »Historischen Nachrichten« Friedrich Wilhelm Strieder mit Inhaltsverzeichnissen versehen, umfaßten die Bände die Projekte Wilhelms für Kassel, Hanau und Wilhelmsbad sowie verschiedene Bauvorhaben seines Vorgängers, Friedrich II., wie die Pläne von Charles De Wailly zum Neubau des Schlosses Weißenstein (Abb. 46). Andere prominente Bauvorhaben waren durch Stich- und Vorlagenwerke sowie Architekturtraktate präsent.

Jussow ist mit knapp 100 Zeichnungen in den Potsdamer Sammelbänden gut vertreten. Während sich in seinem Nachlaß vor allem die Skizzen und Werkzeichnungen erhalten haben, behielt der Landgraf die besonders sorgfältig ausgeführten Präsentationszeichnungen.[24] Anders als Landgraf Karl scheint Wilhelm mit seiner Sammlung eher private Neigungen als Zwecke der Selbstdarstellung verfolgt zu haben. So gab er auch keine Stichpublikation zur Umgestaltung der Wilhelmshöhe in Auftrag.

Architekturzeichnungen wurden jedoch nicht nur von den Bauherren geschätzt. Auch Architekten sammelten sie als Anregung und als Vorlagenmaterial. Während sich im Jussow-Nachlaß nur wenige Blätter anderer, zumeist mit ihm verwandter Baumeister befinden, hat etwa der Braunschweiger Architekt Peter Joseph Krahe eine größere Sammlung an Entwurfszeichnungen von Kollegen zusammengetragen, darunter auch Präsentationsrisse zum Palais Veltheim (vgl. Kat. Nr. 94-99). Der Erbe von Jussow, Laves, scheint die Zeichnungen seines Onkels und Lehrers gleichfalls sehr geschätzt zu haben. Dafür sprechen die Kopien, die er nach diesen Blättern anfertigte. Sie entstanden nicht nur während seiner Ausbildungszeit. Auch später noch hat sich Laves zeichnerisch mit dem Nachlaß auseinandergesetzt.[25] Bis in die dreißiger Jahre scheint der Nachlaß unverändert von den Erben verwahrt worden zu sein. Erst dann wurden einige Blätter veräußert.[26]

Der Bestand an Architekturzeichnungen der Staatlichen Museen Kassel

Als der Jussow-Nachlaß 1957 von Hans Vogel erworben wurde, verfügte die Graphische Sammlung bereits über einen beträchtlichen Bestand an Architekturzeichnungen. Den Schwerpunkt der etwa 3000 Blätter umfassenden Sammlung bilden die hessischen Bauvorhaben des 17. und 18. Jahrhunderts. Ergänzt wird dieser Bestand durch Skizzenbücher sowie Vorlagenwerke und Architekturtraktate, die zum größten Teil aus dem Besitz der ehemaligen Kasseler Kunstakademie stammen. Die Geschichte der Sammlung ist im Bereich der Bauzeichnungen noch

23 Das Verzeichnis befindet sich im Besitz der Verwaltung der Staatlichen Schlösser und Gärten Hessen, Bad Homburg v. d. H. Weder in Potsdam noch in Bad Homburg vorhanden sind folgende Bände: »Nr. 279. Dury, Plans, élévations et coupes d'un château en ruine à bâtir á Weisenstein sur les idées de son Altesse Serinissime Monseigneur le Landgrave Guillaume IX., du dessein de L. Dury en 1786, 11 Blatt«; »Nr. 280. Dury, Plans et vues pittoresques du musée de Cassel bâti par Frederic II., Landgrave regnant de Hesse, sur les dessins de S.L. Dury. 1 Vol. 11 handschriftlich numerierte Blatt mit Text daneben.«; Nr. 285 Ruhl, J. Plans von dem kurfürstlichen Schlosse und verschiedenen anderen Gebäuden im Park zu Wilhelmshöhe 1816, unter der Direktion von Oberbaudirektor Jussow gez. Von J. Ruhl. 1 Vol. 47 handschriftlich bezeichnete Nummern [...]«.

24 Eigenartigerweise verblieben die Präsentationsrisse zur Löwenburg im Besitz von Jussow. In der ehemaligen landgräflichen Sammlung haben sich nur zwei Blätter zur Löwenburg erhalten (vgl. Katalog Kassel 1999). Möglicherweise ist ein Band mit Zeichnungen zur Löwenburg aus der Schloßbibliothek verlorengegangen.

25 Eine Kopie des Turnierhauses (Staatliche Museen Kassel, Inv. Nr. GS 5724 [s. Katalog Kassel 1999]) ist beispielsweise bezeichnet: »Copie eines vom verstorbenen Oberbaudirector Jussow entworfenen und am 12ten July 1800 vom Hochseligen Landgraphen Wilhelm IX von Hessen Cassel genehmigten Gebäudes, neben dem Tournierplatze ohnweit der Löwenburg aufzuführen. Laves K. H. Oberhofbaurath« (Staatliche Museen Kassel, Inv. Nr. Marb. Dep. 44). Da Laves am 25. Dezember 1838 zum Oberhofbaurat ernannt wurde (Katalog Hannover 1988, S. 108), muß die Kopie danach entstanden sein.

26 Im Katalog der Wilhelmshöher Schloßbibliothek von 1909 findet sich ein Nachtrag unter Nr. 290: »Wilhelmshöhe, Oktogon. Pläne pp. Von Jussow, Ankauf 1930 von Reg.- und Baurat Ihnken, 28 Blatt und 1 Heft mit 11 Blättern«.

weitgehend unerforscht. Einige Blätter und Nachlässe, wie derjenige des Landbau-meisters Leonhard Müller, sind offensichtlich bald nach Bestehen des Hessischen Landesmuseums dorthin gelangt. Als 1931 das Kupferstichkabinett gegründet wurde, führte man dort die Bestände an Graphik und Handzeichnungen einzelner Institutionen wie des Hessischen Landesmuseums, der Gemäldegalerie oder der Akademie zusammen und gewann zudem prominente Dauerleihgaben.[27] Über den Verein für hessische Geschichte und Landeskunde kam etwa der Nachlaß von Julius Eugen Ruhl und über das Hochbauamt der Stadt Kassel ein großes Konvolut von Zeichnungen der Steinmetz- und Architektenfamilie Wolff ins Haus. Dagegen verblieben die acht von Strieder zusammengestellten Sammelbände mit Architek-turzeichnungen aus der Privatbibliothek Wilhelms IX. bei der Schlösserverwaltung, obwohl das Kupferstichkabinett die Stichbände mit alter Druckgraphik als Dauer-leihgabe übernommen hatte. Dafür gelangten zwei kostbare Codices mit Architek-turzeichnungen des 16. Jahrhunderts sowie ein Band mit überwiegend niederländi-schen Bauzeichnungen aus der ehemaligen landgräflichen Sammlung auf Umwegen ins Kupferstichkabinett.[28] Die Bände waren ein Geschenk des in hessischen Diensten stehenden Architekten Pieter Jacobsz. Romans an Wilhelm VIII. und wurden später von den hessischen Landgrafen an die Akademie weitergegeben. Mit den Akademiebeständen kamen sie dann ins neugegründete Kupferstichkabinett. Sie sind heute der prominenteste Bestand an ausländischen Architekturzeich-nungen.

Abgesehen vom Hessischen Staatsarchiv Marburg und den in der Plankammer in Potsdam verwahrten Blättern verwaltet die Graphische Sammlung den größten Bestand an hessischen Bauzeichnungen des 18. und 19. Jahrhunderts. Ob Simon Louis Du Ry, Johann Conrad Bromeis, Leo von Klenze, Hugo Schneider oder Theodor Fischer – bis ins 20. Jahrhundert hinein sind die bedeutenden Architekten, die zumindest zeitweise in Kassel tätig waren, mit Zeichnungen in der Sammlung vertreten. Diesen Bestand zu vermehren, sei es durch den Erwerb einzelner Belegstücke für einflußreiche architektonische Strömungen außerhalb Hessens (Abb. 50), sei es durch die Ergänzung des bereits Vorhandenen, wie es Hans Vogel durch den Ankauf des Jussow-Nachlasses tat, ist auch heute noch Ziel der Sammlung. Darüber hinaus sollten die Bestrebungen der achtziger Jahre fortgesetzt werden: Die Publi-kation der hessischen Bauzeichnungen des 18. und 19. Jahrhunderts ist seit langem ein Desiderat. Die beiden nunmehr publizierten Kataloge sind der erste Schritt auf dem Weg, diese Lücke zu schließen.

---

27 Zur Gründung des Kupferstichkabinetts vgl. Hallo 1983, S. 87-104.

28 Es handelt sich um die Codices Fol. A 45, Fol. A 50 und Fol. 37. Der letzte Band wurde inzwischen aufgelöst. Zu den Bänden vgl. Hallo 1983, S. 217-218; zum Codex Fol. A 45 die grundlegende Beschreibung in Günther 1988, S. 354-376.

2 Sebastian Weygandt, Kurfürst Wilhelm I. von Hessen, um
1817. Hessische Hausstiftung, Museum Schloß Fasanerie,
Eichenzell

Gerd Fenner   Zum Leben und Werk von Heinrich Christoph Jussow

3 Johann Christian Ruhl, Porträt des Architekten Heinrich Christoph Jussow, um 1820. Ehemals Murhardsche Bibliothek der Stadt Kassel

Heinrich Christoph Jussow (Abb. 3) wurde am 9. Dezember 1754 in Kassel als Sohn des Oberbaumeisters Johann Friedrich Jussow (1701-1779) geboren. Trotz eines bereits in der Jugend sichtbaren zeichnerischen Talentes und des ausgeprägten und von seinem Lehrer Matsko am »Collegium Carolinum« geförderten Interesses an der Mathematik wurde er von den Eltern zum Jurastudium gedrängt. Obwohl er »zu dem juristischen Fache [...] ganz und gar keine Lust«[1] empfand, studierte er 1774 bis 1778 an den Universitäten in Marburg und Göttingen, ohne jedoch einen Abschluß zu erreichen. Besonders in Göttingen widmete er sich weiterhin vorwiegend mathematischen Studien.

1778 brach Jussow das Studium und die Aussichten auf eine Laufbahn als Mathematiker in Göttingen auf Wunsch des 77jährigen Vaters ab, um diesen bei seiner Tätigkeit zu unterstützen. Erst jetzt fiel die Entscheidung für das »Brotstudium« Architektur.[2] Jussow eignete sich mit Hilfe seines Vaters und durch die Lektüre der ihm zugänglichen, allerdings veralteten Fachliteratur von Sturm, Goldmann, Penther und Vignola Grundlagenkenntnisse an und suchte »[...] durch eisernen Fleiß eine Fertigkeit im Zeichnen zu erwerben.«[3] Auf diese knapp halbjährigen intensiven Bemühungen sowie auf die mathematische Ausbildung, die er als zusätzliche Vorbereitung auf den Architektenberuf darstellte, bezieht sich Johann Friedrich Jussow in seinem Bittgesuch um Einstellung des Sohnes beim landgräflichen Baudepartement.[4] Da die Kriegs- und Domänenkammer, die für das Bauwesen zuständig war, das Anliegen des Oberbaumeisters befürwortete, erhielt Jussow zum 1. Oktober 1778 eine untergeordnete Stelle als Akzessist mit einem Monatsgehalt von 10 Reichstalern.

Die kurze und einseitig auf Architekturtheorie beschränkte Ausbildung bereitete Jussow offenbar noch in der Zeit nach seinem Dienstantritt Schwierigkeiten wegen mangelnder Kenntnis der Baupraxis. Wie Johann Heinrich Wolff (1792-1869) in seiner Autobiographie mitteilt, »[...] erzählte [Jussow] mir selbst, daß er erst später, nachdem er angestellt gewesen sei, durch anhaltenden Besuch der Werkstätten und Arbeitsplätze sich mit der Technik nach und nach vertraut habe machen müssen.«[5] Mit der ihm eigenen Intensität und großem Fleiß, der ihm stets von seinen Lehrern bescheinigt wurde, scheint Jussow diese Wissensdefizite bald ausgeglichen zu haben. Wie seine Entwürfe von 1800 und 1801 für ein Exerzierhaus mit Bohlendach belegen (vgl. Kat. Nr. 71-72), war er zu diesem Zeitpunkt mit dem aktuellen Stand dieser neu eingeführten Bauweise, die besonders von Carl Gotthard Langhans und David Gilly in Berlin propagiert wurde, durchaus vertraut.[6] Jussows »eiserner Fleiß« bei der Vervollständigung seines architektonischen Wissens blieb seinem Vorgesetzten im Amt, dem Baumeister Simon Louis Du Ry, nicht verborgen. Auf seine Verwendung hin wurde Jussow 1781 als Hilfslehrkraft in der von Du Ry geleiteten Bauakademie angestellt, die im gleichen Jahr in Ergänzung zur bereits

1 Dittmer 1827, S. 845.
2 Dittmer 1827, S. 845.
3 Dittmer 1827, S. 845.
4 StAM Bestand 5, Nr. 11392, fol. 5r-6r.
5 Wolff 1899, S. 229-230.
6 Rüsch 1998.

bestehenden »Académie de Peinture et Sculpture« in Kassel gegründet worden war. Bereits ein Jahr zuvor war Jussow Skribent beim Baudepartement mit erweitertem Wirkungsfeld und etwas verbessertem Gehalt geworden. Sein Vorhaben, nach dem Tod der Eltern 1779 die bisherige untergeordnete und unbefriedigende Stelle als Akzessist aufzugeben und zur weiteren Ausbildung »auf gut Glück nach Rom zu gehen, um dort die Architectur und Kunst zu studieren«[7], hatte er zunächst zurückgestellt. 1783 beantragte und erhielt er ein landgräfliches Stipendium zur weiteren Ausbildung in Frankreich und Italien. Außer Du Ry unterstützte auch der Leiter des hessischen Bauwesens und Präsident der Bauakademie, Baudirektor Oberst Johann Wilhelm von Gohr, den Antrag Jussows, dem bei dieser Gelegenheit eine gute Führung und ausgezeichnete Kenntnisse in seinem Fach bescheinigt wurden.[8]

Einen Eindruck von Jussows beruflichem Entwicklungsstand zu diesem Zeitpunkt vermitteln einige Blätter aus dem Jahr 1781, die sich im Nachlaß erhalten haben. Die Nachzeichnungen der Berliner Oper nach einer Stichvorlage[9] spiegeln die hohe Wertschätzung dieses palladianisch beeinflußten Bauwerks von Knobelsdorff im 18. Jahrhundert wider. Mehrere Nachzeichnungen des Berliner Gebäudes von anderen Schülern der Kasseler Bauakademie, die sich in der Graphischen Sammlung der Staatlichen Museen Kassel erhalten haben, belegen dessen Stellenwert im Rahmen der dortigen Ausbildung.

Die Entwürfe für eine Synagoge in Kassel orientieren sich an dem Lehrer Du Ry (vgl. Kat. Nr. 67-68). Mit der Form des vom Pantheon hergeleiteten Sakralgebäudes wie auch der beiden seitlichen Häuser verwendet Jussow zurückhaltende Elemente der Fassadengestaltung, die für den älteren Baumeister charakteristisch sind und kombiniert sie mit einigen noch barock beeinflußten Details (Abb. 4).[10]

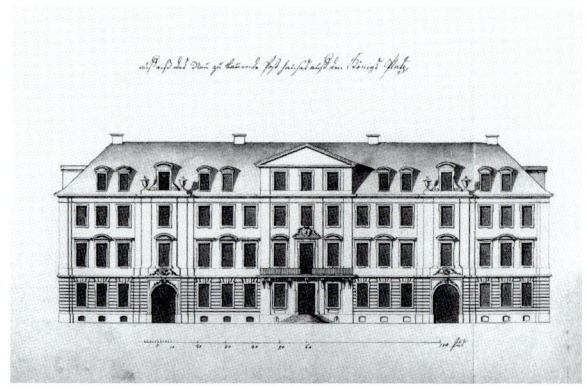

4 Simon Louis Du Ry, Entwurf für das Posthaus am Königsplatz, 1770/1771. Hessisches Staatsarchiv Marburg

Frankreich

Den ersten Teil seines Ausbildungsstipendiums absolvierte Jussow von 1783 bis 1785 in Paris. Hier arbeitete er im Atelier von Charles De Wailly (1730-1798), der zu diesem Zeitpunkt einer der erfolgreichsten und in ganz Europa berühmten Architekten Frankreichs war.[11] Er hatte, gleichzeitig mit Simon Louis Du Ry, an der privaten Bauschule des bedeutendsten französischen Architekturlehrers des 18. Jahrhunderts, Jacques-François Blondel (1705-1774), studiert. Nach dem Gewinn des Grand Prix der Académie Royale d'Architecture hielt er sich 1754 bis 1756 in Rom auf. Hohe Protektion brachten ihm danach die Mitgliedschaft in der Académie Royale d'Architecture sowie in der Académie Royale de Peinture et Sculpture und eine Beschäftigung im königlichen Bauwesen. Mit seinen malerischen Architekturdarstellungen war er häufig in den Ausstellungen des Salon vertreten. Darstellungen von zwei seiner Bauten wurden im Abbildungsteil der Encyclopédie verwendet und förderten damit seinen Ruhm. Eines seiner bekanntesten Bauwerke, die Comédie Française (Odéon), die er 1779 bis 1782 zusammen mit Marie-Joseph Peyre (1730-1785) errichtet hatte, bildete den Auftakt für mehrere Theaterbauten und -projekte in Belgien, St. Petersburg und Paris.

7   Dittmer 1827, S. 846.

8   Stellungnahme Du Rys: StAM Bestand 16, Rep. VI, Kl. 29, Nr. 2, Vol. I, fol. 35; vgl. Dittscheid 1987, S. 21.

9   Staatliche Museen Kassel, Inv. Nr. GS 6066, GS 6067, GS 6078 (s. Katalog Kassel 1999).

10 Vgl. zu Bauten Du Rys in Kassel die Abbildungen in Katalog Kassel 1979, Nr. 255-288.

11 Katalog Paris 1979.

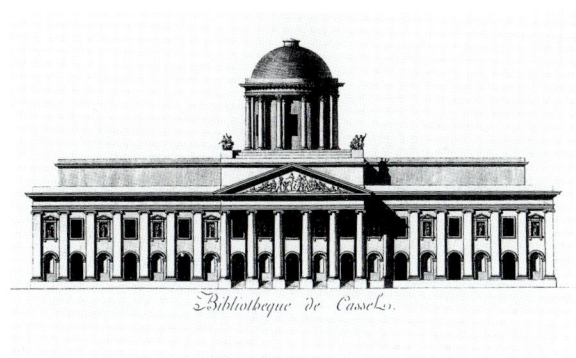

5 Claude-Nicolas Ledoux, Entwurf zur Umgestaltung des Museum Fridericianum, um 1775. Bibliothèque Nationale, Paris

De Wailly unterhielt ein großes Atelier, das von zahlreichen Schülern aus ganz Europa besucht wurde.

Auf Wunsch Landgraf Friedrichs II., der die Comédie Française und deren Architekten wahrscheinlich während seiner Reise nach Paris 1781 kennengelernt hatte, fertigte De Wailly Umbauentwürfe für das Kasseler Residenzschloß an.[12] Die Zeichnungen dürften 1782 bei einem Besuch in Kassel persönlich überreicht worden sein. Während Jussows Aufenthalt in Paris arbeitete De Wailly an einem weiteren Auftrag von Friedrich für einen Schloßneubau auf dem Weißenstein (Abb. 46). Auch sein Kasseler Schüler befaßte sich mit diesem Thema (vgl. Kat. Nr. 16-17). Die offenbar erst in Rom fertiggestellten Entwürfe zeigen den Einfluß De Waillys und belegen, wie schnell sich Jussow von seinen an Du Ry orientierten Anfängen entfernte.[13]

Bei der Formensprache des Gebäudes zeigt sich die Tendenz, die Baukörper auf die stereometrischen Grundformen sowie die Ornamentik zu reduzieren. So ist die Gestalt der Eckpavillons dem Mittelbau des ersten Projekts von De Wailly entlehnt, jedoch wird die Grundform des Würfels stärker herausgearbeitet und der Zylinder des Tambours davon deutlich abgegrenzt. Die darauf gesetzte Kuppel zeigt einen streng halbkugelförmigen Umriß.[14]

Hier wird deutlich, daß Jussow auch Gestaltungselemente der Revolutionsarchitektur aufnahm und sich damit in stilistischer Hinsicht von De Wailly unterschied. Dabei ist für Jussow sicherlich auch Claude-Nicolas Ledoux (1736-1806) von Bedeutung gewesen. Seine Hôtel-Bauten in Paris zeigten wie das Theater in Besançon (1778-1781) oder die Gebäude von Chaux (1775-1779) den vereinfachenden, kubische Formen herausarbeitenden massigen Stil mit starker Reduktion der Ornamentik. Ein konkreter Beleg für die Beschäftigung Jussows mit den Werken von Ledoux ist eine im Nachlaß erhaltene Zeichnung des großen Bogens des Hôtel Thélusson.[15] Die Entwürfe, die Ledoux für einen Triumphbogen und für das Museum Fridericianum (Abb. 5) vorgelegt hatte, die aber wegen ihrer Dimensionierung unberücksichtigt geblieben waren, dürfte Jussow bereits in Kassel kennengelernt haben.[16]

Einige Grund- und Aufrißstudien kleinerer Bauten mit einem mittleren kreisförmigen Raum, der aus der Fassade hervortritt, verweisen auf die Beschäftigung Jussows mit De Waillys Schloß Montmusard. Weiter wird Jussow in Paris den Mittelbau des von Peyre 1763 geplanten, jedoch nicht ausgeführten Hôtel de Condé, das 1784 vollendete Hôtel de Salm und Bélangers Bagatelle von 1777 kennengelernt haben. Die achsialsymmetrischen Raumverteilungen beziehen sich auch auf das Vorbild der Bauten Palladios, Serlios oder Scamozzis (vgl. Kat. Nr. 7-11).

Laut Dittmer hat sich Jussow in Paris fast zwei Jahre lang »mit ausgezeichnetem Eifer allen Theilen der Architectur gewidmet«.[17] So ist anzunehmen, daß er durch De Wailly Gelegenheit erhielt, sich auch auf dem Gebiet der Baupraxis weiterzubilden. In diesem Bereich betreute De Wailly bereits seit 1781 einen anderen Kasseler Stipendiaten, den Steinmetz Henrich Abraham Wolff (1762-1812).[18] Gemeinsam mit Wolff reiste Jussow im Sommer 1785 durch die Schweiz nach Italien, um die Bauten der römischen Antike und der Renaissance aus eigener Anschauung kennenzulernen.

12 Both/Vogel 1973; Dittscheid 1980; Dittscheid 1987, S. 31-64.

13 Staatliche Museen Kassel, Inv. Nr. GS 6072 – GS 6075 (s. Katalog Kassel 1999); Dittscheid 1987, S. 65-79. Vgl. den Beitrag von F. Carlo Schmid.

14 Dittscheid 1987, Abb. 97 und 103.

15 Staatliche Museen Kassel, Inv. Nr. GS 12487 (s. Katalog Kassel 1999).

16 Both/Vogel 1973, S. 177-184; Katalog Kassel 1979, S. 77-78.

17 Dittmer 1827, S. 847.

18 Hallo 1983, S. 78-79; Katalog Kassel 1986/1, S. 49.

Rom spielte in den achtziger und neunziger Jahren des 18. Jahrhunderts eine wichtige Rolle für die Entwicklung der klassizistischen Architektur in Europa und in besonderem Maße für Deutschland.[19] Durch die Aufmessungen und archäologischen Forschungen an den antiken Bauwerken einerseits und die die Realität überhöhenden Darstellungen Piranesis andererseits war eine neue Sicht der Antike entstanden. Hinzu kamen die Anregungen der französischen Revolutionsarchitektur.

Die in Rom gewonnenen Eindrücke wurden individuell unterschiedlich verarbeitet, doch bildete die »römische Komponente« im Werk vieler zeitgenössischer Architekten eine gemeinsame Grundlage, auch wenn sie im Lauf ihrer späteren Berufspraxis oft nur begrenzt zum Ausdruck gebracht werden konnte. Dorn hat in diesem Sinne auf die Parallelen im Schaffen der Architekten Krahe, Weinbrenner, Gentz, Hansen und auch Jussow hingewiesen.[20]

Peter Joseph Krahe (1758-1840) hielt sich 1782 bis 1786 vorwiegend in Rom auf. Bislang ist nicht eindeutig geklärt, ob Jussow und Krahe einander 1785 begegnet sind und sich untereinander austauschten, wie aufgrund verwandter Elemente in ihrem Werk vermutet wurde.[21] Durch Krahe könnte Jussow mit anderen Künstlern, die sich in Rom aufhielten, in Kontakt gekommen sein.[22]

Von Krahe, der wesentlich länger als Jussow in Rom war, haben sich zahlreiche Bauaufnahmen von Bauten der Antike und der Renaissance erhalten, die er als Ausgangspunkt für Umformungen und Entwürfe benutzte.[23] Für Jussow kann auf ein vergleichbares Vorgehen geschlossen werden, wie seine Entwürfe für Sepulkralbauten zeigen, die aus den Vorbildern der antiken Grabbauten der Caecilia Metella (vgl. Kat. Nr. 13) und der Cestiuspyramide bzw. ägyptischen Motiven entwickelt wurden (vgl. Kat. Nr. 12). Mit beiden Entwürfen griff Jussow ein beliebtes Thema der Revolutionsarchitekten auf, die sich häufig mit der Aufgabenstellung Grabmal beschäftigten und sich dabei gern des Motivs römischer Grabbauten oder ägyptischer Pyramiden bedienten. Diese Bautypen erschienen besonders geeignet, im Sinne der Charakterlehre einen düster-erhabenen Eindruck hervorzurufen.[24]

Jussow reiste von Rom aus nach Paestum, um die dorischen Tempel zu studieren, die als Beispiele griechischer Architektur von zeitgenössischen Architekten besonders häufig aufgesucht wurden. Darüber hinaus bereiste er Sizilien, um die dortigen großgriechischen Heiligtümer zu besichtigen.

Der von Dittmer erwähnte Besuch der »früher noch nicht gesehenen Städte Oberitaliens« während der Rückreise 1786 galt den Bauten der Renaissance und besonders Palladios. Die Reiseroute und das Besichtigungsprogramm dürften weitgehend mit denen Krahes übereingestimmt haben, der im Frühjahr des gleichen Jahres während seiner Heimreise Mantua, Verona, Venedig und Vicenza aufsuchte.[25] Wann genau Jussow über Triest und Wien nach Deutschland zurückkehrte, ist nicht bekannt. Auch sein möglicher Zwischenaufenthalt in Kassel vor der Fahrt nach England, die der neue Landesherr Wilhelm IX. (Abb. 2) wünschte, ist nicht sicher belegbar. Ob sich für Jussow dabei die Zeit und Gelegenheit ergeben haben könnte,

19 Katalog München 1980, S. 8-13; Mellinghoff/Watkin 1989, S. 60; Katalog München 1990, S. 70-71.

20 Dorn 1969, S. 91. Zur Bedeutung Roms für die Architekturentwicklung um 1800 vgl. auch Philipp 1990, S. 70-71.

21 Dorn 1969, S. 28, 84, Anm. 226; Dittscheid 1987, S. 22-23; Dorn 1997, S. 102-103.

22 Vgl. die Auflistung bei Dorn 1969, S. 27-28.

23 Dorn 1969, S. 53-56.

24 Katalog München 1990, S. 198-200, Nr. 60. Auch von Krahe existiert ein Grabmalentwurf nach dem Grab der Caecilia Metella; vgl. Dorn 1969, S. 191, Nr. 223, Abb. 61.

25 Dittmer 1827, S. 847. Zu Krahe vgl. Dorn 1969, S. 31-32.

bereits konkrete Bauprojekte vorzubereiten oder sogar zu beginnen, ist unsicher. Ein Antrittsbesuch Jussows bei Landgraf Wilhelm IX. hätte nahegelegen.[26]

England

Noch während Jussows Aufenthalt in Rom wurde sein Stipendium für eine Reise nach England um ein Jahr verlängert. Die Anweisung von Wilhelm IX. stand in unmittelbarem Zusammenhang mit dessen Absicht, die Gartenanlagen und das alte Schloß auf Weißenstein grundlegend umzugestalten.[27] Jussow wurde auferlegt, »[...] sich da in der Anlegung der Gärten und der englischen Bau Arten überhaupt wohl zu informiren, mithin auch hierinnen seine Känntniße in der Architektur und Garten Kunst, nach dem englischen Geschmakk, zu verbreitern.«[28]

Über den Aufenthalt Jussows in England und die besuchten Orte ist aufgrund fehlender Quellen kaum etwas bekannt. Auch Zeichnungen von der Reise haben sich nicht erhalten. John Harris hat in seinem Beitrag anhand der verschiedenen Englandreisen von Leopold Friedrich Franz von Anhalt-Dessau sowie des Gartenliebhabers Reichsgraf Ludwig zu Bentheim-Steinfurt 1763 eine Art Standardreiseroute für kultivierte Englandbesucher des späteren 18. Jahrhunderts zusammengestellt, der auch Jussow gefolgt sein könnte. In England konnte Jussow außer den Landschaftsgärten und den Herrensitzen palladianischer Prägung auch Ruinenarchitekturen in mittelalterlich inspirierter Formensprache kennenlernen.

Die Aufenthalte in Paris und in Italien hinterließen Eindrücke, die sich in Jussows baulichem Schaffen niederschlugen. Im Gegensatz zu Vogel und Reuther[29], die seinen Studienreisen nur geringen Einfluß zumessen, sind die Wirkungen der französischen Revolutionsarchitektur, die Begegnung mit der antiken Architektur sowie mit dem Werk Palladios prägend gewesen oder haben bereits vorhandene Kenntnisse und Ansichten zur Baukunst bestätigt.

Wilhelm IX. als Bauherr

Jussow, der 1786 zu einem nicht genau bekannten Zeitpunkt, aber zu »ungünstiger Jahreszeit« nach London gereist war, kam im Dezember 1787 nach Kassel zurück.[30] In der Verfügung vom 2. Januar 1788 wurde er von Wilhelm IX. als Bauinspektor mit 100 Reichstalern jährlicher Gehaltszulage angestellt und sein Aufgabengebiet eng an die Projekte auf dem Weißenstein gebunden: »[...] daß derselbe zu keinem andern Geschäfte jetzo gebraucht werden soll, als um unter der Direction und Anweisung des Raths Du Ry zu Weissenstein an dem dasigen Bauwesen mit zu arbeiten.«[31] Damit begann für Jussow ein Arbeitsverhältnis, das in besonderem Maße von den Projekten des Fürsten und dessen direkter Mitwirkung geprägt war.

Landgraf Wilhelm IX. (1743-1821) trat 1785 nach dem Tod seines Vaters Friedrich II. die Regierung an. Er hatte bereits als Erbprinz in der von ihm regierten Grafschaft Hanau eine ausgeprägte Leidenschaft für das Bauen entwickelt.[32] Der von ihm gegründete und nach ihm benannte Badeort Wilhelmsbad bei Hanau, der sich als erfolgreiches Unternehmen erwies, entstand in intensiver Zusammenarbeit mit dem

26 Über eine 1786 von Jussow begonnene Baumaßnahme äußert sich Strieder; vgl. Holtmeyer 1913, S. XLIV; Dittscheid 1987, S. 23-24.

27 Vgl. Dittscheid 1987, S. 23-24.

28 StAM Bestand 53f, Nr. 692.

29 Katalog Kassel 1958, S. 46; Reuther 1959, S. 51. Anders Hoeltje 1964/1, S. 19.

30 StAM Bestand 5, Nr. 11394, fol. 8.

31 StAM Bestand 5, Nr. 11394, fol. 11.

32 Zur Biographie Wilhelms vgl. Losch 1923 und von Hessen 1996. Zu seiner Rolle als Bauherr Losch 1923, S. 167-174; Dittscheid 1987, S. 28-30; von Hessen 1996, S. XVII-XVIII.

Architekten Franz Ludwig Cancrin (1738-1812). Bereits hier zeigte sich das Selbstverständnis Wilhelms, der sich als den eigentlichen Schöpfer der Bau- und Gartenanlagen sah, dessen Ideen der Architekt zu folgen hatte.[33] Im Gegensatz zu seinem frankophilen Vater orientierte sich Wilhelm im Bereich von Architektur und Gartenkunst stark an England.

Wilhelm war als begabter Architekturdilettant, der eingehende theoretische Kenntnisse besaß und auch selbst Bauentwürfe verfertigte, in der Lage, seine Projekte mit seinen Baumeistern qualifiziert zu diskutieren. Sein Selbstbewußtsein als Fürst, der sich für alle Bereiche des Staatswesens zuständig fühlte und dies auch in autokratischer Weise praktizierte, hat sein Verhältnis zu »seinem« Architekten Jussow geprägt. Es ist in diesem Zusammenhang bezeichnend, daß er in seinen »Memoiren« Jussow nur ein einziges Mal anläßlich der Ernennung zum Bauinspektor erwähnt. Simon Louis Du Ry, immerhin der Schöpfer des ersten Schloßflügels von Weißenstein und ein anerkannter Architekt, kommt gar nicht vor.[34]

Dennoch läßt die Karriere Jussows erkennen, daß der Landgraf mit seinen Leistungen zufrieden war und in ihm den Mann sah, seine hochgesteckten Ziele für Weißenstein und später auch für die Residenzstadt Kassel in einer angemessenen Form zu verwirklichen. Bei der engen Zusammenarbeit mit dem »fürstlichen Baumeister par excellence«[35] wurde allerdings die Geduld Jussows immer wieder auf die Probe gestellt, wie der schwierige und von den Lösungsvorschlägen her widerspruchsvolle Weg der Entscheidungsfindung für das Corps de logis des Schlosses Weißenstein erkennen läßt.[36] Hier erwies sich Wilhelm als sicherlich anspruchsvoller und zuweilen schwieriger und unentschlossener Bauherr, der eine Anzahl höchst unterschiedlicher Varianten durchspielen ließ, dann die zuletzt favorisierte überraschend aufgab, um seinen Architekten über Nacht eine andere Lösung abzufordern.[37] Auf dieses oft schwankende und zaudernde Verhalten bei aller forsch zur Schau getragenen Entschlußfreudigkeit weisen Wilhelms Biographen ausdrücklich hin.[38]

Obwohl der Landgraf aufgrund der mit England abgeschlossenen Subsidienverträge zu den reichsten Fürsten seiner Zeit gehörte und mit großem Erfolg Geldgeschäfte betrieb, konnte sich seine ausgeprägte Sparsamkeit, die Züge von Geiz enthielt, erheblich auf die Baumaßnahmen auswirken. Das zeigt beispielsweise die Entstehungsgeschichte der Unterneustädter Kirche, die wegen zu geringer Geldmittel vom ursprünglich konzipierten repräsentativen Großbau auf deutlich bescheidenere Dimensionen reduziert werden mußte (vgl. Kat. Nr. 73-76).[39]

Grundsätzlich galt jedoch, »daß Wilhelms Sparsamkeit beim Bauen aufhörte«[40], wovon auch die Stadt Kassel profitierte, besonders als der Landgraf nach dem Abschluß der Arbeiten in Wilhelmshöhe sein Interesse verstärkt verschiedenen Projekten in seiner Residenzstadt zuwandte.

Schloß und Park Weißenstein

Mit seinem Dienstantritt Anfang 1788 wurde Jussow in die großangelegten Umgestaltungen des Parks und den Neubau des Schlosses von Weißenstein einbe-

33 von Hessen 1996, S. 161: »Der Kammerrat Cancrin war mein Architekt. Der Mensch war von sich dermaßen eingenommen, daß er auf niemanden hörte und gar die Bauleitung für sich beanspruchte. Ich suchte gleichwohl, von seinem Talent zu profitieren, ohne ihm indes zuviel Spielraum zu gewähren.« Nach seinem Regierungsantritt gelang Wilhelm mit Bad Nenndorf eine weitere erfolgreiche Gründung eines Badeortes. Hier arbeiteten Du Ry und Jussow für ihn. Vgl. Kaese 1937.

34 von Hessen 1996, S. 258. Als möglichen Grund dafür, daß Du Ry völlig übergangen wird, vermutet von Hessen, daß »der Bauherr [...] offenbar selber als Schöpfer gelten« wollte; ebd. S. 249.

35 Dittscheid 1987, S. 29.

36 Dittscheid 1987, S. 117-131.

37 Dittscheid 1987, S. 131-133.

38 Losch 1923, S. 17-18; von Hessen 1996, S. VIII; Dittscheid 1987, S. 28.

39 Dittscheid 1983, S. 57-59.

40 Losch 1923, S. 168. Auf den volkswirtschaftlichen Aspekt der großen Baumaßnahmen verweisen Losch 1923, S. 168, 354; Dittscheid 1987, S. 29.

6 Wilhelm Böttner, Ansicht des Schlosses Weißenstein mit
zentraler Ruine, 1791. Stiftung Preußische Schlösser und Gärten
Berlin-Brandenburg, Potsdam

zogen, mit deren Ausführung Wilhelm IX. unmittelbar nach seinem Regierungsan-
tritt 1785 begonnen hatte. Die Arbeiten leiteten Simon Louis Du Ry, der 1785
Direktor des Zivilbauwesens geworden war, und der für den Weißenstein zuständige
Hofgärtner Daniel August Schwarzkopf. Innerhalb weniger Jahre wurde Jussow vom
Mitwirkenden zur entscheidenden Figur bei der Neukonzeption sowohl des
Schloßbaus wie auch des Landschaftsparks.[41]

Bei der Ankunft Jussows war bereits die Entscheidung für die Erweiterung des
Schloßprojekts zu einer Dreiflügelanlage gefallen. Das 1786 nach den Plänen von
Du Ry begonnene »Neue Weißensteiner Schloß«, der spätere Südflügel sowie das
1788 angefangene Pendant befanden sich im Bau. Du Ry war mit Entwürfen für das
Corps de logis befaßt. Zu einem nicht exakt benennbaren Zeitpunkt trat Jussow aus

41   Zum Park vgl. Heidelbach 1909; Holtmeyer 1910; Paetow 1929;
Hoffmann 1960; vgl. hier den Beitrag von Holger Schulz.

25

der Rolle als Mitarbeiter und Zeichner Du Rys heraus und wurde dessen Konkurrent in der Entwurfsarbeit für den Mittelbau. Nach einer Planungsgeschichte, die aufgrund der offensichtlich unsicheren und schwankenden Haltung des Bauherrn mehrere gänzlich unterschiedliche Varianten einschließlich einer Ruinenarchitektur umfaßte (Abb. 6), konnte sich Jussow im November 1791 mit seinem Vorschlag durchsetzen. Damit entschied sich der Landgraf für eine Lösung, bei der die Architektur des Corps de logis monumentalisiert wurde und sich deshalb deutlich von derjenigen der Flügel unterschied. Der Entwurf, der mit seinem mächtigen Portikus in Kolossalordnung und der Kuppel das Pathos der Revolutionsarchitektur aufnahm, stand damit in schroffem Gegensatz zu den Vorstellungen Du Rys, dessen Pläne die gestalterische Gleichbehandlung der drei Flügel vorsahen. Das hier von Du Ry vertretene Prinzip der »convenance« (Angemessenheit) war ein wesentlicher Bestandteil des Regelsystems der traditionellen französischen Architekturtheorie, die Du Ry während seiner Ausbildung bei Jacques-François Blondel übernommen hatte und der er sich zeitlebens verpflichtet fühlte.[42]

Die Entscheidung zugunsten des Vorschlags von Jussow, der mit diesem Regelkanon brach, zeigt, daß Wilhelm IX. ganz besonders an einer Wirkung gelegen war, die Erhabenheit und Größe zum Ausdruck bringen sollte. Damit entsprach das Bauwerk seiner Umgebung, dem Landschaftspark, dem eben dieser »erhabene«, »große« und »heroische« Charakter zugesprochen wurde.[43]

Auch hier war es offensichtlich Jussow, der nach den Anregungen des Landgrafen und in Zusammenarbeit mit Schwarzkopf wesentliche Impulse zu der in einem Zeitraum von acht Jahren verwirklichten Neugestaltung des Parks gab (Abb. 32). Wenn auch die Konstellation der Beteiligten vergleichbar war, so kam es in Kassel doch nicht zu der freundschaftlichen Atmosphäre, die zwischen den Schöpfern des Parks von Wörlitz, Prinz Leopold Friedrich Franz von Anhalt-Dessau, dem Architekten Erdmannsdorff und dem Gärtner Eyserbeck, bestand.

Die von Wilhelm äußerst negativ beurteilten kleinteiligen Gartenanlagen voller Staffagebauten von Friedrich II. (Abb. 33) wurden weitgehend beseitigt. Dagegen behielt man die barocke Hauptachse vom Herkules-Oktogon bis zum Bowlinggreen vor dem Schloß bei, schwächte ihre Wirkung aber ab, indem man einige bauliche Akzente am Rand und in seitlich gelegenen Bereichen schuf und das Wasser als wichtiges verbindendes Element verwendete.

Zu den neuen Schwerpunkten im Bereich nördlich der alten Achse gehörte der 1788 bis 1792 von Jussow errichtete groß dimensionierte und weithin sichtbare Aquädukt. Dagegen war der 1791 bis 1793 ebenfalls nach seinem Entwurf entstandene Wasserfall mit der Teufelsbrücke auf die nähere Umgebung bezogen.

Mit den Ideen zu einem »alten« bzw. »gothischen Thurm« knüpfte Wilhelm IX. an seine 1779 bis 1781 errichtete »Burg« in Wilhelmsbad an, in die er sich vom Hofleben zurückgezogen hatte. Beim Bau der großen Anlage in Kassel, der Löwenburg, die sich 1793 bis 1798/1800 aus dem ursprünglich als Turm mit Annexbau entworfenen Gebäude entwickelte, verwendete Jussow als Ausgangspunkt Anregungen aus

42 Vgl. Pro Memoria Du Ry vom 3. Dezember 1791; abgedruckt bei Dittscheid 1987, S. 134. Zur Problematik vgl. ebd. S. 131-136.

43 Vgl. die Beschreibung Schwarzkopfs von 1791; abgedruckt bei Dittscheid 1987, S. 307-310. Zur Beurteilung vgl. ebd. S. 155-157.

England, wie die Ruinenbauten von Sanderson Miller. Daneben scheint aber auch ein Bezug zu den »vaterländischen« hessischen Burgruinen Löwenstein und Jesberg zu bestehen.[44] Dem Baukomplex kommt als früheste unregelmäßig angelegte Burgenarchitektur in Europa ein besonderer Stellenwert zu.[45]

Außer mit den genannten Großbauten und deren Ausstattung war Jussow mit einer Vielzahl kleinerer Arbeiten im Parkbereich beschäftigt, deren Architektursprache gleichfalls sorgfältig und differenziert behandelt wurde. So finden sich an dem Aufseherhaus unterhalb der Kaskaden (vgl. Kat. Nr. 63) mit der Verwendung von Rustika, den kräftigen Sohlbänken und dem auf Klötzchen reduzierten Fries des Dachgesimses Elemente, die im Sinne der Revolutionsarchitektur die Zweckbestimmung des Hauses zum Ausdruck bringen.

Die Entwürfe für den 1800 auf dem Bowlinggreen errichteten Speisesaal (vgl. Kat. Nr. 60-61) wie auch die Zeichnungen zu den nicht realisierten Gartentempeln von 1792 verweisen auf englische Anregungen, etwa von Chambers. In einem Schreiben Jussows, das im Zusammenhang mit Planungen von Gartengebäuden für den Grafen von Knyphausen in dessen Park in Lütetsburg entstand, finden sich seine Überlegungen zum Charakter solcher Bauten, die sich auf das Gedankengut von Hirschfeld beziehen.[46]

Die Ideen von Christian Cay Lorenz Hirschfeld (1742-1792), der mit seiner bekannten »Theorie der Gartenkunst« großen Einfluß auf die Entwicklung des Landschaftsgartens in Deutschland ausübte, haben auch die Entstehung des Parks von Weißenstein geprägt. Der Landgraf, der Hirschfelds Ansichten und dessen Anerkennung für seine eigenen gartenplanerischen Maßnahmen schätzte, hatte erwogen, diesen als Gartendirektor nach Kassel zu berufen.[47] Wie der Hofgärtner Schwarzkopf war auch Jussow dem Gedankengut Hirschfelds verpflichtet.

Weitere höfische Projekte

Noch während Jussow vorwiegend beim Bauwesen in Weißenstein beschäftigt war, beauftragte ihn Wilhelm IX. 1795 mit einem weiteren Schloßprojekt. Der Landgraf beabsichtigte, das von ihm in Kassel bewohnte Palais Bellevue mit den benachbarten Gebäuden, darunter der von Cuvilliés errichteten Gemäldegalerie sowie der Maler- und Bildhauerakademie, zu verbinden und mit einer repräsentativen Schaufassade zu versehen.

Der von Jussow vorgelegte Plan zur Hauptfassade der Bellevuefront griff auf seinen Idealentwurf von 1785/1786 für Schloß Weißenstein zurück (vgl. Kat. Nr. 16).[48] Das Bellevueprojekt stellt eine den örtlichen Gegebenheiten angepaßte Variante der Seitenflügel für Weißenstein dar. Zwei dominant ausgebildete Eckpavillons sowie ein weniger markanter Mittelbau, der durch einen giebellosen Portikus und eine Kuppel ohne Tambour ausgezeichnet werden sollte, entsprachen im Aufrißschema und Gliederungssystem dem älteren Entwurf.

Der Bau, der weder ein angemessenes Vorgelände an der Bellevue noch einen entsprechenden Zugang von der Stadtseite gehabt hätte, wurde nicht verwirklicht.

44   Zu den Anregungen aus England vgl. hier den Beitrag von John Harris. Zur Löwenburg vgl. Dittscheid 1987, bes. S. 159-247.

45   Dies ist eine der wichtigen Feststellungen des Beitrages von John Harris.

46   Kehn 1998, S. 21-22, Anm. 201.

47   Schepers 1980, S. 325, Anm. 51; Dittscheid 1987, S. 227-231.

48   Potsdam, Stiftung Preußische Schlösser und Gärten Berlin – Brandenburg, Plankammer, Bestand Kassel/Hanau, Nr. 132 (s. Katalog Kassel 1999, zitiert als BK 51). Das Bellevueprojekt wurde 1919 in einem Aufsatz von Johannes Seeßelberg kurz vorgestellt.

Wilhelm IX. behielt das alte Residenzschloß weiterhin für offizielle Veranstaltungen des Hofes bei. Nach der Erhebung in den Kurfürstenstand ließ er dort durch Jussow ein bis dahin fehlendes größeres Treppenhaus für solche Anlässe einfügen.[49]

Zu den kleineren Schloßbauten, die Jussow für seinen Landesherrn ausführte, gehörte das »Lodge« genannte Schlößchen in Bad Nenndorf. Der Landgraf förderte nach seinem Regierungsantritt den Aus- und Umbau des kleinen Bades Gesundbrunnen bei Hofgeismar und wandte sich kurz darauf auch der Erschließung der Schwefelquellen in Großen Endorf, dem späteren Nenndorf, zu.[50] Er ließ ab 1787 auf eigene Kosten durch Du Ry und Jussow die notwendigen Bade- und Unterkunftsgebäude erbauen und einen Landschaftsgarten anlegen, an dessen Gestaltung er intensiv teilnahm. Die Erbauung eines eigenen Hauses, der »Lodge«, für den alljährlichen Aufenthalt in dem sich sehr erfolgreich entwickelnden Badeort, erfolgte 1805/1806 durch Jussow.

Das kleine Gebäude (Abb. 7) wurde separiert von den anderen Bauten des Bades am Rande des Parks auf einer Anhöhe plaziert. Die Fassadenmitte des zweigeschossigen Hauses mit hohem Walmdach ist durch einen viersäuligen Portikus in dorischer Ordnung und das Dachgesims mit kräftigen Mutuli bestimmt. Das Erdgeschoß wird durch seine Höhe und die Fenstertüren als Hauptgeschoß gekennzeichnet, dessen Saal sich mit drei Türen zum Garten öffnet. Die Verplankung des Fachwerkgebäudes erweckt den Eindruck einer feinen Bandrustizierung.

Jussow schloß mit der »Lodge« an den Typus der palladianischen Villa an, mit dem er sich bereits während seiner Ausbildung in Frankreich, Italien und zweifellos auch in England befaßt hatte (vgl. Kat. Nr. 7-11).[51]

7 Unbekannt, Bauaufnahme der Gartenfassade der Lodge in Bad Nenndorf. Hessisches Staatsarchiv Marburg

Arbeiten Jussows für andere Auftraggeber

Die Bautätigkeit in Weißenstein, besonders der Schloßbau und die Löwenburg, hatten nicht nur den Bauherrn bekannt gemacht, sondern auch den von ihm bevorzugten Architekten. Wie zuvor schon Du Ry erhielt nun auch Jussow von Mitgliedern des Hofes und des hessischen Adels Aufträge für größere und kleinere Bauvorhaben.[52] Auch von Arbeiten für »auswärtige Fürsten und Herren«, von denen Dittmer spricht, lassen sich für den Zeitraum von 1793 bis 1806 eine Anzahl von Projekten benennen, danach jedoch nicht mehr. Zu den umfangreicheren Planungen gehören der Marstall und das Reithaus für Herzog Georg I. von Meiningen (vgl. Kat. Nr. 106-107), das Stadtpalais des Grafen von Veltheim in Braunschweig (vgl. Kat. Nr. 92-99), ein Landschloß für den Grafen von Bohlen in Pommern[53], Umbauvorschläge für ein Landschloß des Barons Dzialowski in Turzno bei Thorn[54] sowie der Entwurf einer Kapelle für den Hildesheimer Domherrn Moritz von Brabeck für dessen Landgut Söder.[55]

Hinzu kommen Zeichnungen für verschiedene Gartengebäude, die den Ruf Jussows als Fachmann für diese Baugattung im Gefolge seiner Arbeiten im Park von Weißenstein belegen. Während unklar ist, ob eine Art Eremitage mit anspruchsvoller Ausstattung für den Minister Friedrich Siegmund Waitz von Eschen ausgeführt

49   Heppe 1995, S. 267-271, Abb. 136.

50   Zum Gesundbrunnen bei Hofgeismar vgl. Bott 1975. Zu Nenndorf vgl. Kaese 1937.

51   Die häufig hergestellte Beziehung zum 1787-89 von Du Ry erbauten Schlößchen Schönburg im Gesundbrunnen zeigt, bei gleicher Aufgabenstellung, in prägnanter Form die Unterschiede in der Architektursprache zwischen den beiden Architekten.

52   Du Ry hatte für die Minister Friedrichs II., Friedrich Christian Arnold von Jungken und Martin Ernst von Schlieffen, die Landschlösser Hüffe und Windhausen erbaut; vgl. Bätjer 1941 und Ganßauge 1957/58.

53   Staatliche Museen Kassel, Inv. Nr. GS 6065 (s. Katalog Kassel 1999).

54   Staatliche Museen Kassel, Inv. Nr. GS 6069 – GS 6071 (s. Katalog Kassel 1999).

55   Staatliche Museen Kassel, Inv. Nr. GS 6048, GS 6049, GS 6276 (s. Katalog Kassel 1999).

8 Heinrich Christoph Jussow, Chinesischer Pavillon, 1806.
Altenhaßlau bei Gelnhausen

worden ist (vgl. Kat. Nr. 109), hat sich ein zweigeschossiger »chinesischer Tempel« von 1806 im Park von Altenhaßlau bei Gelnhausen erhalten (Abb. 8). Auftraggeber war der Kabinettskassendirektor und Vertraute Wilhelms IX. in allen Finanzgeschäften, Karl Friedrich Buderus von Carlshausen.[56] Die meisten der für andere Auftraggeber entworfenen Gebäude wurden jedoch nicht ausgeführt. Zuweilen war selbst Jussow nicht bekannt, ob seine Planungen realisiert wurden, so im Fall des gotischen Gartengebäudes »im Mecklenburgischen« (vgl. Kat. Nr. 105).

Für Wilhelm IX. zeigte sich offensichtlich schnell, daß sein Architekt vielseitig einsetzbar war. So verwundert es nicht, daß er Jussow 1793 mit dem Entwurf für das »Hessendenkmal« in Frankfurt beauftragte, das König Friedrich Wilhelm II. von Preußen dem Andenken der bei der Eroberung der Stadt gefallenen hessischen Soldaten stiftete (vgl. Kat. Nr. 100).

Die Zusammenarbeit zwischen Wilhelm IX. und seinem Architekten entwickelte sich günstig, so daß Jussow schnell eine sichere Position errang. Mit der Beförderung zum Baudirektor mit dem Rang der 7. Klasse der Rangordnung 1794 war der Weg zur Nachfolge von Du Ry vorgezeichnet. Nach dessen Tod im August 1799 übernahm Jussow dessen Position als Oberbaudirektor und Oberkammerrat. Zusätzlich bekam er die Oberaufsicht des Land-, Chaussee- und Wasserbaus übertragen.[57]

An der Akademie folgte Jussow gleichfalls Du Ry als Direktor der Bauabteilung nach. Er war in dieser Position den Direktoren der beiden anderen Abteilungen vorgeordnet. Die Tätigkeit als Schriftführer lehnte er unter Verweis auf seine Arbeitsbelastung ab.[58] Jussow, der seit 1781 Unterricht an der Akademie erteilte, verstand es offensichtlich sehr gut, die Lehrinhalte an die Schüler zu vermitteln, wie aus positiven Äußerungen über seinen Unterricht hervorgeht.[59] Zu seinen besten Schülern gehörten sein Neffe Georg Ludwig Friedrich Laves, der spätere Oberhofbaudirektor in Hannover, und Johann Conrad Bromeis, der als Oberbaudirektor Jussows Nachfolger in Kassel wurde.

Bauten für die Residenzstadt Kassel

Nachdem die Arbeiten in Weißenstein dem Ende entgegengingen, wandte sich Landgraf Wilhelm IX. verstärkt seiner Residenzstadt Kassel (Abb. 9) zu. Anders als Friedrich II. verfolgte er dabei keine übergreifenden städtebaulichen Projekte. Durch die Verbindung der entfestigten Altstadt mit der Oberneustadt, die Du Ry durch die Anlage der Königsstraße, des Königsplatzes und des Friedrichsplatzes geschaffen hatte, waren stadträumliche Gegebenheiten entstanden, die der Ausdehnung Kassels für einen gewissen Zeitraum genügten. Die Baupolitik Friedrichs hatte Straßen- und Platzräume hervorgebracht, die den Ansprüchen einer modernen Residenzstadt entsprachen.

Während etwa in den Landeshauptstädten Darmstadt oder Karlsruhe in den 1790er Jahren größer angelegte Stadtplanungen einsetzten, konnte man sich in Kassel auf punktuelle Maßnahmen beschränken.[60] Dabei scheint Wilhelm IX. zunächst besonders an der Verbesserung der Stadtzugänge interessiert gewesen zu sein. Drei Bauvorhaben am Leipziger, am Frankfurter und am Weißensteiner (Wilhelmshöher) Tor standen in diesem Zusammenhang.

56   Zu anderen Entwürfen Jussows vgl. Kat. Nr. 108 (Riede), Kat. Nr. 105 (Mecklenburg). Zu zwei Gartenarchitekturen für den Park in Lütetsburg vgl. Kehn 1998, S. 21-22 und Anm. 201.

57   StAM Bestand 5, Nr. 11394, fol. 22.

58   Die Ernennung zum Direktor der Bauabteilung erfolgte am 19. Juni 1800; Knackfuß 1908, S. 100-101.

59   Knackfuß 1908, S. 65, 111. Zur Lehrtätigkeit Jussows an der Akademie vgl. Zehnpfennig 1988; Zehnpfennig 1990, S. 60-61.

60   Zur Stadtplanung in Darmstadt vgl. Frölich/Sperlich 1959, S. 113-122; zu Karlsruhe vgl. Katalog Karlsruhe 1977, S. 98-105; Keim 1990.

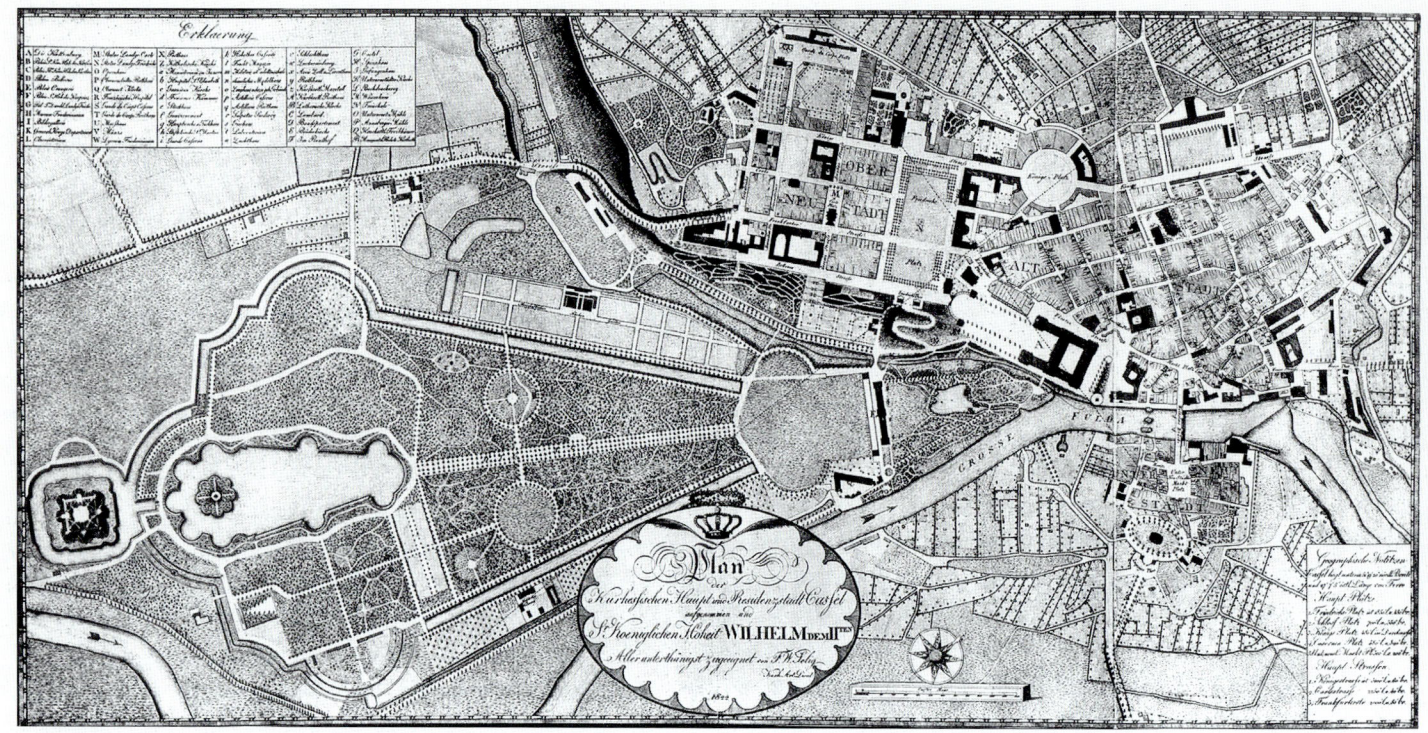

9 Friedrich Wilhelm Selig, »Plan der Kurhessischen Haupt- und Residenzstadt Cassel«, 1822. Staatliche Museen Kassel

Bereits kurz nach seinem Dienstantritt wurde Jussow an einer Aufgabe beteiligt, die mit städtebaulichen Umstrukturierungen verbunden war. 1788 bis 1793 entstand unter der Oberaufsicht Du Rys nach dem Plan des Baumeisters Engelhard eine neue Brücke über die Fulda (vgl. Kat. Nr. 69-70).[61] Der Verbesserung der Verkehrsführung und der städtebaulichen Umgestaltung mußte die mittelalterliche Magdalenenkirche auf dem Holzmarkt weichen. Jussow wurde zu Vorschlägen aufgefordert, »[...] wie die Häußer in der Gegend, wo die neue Brücke hingelegt werden soll, zu decorieren seyn mögen.«[62] Mit seinen Entwürfen folgte er den um eine klare räumliche Ordnung und ein einheitliches Erscheinungsbild bemühten städtebaulichen Ordnungsvorstellungen des 18. Jahrhunderts, die auch von seinen Lehrern Du Ry oder De Wailly propagiert worden waren. Der Platz sollte durch Begradigungen der Baufluchten streng rechtwinklig organisiert werden und achsial auf die neue Straße und Brücke bezogen sein. Als Randbebauung waren einheitlich gestaltete Gebäude vorgesehen, die im Bereich der halbkreisförmig gefaßten Brückenköpfe durch höhere Eckbauten akzentuiert werden sollten.

Als Ersatz für die abgebrochene Magdalenenkirche gab Wilhelm IX. einen Neubau in Auftrag. Er wurde erst 1802 begonnen, wobei auch der vom Landgrafen bestimmte Standort, der Leipziger Platz, umgestaltet werden sollte (vgl. Kat. Nr. 73-76). Die Fassade des Kirchenneubaus auf dem Platz versah Jussow mit einer

61 Der Entwurf der Brücke wurde mehrfach Du Ry oder Jussow zugeschrieben; so etwa Brunner 1913, S. 307; Holtmeyer 1923, S. 774; Boehlke 1958, S. 129 und Anm. 294. Als im August 1787 die Entscheidung für den Brückenbau fiel, befand sich Jussow noch in England. Zum Brückenbau vgl. StAM Bestand 17e, Kassel Nr. 713; Dittscheid 1983, S. 55-57.

62 StAM Bestand 17e, Kassel Nr. 713, fol. 365.

10 Heinrich Christoph Jussow, Entwurf zu einem Magazin- oder Zollgebäude an der Fulda, 1802. Landesbibliothek und Murhardsche Bibliothek der Stadt Kassel

dorischen Tempelfront. Sie gehört zu den frühesten Sakralbauten in Deutschland, bei denen auf die Architektur der griechischen Antike zurückgegriffen wird. Dies zeigt der Vergleich mit den Kirchenbauentwürfen Friedrich Weinbrenners für Karlsruhe (1792) oder Friedrich Gillys für Potsdam (1796). Die anfänglich mit dem Kirchenbau zusammen geplanten Umgestaltungen des Platzes, des Tores, eines Teiles der Unterneustadt sowie am Fuldaufer (Abb. 10) unterblieben.

Das 1800 projektierte, aber nicht ausgeführte Exerzierhaus auf den »Elysäischen Feldern« gab Jussow die Möglichkeit, die Wirkung eines großen Baukörpers durch die Gestaltung der Fassaden zu steigern und damit den Vorstellungen der Revolutionsarchitektur in bemerkenswerter Weise anzunähern (vgl. Kat. Nr. 71-72). Die Monumentalisierung der Architektur unterscheidet Jussows Entwürfe von denjenigen für Exerzier- und Reithäuser in Berlin. Bei den seit den 1790er Jahren vor allem von David Gilly und Carl Gotthard Langhans errichteten Bohlendachbauten lassen sich keine Versuche beobachten, die Zweckbestimmung der Militärbauten in dieser Form zu charakterisieren.

Während die Pläne, den Zugang in die Unterneustadt städtebaulich aufzuwerten, nicht verwirklicht wurden, konnte durch Verschiebung des Frankfurter Tores an den Rand der Oberneustadt eine verkehrstechnische Verbesserung erreicht werden. Dem Neubau des Wachhauses gab Jussow durch die dorische Säulenordnung und die Eckquaderung den Charakter von Festigkeit und Ernst.[63]

Größtes Interesse und auch finanzielles Engagement verwandte Wilhelm IX., seit 1803 Kurfürst Wilhelm I., auf den Ausbau des Wilhelmshöher Platzes am Ende der Königsstraße. Hier, am Ausgangspunkt der Wilhelmshöher Allee, die zu dem neuen Schloß Wilhelmshöhe führte, sollte ein architektonisch besonders aufwendig gefaßter Zugang zur Stadt entstehen und durch ein monumentales Tor ausgezeichnet werden.

Nach Jussows Vorschlag wurde ein sechseckiger Platz geplant, der eine geschlossene Randbebauung mit dreigeschossigen Steinhäusern nach einheitlichem Entwurf Jussows erhalten sollte (Abb. 11).[64] Die privaten Bauherren wurden mit finanziellen Beihilfen unterstützt. In der Achse der Wilhelmshöher Allee war eine große Toranlage mit seitlichen Wach- und Zollhäusern vorgesehen.

In einem frühen Entwurf, der noch von dem bestehenden runden Platz ausging, entwarf Jussow eine Torsituation, deren kräftig und gedrungen wirkende Formen sowie zwei Säulen, die mit Viktorien besetzt waren, Elemente der Revolutionsarchitektur verarbeiten und motivisch mit einem der Pariser Zolltore von Ledoux verwandt sind (vgl. Kat. Nr. 77).

Bei der Ausführung spielte dieser Gedanke jedoch keine Rolle mehr. Vielmehr legte Jussow etwas konventionellere Vorschläge vor, die sich eng an antiken Vorbildern orientierten. Zweimal kombinierte er die Seitengebäude mit Triumphbögen römischer Provenienz. Die dritte Variante sah eine sechssäulige dorische Architektur vor. Aus dieser wurde der Ausführungsentwurf mit vier Säulen und vollständigem Gebälk entwickelt.

63 Staatliche Museen Kassel, Inv. Nr. GS 5880, GS 5987-GS 5989 (s. Katalog Kassel 1999).

64 Holtmeyer 1923, S. 127-129; Dittscheid 1983, S. 60-65; Fenner 1998, S. 36-48.

In der Grundrißdisposition und partiell im Aufriß bezog sich das Tor auf einen der Gründungsbauten des von der griechischen Antike beeinflußten Klassizismus in Deutschland, auf das Brandenburger Tor (1789-1791) von Carl Gotthard Langhans. Auch Friedrich Weinbrenner hatte das Ettlinger Tor in Karlsruhe (1803), das ebenfalls am Beginn einer der Hauptachsen der Stadt lag, mit dorischer Ordnung und großem Giebel errichtet.

Der Einmarsch der Franzosen 1806 und die Gründung des Königreichs Westphalen unterbrachen die Arbeiten an dem Platz. Die Verwaltung des neuen napoleonischen Staates nahm sie nach einiger Zeit wieder auf, allerdings mit veränderten Zielvorstellungen. Die Toranlage blieb unvollendet und wurde auch nach der Rückkehr Wilhelms I. 1813 nicht mehr fertiggestellt.

11 Heinrich Christoph Jussow, Fassadenentwurf für das Haus des Maurermeisters Seidler am Wilhelmshöher Platz, 1805/1806. Hessisches Staatsarchiv Marburg

Jussows Tätigkeit während des Königreichs Westphalen

Die Besetzung Kurhessens durch die Franzosen 1806 und die ein Jahr später von Napoleon vorgenommene Errichtung des Königreichs Westphalen, das von Jérôme, dem jüngsten Bruder des Kaisers, regiert wurde, hatte für Jussow keine nachteiligen beruflichen Folgen. Jedoch konnte er seine Stellung als bevorzugter Architekt des Souveräns nicht behaupten. Die französische Verwaltung und König Jérôme beriefen den Franzosen Auguste Victor Grandjean de Montigny (1776-1850) nach Kassel, wo dieser 1810 »Premier Architecte du Roi« wurde. Im gleichen Jahr stieg Leo Klenze, der Ende 1808 nach Kassel gekommen war, zum zweiten Hofarchitekten auf.[65]

Jussow behielt seine leitende Stellung auch in der westphälischen Bauverwaltung, der er als Generalinspektor der Brücken, Chausseen und der öffentlichen Bauten vorstand. 1810 kam als weiteres Aufgabengebiet noch die Betreuung der Krongebäude hinzu. Trotz der großen Aufgabenfülle in der Verwaltung, die für das gesamte Königreich zuständig war[66], wurde Jussow auch weiterhin an manchen der Bauvorhaben beteiligt, die in sein Ressort fielen. Die großen Aufträge gingen jedoch an Grandjean de Montigny oder Klenze, wie der Umbau des Museum Fridericianum zum Ständepalast, Entwürfe für einen Schloßneubau oder Projekte für das Schloß Schönfeld.[67]

Die westphälische Zeit führte jedoch zu einem deutlich sichtbaren Bruch in Jussows Werk, der am Beispiel des »Fürstenhauses« und des Meßhauses aufgezeigt werden kann. Die Bauten zeigen mit der flächenhaften und gleichmäßigen Fassadengestaltung die Bemühungen, sich dem Empirestil anzugleichen. Besonders schlagend wird dieser Kontrast beim »Fürstenhaus«, das am Wilhelmshöher Platz als Dienstgebäude der Amortisationskasse des Königreichs errichtet wurde (vgl. Kat. Nr. 82). Dieses Gebäude ersetzte das kurz zuvor von Jussow für den Maurermeister Seidler geplante Haus, dem Jussow in ganz anderer Weise ein massives und schweres Erscheinungsbild gegeben hatte (Abb. 11).[68] Selbst in seiner Zeichnungsweise stellte sich Jussow auf die neuen Verhältnisse ein, indem er auf die bis dahin stets verwendete und für ihn charakteristische fleckige Lavierung verzichtete. Stattdessen beschränkte er sich nun weitgehend auf die Darstellung der Umrißlinien und eine

65   Zur Tätigkeit von Grandjean de Montigny in Kassel vgl. Buttlar 1986; Katalog Boulogne-Billancourt 1988, S. 29-38. Zu Klenze in Kassel vgl. Buttlar 1986.

66   Über die Arbeitsbelastung in der westphälischen Bauverwaltung äußerte Jussows Neffe Laves rückblickend: Dort sei er »so geplagt oder vielmehr gehetzt« worden, wie sonst nicht in seinem Leben (Katalog Hannover 1988, S. 70). Zu den Untergebenen Jussows gehörte in diesen Jahren auch Krahe als Ingénieur en Chef des Okerkreises (Dorn 1997, S. 4).

67   Schönfeld wurde von Klenze betreut; vgl. dazu sowie zu den weiteren Entwürfen Klenzes für Großbauten, die nicht realisiert wurden, Buttlar 1986, S. 190-194.

68   Vgl. dazu die Bewertung bei Buttlar 1986, S. 179 und Dittscheid 1987, S. 26. Die Einschätzung des Amortisationskassenhauses als »ein wenig inspiriertes Gebäude« bei Mellinghoff/Watkin 1989, S. 243, ist so vielleicht zu einseitig, aber in diesem Zusammenhang bezeichnend.

sehr zurückhaltende Lavierung, wie von Durand gefordert und besonders durch Percier und Fontaine verbreitet. Auf ein entsprechendes Verhalten während der Tätigkeit in der westphälischen Zeit weist Dorn bei Krahe hin.[69]

Der Umfang und der jeweilige Anteil der baulichen Aktivitäten Jussows in der westphälischen Zeit läßt sich nicht exakt bestimmen. So ist ihm beispielsweise das Marstallgebäude in Wilhelmshöhe nicht eindeutig zuzuweisen. Andererseits zog man ihn zur Fertigstellung des Theaterbaus in Wilhelmshöhe hinzu, der von Klenze entworfen und begonnen worden war.[70]

Zu den vielen unverwirklichten Projekten des Königreichs gehörte auch eine städtebauliche Planung von 1813, die südlich an die Unterneustadt eine »Ville commerçale« anfügen und diese durch ein Brückenbauwerk mit der Aue sowie dem Schloßgelände verbinden wollte. Jussow konzipierte einen zum Fluß hin offenen runden Platz mit radial ausstrahlenden Straßen und einem umlaufenden Kanal.[71]

Der Entwurf erinnert an einen Wettbewerbsbeitrag von Étienne-Éloi Labarre für ein neues Quartier in Bordeaux, der mit anderen 1801 im Louvre ausgestellt war.[72]

Angesichts der umfangreichen Arbeitsfelder Jussows mag es überraschen, daß er noch Zeit für die Annahme von Privataufträgen hatte. Allerdings gibt es bislang lediglich für ein Wohnhaus in der Wilhelmshöher Allee sichere Belege.[73]

Kurfürstentum

Nach der Rückkehr des Kurfürsten 1813 wurde Jussow ohne weiteres wieder als Oberbaudirektor und Oberkammerrat übernommen. Im Februar 1814 legte der Kurfürst sein Gehalt auf 950 Reichstaler fest.[74] Anders als Grandjean de Montigny und Klenze hatte er keinen der großen Bauaufträge Jérômes und des westphälischen Staates ausgeführt und seine Amtsführung war korrekt und integer gewesen. Für die beiden erstgenannten Architekten des Königs war dagegen eine berufliche Zukunft im Kurfürstentum undenkbar. Sie verließen Kassel gleich nach dem Zusammenbruch des Königreichs Westphalen.[75]

Nach der Wiederherstellung des Kurfürstentums waren Jussows bauliche Aktivitäten wieder in erster Linie durch Aufträge Wilhelms I. bestimmt. Der Kurfürst befaßte sich vornehmlich mit seinen privaten Vorhaben, öffentliche Bauten gab er nicht mehr in Auftrag.

So wurde Jussow nochmals in Wilhelmshöhe tätig, wo er zwei weitere Parkgebäude erstellte. Auf dem Bowlinggreen entstanden zwischen 1814 und 1818 die Säulenhalle und 1817/1818 der Tempel am Fontainenteich.[76] Der unter Jérôme angelegte Verbindungsgang zwischen dem Corps de logis und dem Kirchflügel erhielt aus Symmetriegründen ein Pendant.[77]

In der Stadt Kassel wurde Jussow 1817 mit der Wiederherstellung des Denkmals Friedrichs II. auf dem Friedrichsplatz[78] sowie der Errichtung eines kleinen Gasthauses in der Aue beauftragt.[79]

Diese kleineren Arbeiten wurden von einem Großprojekt völlig in den Schatten gestellt, mit dem sich Wilhelm I. bald nach seiner Rückkehr beschäftigte. Er

69   Dorn 1969, S. 82-83, Anm. 228.

70   Buttlar 1986, S. 189.

71   Der Plan befindet sich in der Landesbibliothek und Murhardschen Bibliothek der Stadt Kassel, Inv. Nr. HP 38. Vgl. Holtmeyer 1923, Taf. 20,4.

72   Die Projekte für die Bebauung des Geländes des Château Trompette wurden durch zwei Wettbewerbe, die Ausstellung im Louvre sowie die Publikation einiger Beiträge bekannt. Weinbrenner beteiligte sich am zweiten Wettbewerb mit einem Entwurf für ein Denkmal der französischen Republik; vgl. Katalog Paris 1989, S. 239-248.

73   Staatliche Museen Kassel, Inv. Nr. GS 5969 (s. Katalog Kassel 1999). Zu dem Haus vgl. Garküche 1814, S. 9. Wahrscheinlich handelt es sich um das Haus Wilhelmshöher Allee 17; Holtmeyer 1923, S. 758, Taf. 390,1 und 2.

74   StAM Bestand 5, Nr. 11394, fol. 37r.

75   Buttlar 1986, S. 204-205. Auch für Krahe bestand wegen seiner Arbeit für die westphälische Verwaltung einige Monate Unsicherheit über seine berufliche Zukunft; Dorn 1997, S. 6.

76   Vgl. Staatliche Museen Kassel, Inv. Nr. GS 5811 – GS 5814, GS 5816 (s. Katalog Kassel 1999). Vgl. hier Kat. Nr. 65.

77   Staatliche Museen Kassel, Inv. Nr. GS 5779, GS 5801 (s. Katalog Kassel 1999).

78   Staatliche Museen Kassel, Inv. Nr. GS 5965 – GS 5968, GS 5970 – GS 5973 (s. Katalog Kassel 1999).

79   Staatliche Museen Kassel, Inv. Nr. GS 6011 – GS 6015 (s. Katalog Kassel 1999).

beabsichtigte, das 1811 abgebrannte alte Residenzschloß durch einen gewaltigen Neubau, die »Chattenburg«, zu ersetzen, der sich in seinen Dimensionen an den größten europäischen Schloßbauten orientierte (vgl. Kat. Nr. 86-91). In dem Projekt kam der von Wilhelm erhobene Anspruch auf die Königswürde für Hessen ebenso zum Ausdruck wie seine ausgeprägt restaurative Gesinnung.

Bei der 1820 vorgenommenen Grundsteinlegung des Bauwerks ehrte der Kurfürst Jussows Dienste und Leistungen durch Verleihung des Kommandeurskreuzes des Goldenen Löwenordens.[80] Der Bau blieb wegen des Todes von Wilhelm I. im Jahr 1821 unvollendet und wurde 1870 abgetragen.

Auch bei seiner Beteiligung an den Umbauprojekten für das Leineschloß in Hannover (vgl. Kat. Nr. 101-104) 1816 läßt sich Jussows Tendenz zur Schaffung einer »Schauarchitektur«[81] beobachten.

Auch die beiden letzten größeren Arbeiten Jussows neben seiner dienstlichen Tätigkeit entstanden für die Fürstenfamilie. So errichtete er 1820 das Mausoleum auf dem Altstädter Friedhof für die verstorbene Ehefrau Wilhelms, Kurfürstin Wilhelmine Caroline (vgl. Kat Nr. 83-84).[82] Der kleine Bau in Gestalt eines dorischen Antentempels ist einer Reihe ähnlicher klassizistischer Sepulkralarchitekturen zuzuordnen. Von Jussows gut 30 Jahre zuvor zu Papier gebrachten Ideen zum Thema Grabbau ist hier nichts mehr zu spüren (vgl. Kat. Nr. 13).

Kurfürst Wilhelm II., der 1821 die Regierung übernahm, hatte schon als Thronfolger mit Johann Conrad Bromeis, einem Schüler Jussows, zusammengearbeitet und diesen auch als Hofbaumeister übernommen.[83] Jussow war nun nur noch für das Staatsbauwesen zuständig und erhielt keine Aufträge mehr vom Hof. Eine Ausnahme war der Umbau des außerhalb Kassels liegenden Schlößchens Schönfeld, das Wilhelm II. seiner von ihm getrennt lebenden Gemahlin Auguste 1821 geschenkt hatte. Aufgrund des schlechten Verhältnisses der Ehegatten zueinander kam Bromeis für Auguste als ausführender Architekt nicht in Frage.[84]

Auch bei der Auftragsvergabe zur Erbauung des Auetors am Friedrichsplatz 1824 zeigte sich, daß Kurfürst Wilhelm II. Bromeis bevorzugte.[85]

Die Jahre seit dem Tod des ersten Kurfürsten 1821 waren für Jussow von der Beschränkung auf seine Dienstobliegenheiten geprägt, so daß er »am Ende seines Wirkungskreises auch nur wenig mit dem selbst ausführenden Theile seiner Kunst beschäftigt« war.[86] Zu den dabei erworbenen weniger spektakulären und bislang nicht näher gewürdigten Verdiensten gehörten die Leistungen im Straßenbau.[87]

Jussow starb am 26. Juli 1825 und wurde auf dem Altstädter Friedhof beigesetzt. Die Inschrift auf der schmucklosen Grabplatte charakterisiert Leben und Werk: »Sein Denkmal sind seine Werke/Drum anspruchslos, wie er im Leben/deckt dieser Stein/ was sterblich an ihm war.«[88]

Das architektonische Werk Jussows entstand in einer 37jährigen beruflichen Tätigkeit in Kassel. In der äußeren Kontinuität dieses Arbeitslebens kam es mit den politischen Veränderungen von 1806/1807 und dem Thronwechsel von 1821 zweimal zu gravierenden Einschnitten, die sich auf Umfang und Qualität der Arbeit

80 Dittmer 1827, S. 850.

81 Katalog Hannover 1988, S.145-170.

82 Staatliche Museen Kassel, GS 5991 – GS 6002, GS 6282, GS 6338, GS 6339 (s. Katalog Kassel 1999).

83 Zu Bromeis vgl. Katalog Kassel 1988.

84 Die Umgestaltung Schönfelds wurde lange Zeit irrtümlich Bromeis zugeschrieben; vgl. Losch 1913, S. 80-81; Holtmeyer 1923, S. 412-413; Katalog Kassel 1988, S. 17. Zum Umbau vgl. Fenner 1995, S. 122-133.

85 Holtmeyer 1923, S. 126. Dittmer 1827, S. 851, schreibt den Bau Jussow zu.

86 Dittmer 1827, S. 851.

87 Katalog Kassel 1958, S. 47.

88 Der leicht beschädigte Grabstein ist erhalten und heute Ehrengrab der Stadt Kassel.

auswirkten, auch wenn sich Jussow mit den jeweils neuen Konstellationen gut zu arrangieren verstand, wie seine Bauten in der Zeit des Königreichs Westphalen zeigen.

Nach der Rückkehr des Kurfürsten, der nur noch wenige private Projekte in Auftrag gab, knüpften Jussows Entwürfe kaum noch an die Zeit vor 1806 an. Nun herrschte eine konventionelle, gleichsam beruhigte Formensprache vor, wie sie sich auch in der allgemeinen Entwicklung in der Architektur der Restaurationszeit findet.

Die Ereignisse von 1806 gefährdeten Jussows berufliche Stellung nicht, beendeten aber die knapp 20jährige Zeitspanne, die von intensiver und vielfältiger Planungs- und Bautätigkeit bestimmt war. Diese von 1788 bis 1806 andauernde Phase war Jussows Hauptschaffenszeit, in der die Bauten und Projekte entstanden, nach denen die Leistung und der historische Stellenwert des Kasseler Architekten vor allem zu bewerten sind. In diesem Zeitraum entwickelte Jussow eine ausgeprägte Handschrift »mit schweren, blockhaften Bildungen eines pathetischen Hochklassizismus«[89], die auf der Rezeption des Ideen- und Formenrepertoires der französischen Revolutionsarchitektur und der Konfrontation mit der Antike gründete. Dieses architektonische Vokabular Jussows, das die Baukörper auf stereometrische Formen reduzierte, die Ornamentik beschränkte und die Bauten monumentalisierte, findet sich auch in vielen der um 1800 entstandenen Werke von Zeitgenossen, etwa bei Krahe, Weinbrenner, Gentz, Genelli, Arens und Hansen. Sie alle hielten sich in den 1780er und 1790er Jahren zeitweilig in Rom auf und empfingen hier prägende Eindrücke. Jussow konnte diese neue Formensprache beim Schloßbau von Weißenstein erfolgreich durchsetzen, da Wilhelm IX. an einer »erhabenen« und »heroischen« Wirkung des Bauwerks gelegen war. Mit dem traditionellen Wertekanon der älteren Architekturtheorie, die Du Ry vertrat, war diese Forderung nicht in Einklang zu bringen. Dagegen konnte sich Jussow auf die seit der Mitte des 18. Jahrhunderts in Frankreich entwickelte und gegen Jahrhundertende in Deutschland allseits akzeptierte Lehre von den unterschiedlichen Charakteren in der Baukunst beziehen. Er war bereit, auf dieser Grundlage die Wünsche des Bauherrn zu erfüllen, auch gegen den Widerstand und schließlich den Protest seines früheren Lehrers und Vorgesetzten.[90] Das hat ihm den nicht ganz unzutreffenden Vorwurf des Opportunismus eingetragen[91], jedoch ist nicht zu übersehen, daß sich hier nicht allein ein personeller Wechsel vollzog, sondern ein grundlegender Bruch mit einer als nicht mehr zeitgemäß eingeschätzten stilistischen Ausrichtung.

Wilhelm IX. hatte damit seinen Architekten gefunden und Jussow den Grundstein zu seiner Karriere gelegt. Anders als in Wilhelmshöhe konnte Jussow in der Residenzstadt Kassel nicht so prägend tätig werden wie zuvor Du Ry oder wie die Zeitgenossen Krahe, Weinbrenner oder Moller in den Landeshauptstädten Braunschweig, Karlsruhe und Darmstadt. Da nahezu alle in Kassel geplanten Projekte fragmentarisch blieben oder gar nicht erst begonnen wurden, beschränkte sich die Bewertung von Jussows Leistungen bis heute vornehmlich auf sein Wirken in Wilhelmshöhe.

89   Katalog Kassel 1958, S. 46.

90   Den Stellenwert der Charakterlehre für Jussow erhellen seine Ausführungen von 1795 zu zwei Gartengebäuden; vgl. Kehn 1998, S. 21-22, 29, Anm. 201.

91   Zu diesem Vorwurf der Tochter Du Rys vgl. Dittscheid 1987, S. 129.

12 Heinrich
Christoph Jussow,
Kopie eines
Capriccios mit dem
Porto di Ripetta
und dem Pantheon
von Jean Claude
Richard de Saint-
Non, 1784-1786.
Staatliche Museen
Kassel

»UND SAMMELTE SICH EINEN SCHATZ VON KENNTNISSEN MANNICHFACHER ART«

F. Carlo Schmid — Heinrich Christoph Jussow in Italien

Jussows Italienaufenthalt 1785/1786 war im Rahmen der Ausbildung Kasseler Künstler nicht singulär, denn die Landgrafen von Hessen-Kassel wünschten die Vertrautheit der einheimischen Künstler mit der italienischen Kunst. Darüber hinaus wurden auch italienische Künstler in Kassel beschäftigt. So hatte Landgraf Karl (reg. 1670-1730) während seiner Italienreise in den Jahren 1699 und 1700 in Rom den Architekten Giovanni Francesco Guerniero kennengelernt, ihn nach Kassel berufen und ihm die Gestaltung des Karlsbergs anvertraut.

Simon Louis Du Ry, der spätere Mentor Jussows, hatte selbst durch ein Stipendium Wilhelms VIII. (reg. 1730-1760) ab 1746 eine exzellente Ausbildung in Schweden, Frankreich, den Niederlanden und Italien erhalten. Sein Italienaufenthalt im Rahmen des Studiums dauerte von 1753 bis 1756.[1] Er setzte sich in dieser Zeit mit Andrea Palladio auseinander, besuchte die Ausgrabungen in den Vesuvstädten und erwarb zahlreiche Kunstwerke für die landgräfliche Sammlung. Die meiste Zeit verbrachte er in Rom, wo er auf ausdrücklichen Wunsch Wilhelms VIII. zahlreiche Zeichnungen nach antiken und modernen Vasen anfertigte. Sein »Livre d'etudes« belegt, in welchen Sammlungen er Kunstobjekte zeichnete und enthält Bauaufnahmen von Gebäuden der Antike, der Renaissance und des Barock.

In Begleitung Friedrichs II. (reg. 1760-1785) unternahm er 1776/1777 eine zweite Italienreise, bei der wiederum oberitalienische Städte, Neapel mit seiner Umgebung und Rom besucht wurden. Während der für einen katholischen Fürsten obligatorischen Papstaudienz schenkte Pius VI. (reg. 1775-1799) Friedrich II. unter anderem auch Giovanni Battista Piranesis graphisches Werk.[2]

Da Du Ry in Kassel die Ausbildung der Architekturschüler anvertraut war, konnte er ihnen zahlreiche Informationen über die Kunst Italiens vermitteln. Du Ry war nicht nur Sekretär der 1775 gestifteten und 1777 eröffneten Maler- und Bildhauerakademie, sondern stand auch seit Gründung der Bauakademie 1781 an deren Spitze.[3] Diese vergab mit der Akademie für Malerei und Bildhauerei als höchste Auszeichnung ein dreijähriges Reisestipendium nach Frankreich und Italien.

Für die Ausbildung der bildenden Künstler und Architekten hatte die Italienreise Friedrichs II. sichtbare Ergebnisse. Der Landgraf erwarb zur Erweiterung der seit Moritz dem Gelehrten (reg. 1592-1627) in Kassel vorhandenen Antikensammlung einige hochbedeutende antike Skulpturen, darunter den sogenannten Kasseler Apoll und die Athena Lemnia. Sie wurden im Museum Fridericianum aufgestellt, das Du Ry von 1769 bis 1779 im Auftrage des Landgrafen als ersten selbständigen Museumsbau auf dem Kontinent errichtete. Hier war die Antikensammlung, die aus Originalen und Gipsabgüssen bestand, allgemein zugänglich aufgestellt. Im Rahmen der akademi-

1 Gerland 1895.

2 Schuchard/Dittscheid 1979, S. 77.

3 Nach wie vor grundlegend: Knackfuß 1908. Zur Bauakademie vgl. Ege 1986.

schen Ausbildung wurde nach Objekten der Sammlung gezeichnet. Als direkte Folge der Italienreise Friedrichs II. kam es 1777 zur Gründung der Gesellschaft der Altertümer, womit die Antikenforschung in Kassel institutionalisiert wurde.

Von seiner Grand Tour brachte der Landgraf außerdem 36 Korkmodelle antiker Bauten von Antonio Chichi mit.[4] Derartige phelloplastische, äußerst präzise gearbeitete Gebäudemodelle wurden von Italienreisenden gerne als Andenken erworben. Da die Miniaturnachbauten ausgesprochen teuer waren, konnten sich nur vermögende Touristen solche Souvenirs leisten. Auch diese Modelle wurden in Kassel im Fridericianum gezeigt und der Architektenausbildung nutzbar gemacht. Sie dienten als dreidimensionales Anschauungsmaterial und verstärkten bei den angehenden Architekten den Wunsch, Italien zu bereisen.

Künstlerleben in Rom

1827 erschien im »Neuen Nekrolog der Deutschen« ein Nachruf auf Jussow, der Aufzeichnungen von ihm selbst und seinem Neffen Georg Ludwig Friedrich Laves berücksichtigte. In diesem Beitrag wird auch Jussows Italienaufenthalt zusammengefaßt: »[Jussow] ging [von Frankreich kommend] durch die Schweiz nach Italien, besuchte hier die merkwürdigsten Städte und hielt sich besonders lange Zeit in Rom auf, um die dortigen Denkmäler der classischen Vorzeit sowohl, wie auch die vortrefflichen Ueberbleibsel von Vasen, Candelabren etc. zu studiren, von welchen letztern Gegenständen er die auserlesensten genau abzeichnete. Dann machte er eine Reise nach Neapel, untersuchte die vielen Ueberreste alter Gebäude in dessen Umgebungen, begab sich nach Pästum und unternahm specielle Ausmessungen der dortigen, damals noch weniger als jetzt bekannten Griechischen Tempel, von welchen er auch sehr gelungene perspektivische Zeichnungen aufstellte. Von da trat er die zu jener Zeit nur mit Gefahr auszuführende Reise nach Sicilien an, umwanderte und durchkreuzte diese Insel, sah die Ueberreste von Segeste, Selinnet, Agrigent, Sirakus etc., bestieg mit großen Beschwerden den Aetna und sammelte sich einen Schatz von Kenntnissen mannichfacher Art. Nachdem er wieder in Rom angelangt, besuchte er auf der Rückreise nach Deutschland die früher noch nicht gesehenen Städte Oberitaliens [...].«[5]

Der Nachruf reduziert die Auseinandersetzung Jussows unzutreffenderweise auf die Antike und deutet lediglich mit der Erwähnung der oberitalienischen Städte an, er habe bei dieser Gelegenheit auch Villen und andere Bauwerke Palladios gesehen. Die weiteren architektonischen Anregungen, die Jussow besonders in Rom erfuhr, müssen aus seinen Zeichnungen erschlossen werden.

Rom war seit je ein Anziehungspunkt für Pilger, Reisende und Künstler.[6] Diese zog es nicht nur wegen der Zeugnisse früherer Kunstepochen an den Tiber, sondern auch wegen der internationalen Avantgardekunst.[7] In Rom versammelten sich Künstler unterschiedlicher Nationen, ohne in die starren Kontrollzwänge heimischer Akademien einbezogen zu sein, und kultivierten das Ideal des unkonventionellen Lebens.[8] Sie trafen sich oft in zwanglosem Rahmen, um im Freien oder in

4 Verzeichnis der Korkmodelle: Katalog Kassel 1986/1, S. 63-65. Über die Preise informiert eine Werbeanzeige des Leipziger Kunsthändlers Carl Christian Heinrich Rost; ebd. S. 10-11.

5 Dittmer 1827, S. 847.

6 Schudt 1959; Brilli 1989; Katalog London 1996/1.

7 In Rom entwickelte sich seit den fünfziger Jahren des 18. Jahrhunderts der internationale Klassizismus. Dazu zuletzt Busch 1998, S. 40.

8 Oswald 1988, S. 260-273.

Kaffeehäusern und Osterien zu feiern. Jussow, der gleichzeitig mit dem Kasseler Steinmetz Henrich Abraham Wolff in Rom war[9], wird sich selbstverständlich in diesem Kreis bewegt und die Möglichkeiten des Austauschs genutzt haben.

Antike Kunst in Rom und Tivoli

Auf die antiken Kunstwerke der Stadt und ihrer Umgebung war Jussow durch seine Ausbildung bei Du Ry, durch die Kasseler Antikensammlung, die Korkmodelle und graphische Ansichten vorbereitet. Bei seinen Erkundungen in Rom zeichnete er vermutlich viel. Allerdings haben sich kaum Studien nach antiken Bauwerken, sondern vor allem solche nach Altären, Dreifüßen und ähnlichen Gegenständen erhalten.

Eine besondere Gruppe bilden die Kopien nach Vasen und Kandelabern, die im Nachruf eigens herausgestellt werden. Bereits Du Ry hatte im Auftrag Wilhelms VIII. in Rom antike Gefäße kopiert. Jussow zeichnete sie aber nur in Umrissen, womit er dem Geschmack der Zeit um 1800 entsprach. Die Zeichnungen entstanden nicht alle vor den Originalen in Rom, Neapel oder Florenz[10], vielmehr benutzte Jussow darüber hinaus Vorlagenwerke, so daß die Zeichnungen nicht unbedingt in Italien entstanden sein müssen. Insbesondere nutzte er die 1764 in Parma publizierte »Suite de Vases tirée du cabinet de Monsieur du Tillot« von Ennemond-Alexandre Petitot und Benigno Bossi. Diese Graphikfolge enthält Vasen, die der aktuellen antikisierenden Mode entsprachen und die Jussow ebenfalls kopierte.

Einige der Zeichnungen nach antiken Objekten sind sorgsam zu Präsentationsblättern komponiert und im Gegensatz zu den Umrißzeichnungen laviert (vgl. Kat. Nr. 1).[11] Sie dienten Jussow möglicherweise als Nachweis für den Fortschritt seiner Ausbildung und als Ideensammlung. Als er etwa 1820 für das Mausoleum von Wilhelmine Caroline von Hessen-Kassel Leuchter entwarf, griff er auf diese römischen Studienblätter zurück.[12]

Im Gegensatz zum stadtrömischen Gebiet haben sich aus der Umgebung, aus dem von Reisenden vielbesuchten Tivoli, einige Zeichnungen Jussows nach einem antiken Bau erhalten. Es handelt sich dabei um eigenwillige Studien der Substruktionen des spätrepublikanischen einstigen Herkules-Victor-Tempels[13], dessen mächtige Baumasse unterhalb der Villa d'Este aufragt. Im 18. Jahrhundert deuteten die Wissenschaftler das Bauwerk als Villa des legendären Maecenas. Da die antike Via Tiburtina von Rom kommend durch die Substruktionen der Ruine in die Stadt führte, kamen Touristen zwangsläufig durch das Areal. Die feuchten, kühlen und dunklen Gänge hinterließen bei ihnen einen starken Eindruck. Dieser wurde noch dadurch gesteigert, daß ein Arm des Anio durch die Anlage geleitet wurde und innerhalb der Substruktionen in einem hallenartigen Raum als Wasserfall herabstürzte. Im späten 18. Jahrhundert wurde die Szenerie als erhaben empfunden und vielfach dargestellt.[14] Jussow kannte das in Kassel vorhandene Korkmodell Chichis, orientierte sich aber an den Radierungen Piranesis aus den »Vedute di Roma«. Piranesi hatte sich intensiv mit den Gewölben beschäftigt und mehrere Ansichten von ihnen radiert. Jussow nahm eine seiner Zeichnungen[15] (Abb. 14) von derselben Position aus auf wie die 1767

9   Dittscheid 1987, S. 21 und 24. Zu Jussow und weiteren Kasseler Künstlern in Rom vgl. Schmid 1998/2.

10   Der Krater des Salpion in Neapel entstand wegen der Abweichungen zum Original vermutlich nach einer Vorlage: Staatliche Museen Kassel, Inv. Nr. GS 6160 (s. Katalog Kassel 1999). Zum Medici-Krater vgl. hier Kat. Nr. 2. Aus größeren Zeichnungskomplexen für Projekte Jussows werden im folgenden meist nur jeweils eine oder einige Zeichnungen stellvertretend genannt. Weiterführende Literatur zu den Zeichnungen findet sich in Katalog Kassel 1999.

11   Staatliche Museen Kassel, Inv. Nr. GS 6147, GS 6148, GS 6149 und GS 9564 (s. Katalog Kassel 1999).

12   Staatliche Museen Kassel, Inv. Nr. GS 6215, GS 6149 und GS 9564 (s. Katalog Kassel 1999).

13   Staatliche Museen Kassel, Inv. Nr. GS 6089, GS 6090, GS 6091, GS 6092 und GS 9549 (s. Katalog Kassel 1999).

14   Schmid 1998/1, S. 221.

15   Staatliche Museen Kassel, Inv. Nr. GS 6092 (s. Katalog Kassel 1999).

13 *Giovanni Battista Piranesi, »Altra veduta interna della Villa di Mecenate in Tivoli«, 1767. Verwaltung der Staatlichen Schlösser und Gärten Hessen, Bad Homburg v. d. H.*

entstandene Piranesi-Radierung »Altra veduta interna della Villa di Mecenate in Tivoli.« (Abb. 13) Trotz dieser Parallele fertigte Jussow die etwas steifen Zeichnungen vor der Natur an. Er verzichtete wie regelmäßig auf Staffagefiguren, wodurch die Größenverhältnisse aus den Zeichnungen nicht ablesbar sind. Piranesi hatte durch bewußt kleine, oft grotesk wirkende Personen versucht, die Würde und den Ewigkeitscharakter der antiken römischen Architektur zu unterstreichen, die noch im Verfall ihre Monumentalität bewahrt. Dieser Eindruck stellt sich angesichts der Gewölbezeichnungen Jussows nicht ein, die durch den Verzicht auf Ausblicke in die Landschaft wie labyrinthartige Gefängnisräume wirken.

Paestum und Sizilien

Im Nachruf wird besonders herausgestellt, daß Jussow Neapel und die antiken Vesuvstädte gesehen habe, aber auch einer der ersten deutschen Architekten war, die sich nach Paestum begaben. Darin folgte er Peter Joseph Krahe, der im Herbst 1785 den Ort aufsuchte.[16] Von den perspektivischen Zeichnungen der Tempel, die im Nekrolog Erwähnung finden, haben sich keine eindeutig Jussow zuzuweisenden Blätter erhalten[17], sondern lediglich Kopien der drei Heiligtümer und eines Sarkophages nach der zweisprachigen, 1784 in Rom erschienenen Abhandlung »Paesti quod Posidoniam etiam dixere Rudera / Rovine della Città di Pesto detta ancora Posidonia« von Paolo Antonio Paoli.[18]

Paolis Abhandlung gehört zu den zahlreichen Publikationen, die sich nach dem Bekanntwerden Paestums in der zweiten Hälfte des 18. Jahrhunderts der Stadt widmeten. Diese war gegen 700 v. Chr. als griechische Kolonie Poseidonia gegründet

16   Dorn 1969, S. 28-29.

17   Staatliche Museen Kassel, Inv. Nr. GS 6087 (s. Katalog Kassel 1999). Die perspektivische Ansicht des Heratempels II ist Jussow nur vorbehaltlich zuzuschreiben. Möglicherweise ist die Zeichnung von einer Darstellung aus der »Voyage pittoresque« von Jean Baptiste Claude Richard de Saint-Non beeinflußt. Vgl. Steiner 1988.

18   Dittscheid 1987, S. 261, Anm. 274. Zu Paoli: Kruft 1991, S. 243. Darüber hinaus zeichnete Jussow ein schlichtes antikes Henkelgefäß, das aus der Ruinenstadt stammte: Staatliche Museen Kassel, Inv. Nr. GS 9567 (s. Katalog Kassel 1999).

14 Heinrich Christoph Jussow, Blick durch ein Gewölbe der Villa Mecenate in Tivoli, 1785/1786. Staatliche Museen Kassel

19 Die drei Bauwerke entstanden im späten 6. und frühen 5. Jahrhundert v. Chr.; vgl. Gruben 1980, S. 241-262.

20 Tuzet 1955; Robels 1974, S. 12; Black 1985, S. 23. In der Kasseler Korkmodellsammlung waren weder die Paestaner noch die sizilianischen Tempel als Modelle vertreten. Vgl. Katalog London 1996/1, S. 235; Helmberger/Kockel 1993, S. 323-325.

21 Gruben 1980, S. 315-317. Zu den von Jussow besuchten Tempeln vgl. Miller 1997, S. 164-180.

22 Gruben 1980, S. 274-296.

23 Gruben 1980, S. 296-315.

24 Gruben 1980, S. 265-273. Großgriechenland übte auf die Künstler eine anhaltende Wirkung aus. Johann Christian Reinhart plante 1795 eine große Graphikfolge mit Ansichten von Altertümern Siziliens, wobei Carl Ludwig Fernow den Begleittext und Friedrich Weinbrenner die Architekturzeichnungen beisteuern sollten. Vgl. Schmid 1998/1, S. 180-184.

25 Katalog London 1996/2.

26 Staatliche Museen Kassel, Inv. Nr. GS 5885 (s. Katalog Kassel 1999).

worden. Die drei dorischen Tempel lösten eine lebhafte wissenschaftliche Diskussion aus, denn zunächst waren der Zeitpunkt ihrer Erbauung[19], ihre Rekonstruktion, Funktion und Weihung umstritten.

Jussow fertigte nach Paolis Vorlage präzise Zeichnungen an, wobei er jedem der drei Tempel gleichberechtigt eine Zeichnung widmete. Er beschränkte sich darauf, Grund- und Aufrisse, Schnitte und zahlreiche architektonische Details zu kopieren. Malerische Wiedergaben der Tempel im landschaftlichen Umfeld interessierten ihn dagegen nicht. Die Blätter belegen in ihrer Konzentration auf die Konstruktion der Bauten, in ihrer Genauigkeit und spröden Ausführung, daß Jussow seine Ausbildungsphase noch nicht abgeschlossen hatte. Allerdings sind seine Zeichnungen nicht bloße additive Aufzählungen, sondern kalkulierte, in sich abgeschlossene Kompositionen, was auch durch die sorgsame Kolorierung zum Ausdruck kommt. Jussow begnügte sich allerdings nicht damit, nur die Paestaner Tempel zu studieren, sondern begab sich auch nach Sizilien. Da die Insel damals eher selten bereist wurde, handelte es sich um einen ungewöhnlichen Schritt. Noch im Nachruf wird die Gefährlichkeit der Tour hervorgehoben, die Jussow mit der Guidenliteratur vorbereitet haben wird.[20]

Der Nekrolog führt ausschließlich sizilianische Städte auf, die griechische Gründungen waren, wobei Jussow zwangsläufig auch später angelegte Orte besuchte. Damit ergibt sich folgender hypothetischer Reiseverlauf: Jussow setzte mit dem Schiff von Neapel nach Palermo über. Er reiste nach Segesta weiter[21], wo er den abseits der Stadt gelegenen Tempel studierte und fuhr dann an die Südküste nach Selinunt.[22] Die ursprünglich sieben Peripteraltempel der Stadt mit ihrem teilweise herausragenden Bauschmuck und weitere kleinere Heiligtümer beschäftigten Jussow vermutlich längere Zeit. Von hier begab er sich ins Landesinnere nach Agrigent, dem antiken Akragas[23], das die Reste mehrerer Tempel vorweisen konnte. Abschließend bereiste Jussow die Ostküste mit Syrakus.[24] Unter den dortigen Tempelruinen ist der dorische Athenatempel teilweise in den Dom integriert. Jussow kehrte vermutlich nach einem Besuch des weiter nördlich gelegenen Ätna auf das Festland zurück.

Jussows Kenntnisse an griechischen Bauten waren somit mustergültig. Sein Bemühen, möglichst alle bekannten Tempel in Großgriechenland zu sehen, ist geradezu wissenschaftlich zu nennen. Im Nekrolog wird sogar erwähnt, Jussow habe eigene Vermessungen an den Paestaner Tempeln vorgenommen, was seinen Wissensdrang verdeutlicht und seine kritische Einstellung belegt, schließlich gab es bereits Vermessungen dieser Tempel. Jussows Aufenthalt in Süditalien und Sizilien beschränkte sich aber nicht nur auf die Beschäftigung mit Architektur. Anläßlich der Ätna-Besteigung wird auch er sich mit dem Vulkanismus beschäftigt haben, übte doch dieses Teilgebiet der Geologie auf die Zeitgenossen eine große Faszination aus.[25]

In seinem späteren Schaffen nutzte Jussow immer wieder seine Kenntnisse der dorischen Tempel. 1788, kurz nach seiner Rückkehr aus England, legte er einen Entwurf für die neue Wilhelmsbrücke über die Fulda mit flankierenden Gebäuden vor. Darunter befand sich die Unterneustädter Kirche, für deren Fassade er dorische Säulen vorsah.[26] Diese Planungen wurden jedoch nicht verwirklicht. Auch später konzipierte er für den Kirchenneubau mehrfach eine dorische Tempelfront, die bei der Errichtung der Kirche in den Jahren 1802 bis 1808 aber nicht ausgeführt wurde. Selbst an seinem wichtigsten Projekt, dem Weißensteiner Schloß, experimentierte er in der Entwurfsphase mit der Dorica. So plante er, die Flügelbauten und das Corps de logis durch eine Kolonnade mit dorischen Säulen zu verbinden, eine Idee, die nicht realisiert wurde (vgl. Kat. Nr. 30). Mehrfach griff er bei der Ausgestaltung von Gartentempeln auf die Dorica zurück.[27] Die von ihm zusammengestellten Entwürfe »Ideen zu Tempeln« von 1792 bilden ein Kompendium aller denkbaren Varianten antiker Tempelarchitektur und berücksichtigen alle Säulenordnungen. Im Gegensatz zu diesen nur Entwurf gebliebenen Zeichnungen baute er 1820 als Mausoleum der Kurfürstin Wilhelmine Caroline von Hessen-Kassel auf dem Altstädter Friedhof einen Antentempel mit dorischen Säulen (vgl. Kat. Nr. 83-84). Er hielt sich genau an das Schema der Tempelarchitektur und wich lediglich im Bereich des Gebälks von den Regeln ab.[28] An herausgehobener Stelle konnte er somit lange nach seinem Italienaufenthalt seine Erfahrungen mit dem antiken Tempelbau praktisch umsetzen.

Capricci

Jussows Beschäftigung mit den großgriechischen Ruinen mündete unmittelbar in die repräsentative Zeichnung eines Architekturcapriccios mit zwei dorischen Tempeln.[29] In ihr verdeutlichte sich Jussow das Aussehen eines intakten antiken Forums mit Tempeln und einer umlaufenden Säulenhalle, mit Denkmälern und Passanten.

Die Bildgattung des Capriccio muß ihm wegen ihrer losen Beziehung zur Architektur entgegen gekommen sein. Gemäß den Prinzipien der Gattung kombinierte er existierende oder erfundene Bauten zu phantastischen Ensembles oder montierte pasticcioartig Elemente unterschiedlicher Gebäude zu einem neuen Bauwerk. Dieses sowohl spielerische als auch überlegte Vorgehen faszinierte ihn vermutlich, weil es eine Möglichkeit war, dem strengen Regelwerk der Architekturzeichnung zu entweichen.[30] Er pflegte diese Gattung allerdings nur in seiner Studienzeit, danach trat sie für ihn in den Hintergrund.

Jussow entwickelte nicht nur eigenständige Capricci, sondern kopierte auch nach Vorlagen von Jean Baptiste Claude Richard de Saint-Non. Diese Kopien könnten in Rom entstanden sein. Möglicherweise las Jussow hier im Zusammenhang mit seiner Süditalienreise die Schriften Saint-Nons, etwa die zwischen 1781 und 1786 erschienenen Bände der »Voyage pittoresque«. Darüber hinaus standen Jussow die von Saint-Non abgebildeten römischen Bauwerke direkt vor Augen. Bereits Du Ry hatte sich in Rom mit Capricci auseinandergesetzt und Kopien nach Ruinencapricci von Charles-Louis Clérisseau gezeichnet und genau beschriftet in sein »Livre d'etudes« eingeklebt.[31] Es ist bezeichnend, daß beide gerade in Rom diese Gattung aufgriffen, war sie doch hier und in Italien durch Antonio Canal, genannt Canaletto, Clérisseau[32], Giovanni Paolo Pannini, Piranesi und Marco Ricci zu einem Höhepunkt geführt worden. Jussow dienten mehrere farbige Aquatintaradierungen von Saint-Non als Vorlage, die ihrerseits wiederum Kopien nach Gemälden Hubert Roberts waren.[33] Die von Jussow

27 Z. B. Staatliche Museen Kassel, Inv. Nr. GS 6242 (s. Katalog Kassel 1999).

28 Gercke 1986.

29 Staatliche Museen Kassel, Inv. Nr. GS 9547 und GS 9548 (s. Katalog Kassel 1999). Zehnpfennig 1988, S. 123.

30 Katalog Berlin 1985; Bideau 1986.

31 Dittscheid 1987, S. 13 und 87-88.

32 Besonders spektakulär war das von ihm gestaltete Ruinenzimmer im Konvent von S. Trinità dei Monti; vgl. Alloisi 1994.

33 Zu Roberts Gemälden mit dem Pantheon am Ripetta-Hafen vgl. Cuszin/Rosenberg 1990, Nr. 83. Die Komposition war allgemein beliebt, so gibt es auch eine Radierung nach dem Motiv von Balthasar Anton Dunker; vgl. Burda 1970.

15 *Antonio Chichi, Korkmodell des Pantheons, 1782.*
Staatliche Museen Kassel

kopierten Arbeiten hatte Saint Non in der Graphikfolge »Once aquatintes à sujets romains d'après Robert et Fragonard« veröffentlicht, die Teil der »Recueil de Griffonis, de Vues, Paysages, Fragments antiques et Sujets historiques« ist.[34] Darunter befindet sich auch ein Tondo mit der Zusammenschau des 1704 befestigten römischen Ripetta-Hafens mit dem Pantheon, das die Stelle der dort tatsächlich vorhanden gewesenen Kirche S. Girolamo degli Schiavoni einnimmt (Abb. 12).[35] Flankiert wird es von einem der Kapitolspaläste Michelangelos, von Kolonnaden, die auf den Petersplatz anspielen, und von einem klassizistischen Gebäude. Im Scheitelpunkt der vor dem Pantheon halbrund vorschwingenden Terrasse ragt ein Obelisk auf, flankiert von wasserspeienden Löwen, ähnlich denen der Acqua Felice. Eine von Staffagefiguren belebte mächtige Treppenanlage führt vom Flußhafen zu den Gebäuden empor. Ihre Monumentalität wird durch extreme Unteransichtigkeit erhöht. Die Zeichnung enthält eine Reihe von Elementen, die für Jussow von großer Bedeutung waren: die ägyptischen Skulpturen und Obelisken, Giovanni Lorenzo Berninis Kolonnaden oder das Pantheon. Die Zusammenstellung gerade dieser von Jussow hochgeschätzten Architekturen scheint auf ihn einen großen Reiz ausgeübt zu haben, womit sich auch die bis in die Farbigkeit präzise Wiedergabe der Aquatinta erklärt.

Pantheonzitate im Schaffen Jussows

Jussow griff in seinem Schaffen mehrfach auf das Pantheon zurück, worin er einer Modeerscheinung der Zeit folgte.[36] Das Bauwerk wurde allgemein bewundert, weil der Versuch der antiken Architekten, die römische Rotunde mit dem griechischen Tempel zu verbinden, als gelungen betrachtet wurde. Schon während seiner Ausbildung in Kassel hatte Jussow 1781 für die Synagoge am Kornmarkt (vgl. Kat. Nr. 67-68) die Grundform des Pantheons übernommen, das ihm durch Du Ry vermittelt worden war. Als dreidimensionale Anschauung diente dabei das aufklappbare Pantheonmodell von Chichi (Abb. 15).[37] Während seiner Studienzeit zeichnete Jussow außerdem den Entwurf eines Gartengebäudes mit zentralem Rundsaal, Kuppel und vorgelegtem Portikus mit sechs dorischen Säulen.[38] Seitliche Anbauten können die Vorbildlichkeit des Pantheons nicht verdecken. Obwohl sich unter den Zeichnungen Jussows keine Studien nach dem antiken Bau finden, wird er ihn vermutlich eingehend studiert haben. Er griff auch in repräsentativen Projekten auf die typische Grundform zurück. In dem 1796 für den Herzog von Sachsen-Meiningen konzipierten Marstall mit Reithaus bekrönte er im ersten Entwurf den dreiachsigen Mitteltrakt mit einer pantheonähnlichen Kuppel (vgl. Kat. Nr. 106-107).

Noch deutlicher ist der Pantheonbezug in dem 1800 für Friedrich Wilhelm Freiherr von Veltheim entwickelten Palais (vgl. Kat. Nr. 92-99). Auch unter den Entwurfsvarianten für die Unterneustädter Kirche befindet sich ein Plan, in dem sich Jussow auf das Pantheon bezog.[39] Schließlich griff er auch in einem der Vorentwürfe für das Corps de logis von Schloß Weißenstein auf Motive des Pantheons zurück (vgl. Kat. Nr. 22), wobei die gebaute Architektur allerdings kaum Assoziationen an den antiken Tempel aufkommen ließ.

34 Cayeux 1963/64.

35 Staatliche Museen Kassel, Inv. Nr. GS 6359 (s. Katalog Kassel 1999).

36 Norten 1986.

37 Staatliche Museen Kassel, Inv. Nr. N 96.

38 Staatliche Museen Kassel, Inv. Nr. GS 6270 (s. Katalog Kassel 1999).

39 Staatliche Museen Kassel, Inv. Nr. GS 6252 (s. Katalog Kassel 1999).

Ägyptiaca

Elemente und Formen altägyptischer Kunst und Architektur finden sich vielfach in Jussows Oeuvre. Besonders gehäuft treten derartige Motive in seiner frühen Schaffensphase auf, als er in Italien lebte, denn der ideale Ort in Europa, um sich mit ägyptischer Kunst auseinanderzusetzen, war Rom.

Bereits in der Antike wurde die ägyptische Kunst geschätzt und zahlreiche Kunstwerke aus Ägypten nach Italien und Rom gebracht, hauptsächlich nach der Eroberung des Landes 30 v. Chr. Darüber hinaus wurden die Kunstwerke kopiert oder dem römischen Geschmack entsprechend nachempfunden. Befördert durch das Vorhandensein dieser Kunstwerke, fand in Rom seit der Renaissance eine intensive Auseinandersetzung mit ägyptischer Kunst statt. Verstärkt wurde diese Beschäftigung durch die Erwähnung Ägyptens in der griechischen und römischen Literatur, aber auch durch die zahlreichen Bibelstellen, die sich auf Ägypten beziehen. Seit der Mitte des 18. Jahrhunderts gewann die Erforschung der ägyptischen Kultur durch die Ausgrabungsfunde im Bereich der Gärten des Sallust im römischen Stadtgebiet und in der Villa des Kaisers Hadrian bei Tivoli an Intensität. In Rom zeigten namentlich die Sammlungen der Villa Albani, der Villa Borghese und des Palazzo Nuovo auf dem Kapitol ägyptische Altertümer. Dabei wurden die Objekte in speziell mit ägyptisierendem Dekor ausgestatteten Räumen präsentiert. In dem 1771 eröffneten Museo Pio Clementino im Vatikan gestaltete bis 1776 beispielsweise Anton Raphael Mengs die »Sala dei Papiri« in ägyptisierendem Stil aus. Etwas später, zwischen 1778 und 1782, war der »Ägyptische Saal« der Villa Borghese unter der Leitung von Antonio Asprucci geschaffen worden. Mit Nachdruck setzte sich Piranesi für die ägyptische Kunst ein. Geradezu legendär war seine Ausstattung des Caffè degli Inglesi, die er zusammen mit Kaminentwürfen im ägyptischen Stil bereits 1769 in dem Graphikwerk »Diverse maniere d'adornare i cammini« publizierte.

Aus Jussows römischer Studienzeit haben sich zahlreiche Skizzen nach ägyptischer Kleinkunst erhalten, wie sie bereits in geringem Umfang unter Wilhelm VIII. Eingang in die Kasseler Antikensammlung gefunden hatte. In Rom zeichnete er altägyptische Objekte wie Skarabäen, Vasen, Kanopengefäße oder Details davon, etwa Hieroglyphen. Er skizzierte aber auch architektonische Elemente, die vermutlich nicht altägyptisch waren, sondern aus den zeitgenössischen Interieurdekorationen im ägyptischen Geschmack stammten, wie Kapitelle. Von den im römischen Stadtgebiet aufgestellten ägyptischen Skulpturen hielt er einen der vier wasserspeienden Löwen der Acqua Felice fest (Abb. 16), einer zwischen 1585 und 1587 von Domenico Fontana errichteten Brunnenschauwand.[40] Außerdem zeichnete er zweimal einen der beiden ägyptischen Basaltlöwen vom unteren Ende der Kapitolstreppe, die 1588 von Giacomo Della Porta zu Brunnenfiguren umgewandelt worden waren.[41] Insofern ist sein eigener Entwurf eines Brunnendenkmals mit wasserspeienden Löwen an dem Postament eines Obelisken eine konsequente Umsetzung seiner Studien (Abb. 17).[42] Darüber hinaus rezipierte er aufmerksam die ägyptisierenden Dekorationen Piranesis und hielt sie in Skizzenblättern fest.[43]

16 *Heinrich Christoph Jussow, Nachzeichnung eines Löwen der Acqua Felice, 1785/1786. Staatliche Museen Kassel*

40 Staatliche Museen Kassel, Inv. Nr. GS 6216 (s. Katalog Kassel 1999).

41 Staatliche Museen Kassel, Inv. Nr. GS 6223 und GS 6224 (s. Katalog Kassel 1999).

42 Staatliche Museen Kassel, Inv. Nr. GS 5810 (s. Katalog Kassel 1999).

43 Staatliche Museen Kassel, Inv. Nr. GS 6226, GS 6227, GS 6228 und GS 6229 (s. Katalog Kassel 1999).

17 Heinrich Christoph Jussow, Entwurf zu einem Brunnen mit Denkmalcharakter, 1785/1786. Staatliche Museen Kassel

Gotik

Jussows Auseinandersetzung mit gotischen Bauten während seines Italienaufenthalts ist weder durch Zeichnungen noch durch Schriftquellen belegt. Dennoch wird er sein Augenmerk auch in Italien auf gotische Bauwerke gerichtet haben, die von der Kritik zunehmend geschätzt wurden. Einige zeitgenössische Kunsttheoretiker zogen sogar Parallelen zwischen griechischer und gotischer Architektur und konstatierten Ähnlichkeiten. Die Säulen griechischer Tempel wurden beispielsweise mit den Pfeilern im Inneren gotischer Kirchen verglichen und positiv bewertet.[44]

Jussow bezog sich an einer prominenten Stelle seines Schaffens auf die Architektur des Trecento.[45] Sein zweiter Entwurf für die Fassade der Kapelle der Löwenburg (vgl. Kat. Nr. 47) folgt dem Aufbau der Domfassaden von Orvieto und Siena. Er übernahm von den Vorbildern die Gliederung durch vier Strebepfeiler, wobei die beiden inneren filigraner und höher ausfielen als die beiden äußeren. Das Trichterportal ist ebenso in Orvieto vorgebildet wie die beiden flankierenden Maßwerkfenster, die dort allerdings nur Blendfenster über den Seiteneingängen sind. Jussow vergrößerte dagegen die Fenster der Seitenschiffe derart, daß sie in ihrer Wirkung das Portal dominieren und die Wandfläche gänzlich auflösen. Aus Orvieto übernahm er außerdem die Fensterrose mit ihrer quadratischen Rahmung und die darüber angebrachte Zwerggalerie. Die Gliederung der Strebepfeiler, die Wimperge über den Lanzettfenstern der Seitenschiffe, das konsolenbesetzte Gewände der Fensterrose, die Apostelnischen mit Halbfiguren sowie die Dreiecksgiebel als Fassadenbekrönung entlieh Jussow dagegen dem Sieneser Dom. Im weiteren Planungs- und Ausführungsprozeß wurde der Bauschmuck erheblich reduziert. Die beiden Vorbilder bleiben dennoch auch im kleineren Format der Kapelle spürbar.[46]

Vermutlich konnte Jussow für seine Planungen nicht auf eigene Studien der Fassaden zurückgreifen und war auf andere Vorlagen angewiesen. Möglicherweise stand ihm eine Wiedergabe der Domfassade von Orvieto zur Verfügung, die Hieronymus Frezza 1714 angefertigt hatte und die 1791 in Rom als Tafel II der Abhandlung »Stampe del Duomo di Orvieto« erschienen war.[47] Nicht unwahrscheinlich ist auch die Vermutung, Jussow habe sich auf Bauaufnahmen des Gotikkenners Johann Heinrich Müntz bezogen. Gleichwohl veränderte er die Vorlagen seinen Absichten entsprechend und schuf etwas Eigenes, so daß die Kapellenfassade nicht als Fremdkörper im Gesamtgefüge der neogotischen Burg erscheint. Neben diesem markanten Italienbezug finden sich auch in weniger auffälligen Details Anlehnungen an italienische Architektur. Die langgezogenen Konsolen etwa, die am Südostturm der Löwenburg den Zinnenkranz tragen, haben ihre Vorbilder an italienischen Festungen des 15. Jahrhunderts, etwa dem Castel Nuovo in Neapel.[48]

Die Übernahme einer italienischen Kirchenfassade an einem Bauwerk des ausgehenden 18. Jahrhunderts ist in Deutschland nicht singulär. Auch das »Gotische Haus« in Wörlitz, das ab 1773 entstand und mit dem 1755 erbauten Nauener Tor in Potsdam sowie der Löwenburg eines der frühesten neogotischen Bauwerke in Deutschland ist, lehnt sich an eine italienische Kirchenfassade der Gotik an.

44   Günther 1996, S. 150. Zu den besagten Theoretikern gehörte Louis Avril, dessen 1774 publizierte Abhandlung »Temples anciens et modernes« in der landgräflichen Bibliothek vorhanden war.

45   Die Ausführungen zur Fassade der Kapelle der Löwenburg folgen Dittscheid 1987, S. 201-203.

46   Staatliche Museen Kassel, Inv. Nr. GS 5688 (s. Katalog Kassel 1999).

47   Dittscheid 1987, S. 287.

48   Ebd.

Friedrich Wilhelm von Erdmannsdorff bezog sich für die Gestaltung der Nordfassade des »Gotischen Hauses« bis in Einzelheiten auf S. Maria dell'Orto in Venedig. Außerdem integrierte er in das Bauwerk weitere Architekturzitate, als handle es sich um ein gebautes Capriccio. Der Treppenturm des Wörlitzer Bauwerks ist dem Erker der Südwand des Breslauer Rathauses nachgebildet, während die Front des rückwärtigen Flügels märkischen und norddeutschen Vorbildern verpflichtet ist.

Renaissance, Revolutionsarchitektur und Klassizismus

Die Auseinandersetzung Jussows mit der italienischen Renaissance konzentrierte sich auf die Villen und Bauten Palladios. Jussow lernte sie und andere oberitalienische Villen und Stadthäuser[49] vermutlich auf dem Rückweg nach Kassel kennen. Gleichwohl waren ihm bereits vor Antritt seiner Studienreise Palladios theoretische Schriften durch die Vermittlung Du Rys vertraut. Aus seiner Kasseler Studienzeit ist die Auseinandersetzung mit einem der frühesten palladianischen Bauten in Deutschland belegt, dem 1741 bis 1743 von Georg Wenzeslaus von Knobelsdorff errichteten Opernhaus in Berlin. Jussow zeichnete es 1781 nach der 1743 in Augsburg publizierten Abhandlung »Plans de La Sale de l'Opera« von Johann Georg Fünck.

In zahlreichen Grundrißzeichnungen variierte Jussow unterschiedliche Villenprojekte Palladios und steigerte sie mitunter in gigantische Dimensionen. Besondere Bedeutung hatte für ihn Palladios Villa Rotonda, bei der ein zentraler Rundsaal mit Kuppel in einen quadratischen, achsensymmetrischen Bau eingeschlossen ist. Damit verschmolz Palladio Quadrat und Kreis, Würfel und Kugel miteinander. Jussow wandelte diese allgemein bewunderte Architektur ab, indem er beispielsweise die ionischen Portiken abweichend vom Vorbild nicht aus dem Baukörper hervortreten ließ (vgl. Kat. Nr. 7-8). In einem anderen Entwurf sah er lediglich einen viersäuligen Portikus an der Front vor[50], oder akzentuierte nur die Vorder- und Rückseite durch Portiken. Seine Vertrautheit mit dem Gesamtschaffen Palladios zeigt sich etwa darin, daß er die markante Treppe der Villa Foscari (Malcontenta)[51] oder beim Entwurf eines einstöckigen Baues die Villa Godi-Valmarana zitierte.[52] Die Auseinandersetzung und spielerische Variation der palladianischen Muster belegt den Ideenreichtum Jussows während seiner Ausbildungsphase. In weiteren Entwürfen wählte Jussow andere italienische Architekten zum Vorbild. So variierte er Planungen von Sebastiano Serlio (vgl. Kat. Nr. 7-8) oder Vincenzo Scamozzi. Die Auseinandersetzung mit der römischen Renaissancearchitektur, die ihm aus eigener intensiver Anschauung am vertrautesten war, spiegelt der 1817/1818 von Jussow im Park Wilhelmshöhe errichtete Freundschaftstempel wider (vgl. Kat. Nr. 65). Der Rundtempel ist mit zwölf Säulen umgeben und bezieht sich auf Donato Bramantes Tempietto im Hof von S. Pietro in Montorio auf dem Gianicolo.

Einige der Entwürfe aus Jussows Studienzeit sind aufgrund der schmucklosen, stereometrischen Baukörper und der monumentalen Größe der Revolutionsarchitektur zuzurechnen. Mit dieser Strömung der Architektur um 1800 war Jussow in Paris in direkten Kontakt gekommen. Insbesondere sind einige von Jussows

49 Z. B. Staatliche Museen Kassel, Inv. Nr. GS 6247 (s. Katalog Kassel 1999).

50 Staatliche Museen Kassel, Inv. Nr. GS 6278 (s. Katalog Kassel 1999).

51 Staatliche Museen Kassel, Inv. Nr. GS 6278 (s. Katalog Kassel 1999).

52 Staatliche Museen Kassel, Inv. Nr. GS 6246 (s. Katalog Kassel 1999).

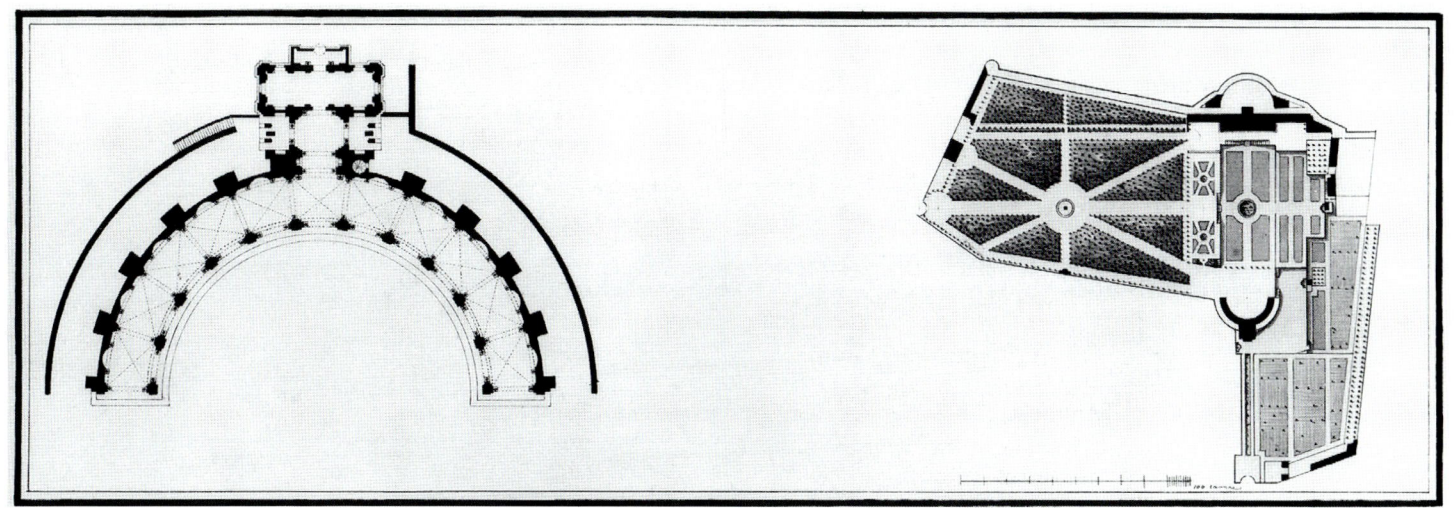

18 *Heinrich Christoph Jussow, Nachzeichnung der Villa Albani mit Garten, 1785/1786. Staatliche Museen Kassel*

Entwürfen für Grab- und Denkmäler nach den Prinzipien der Revolutionsarchitektur ausgerichtet, etwa das Grabmal mit zwei Pyramiden und Obelisken (vgl. Kat. Nr. 12) sowie das Mausoleum in der Art des Grabmals der Caecilia Metella (vgl. Kat. Nr. 13). Diese Bauaufgaben entsprachen in besonderer Weise der erhabenen Auffassung der Revolutionsarchitektur. Allerdings gehören auch Villenentwürfe auf Substruktionen in den Umkreis. Ein von Jussow selbst mit »Allerley Ideen« bezeichneter Grundriß eines quadratischen Gebäudes mit Kolonnaden und Raumfolgen entstand um 1785, vermutlich in Zusammenhang mit Jussows Idealentwurf für Schloß Weißenstein (vgl. Kat. Nr. 6). Wie in diesem Idealprojekt konstruierte er auch in dem Grundriß auf der Basis des französischen Quadratrasters vielfältig aufgebaute Räume, die in ihrer Größe und Erscheinung an antike Thermenarchitektur erinnern. Die gewaltige Größe des Entwurfes ist typisch für die Revolutionsarchitektur, deren Projekte häufig nicht für die Realisation gedacht waren. Auffällig ist die überreiche Anwendung von Säulen im Innern und am Außenbau sowie die Asymmetrie der Gesamtanlage, die sich möglicherweise damit erklärt, daß die Zeichnung unvollendet ist. Der quadratische Hauptbau mit einem Rundsaal im Zentrum ist eine Reminiszenz an die Villa Rotonda. Diesem Teil des Entwurfes widmete Jussow große Sorgfalt und studierte ihn ein weiteres Mal separat in einer zweiten Zeichnung.[53] Er ist mit zwei jeweils viersäuligen Kolonnaden mit dem übrigen Baukomplex verbunden, vermutlich inspiriert von Berninis Petersplatz.

Wie aus Paris haben sich auch aus Rom Grundrißkopien existierender Bauten erhalten. Jussow zeichnete nach einer fremden Vorlage Grundrisse der Villa Albani mit ihrem Garten (Abb. 18).[54] Die zwischen 1743 und 1763 von Carlo Marchionni für Kardinal Alessandro Albani in Rom errichtete Villa war wegen ihrer Ausstattung und Antikensammlung berühmt.[55] Auch Du Ry hatte dort Objekte der von Johann

53 Staatliche Museen Kassel, Inv. Nr. GS 6284 (s. Katalog Kassel 1999).

54 Staatliche Museen Kassel, Inv. Nr. GS 6081 (s. Katalog Kassel 1999).

55 Röttgen 1982, S. 59-184.

47

Joachim Winckelmann betreuten Sammlung gezeichnet. Unter Jussows Studien nach antiker Kleinkunst hat sich eine Zeichnung erhalten, die einen in der Sammlung aufbewahrten Kanopenkrug wiedergibt.[56] Die Beschäftigung mit diesem Gebäudekomplex steht in Zusammenhang mit seiner umfassenden Auseinandersetzung mit dem Bautyp der Villa und den unterschiedlichen Möglichkeiten, Gärten anzulegen.[57] Der von Antonio Nollis konzipierte Park der Villa Albani repräsentiert den streng geometrischen Garten mit barocken Achsen nach französischem Vorbild. Durch die Kolorierung hob Jussow die Zeichnung mit dem Garten hervor. Jussow wird in Italien neben den römischen Gärten auch die manieristischen Felsengärten in Tivoli und Frascati gesehen haben, die bereits für Landgraf Karl und Guerniero bei der Gestaltung des Karlsbergs von Bedeutung waren. Das Interesse an Gärten bewog Jussow dazu, bei seinem Antrag auf die Genehmigung eines Englandaufenthalts auch anzugeben, er wolle seine Kenntnisse der Gartenkunst erweitern.[58] Er gehörte damit zu den Architekten, die sich mit besonderem Nachdruck für Gärten interessierten und für den aktuellen englischen Landschaftsgarten eintraten. Da der Park der Villa Borghese unter Beibehaltung eines barocken Bereichs seit 1782 in einen englischen Landschaftsgarten umgestaltet wurde, konnte sich Jussow mit den Prinzipien dieser Gartenform bereits in Italien vertraut machen.[59] Einen der Bauten aus dem englischen Gartenareal der Villa Borghese, den von Asprucci erbauten Äskulaptempel, zeichnete er in einer Front- und Seitenansicht, worin sich das besondere Interesse für das Gebäude ausdrückt. Es handelt sich um eine sehr frühe Wiedergabe des Tempels, der auch wegen seiner Lage an einem Teich in der Nähe der antiken Stadtmauer zu einer Sehenswürdigkeit Roms avancierte und in graphischen Ansichten festgehalten wurde.[60] Die Skizzen zeigen, daß sich Jussow nicht nur mit der Architektur und Kunst vergangener Epochen beschäftigte, sondern auch die aktuelle italienische Baukunst rezipierte. Er selbst entwickelte sich durch diese umfassenden Studien der Architektur vergangener Epochen und der Gegenwart zu einem wichtigen Vertreter des internationalen Klassizismus in Deutschland.

Jussows Idealprojekt für Schloß Weißenstein und der römische Barock

Zu den herausragenden Ergebnissen von Jussows römischen Aufenthalt gehört der 1786 entstandene Entwurf für ein ideales Schloß am Weißenstein (vgl. Kat. Nr. 16-17). In diesem Entwurf integrierte Jussow alle seine bis dahin erworbenen Erfahrungen. Ausgehend von den Kasseler Gegebenheiten, berücksichtigte er Ideen seines Pariser Lehrers Charles De Wailly und der französischen Revolutionsarchitekten, integrierte aber auch Elemente der italienischen Architektur. Obwohl Jussow Konzeptionen De Waillys und anderer französischer Architekten verarbeitete, entstanden die Zeichnungen nicht 1784/1785 in Paris, sondern in Rom.[61] Dafür sprechen neben der Quellenlage nicht zuletzt die römischen Anleihen in der Planung. Jussow beabsichtigte mit dem Projekt, sich bei dem seit Herbst 1785 regierenden Wilhelm IX. (reg. bis 1821) zu empfehlen und eine Verlängerung seines Stipendiums zu erreichen. In dem Begleitschreiben zu den Präsentationszeichnungen vom 24. März 1786 bat er darum,

56 Staatliche Museen Kassel, Inv. Nr. GS 9567 (s. Katalog Kassel 1999).

57 Coffin 1991, S. 164-169.

58 Dittscheid 1987, S. 23.

59 Buttlar 1989, S. 240.

60 Z. B. 1792 von Albert Christoph Dies in einer Radierung der Serie »Mahlerisch radirte Prospecte von Italien«, vgl. Schmid 1998/1, S. 188.

61 Dittscheid 1987, S. 65-79, 326-327 u. a., geht trotz der Quellenlage von einer Entstehung im Pariser Atelier De Waillys aus und interpretiert die Pläne vor diesem Hintergrund.

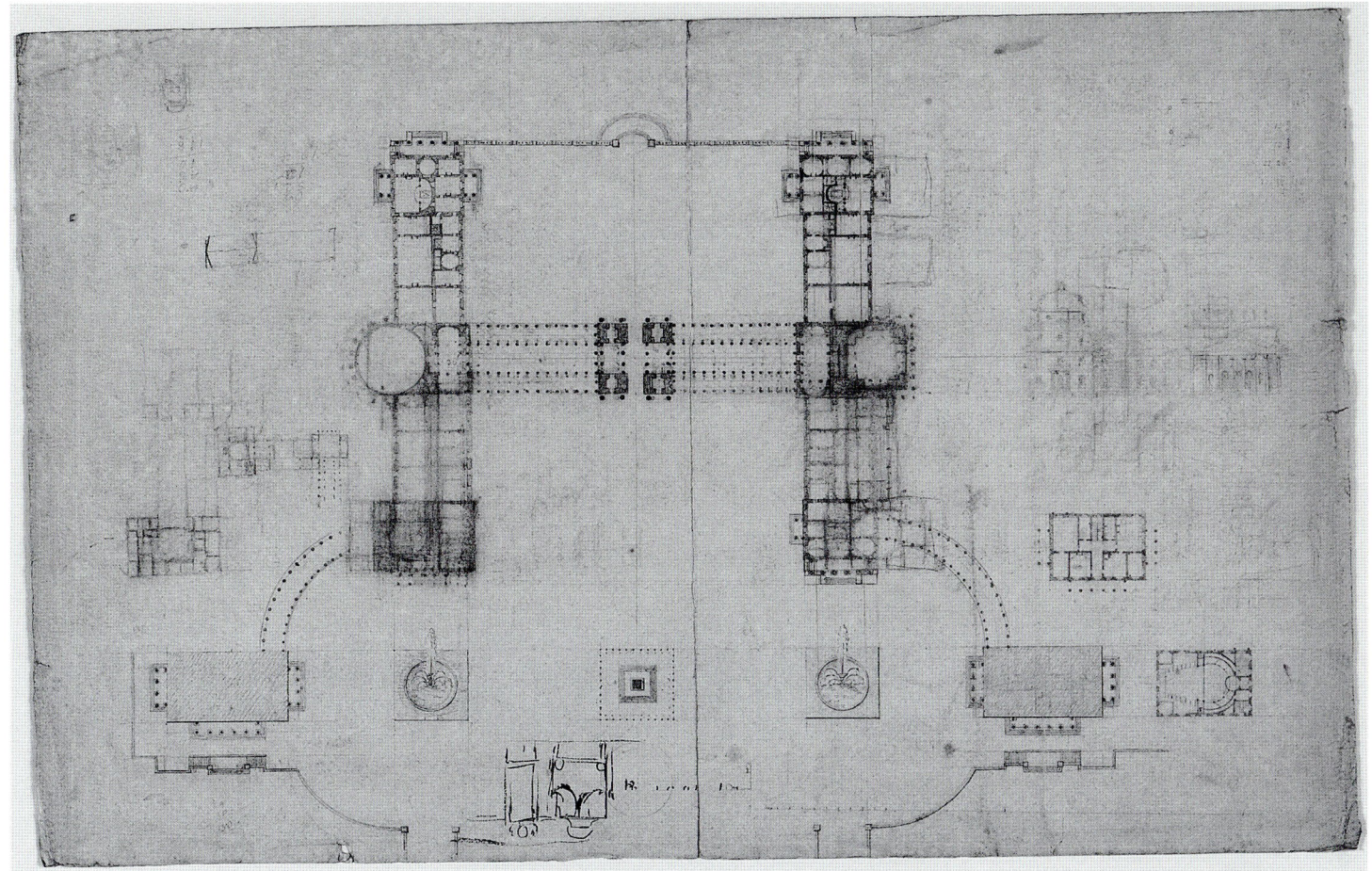

*19 Heinrich Christoph Jussow, Grundriß zum Idealprojekt, 1786.
Staatliche Museen Kassel*

nach England reisen zu dürfen. Der Obrist Johann Wilhelm von Gohr leitete im April 1786 die Pläne an den Landgrafen weiter. Dieser ließ sie als Ausdruck der Wertschätzung in einen Klebeband einfügen, dessen Inhaltsverzeichnis ausdrücklich vermerkt, daß Jussow die Zeichnungen 1786 in Italien angefertigt habe. Für deren Entstehung in Rom sprechen außerdem zwei nicht nur signierte, sondern auch mit der Jahresangabe »1786« datierte Präsentationszeichnungen aus der landgräflichen Sammlung. Darüber hinaus ist eine der vorbereitenden Studien, die in Jussows Privatbesitz verblieb, auf ein Papier des italienischen Papiermacherortes »Fabriano« gezeichnet.[62] Diese Papiermarke verwendete Jussow in Italien, beispielsweise skizzierte er auch den Äskulap-Tempel der Villa Borghese auf ein solches Papier.[63] Jussow konzipierte in dem Idealentwurf zwei parallele, eigenständige Schloßflügel, die streng symmetrisch zu der barocken Gartenachse Guernieros ausgerichtet waren (Abb. 19).[64] Die vier Eckpavillons akzentuierte er mittels Kuppeln. Sie erinnern mit ihren vorgelagerten sechssäuligen Portiken an Palladios Villa Rotonda. Statt des Corps de

62   Staatliche Museen Kassel, Inv. Nr. GS 6073 (s. Katalog Kassel 1999).

63   Staatliche Museen Kassel, Inv. Nr. GS 6342 verso (s. Katalog Kassel 1999).

64   Staatliche Museen Kassel, Inv. Nr. GS 6075 (s. Katalog Kassel 1999).

20 Simon Louis Du Ry, Skizze vom Grabmal Urbans VIII., um 1755. Staatliche Museen Kassel

logis sah er als Verbindung der Flügel eine Kolonnade mit einem zentralen Triumphbogen vor. Das Innere der beiden Schloßflügel gliederte er entsprechend symmetrisch. Geschwungene Kolonnaden verbinden den Komplex mit dem Küchenbau und dem Theater. Die Fassaden beider Gebäude erinnern an den Palazzo Antonini in Udine, den Palladio in seinen »Quattro libri dell'architettura« publiziert hatte.[65] Vor dem Triumphbogen plazierte Jussow einen Obelisken mit einem Stern als Bekrönung. Dieses Detail ist für die römischen Obelisken charakteristisch, denn der Stern ist als heraldisches Zeichen Bestandteil zahlreicher Papstwappen. Zunächst plazierte Jussow den Obelisken in seinem Grundrißentwurf zwischen den beiden Fontainen. Diese Anordnung, die geschwungenen Kolonnaden und die entsprechend fortgeführten Terrassen verweisen deutlich auf Berninis Petersplatz. In den späteren, überarbeiteten Entwürfen und den Präsentationszeichnungen verschob Jussow den Obelisken aus der Achse der beiden Brunnen, wodurch er den Rombezug verwischte. Im Zusammenhang mit dem Schloß eines protestantischen Fürsten wäre die Anspielung auf den Vatikan als unpassend empfunden worden.

Mit der Wertschätzung Berninis stand Jussow keineswegs allein. So gibt es auch im Werk De Waillys viele Anleihen bei Bernini. De Wailly hatte mit einem Schloßentwurf den Rompreis der Pariser Académie Royale d'Architecture gewonnen, der eine halbkreisförmige Fassade mit einer vorgelagerten Kolonnade aufwies und nicht nur in dieser Hinsicht auf Bernini anspielte. Von 1754 bis 1756 war De Wailly zusammen mit seinem Freund Pierre-Louis Moreau-Desproux in Rom.[66] Er beschäftigte sich in dieser Zeit neben der Antike auch eingehend mit der Architektur des Seicento, insbesondere mit Bernini[67], und zeichnete beispielsweise die Cathedra Petri.[68] In den späten siebziger Jahren besuchte er abermals Italien und konnte deshalb Jussow gut auf Italien

65   Dittscheid 1987, S. 72.

66   Dittscheid 1987, S. 4.

67   Braham 1980, S. 90.

68   Dittscheid 1987, S. 5.

vorbereiten. Auch Du Ry hatte sich mit Bernini auseinandergesetzt. Im »Livre d'etudes« befindet sich eine Skizze der Allegorie des Todes vom Grabmal Urbans VIII. (reg. 1623-1644) aus dem Hochchor von S. Pietro (Abb. 20). Der Tod ist dargestellt, wie er den Namen des Papstes in das Buch der Geschichte einträgt. Während Du Ry den Sockel abbildete, auf dem der Sarkophag ruht, gab er die Statue Urbans nicht wieder.[69] Auf einer Rückseite der Zeichnungen seines Idealprojekts skizzierte Jussow unter anderem einen Baldachinaltar.[70] Ob es sich dabei um eine Paraphrase auf Berninis Bronzebaldachin über dem Petrusgrab handelt, muß allerdings offen bleiben.

Mit der Architektur des 17. Jahrhunderts setzte sich Jussow auch im Quirinalspalast auseinander. Eine sorgfältig skizzierte und beschriftete Studie gibt das Portal der Capella Paolina in ausgesprochen freier Form wieder.[71] Den dabei gezeichneten Puttenkopf integrierte er später in seinen italienisch inspirierten, zweiten Entwurf der Fassade der Burgkapelle der Löwenburg (vgl. Kat. Nr. 47). Hier ziert er wie in der Studie aus dem Quirinal das Tympanon des Hauptportals der Kapelle.

Jussow griff in seinem Idealentwurf für Schloß Weißenstein direkt Anregungen De Waillys auf. Dieser war zu der Zeit, als Jussow bei ihm arbeitete, 1783 bis 1785, mit Entwürfen für einen Schloßneubau am Weißenstein im Auftrage Landgraf Friedrich II. beschäftigt.[72] Aus diesen Konzeptionen übernahm Jussow beispielsweise die mächtige Rampenanlage. An deren unterem Anfang plazierte Jussow Wachhäuschen und gliederte sie mit unkannelierten, dorischen Säulen. Er entsprach damit den Vorgaben der Architekturtheorie, nach der dorische Säulen sich für militärisch genutzte Gebäude empfahlen. In dem Entwurf finden sich aber auch Bezugspunkte zur Revolutionsarchitektur, wie die Stereometrie und Schmucklosigkeit der Bauformen sowie die Ausmaße des Projektes. In späteren Bauvorhaben griff Jussow mehrfach auf Elemente seines Idealentwurfs zurück. Beispielsweise in einem Schloßprojekt an der Bellevue von 1795[73], wo er bei der Gestaltung der Flügel ebenfalls vorgezogene und hervorgehobene Eckbauten mit einem Mittelbau kombinierte, der durch einen Kolossalportikus mit Statuen und flacher Kuppel ausgestattet ist. Außerdem mag er sich an Berninis Kolonnaden erinnert haben, als er im Zuge der Erbauung der Chattenburg um 1817 bis 1821 eine halbkreisförmige Kolonnade plante. Sie sollte eine Kolonnade Du Rys ersetzen, die in westphälischer Zeit abgerissen worden war. Möglicherweise hatte sich bereits Du Ry in seinem Entwurf auf das römische Vorbild bezogen.[74]

Jussows erzielte mit dem idealen Schloßprojekt den gewünschten Eindruck. Wilhelm IX. genehmigte ihm den erbetenen Englandaufenthalt. Erst 1788 kehrte Jussow endgültig nach Kassel zurück. Das erste von ihm hier errichtete Bauwerk rekurriert jedoch nicht auf englische Vorbilder, sondern auf seine Italienerfahrung.[75] Im Park am Weißenstein konstruierte er einen römischen Aquädukt, der sich direkt auf Ruinen der römischen Campagna bezieht (vgl. Kat. Nr. 54). In den Entwürfen zeichnete er neben dem Aquädukt Pinien und Zypressen als italienische Reminiszenzen. So entstand auf Wunsch des Landgrafen ein weiteres Bauwerk, das wie Guernieros Oktogon mit der monumentalen Kopie des Herkules Farnese als Bekrönung an die Schönheit Italiens, aber auch an die Größe der Antike erinnert.[76]

69   Staatliche Museen Kassel, Inv. Nr. GS 1925/76.

70   Staatliche Museen Kassel, Inv. Nr. GS 6074 verso (s. Katalog Kassel 1999).

71   Staatliche Museen Kassel, Inv. Nr. GS 6080 (s. Katalog Kassel 1999).

72   Dittscheid 1980; Dittscheid 1987, S. 31-64.

73   Potsdam, Stiftung Preußischer Schlösser und Gärten Berlin-Brandenburg, Plankammer, Bestand Kassel/Hanau, Nr. 132 (s. Katalog Kassel 1999, zitiert als BK 80).

74   Staatliche Museen Kassel, Inv. Nr. GS 6321 (s. Katalog Kassel 1999).

75   Katalog Kassel 1958, S. 24.

76   Vgl. Johann Wilhelm C. G. Casparson, Über die Frage, soll man Ruinen nach der gothischen oder griechischen Baukunst anlegen? oder die Löwenburg, Vortrag vom 2. Dezember 1799, zitiert in: Dittscheid 1987, S. 304-307, hier S. 304.

21 *Unbekannt, Modell der Löwenburg, um 1800. Verwaltung der*
Staatlichen Schlösser und Gärten Hessen, Bad Homburg v. d. H.

John Harris und Bernard Korzus[1]

Das Englische bei Jussow

Eine Untersuchung[2], die es unternimmt, die englischen Elemente im Werk Heinrich Christoph Jussows, des führenden Architekten am Hof von Hessen-Kassel, herauszuarbeiten, könnte mit einem Rundgang durch die Räume des Weißensteinflügels beginnen. Hier sieht man zuerst Allan Ramseys († 1761) Ganzfiguren-Portraits Georgs III. und der Königin Charlotte, ganz in der Nähe das Portrait des Landgrafen Friedrich II. von Johann Heinrich Tischbein d. Ä. und im Thronsaal schließlich das Bildnis des Landgrafen Wilhelm IX., das 1788 von Wilhelm Böttner gemalt wurde. Beide Landgrafen tragen den Hosenbandorden, den Wilhelm 1786 erhielt, so daß das Portrait vielleicht eine Erinnerung an diese Auszeichnung darstellt. Der Grund für die Verleihung des Hosenbandordens läßt sich mit dem 1752 von George de Marées gemalten Portrait von Friedrichs erster Frau Maria (1723-1772) erklären, die dieser 1740 geheiratet hatte. Sie war die Tochter König Georgs II. von England.

Weitere Hinweise auf englische Einflüsse im Weißensteinflügel sind auf Böttners lebensgroßem Portrait des Generals Martin Ernst von Schlieffen, Friedrichs Adjutant und Minister, zu finden. Der Maler stellt Schlieffen mit abwehrend ausgestreckter Hand dar, das französische Angebot eines Marschallstabes ablehnend, den er bei Übernahme des Kommandos über die französischen Truppen erhalten hätte. Das Bild zeigt einen Stuhl und einen Tisch, wie sie englischer nicht sein könnten (Abb. 22), und im Hintergrund die Darstellung des englischen Landschaftsgartens beim Schloß Windhausen bei Kassel, den der General vermutlich bereits in den späten 1760er Jahren[3] angelegt hatte.

Das Eindringen englischer Einflüsse in Wilhelmshöhe zeigt sich auch bei der überraschenden Entdeckung einer Serie von vier Ölgemälden von Franz Hochecker (1730-1782)[4] mit den Ansichten von Virginia Water und Windsor Great Park (Abb. 23). Eines der Gemälde ist 1763 datiert. Alle kopieren Thomas Sandbys »Acht Ansichten von Windsor Great Park«, die von F. Vivares und anderen um 1754 gestochen wurden. Die Gemälde sind der wichtigste Beleg dafür, daß Jussow den englischen Landschaftsstil in Wilhelmshöhe einführte.

Schloß und Park Weißenstein

Um die Vorliebe für das Englische bei Friedrich II. und Wilhelm IX. zu verstehen, ist es notwendig, sich die Situation bei der Regierungsübernahme des letzteren im Jahr 1785 zu vergegenwärtigen. Die große barocke Achse von Giovanni Guernieros italianisierendem Oktogon mit dem bekrönenden Herkules und den Kaskaden, die 1701 von Landgraf Karl begonnen wurde, war wegen der immensen Kosten nie vollendet worden.[5] Deshalb stieß die beherrschende Achse den Hang hinunter auf

1 Für die Übersetzung dieses Beitrages danken wir Dorothea Heppe und Wanda Löwe.

2 Mit dieser Untersuchung stehe ich natürlich in der Schuld von Hans-Christoph Dittscheids Publikation von 1987. Ebenfalls sehr hilfreich war mir der Ausstellungskatalog von Hans Vogel (Katalog Kassel 1958). Im besonderen möchte ich Daniela Clare aus Wörlitz und London danken, die die relevanten Artikel so intelligent und kreativ ins Englische übertragen hat. Dieser Artikel hätte eigentlich mit ihr zusammen geschrieben werden sollen. Ich habe meinen Freund Bernard Korzus aus Münster als Mitautor gewonnen, da er über Kenntnisse der Höfe in Kassel und Dessau-Wörlitz und die Verbindungen zwischen beiden Orten verfügt. Insbesondere war er in der Lage, durch sein profundes Wissen um die deutsche neogotische Architektur und den frühen Architekturhistorismus die Löwenburg unter einem neuen Aspekt darzustellen. Bei den Staatlichen Museen Kassel hätte ich nicht mehr Unterstützung als von Hans Ottomeyer, Christiane Lukatis, F. Carlo Schmid und Gerd Fenner finden können.

3 Vgl. Holtmeyer 1910, S. 364-367; Vogt 1998.

4 Von Bedeutung könnte sein, daß Hochecker bei Chr. G. Schutz lernte, der vom Fürsten Franz von Anhalt-Dessau den Auftrag für Ruinenlandschaften erhielt. Die Präsenz der Gemälde im Weißensteinflügel ist nicht notwendigerweise ein Hinweis darauf, daß sie von Friedrich in Auftrag gegeben wurden. Sie könnten auch aus dem Stadtschloß Hanau stammen, dem Wohnsitz des Kronprinzen Wilhelm, bevor er die Nachfolge als Landgraf antrat.

5 Vgl. Fenner 1997.

ein unpassendes, altertümliches Schloß. Das Bedürfnis nach einem Neubau von Schloß Weißenstein, als point de vue vom Oktogon aus, sollte viele Architekten beschäftigen, besonders Charles De Wailly, der in den Jahren 1782 bis 1785 eine Serie von Entwürfen anfertigte. Errichtet wurde der Bau schließlich von Simon Louis Du Ry in Zusammenarbeit mit dem jüngeren Jussow, der nach und nach dessen Nachfolge als bevorzugter Architekt des Landgrafen antrat. In Teilen hatte bereits Friedrich II., besonders in den Jahren 1775 bis 1785, die altmodische Anlage ausgeschmückt und gefälliger gestaltet.

1785 konnte Christian Cay Lorenz Hirschfeld in seiner »Theorie der Gartenkunst« (Leipzig 1779-1785) über die Wilhelmshöhe sagen: »Den Göttern sind hier Tempel, den Philosophen Griechenlands Einsiedeleyen und selbst den Zauberinnen Höhlen erbauet«. Hirschfeld muß Vergils Grab und die Pyramide (ca. 1775), die Grotte der Sybille (1779), die Pluto-Grotte und die Einsiedelei des Sokrates (1780), den Tempel des Merkur (1782) und das außergewöhnliche chinesische Dorf Mulang (1781-1785) gesehen haben, das oft Simon Louis Du Ry zugeschrieben wird, jedoch eher als Beispiel für den Architekturdilettantismus des Landgrafen anzusehen ist. Ein kürzlich entdecktes Inventar von 1781 zeigt den enormen Reichtum an Staffagebauten und Skulpturen zwischen dem alten Schloß und dem Oktogon.[6] Alle diese Staffagen stehen in der englischen Tradition der Rokoko-Gartengestaltung, die in Deutschland und Frankreich noch aktuell, in englischen Augen aber bereits altmodisch war, da sich in England inzwischen der natürliche Landschaftsstil Capability Browns durchgesetzt hatte. Mulang ist hierfür ein gutes Beispiel. Rokoko-Chinoiserien wurden erstmals von Richard Bateman in den 1730er Jahren in die Gartenkunst eingeführt.[7] Damit fällt das Phänomen der Chinoiserien in England in die 1740er und 1750er Jahre, das heißt in die Zeit vor und nicht nach Erscheinen von Sir William Chambers' »Designs of Chinese Buildings« von 1757. Die Quellen für Friedrichs Chinoiserien kann man im Inventar der Wilhelmshöher Bibliothek[8] entdecken, in dem sich die meisten der englischen Vorlagenbücher für Chinoiserien nachweisen lassen: William und John Halfpennys »Rural Architecture in the Chinese Taste« und »Chinese and Gothic Architecture Properly Ornamented«, beide von 1752, sowie deren »Chinese Architecture Civil and Ornamental« von 1759, außerdem Charles Overs »Ornamental Architecture in the Gothic Chinese and Modern Taste« von 1758 und P. Deckers »Chinese Architecture Civil and Ornamental« von 1759. Ebenfalls vorhanden war William Chambers' »Designs of Chinese Buildings« von 1757, sein Folioband über Kew Gardens von 1763 und die 1775 in Gotha erschienene deutsche Ausgabe seiner »Dissertation on Oriental Gardening«.[9]

Jussow in Paris und Italien

Vor 1782 muß man sich Jussow als jungen Architekten vorstellen, der unter Du Ry im Kasseler Bauamt arbeitete. Um 1780 muß Du Rys Architektur[10] im Europa der Aufklärung bereits konventionell gewirkt haben. Sein modernstes Gebäude war das unbeholfen konzipierte Museum Fridericianum von 1769, das erst 1779 vollendet

22 Wilhelm Böttner, Portrait von General Martin Ernst von Schlieffen, 1794. Verwaltung der Staatlichen Schlösser und Gärten Hessen, Bad Homburg v. d. H.

6   Bei dem 15 Oktavseiten umfassenden Inventar aus dem Fürst zu Bentheimschen Archiv handelt es sich um die Abschrift eines 1777 datierten Verzeichnisses (StAM Bestand E12 Nr. 3, fol. 17-19), die vermutlich von einem der Kasseler Gärtner 1781 für den Grafen Ludwig zu Bentheim-Steinfurt angefertigt wurde und der Vorbereitung eines 1783 erfolgten Besuchs der Wilhelmshöher Parkanlage diente. Das Verzeichnis vervollständigt ein ähnliches, undatiertes Inventar, das bereits 1898 veröffentlicht wurde (vgl. Heidelbach 1909, S. 166-169) und einen »gotischen Tempel« nicht mehr erwähnt.

7   Vgl. Harris 1979/1. Batemans Chinoiserien dürften dem chinesischen Tempel von Stowe, der kürzlich diesem Garten zugeschrieben werden konnte, um wenige Jahre vorausgehen.

23 Franz Hochecker, Ansicht von Windsor Great Park und Virginia Water, 1763. Verwaltung der Staatlichen Schlösser und Gärten Hessen, Bad Homburg v. d. H.

wurde. Die spektakulären Entwürfe von Charles De Wailly für Schloß Weißenstein werden sicherlich einen tiefen Eindruck bei Jussow hinterlassen haben. Sie öffneten ihm und den beiden Landgrafen die Augen für den Konservatismus von Du Ry, für den Marie-Joseph Peyres »Oeuvres d'Architecture« von 1765 eine befremdliche Publikation gewesen sein dürfte.

Jussow war fast dreißig Jahre alt, als Landgraf Friedrich ihm am 25. Juli 1783 ein Stipendium für ein dreijähriges Architekturstudium in Frankreich und Italien[11] gewährte. Zu dieser Zeit, nach seinem Besuch in Kassel im Oktober 1782[12], hatte De Wailly bereits die erste Serie seiner Pariser Entwürfe für Schloß Weißenstein vorbereitet. Wegen Jussows späterer Verbindung zu De Waillys Atelier in Paris ist es nicht weit hergeholt, sich eine freundschaftliche und fruchtbare Begegnung zwischen Jussow und seinem späteren Pariser Lehrer in Kassel vorzustellen. Der Pariser Zeichnungsband, den Sir William Chambers 1774 anfertigte[13], als er Paris (und De Wailly) besuchte, um die »Many great things [that] have been done since I last saw Paris [...] which I must examine with care and make Proper remarks upon« zu studieren, ist ein gutes Beispiel dafür, was auch Jussow studiert haben dürfte: die Werke von Antoine, Boullée, Brongniart, Chalgrin, De Wailly, Gabriel, Ledoux, Peyre oder Rousseau.

In Rom hatte die in den 1740er bis 1760er Jahren unter dem Einfluß Piranesis stehende Französische Akademie ihre Vormachtstellung verloren. In Italien lag der derzeitige »moderne« Stil in den Händen von Marchionni in Rom, Vanvitelli in Neapel oder Piermarini in Mailand, im Gegensatz zu dem altmodischen spätbarocken Stil eines Ferdinando Fuga. Wahrscheinlich hat Jussow in Rom auch den jungen Mario Asprucci getroffen.

8   Dittscheid 1987, S. 312-315, aber noch wichtiger die Kopie des Inhaltsverzeichnisses des Manuskriptes, Staatliche Museen Kassel, 1979/916.

9   Zu all diesen Publikationen vgl. Harris 1990.

10   Boehlke 1980. Monique Mosser wies mich auf einen Brief von Du Ry an die Académie Royale d'Architecture in Paris hin, datiert auf den 21. Januar 1783, worin er sich als »Correspondant Etrangère« bewirbt und angibt, daß er von 1748 bis 1752 bei Blondel Architektur studiert habe. Vgl. Lemonnier 1911-29, Bd. IX, S. 93; Réau 1928, Bd. 1, S. 194. Dies impliziert, daß Du Ry zur selben Zeit wie Chambers in Paris war. Diese Verbindung mit Chambers in Paris könnte ungewöhnlich interessante Rückschlüsse zulassen. Man sollte sich daran erinnern, daß Chambers, bevor er sich 1755 in London niederließ, einen Posten von Friedrich dem Großen in Potsdam angeboten bekam.

11   Dittscheid 1987, S. 261, Anm. 258.

12   De Waillys Anwesenheit in Kassel ist im Besucherbuch des Museum Fridericianum vermerkt, vgl. Dittscheid 1987, S. 7; vgl. auch Katalog Paris 1979. Erneut bin ich Monique Mosser, der besten Kennerin De Waillys, zu Dank verpflichtet.

13   Harris 1963.

Das Ende von Jussows Stipendium und seiner Studienreise war für den Herbst 1786 vorgesehen. In einem Brief[14] aus Rom an den neuen Landgrafen Wilhelm IX. vom 24. März 1786 bittet er jedoch um eine Verlängerung seines Stipendiums, um englische Bauten und Gärten zu studieren. Er bezieht sich auf die bisherige Förderung durch den Landgrafen Friedrich, die es ihm ermöglicht habe, seinem Vaterland auf dem Gebiet der Architektur zu dienen. Am 2. Mai 1786 wurde Jussow Geld für ein weiteres Jahr bewilligt. Wann genau er aus Rom abreiste, ist unbekannt.[15] Während seiner kurzen Rückkehr nach Kassel wird er Du Rys konservative Entwürfe für den Weißensteinflügel kennengelernt haben. Sie scheinen ihn unmittelbar zu einem Gegenentwurf, seinem französisch-italienisch beeinflußten Projekt von 1786 angeregt zu haben, bevor er nach England abreiste.[16] Der junge Jussow muß als Gegenpol zu Du Rys Konservatismus angesehen worden sein, der zu einem moderneren und anspruchsvolleren Hofarchitekten und Gartenplaner ausgebildet werden sollte – was er dann auch tatsächlich wurde.

Jussows Englandreise

Lediglich das Datum der Rückkehr von Jussow aus England ist bekannt; die »Kriegs- und Domänenkammer« verzeichnete diese für den 17. Dezember 1787. Deshalb können wir annehmen, daß er mindestens ein Jahr in England verbrachte. Obwohl Zeichnungen aus Frankreich und Italien in seinem umfangreichen Nachlaß in der Graphischen Sammlung der Staatlichen Museen Kassel erhalten blieben, bezieht sich leider keine auf England. Jussow wird weder in der umfangreichen überlieferten Korrespondenz zwischen Landgraf Wilhelm und Baron von Kurzleben, seinem Gesandten in London, noch in den Tagebüchern des Landgrafen erwähnt. Dies ist insofern nicht überraschend, als er nur ein unbedeutender Untergebener des Landgrafen war. Trotzdem ist es bezeichnend, daß der Landgraf in seinen Memoiren Du Ry nicht erwähnt, sich aber 1788 ausdrücklich auf seinen Architekten Jussow bezieht.[17]

Was Jussow während seiner ausgedehnten Studienreise in England gesehen hat, kann nur vermutet werden. Es kann aber kein Zweifel darüber bestehen, daß De Wailly ihn bei William Chambers einführte, seinem engen Freund aus Studientagen in Paris und Rom. Chambers' Häuser in London und Whitton bei Twickenham waren Treffpunkte für alle französischen und schwedischen Architekten und Künstler, die durch London kamen. Kein anderer britischer Architekt verfügte über ein solches Netz an internationalen Freundschaften. Als »Surveyor General and Comptroller of the Works« und als persönlichem Architekten Georgs III. wird Chambers die Verbindung zwischen den Höfen von London und Hessen-Kassel bekannt gewesen sein. Mit einem Empfehlungsschreiben von Chambers dürften sich für Jussow alle Türen geöffnet haben: zu Kew Gardens, zu Schloß Windsor und nicht zuletzt zu Thomas Sandby, Architekt und stellvertretender Forstmeister von Windsor Great Park und Virginia Water. 1786 war Chambers noch mit Somerset House, seinem großen Werk, beschäftigt. Dies war jedoch kein Vorbild für Jussow, dessen Quellen für seine neoklassizistische Architektur in Paris zu suchen sind sowie

14 StAM Bestand 16, Rep. VI, Kl. 29, Nr. 2, Vol. 1, fol. 62f; vgl. Dittscheid 1987, S. 23.

15 Es scheint, als wäre Jussow zuerst nach Kassel zurückgekehrt. Nach der Chronik des Hofhistoriographen Friedrich Wilhelm Strieder über Wilhelmshöhe wurde die Kaskade neben dem großen Becken 1786 von Jussow begonnen, die Arbeit unterbrochen und erneut 1789 nach Jussows Rückkehr aufgenommen. Vgl. Dittscheid 1987, S. 24, und auch die ebd. S. 262, Anm. 290 angeführten Bauunterlagen StAM Bestand 6a, Nr. 59, fol. 44. Offensichtlich wurde Jussow, als er nach Kassel zurückkehrte, dem neuen Landgrafen vorgestellt.

16 Staatliche Museen Kassel, Inv. Nr. GS 6347 und GS 9555 (s. Katalog Kassel 1999). Die Verwendung eines langen skulptierten Relieffrieses wurde besonders von Boullée favorisiert.

17 Von Hessen 1996, S. 258 und 472, Anm. 31: »Den 1. Januar [1788] verbrachte ich wie gewöhnlich allein auf dem Weissenstein, wo ich einen jungen Architekten, Jussow, der aus Frankreich, Italien und England zurückgekehrt war, zu meinem Bauinspektor ernannte.«

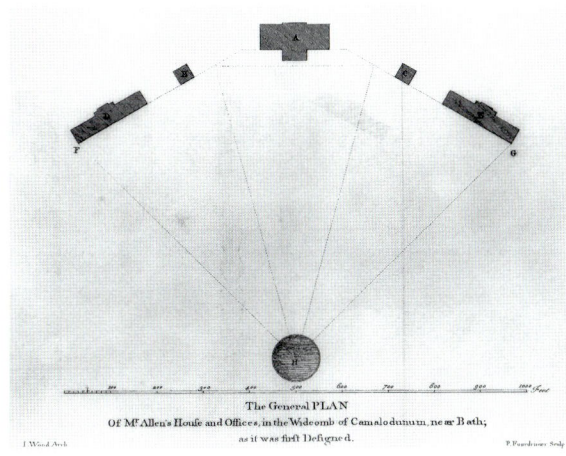

24 Pierre Fourdrinier nach John Wood, Übersichtsplan von Prior Park in Bath, 1765. Sir John Soane's Museum, London

im italienischen Neoklassizismus der 1780er Jahre. Dies gilt für seinen Idealentwurf für Schloß Weißenstein, der, wie F. Carlo Schmid jetzt herausfand, in Italien gezeichnet worden ist.[18] Die Teilansichten[19] sind pariserisch und das Resultat seiner Beschäftigung mit Marie-Joseph Peyres »Oeuvres d'Architecture« von 1765. Die Entwürfe legen nahe, daß Jussow versuchte, Du Ry zu übertrumpfen.

Es gibt eine Ausnahme von dieser französisch-italienischen Verbindung in Jussows Architekturstudium, nämlich Prior Park bei Bath, Ralph Allens großes, seit 1735 erbautes Haus, das mit einem Hauptblock und diagonal gesetzten, freistehenden Pavillons so geplant wurde, als umfasse es bühnenartig einen oberhalb von Bath gelegenen Landschaftsprospekt. Es kann kaum bezweifelt werden, daß Jussow Bath sowie dieses Haus und den Park besucht hat. Die Anordnung der diagonal gesetzten Wirtschaftsflügel und Pavillons ist genau umgekehrt wie bei Schloß Weißenstein, wo der Blick von der Westseite hinauf zum Oktogon, aber von den gegenüberliegenden Fronten der Flügel nach Nordosten und Südosten geht, deren Diagonallage den Ausblick auf die Stadt erweitert. Prior Park wurde nie für den vierten und fünften Band des von J. Wolf und I. Grandon herausgegebenen »Vitruvius Britannicus« (1767 und 1771) gestochen. Allerdings wurden der Übersichtsplan (Abb. 24) und ein Aufriß 1765 von John Wood in seiner »Description of Bath« veröffentlicht.[20] Prior Park gehörte jedoch zum Programm einer Reise durch englische Gärten, und Jussow dürfte der gängigen Route gefolgt sein.

Whateleys Gartenführer

Es ist anzunehmen, daß jeder gebildete und an Gärten interessierte europäische Englandreisende ein Exemplar von Thomas Whateleys »Observations on Modern Gardening« erworben hat, das 1770 in London in mehreren Ausgaben erschienen war sowie in französischer und deutscher Übersetzung 1771 in Paris und Leipzig herausgegeben wurde. Die französische Ausgabe befand sich in der Bibliothek des Landgrafen.[21] Whateley war das »vade mecum« eines an englischen Gärten interessierten Reisenden und bestimmte die Route zu ihrer Besichtigung. Seine Beschreibungen und Hinweise betreffen die Leasowes, Woburn Farm, Painshill, Hagley, Stowe, Wotton, Piercefield, Esher, Caversham, Blenheim, Enfield Chace, Claremont und Stourhead. Whately konzentrierte sich mehr auf die ornamental gestalteten Landschaftsgärten als auf die eher natürlichen Anlagen von »Capability« Brown.

Zusätzlich zu Whateleys Empfehlungen können Jussows Besuche in Kew und Chiswick durch den interessanten und ungewöhnlichen Entwurf für die Karlsaue in Kassel von 1790 (Abb. 25) verdeutlicht werden, der von Günter Hartmann fälschlicherweise H. W. Homburg zugeschrieben wurde.[22] Tatsächlich stammt er von dem Kasseler Gärtner Georg Wilhelm Homburg.[23] Auch wenn Homburg selbst eine Garten-Tour in England gemacht haben sollte – denn wie sich zeigt, ist der Plan ein perfektes Beispiel für englische Einflüsse –, im Jahr 1790 wird Jussow mit Sicherheit an dem Entwurf beteiligt gewesen sein. Hier werden Gebäude vorgeschlagen, denen die Pagode und der Tempel des Pan von Kew, das »Deer House« von Chiswick, das Wasserrad und die gotische Ruine von Painshill, die felsige steinerne Bogenbrücke in

18   Bad Homburg v. d. H., Verwaltung der Staatlichen Schlösser und Gärten Hessen, Inv. Nr. 1.3.663 (s. Katalog Kassel 1999).

19   Dittscheid 1987, Taf. 134.

20   Wood 1765: Der Übersichtsplan gegenüber S. 96, die Nordfront gegenüber S. 432.

21   Eine englische Ausgabe befand sich ebenfalls in der Bibliothek des Fürsten Franz in Wörlitz.

22   Hartmann 1981, S. 11, Abb. 13.

23   Staatliche Museen Kassel, Inv. Nr. GS 12655.

*25 Georg Wilhelm Homburg,
Planentwurf zur Karlsaue, 1790.
Staatliche Museen Kassel*

26 Heinrich Christoph Jussow, Entwurfsskizze zum Wasserfall bei
der Teufelsbrücke, um 1792. Stiftung Preußische Schlösser und
Gärten Berlin – Brandenburg, Potsdam

24   Man sollte auch dem von Georges Louis Le Rouge herausgegebenen
Kupferstichwerk der »Jardins anglo-chinois« Beachtung schenken, in dem
zahlreiche englische Gärten und Gartengebäude veröffentlicht wurden.
Speziell das im Mai/Juni 1778 publizierte sechste Heft ist englischen Gärten
gewidmet: Es zeigt drei Ansichten von Windsor, einschließlich der Kaskade
und der Grotte, die Kaskade von Belton, zwei Ansichten von Kew und die
Grotte bzw. Kaskade von Chiswick. Eine umfassende Arbeit von Bernard
Korzus über das Oeuvre von Le Rouge wird in Kürze erscheinen.

25   Potsdam, Stiftung Preußische Schlösser und Gärten Berlin-Brandenburg,
Plankammer, Bestand Kassel XVII, Umschlag C a), Nr. 22 (s. Katalog Kassel
1999, zitiert als BK 88).

26   Dies wird umfassend behandelt in Roberts 1997.

der Manier von Thomas Sandbys Brücke in Windsor Great Park als Vorbilder
dienten; desgleichen ein Gebäude, das dem »Queen's Temple« von Stowe verdächtig
ähnelt und eines, das auf dem dortigen gotischen Tempel basiert.

Ein Garten, den Whateley nicht erwähnt, ist Windsor Great Park Georgs III. mit dem
dekorativen, um 1785 in seiner vollen georgianischen Reife stehenden Virginia Water
des Herzogs von Cumberland.[24] In den Jahren unmittelbar nach Jussows Rückkehr
aus England wurden Arbeiten im Wilhelmshöher Park durchgeführt, vor allem die
hangabwärts gelegenen Steinarbeiten, Felskaskaden und Wasserläufe (Abb. 26) auf der
Nordflanke der Ost-West-Achse.[25] Als der Autor diese Wasserläufe zum erstenmal sah,
wurde er sofort an Virginia Water (Abb. 27) erinnert. Steinanlagen waren dort schon in
den 1750er Jahren ausgeführt worden, aber Thomas Sandby begann zur Zeit von
Jussows Englandreise neue Arbeiten in diesem Stil. Die stilistische Verwandtschaft
zwischen Sandbys und Jussows felsigen Kaskadenwerken kann nicht geleugnet
werden, und wir müssen vermuten, daß Jussow durchaus eine Beziehung zu Mulang
festgestellt haben dürfte, als er die chinoisen Bauten des Herzogs von Cumberland aus
den 1750er Jahren auf der China-Insel von Virginia Water sah.

Die 1780er Jahre waren eine von Sandbys aktivsten Phasen der ornamentalen
Gartenkunst in Virginia Water.[26] Jussows Anwesenheit dort und die Gemälde von
Franz Hochecker im Weißensteinflügel scheinen nahezulegen, daß es Landgraf
Friedrich war, der zuerst ein Interesse an Virginia Water bekundete. Im Hinblick auf
die Tatsache, daß der Landgraf Jussow das Stipendium für seine Studienreise nach
Frankreich und Italien gewährte, besteht die Möglichkeit, daß ein Interesse an der
englischen ornamentalen Gartenkunst bereits einsetzte, bevor Friedrich 1785 starb.

Cascade pres la Grotte. Parc de Windsor.

England als Reiseziel für Gartenliebhaber

Wir können Jussows Reiseweg noch vervollständigen, indem wir auf die vom September 1763 bis zum Herbst 1764 unternommene Englandreise des Fürsten Franz von Anhalt-Dessau (1740-1817) mit seinem Architekten Friedrich Wilhelm von Erdmannsdorff und dem Wörlitzer Gärtner Johann Friedrich Eyserbeck und auf eine zweite Reise des Fürsten und seines Architekten von August 1766 bis Februar 1767 verweisen. Diese Reisen können anhand verschiedener Quellen und eines fragmentarischen Manuskriptes, das Erdmannsdorff auf Anweisung des Fürsten nach ihrer Rückkehr im Herbst 1764 in Wörlitz verfaßte[27], teilweise rekonstruiert werden. Demnach wurden folgende Gärten besucht: John Calcrafts Ingress Abbey, Lord Holdernes' Sion Hill von Capability Brown, Woburn Farm, Ham Farm, Oatlands, Painshill, Esher, Claremont, Richmond Gardens, Chiswick, The Grove, Wimbledon Park, Windsor und Virginia Water, Nuneham, Blenheim, Ditchley, Heythrop, Rousham, Bowood und Stowe. Fürst Franz war von Juli bis August 1775 erneut in England und nochmals 1785, in dem Jahr, bevor Jussow nach England reiste. Bezeichnenderweise sahen sie, außer Windsor, keine mittelalterlichen Burgen, was Jussows Interessen entsprochen hätte, wenngleich sie einige Gartengebäude im Burgenstil oder gotische Gartengebäude während ihres langen Aufenthaltes gesehen haben müssen. Obwohl sie in Bath waren, wird Prior Park überraschenderweise nicht erwähnt. Entsprechend müssen sie, als sie sich in Cirencester aufhielten, Lord Bathursts Cirencester Park mit Alfred's Castle und anderen gotischen »follies« gesehen haben.

Für weitere Anhaltspunkte für die Reise eines Gartenliebhabers sollten wir die Aufzeichnungen des Grafen Ludwig zu Bentheim-Steinfurt[28] vom Mai 1763 nutzen. Bentheim besuchte Vauxhall Gardens, Ranelagh, den Botanischen Garten in Chelsea, Chiswick, Kew, Richmond Gardens, Stowe, Blenheim, Virginia Water, Painshill und Hampton Court. Wir dürfen vermuten, daß Jussow innerhalb eines Jahres gleichfalls die meisten dieser Standard-Reiseorte besucht hat. Für weitere

27 *Ansicht der Kaskade in der Nähe der Grotte in Windsor Great Park. In: Georges Louis Le Rouge, Jardins anglo-chinois, Heft 6, Mai/Juni 1778. Royal Collection, Windsor*

27 Zur Diskussion die Reise betreffend s. Speler 1987 und – neueren Datums – Rüffer 1996 und Weiss 1997. Besonderen Dank schulde ich Uwe Quilitzsch und Ludwig Trauzettel, mit denen ich lange Gespräche führte und in regem Briefwechsel stand.

28 Fürst zu Bentheimsches Archiv, Journal der Englandreise 1783 von Graf Ludwig zu Bentheim-Steinfurt.

Hinweise darauf, was Jussow in England studierte, müssen wir die außergewöhnliche Architektur der Löwenburg genauer betrachten.

Die Löwenburg

Wie bei den Steinarbeiten und Kaskaden von Sandby und Jussow ist der erste Eindruck von der Löwenburg wichtig. Ich erinnere mich, daß ich viele Jahre zuvor, als wir sie das erste Mal sahen, zu meiner Frau sagte: »Dies könnte von Robert Adam sein.« Diese voreilige Einschätzung wurde allerdings zurechtgerückt, als ich feststellte, daß diese Burg –anders als alle Burgen von Robert Adam, beabsichtigt oder nicht, ausgenommen seine Capricci mit Burgen in Landschaften – nicht symmetrisch war. Wir revidierten unser Urteil, als uns bewußt wurde, daß lediglich Teile der Löwenburg mit Adams Burgenstil verwechselt werden könnten. Immerhin habe ich eine Beobachtung im Laufe der Jahre und bei hinzugewonnenen Kenntnissen über das Projekt nicht modifiziert: Die Löwenburg ist mit Sicherheit die erste asymmetrische, um einen großen Innenhof gebaute neomittelalterliche Burg in Europa. Sie ist früher als alles Entsprechende in England.

Die erhaltenen Pläne für die Löwenburg in der Graphischen Sammlung der Staatlichen Museen Kassel zeigen, daß – neben den besonders nach 1795 erfolgten interessierten Eingriffen des Landgrafen Wilhelm – Jussow für den Entwurf allein verantwortlich war. Es gibt keinen Hinweis darauf, daß, wie Dittscheid meint[29], Johann Heinrich Müntz während seines Aufenthalts in Kassel nach seiner Rückkehr aus Polen 1786 bis zu seinem Tode 1798 irgendeinen Einfluß auf Jussow oder die Löwenburg ausübte. Seine Rolle in Kassel ist verwirrend und rätselhaft. Er war ein umherreisender Künstler, als Architekt nicht besonders versiert, aber ein Mann mit vielen Fähigkeiten und Interessen, vor allem was die technischen Aspekte der Malerei betraf. 1763 war er in Holland und von 1780 bis 1783 in Polen. Man sollte annehmen, daß er als Mitglied von Horace Walpoles Strawberry Hill Committee einen polarisierenden Einfluß auf die Neogotik der Wilhelmshöhe gehabt hätte – was aber nicht der Fall war. Vergebens sucht man an der Löwenburg nach gotischen Details, die erkennbar von der englischen Gotik des Strawberry-Stils oder speziell von Müntz[30] stammen, der um 1757/58 für Chambers die gotische Kathedrale in Kew Gardens entworfen hatte. Jürgen Klein[31], und ihm folgend Dittscheid[32], behauptet, das Frontispiz von Horace Walpoles »A Description of the Villa of Mr. Horace Walpole [...] at Strawberry Hill« (1784) sei die Vorlage für die Kapellenfront im Innenhof der Löwenburg. Doch abgesehen von einigen leeren Arkaden, Figuren in Nischen und der üblichen Dreiteilung der Fassade gibt es keine wie auch immer gearteten Beziehungen. Diese Wissenschaftler sind angestrengt bemüht, die Löwenburg mit England und dem Wirbel um Strawberry Hill in Verbindung zu bringen. Hier wedelt der Schwanz mit dem Hund. Bei der Löwenburg haben wir es mit einer Architektursprache und einer altertumskundlichen Einstellung zu tun, die dem Strawberry Hill Committee fremd sind. Natürlich leugnet niemand, daß Müntz zwölf Jahre in Kassel war, doch auf diesem Gebiet kann hier leider nichts mit

29 Dittscheid 1987, S. 202ff.

30 Das Standardwerk über Müntz ist Watt 1986; vgl. aber auch McCarthy 1987.

31 Klein 1975; Klein 1983.

32 Dittscheid 1987, S. 162, 207, 209, 211, 230, 245.

Vue de la Bourg ou Vieille Tour a Wilhelmsbad avec ses Environs

28 Gotthelf Wilhelm Weise nach Anton Wilhelm Tischbein, *Ansicht des Ruinenturms in Wilhelmsbad bei Hanau,* 1783. *Staatliche Museen Kassel*

seiner Anwesenheit in Zusammenhang gebracht werden. Soweit die Argumentation. Anfangs wünschte Landgraf Wilhelm nur einen zinnenbekrönten Aussichtsturm, wie man ihn 1788 auf einem Übersichtsplan des Gartens sieht (vgl. Kat. Nr. 52).[33] Er ist dort als »projectirte Ruine« verzeichnet, etwas nördlich von der Löwenburg gelegen. Diese Lage wurde 1790 in Strieders Bauchronik als »Bellevue«[34] bezeichnet und für ein Gebäude vorgesehen. In einem Brief an Christian Cay Lorenz Hirschfeld von 1791 berichtet Daniel August Schwarzkopf, der Wilhelmshöher Hofgärtner, über die Absicht, auf der Anhöhe eine Ruine zu errichten. 1793 wurde das Projekt[35] als einzelner runder Ruinenturm[36] begonnen, nicht mehr als ein Ruinenaussichtsturm, angeschlossen an eine rechteckige Küche, mit einer Aussichtsplattform über einer offenen gotischen Arkade vor der Küche, das Ganze durch kurze Mauerabschnitte miteinander verbunden. Auf einem dieser frühen Entwürfe wird der pittoreske Effekt durch eine große rauschende Kaskade gesteigert, die sich über Felsen und unter einer Brücke ergießt (vgl. Kat. Nr. 36): Eine vom Landgrafen autorisierte Idee, die vielleicht als Pendant zu dem 1788 begonnenen römischen Aquädukt auf der anderen Seite der barocken Achse gedacht war. Auf der Grundlage des Entwurfes ohne die Kaskadenanlage[37] wurde im November 1793 der Bau auf Befehl Wilhelms begonnen.

Die Vorbilder der Löwenburg

Bis 1793/94 können Jussows Vorbilder mühelos mit den englischen Ruinen-Aussichtstürmen der Sanderson Miller-Periode der Neogotik identifiziert werden, etwa mit Millers Türmen in Radway in Warwickshire (1747), Hagley in Worcestershire (1748)

33 Vgl. auch den 1789 datierten Plan: Potsdam, Stiftung Preußische Schlösser und Gärten Berlin – Brandenburg, Plankammer, Bestand Kassel XII, Nr. 1 (s. Katalog Kassel 1999, zitiert als BK 86).

34 Dittscheid 1987, S. 283, Anm. 1049.

35 Ebd. Abb. 287-299.

36 Ebd. Abb. 287-289.

37 Staatliche Museen Kassel, Inv. Nr. GS 5649 (s. Katalog Kassel 1999).

29 E. Weis, Südansicht des Ruinenturms in Zähringen. In: Johann Daniel Schöpflin, Historia Zaringo-Badensis, Bd. 1, Karlsruhe 1763. Germanisches Nationalmuseum, Nürnberg

38   McCarthy 1987, Abb. 65-67.

39   Die beste Ansicht findet sich auf Tischbeins Stich, Staatliche Museen Kassel, Inv. Nr. GS 8372; s. Hartmann 1981, Abb. 107.

40   Harris 1978, S. 48, Abb. 92-93.

41   Harris 1979/2, s. die Einleitung unter Westerton.

42   Der Kupferstich, der die Nord- und Südseite des Zähringer Burgturmes erstmals relativ genau darstellte, erschien im ersten Band der siebenbändigen »Historia Zaringo-Badensis« (1763-66) des berühmten Historikers und badischen Hofhistoriographen Johann Daniel Schöpflin (1694 – 1771). Es ist davon auszugehen, daß der historisch interessierte Erbprinz Wilhelm dieses Standardwerk zur Geschichte des Hauses Zähringen-Baden kannte bzw. in seiner Bibliothek hatte. Höhen- und Durchmessermaße des Zähringer Turmes entsprechen fast denen der »Burg« in Wilhelmsbad. Vgl. Schlippe 1964.

43   Vgl. von Hessen 1996, S. 197.

44   Vgl. ebd. S. 199, Abb. 38.

und ganz besonders und mit Sicherheit mit James Essex' Turm in Wimpole House in Cambridgeshire (1768).[38] Jeder Liebhaber englischer Landschaftsgärten hatte nicht nur Hagley besucht, wie Whateley empfiehlt, sondern auch das Cambridge benachbarte Wimpole.

Als eine ältere Manifestierung dieses Stils muß der Ruinenturm des Landgrafen in Wilhelmsbad bei Hanau (Abb. 28) angesehen werden.[39] Er wurde zwischen 1779 und 1781 errichtet und ist ein Beweis dafür, daß der von seinem Vater und dem Kasseler Hof isolierte Wilhelm bereits als Erbprinz und lange vor Jussows Einfluß auf die Gartenmaßnahmen in Wilhelmshöhe ein Interesse an pittoresken Ruinentürmen entwickelt hatte. In Wilhelmsbad schuf Wilhelm eine Ruinenszenerie: eine aus einem Ruinenturm, einer über ein Gewässer führenden Brücke und einer angrenzenden Burgruine oder Kirche bestehende, wohlüberlegte Komposition. Beide Gebäude wurden durch Tore mit Bögen aus keilförmigen Bogensteinen betreten. Die Quelle für diese Doppelkomposition ist unbekannt. Weder in Deutschland noch in Frankreich gibt es bis 1779 einen vergleichbaren Entwurf mit zwei Burgruinenbauten in einem pittoresken Garten mit Wasserlauf. Die um 1722 entstandene King Alfreds Hall in Cirencester Park in Gloucestershire war nur in Thomas Robins seltenen, 1763 von Thomas Major gestochenen Ansichten verfügbar.[40] Eine andere naheliegende, aber nicht veröffentlichte Quelle ist die Burgenstil- und Ruinenarchitektur des Astronomen, Amateur- und Gartenarchitekten Thomas Wright. Insbesondere können Ähnlichkeiten zwischen der Burgruine in Wilhelmsbad und Wrights Westerton Tower in Durham festgestellt werden, der zur gleichen Zeit wie Wilhelmsbad erbaut wurde.[41]

Für den Wilhelmsbader Turm gibt es jedoch eine noch naheliegendere Quelle: einen dreistöckigen mittelalterlichen Ruinenturm in Zähringen (Abb. 29), der alten Burg der Vorfahren der Markgrafen von Baden bei Freiburg, der 1763 von E. Weis gestochen wurde. Er könnte für Wilhelmsbad durchaus als Anregung gedient haben[42], zumal es während der beiden letzten Jahrzehnte vor der Französischen Revolution in deutschen Gärten auffallend wenige historisierende Architekturen gab, die auf englischen Vorlagen basierten, obwohl die Impulse für historisierendes Bauen zweifellos mit der neuen Gartenmode aus England kamen. Diese »sentimentalischen« und pittoresken Bauten, die »nationale Antike« suggerieren, entsprechen einem nach dem Siebenjährigen Krieg verstärkt auftretenden, gegen die französische Dominanz gerichteten Kulturpatriotismus, der von zahlreichen deutschen Territorialherren gefördert wurde. Wenn Erbprinz Wilhelm 1783, drei Tage nach seiner Rückkehr nach Kassel und der Aussöhnung mit dem Vater, Mitglied der dortigen »Gesellschaft für Altertümer« wird und 1786, als Landgraf, der Gesellschaft eine »mehr vaterländische«, das heißt auf germanische Frühgeschichte und deutsches Mittelalter ausgerichtete Zielsetzung gibt, bezeugt dies sein starkes antiquarisch-historisches Interesse.[43]

Das von Johann Heinrich Tischbein d. Ä. 1786 für diese Gesellschaft entworfene Siegel zeigt entsprechende historische Artefakte unter einer alten Eiche und im Hintergrund den Turm einer mittelalterlichen Burgruine.[44] Schon als Erbprinz, im

März 1766, hatte Wilhelm den Markgrafen Karl Friedrich von Baden in Karlsruhe besucht, um das dortige Schloß und die Gartenanlagen eingehend zu besichtigen, und der Markgraf war im April 1781 offenbar der erste Standesgenosse, dem die »Burg«, das heißt die fertiggestellte und eingerichtete Turmruine in Wilhelmsbad, gezeigt wurde.[45]

Doch der Architekturhistorismus in deutschen Gärten der zweiten Hälfte des 18. Jahrhunderts besitzt nicht nur antiquarische, sondern, wie in England, nicht selten auch aktuelle politische Komponenten. Gegenüber der wachsenden Dominanz Habsburgs und Preußens, besonders jedoch seit dem Versuch des Kaisers, Bayern zu annektieren, bemühten sich einige deutsche Kleinstaaten um einen engeren Zusammenschluß, um ihre Unabhängigkeit bzw. ihre »alten Freiheiten« zu sichern. Der Markgraf von Baden, der Fürst von Anhalt-Dessau und der Herzog von Weimar waren die aktivsten Betreiber dieser im Zusammenspiel mit dem Prinzen von Preußen gegen Habsburg gerichteten konspirativen Aktivitäten, in die auch der Erbprinz von Hessen-Kassel verwickelt gewesen zu sein scheint. Noch bis in die späten 1790er Jahre bestanden enge Beziehungen zwischen Wilhelm und dem Markgrafen von Baden.

Das gleiche gilt für das Verhältnis zum Fürsten Franz von Anhalt-Dessau. So hatte Wilhelm im Mai 1788 in Begleitung seines Gärtners Schwarzkopf Wörlitz besucht, »den einzigen englischen Garten jener Zeit, an welchem ich zwar etliche Fehler wahrnahm, der mich gleichwohl stark interessierte«, und noch 1810 nennt Wilhelm den Dessauer Fürsten seinen »alten Freund«.[46]

Ein besonders freundschaftliches Verhältnis verband den Landgrafen seit der gemeinsamen Teilnahme am preußischen Feldzug gegen Habsburg (1778) mit dem späteren preußischen König Friedrich Wilhelm II.

Hier kann nicht näher auf die politischen Komponenten neogotischer Architekturen in Wörlitz, Weimar oder Potsdam eingegangen werden.[47] Die von den kleineren deutschen Territorialherren gemeinsam unternommenen, anfangs gegen Habsburg, nach 1789 gegen die emanzipatorischen bürgerlichen Bewegungen gerichteten Aktionen zur Rettung der durch die alte Reichsverfassung garantierten ständischen Freiheiten bilden den politischen Hintergrund auch für die Errichtung der Löwenburg, die weniger ein Refugium für Mittelalterträume als vielmehr eines der eindrucksvollsten politischen Symbole war, solange das alte Reich bestand. Erst 1806, mit der Abdankung des Kaisers, verschwand das Reich und mit ihm die altvertraute verfassungsrechtliche Basis. »Das alte gotische Gemäuer des Römischen Reichs stürzte in sich zusammen«, klagte der Kasseler Landgraf, »[...] und wir fühlten uns in Deutschland durch den grausamsten Streich von unseren Mitständen getrennt«.[48]

In Kassel wird seit 1793/1794 das Ruinenturmthema erkennbar einer umfassenderen Komposition zugeordnet. Dies kann man an Jussows wunderbarer Zeichnung GS 5650 (vgl. Kat. Nr. 41) und seinem von Wilhelm approbierten Plan Marb. Dep. 45 (vgl. Kat. Nr. 39) sehen.[49] Im Detail zeigt der Plan anhand der Kolorierung die Entwicklung vom ersten zum zweiten, viel ambitionierteren Projekt und offenbart einen weiteren Aspekt

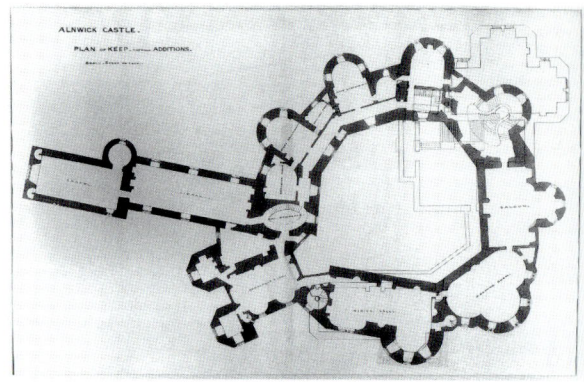

30 *Plan von Alnwick Castle in Northumberland*

45   Ebd. S. 71 und 167. Diese Freundschaft kann durch die Tatsache belegt werden, daß der Markgraf und die Markgräfin der Zeremonie anläßlich der Verleihung des Hosenbandordens an Landgraf Wilhelm 1786 beiwohnten.

46   Ebd. S. 261 und 387. Vgl. Dittscheid 1987, S. 209-211.

47   Vgl. Korzus 1998.

48   von Hessen 1996, S. 355.

49   S. Katalog Kassel 1999. Vgl. Dittscheid 1987, Abb. 300 und Farbtaf. IX sowie Abb. 305 und Farbtaf. VIII.; s. aber auch die Farbtafeln, die die Entwicklung von 1794-95 (GS 5653) und 1796-1800 (GS 5654) zeigen.

31 Robert Adam, *Teppichentwurf für die Kapelle von Alnwick Castle, 1780. Sir John Soane's Museum, London*

50   Zu Alnwick vgl. Worsley 1988.

51   Staatliche Museen Kassel, Inv. Nr. GS 5708, GS 5709 und GS 5710 (s. Katalog Kassel 1999).

52   Zu Adam und der gotischen Innenausstattung von Alnwick vgl. Macauley 1985, Kap. V, S. 56-81. Ebd. Taf. 28 zeigt den Teppich-Entwurf. Es ist unbekannt, ob dieser Teppich jemals ausgeführt wurde.

53   Ebd. Kap. VI, »Robert Adam's Northern Castles«.

54   Viele von Dittscheids vorgeschlagenen englischen Einflüssen sind ebenfalls hypothetisch, nicht zuletzt seine Fixiertheit auf Strawberry Hill, das die Löwenburg nicht wesentlich beeinflußt hat, obwohl es anerkanntermaßen eine feudale Vergangenheit heraufbeschwor. Wenn Horace Walpole die Löwenburg gesehen hätte, würde er sie als ein fast echtes Relikt aus dem Mittelalter, als »the true rust of the Baron's Wars« beschrieben haben.

von Jussows Englandreise. Er greift mit Sicherheit auf englische mittelalterliche Burgen zurück, im besonderen auf Alnwick Castle in Northumberland (Abb. 30), von James Paine für den ersten Herzog von Northumberland zwischen 1754 und 1768 wiederaufgebaut und im Innern (Halle, Zeichenraum, Bibliothek, Kapelle) von Robert Adam etwa zwischen 1770 und 1780 ausgestattet.[50] Einige von Jussows Deckenentwürfen sind den von Adam für Alnwick vorgeschlagenen sehr ähnlich.[51] Besonders der Entwurf Jussows für die Decke des Rittersaals der Löwenburg (vgl. Kat. Nr. 49) ist dem Entwurf von Adam für einen Teppich in der Kapelle von Alnwick (Abb. 31) aus dem Jahr 1780 vergleichbar.[52]

Obwohl die Löwenburg insgesamt nicht mit einer Burg von Adam verwechselt werden kann, ist dies doch bei Details möglich: zum Beispiel dem Damenbau, wenn man ihn von unten betrachtet, oder dem symmetrischen Torbau. Adam wäre ein zu Jussow passender Architekt gewesen, den er hätte treffen können; er baute in der Mitte der 1780er Jahre viele Herrenhäuser im Burgenstil, wie Culzean Castle in Ayrshire, das 1777, und Oxenfoord Castle in Midlothian, das 1780 begonnen wurde.[53] Falls Adam ihm eine Reise nach Schottland empfohlen hätte, wäre es für Jussow ein Leichtes gewesen, Alnwick zu besuchen. Natürlich ist dies alles hypothetisch.[54]

Wenn es auf der Wilhelmshöhe ein Baudenkmal gibt, in dem sich Wilhelms persönliche antiquarische Interessen und seine dilettierende Beschäftigung mit der Architektur bündeln, für deren Ausführung er Jussow nutzte, dann ist es die Löwenburg. Doch was auch immer Wilhelm vor Jussows Englandreise mit England verbunden haben mag: es war Jussow, der den englischen Landschaftsstil auf die Wilhelmshöhe brachte.

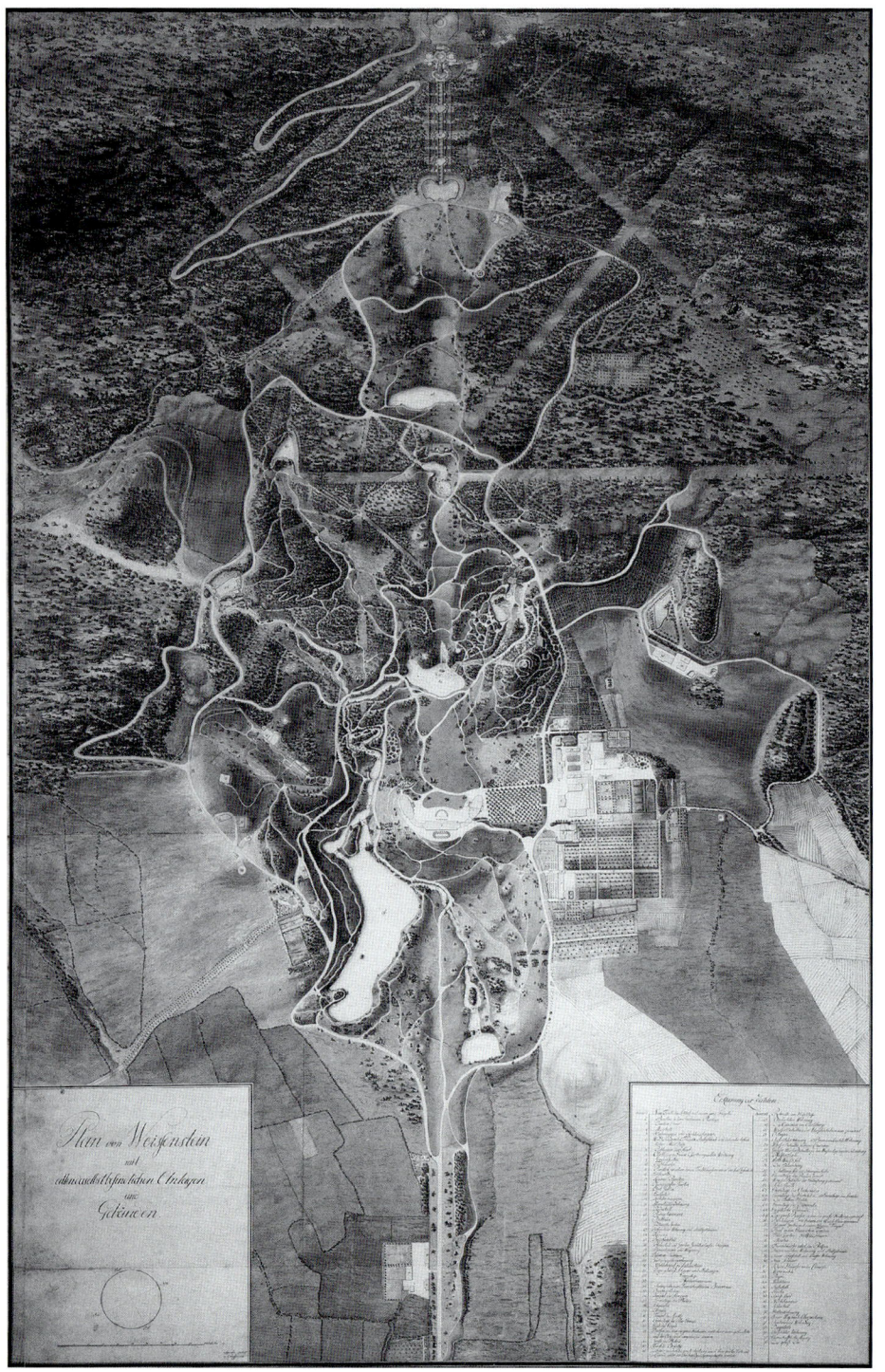

32 Caspar Christoph Schaeffer, »Plan von Weißenstein«, 1796. Verwaltung der Staatlichen Schlösser und Gärten in Hessen, Bad Homburg v. d. H.

Holger Schulz   Heinrich Christoph Jussow als Gartenkünstler

Die Frage, ob Jussow bei der Um- oder besser Neugestaltung des Parks von Weißen-
stein – nach 1798 Wilhelmshöhe genannt (Abb. 32) – über die Planung von
Gebäuden hinaus auch gartenkünstlerische Aufgaben übernommen hat, ist bis
heute nicht hinreichend untersucht worden. In der aktuellen Literatur werden die
Arbeitsgebiete bei der Schaffung der Parkanlage nach 1785 folgendermaßen verteilt:
Simon Louis Du Ry und sein Nachfolger Jussow sollen ausschließlich als Architekten tätig gewesen sein, Daniel August Schwarzkopf sowie später Wilhelm Mohr,
Wilhelm Hentze und Franz Vetter dagegen als Gärtner, Karl Steinhöfer als Wasser-
künstler und der bedeutendste Gartentheoretiker im ausgehenden 18. Jahrhundert
in Deutschland, der Kieler Philosophieprofessor Christian Cay Lorenz Hirschfeld,
als gartentheoretischer Ideengeber. So entsteht das Bild einer relativ autonomen
Arbeitsweise von Architekten und Gärtnern, bei der man aber in aller Regel
Schwarzkopf als Gärtner die wichtigste gestalterische Funktion für den Park zubil-
ligte.[1] Spätestens seit den Forschungen von Dittscheid muß aber die Stellung
Jussows gegenüber Steinhöfer, vor allem aber gegenüber Schwarzkopf und somit
sein Einfluß auf die Gestaltung des Parks neu gewichtet werden.[2]
Schwarzkopf war seit 1766, also bereits unter Friedrich II., auf dem Weißenstein als
leitender Gärtner beschäftigt. Nach Heidelbach »geschah die Einrichtung der
gärtnerischen Neuanlagen vornehmlich durch den damaligen Hofgärtner
Schwarzkopf, einen Schüler des berühmten englischen Gärtners Miller«.[3]
Aufschlußreich ist in diesem Zusammenhang ein Empfehlungsschreiben aus dem
Jahr 1765, das Graf von Schulenburg an Friedrich II. richtete. Schulenburg, der
vormalige Arbeitgeber von Schwarzkopf, listet darin alle Gärten auf, die
Schwarzkopf in England und Deutschland besucht hat. Weiter würdigt er
ausführlich dessen pflanzenkundliche Kenntnisse und läßt nicht unerwähnt, daß
Schwarzkopf einen Park mit »4 Caskaden, kleinen Brücken und Clumps« geschaffen
habe.[4] Nach diesem Lebenslauf war Schwarzkopf für seine Zeit ein ausgezeichnet
ausgebildeter und weitgereister Gärtner.

Zur Gartenplanung unter Friedrich II.

Auf einem Plan von Hofgärtner Fuchs aus dem Jahr 1784[5], der die Gartenplanungen
auf dem Weißenstein unter Schwarzkopf überliefert, zeigt sich der Park als ein
Konglomerat verschiedenster Gebäude und Staffagen (Abb. 33). Diese Gestaltung
des Weißenstein zur Zeit Friedrichs II. scheint bei den Zeitgenossen auf Kritik
gestoßen zu sein. Hirschfeld schreibt etwa im 5. Band seiner »Theorie der Gartenkunst« von 1785 unter der Überschrift »Neue Anlagen auf dem Carlsberg bey

Mein besonderer Dank gilt allen Mitarbeitern der Graphischen Sammlung der
Staatlichen Museen Kassel, vor allem aber Stefanie Heckmann.

1 Vgl. z. B. Buttlar 1993, S. 16.

2 Vgl. Dittscheid 1987.

3 Heidelbach 1909, S. 173, s. auch S. 194.

4 Die hier aufgeführten Quellen zu Schwarzkopf wurden mir freundlichst
von Hermann Mielke, Kassel, als Kopie zur Verfügung gestellt. Die Originale
befinden sich im Hessischen Staatsarchiv Marburg.

5 Staatliche Museen Kassel, Inv. Nr. GS 1933/16.

Cassel«: »Bey der Menge und Verschiedenheit aller dieser Vorstellungen und Scenen wird man leicht denken, daß sie selbst auf einem so ausgebreiteten Platz zuweilen in einander laufen und ein Gemisch werden, welche das Auge zerstreut, und die Einbildungskraft belästigt. In der That haben schon viele, die den Carlsberg besuchten, diese Wirkung empfunden. Ein altes Monument, eine Pagode, eine griechische Statue, ein Bach, der den Acheron, ein andrer, der den Styx vorstellen soll [...] und dann auf der Höhe, an deren Fuß diese Bäche laufen, eine türkische Moschee – fallen oft auf einmal ins Auge, und bringen eine Mischung von Vorstellungen und Bildern hervor, die sich nicht verbinden, noch an einander reihen lassen.«[6]

Zu der großen Anzahl von Szenerien kamen verschiedenste raumbildende und gärtnerische Elemente hinzu, die von der erhaltenen barocken Anlage überlagert, wenn nicht sogar erdrückt wurden. Neben kleinteiligen landschaftlichen Strukturen, vor allem zwischen dem Apolloberg und dem alten Schloß, fanden sich überholte formale Elemente wie der spiralförmig angelegte Weg auf dem Schneckenberg, ein Labyrinth, das Heckentheater oder die gerade geführten Alleen und Sichtschneisen, die relativ willkürlich, ohne erkennbares, übergreifendes gestalterisches Prinzip nebeneinander angeordnet waren. Hirschfelds Kritik an der als unmodern und daher unbefriedigend empfundenen Anlage war jedoch nicht nur inhaltlich motiviert, da er selbst Interesse hatte, die Position als Gartendirektor unter Wilhelm IX. zu übernehmen. Nach Wolfgang Kehn[7], dem Biographen Hirschfelds, widmete er in dieser Absicht der Gemahlin des Landgrafen den 5. Band seiner »Theorie der Gartenkunst«. Im Zusammenhang mit der ebenfalls dort veröffentlichten Beschreibung des Hofgeismarer Gesundbrunnens würdigt Hirschfeld ausdrücklich den »fürstlichen Hofgärtner, Herrn Schwarzkopf, eine[n] Mann, der durch Kenntniß, Beobachtungsgeist und Geschmack sich vorzüglich auszeichnet.«[8] Da Schwarzkopf bei einer Berufung Hirschfelds auf die Position des Gartendirektors vermutlich sein engster Mitarbeiter geworden wäre, wollte sich Hirschfeld möglicherweise durch diese Würdigung von vornherein dessen Loyalität sichern. Bezeichnenderweise erwähnt er ihn im Zusammenhang mit dem Weißenstein jedoch nicht. Wenn es auch bei der Neugestaltung des Weißenstein zu keiner unmittelbaren Zusammenarbeit zwischen Hirschfeld und Schwarzkopf kam, so wurde dies bei der Neugestaltung einer kleinen Anlage im fränkischen Bettenburg bei Haßfurth nachgeholt.[9] Der Besitzer dieser Anlage, Christian von Truchseß, war Offizier in hessischen Diensten und demissionierte 1789, um den väterlichen Besitz zu übernehmen. Angeblich sogar mit Schwarzkopf befreundet[10], begleitete ihn dieser nach Bettenburg und schuf unter zumindest ideeller Anleitung von Hirschfeld die dortige Parkanlage, was in einem Hirschfeld und Schwarzkopf gewidmeten Gedenkstein seinen Ausdruck findet.

Die erhaltenen und zum Teil restaurierten Parkbereiche in Bettenburg lassen interessante Rückschlüsse auf den Weißenstein zu. Schwarzkopf orientierte sich in Bettenburg nicht etwa an der Umgestaltung des Weißenstein unter Wilhelm IX., sondern an der älteren, noch unter Friedrich II. entstandenen Gartenanlage. So

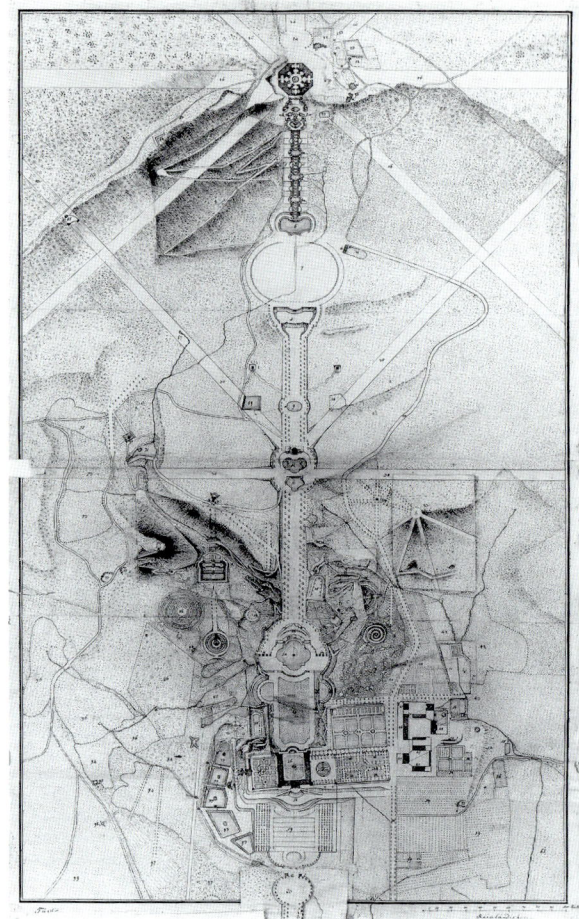

33 Hofgärtner Fuchs, Situationsplan des Weißensteiner Schloßparks, 1784. Staatliche Museen Kassel

6   Hirschfeld 1779-85, Bd. V, S. 233.

7   Kehn 1992, S. 100ff.

8   Hirschfeld 1779-85, Bd. V, S. 98.

9   Für den Hinweis auf diese Anlage und eine Beteiligung Schwarzkopfs danke ich besonders Hermann Mielke sowie Dr. Wernt und Hedi Grimm, Kassel.

10   Nach fernmündlicher Mitteilung von Baron Maximilian von Truchseß.

existiert dort ein Waldbezirk, der von einer Vielzahl von Monumenten und kleineren Gebäuden bestimmt wird, die in ihrer Wirkung und Größe den in den 1770er und frühen 1780er Jahren am Weißenstein entstandenen Bauten sehr nahekommen. Dies spricht dafür, daß Schwarzkopf die stilistische Weiterentwicklung am Weißenstein als Gartengestalter nicht oder nur nachrangig mitgetragen hat. Diese These unterstützt zudem eine Passage aus dem Empfehlungsschreiben Graf von Schulenburgs: »Ob Schwarzkopf zwarsoviel wie zu seinem Metier dienlich in der Geometrie nicht unerfahren, auch einen Riß zu machen weiß, so wäre es dennoch gut wenn er einige Monate auf die Geometrie, Architecturam Civilem, Mechanic und Hydraulic applicierte und durch Theorie hiervon seinem natürlichen Genie mehr wie geschehen zur Hülfe käme.«[11] Trotz seiner umfassenden Ausbildung scheint es Schwarzkopf demnach im Bereich der Architektur und der Wasserkunst an Kenntnissen gemangelt zu haben. Diesen Mangel scheint Wilhelm IX. erkannt und sich deshalb um ein andere Person für die Neukonzeption des Parks bemüht zu haben.

Davon unbenommen muß Schwarzkopf aber als einer der bedeutendsten Gärtner seiner Zeit, vor allem im Bereich der Pflanzenzucht und Pflanzenverwendung, angesehen werden.[12] Verschiedene Quellen weisen ihm zudem Funktionen als Bauleiter auf dem Weißenstein zu. Durch diesen Aufgabenschwerpunkt ist die veränderte Rollenverteilung unter Wilhelm IX. für Schwarzkopf nicht als Degradierung zu werten, sondern mag seinen eigentlichen Kenntnissen und Interessen näher gekommen sein. Zudem muß beachtet werden, daß für die Neugestaltung der Parkanlage eine große Anzahl von Pflanzen notwendig war, was einen erfahrenen Gärtner erforderte. Diese Entwicklung spiegelt sich auch in der Dienstanweisung Wilhelms IX. von 1790 an Schwarzkopf als Inspector aller landgräflich-hessischen Gärten wider. Die dort aufgeführten 24 Paragraphen beinhalten in erster Linie Aufgaben der Arbeitsorganisation, Personalführung und detaillierte Anweisungen bezüglich der Pflanzenanzucht. Landgraf Wilhelm, von Hirschfeld in dessen Hanauer Zeit als Prinz, »der, wenn er baut, pflanzt und verschönert, ganz Fürst ist«[13] beschrieben, begann unmittelbar nach seinem Regierungsantritt mit den Umbauten auf dem Weißenstein. Er entschied sich dabei gegen Schwarzkopf sowie gegen den Theoretiker Hirschfeld als führenden Gartenarchitekten und baute statt dessen Jussow, besonders in den Bereichen, die Schwarzkopf offensichtlich nicht in gewünschtem Maß beherrschte, weiter auf. Ein weiterer Grund für den Personalwechsel dürfte darin liegen, daß Wilhelm einen Praktiker benötigte, der jung genug war, um neueste Einflüsse aufzunehmen und umzusetzen, gleichzeitig aber bereit war, sich den vorgegebenen Strukturen, vor allem der Person Simon Louis Du Rys, anzupassen. Weiter sollte der Neuling in der Lage sein, die gestellten Aufgaben der Gartenkunst und der Architektur auf dem Weißenstein langfristig auszufüllen.

Jussow und die Umgestaltung des Weißenstein

Schon bei den in Rom noch unter dem Einfluß Charles De Waillys entstandenen Idealentwürfen von Jussow für das Schloß Weißenstein (vgl. Kat. Nr. 16-17) zeigen

11 Vgl. Anm. 4.
12 Ausführlich in Grimm 1996, S. 8ff.
13 Hirschfeld 1779-85, Bd. V, S. 102.

sich erste Versuche zur Gestaltung von Gartenanlagen.[14] Wenngleich diese noch den tradierten barocken bzw. anglo-chinoisen Strukturen verpflichtet sind, zeigt sich hier bereits das freiraumplanerische Talent von Jussow.

Jussows erste konkrete gartenkünstlerische Aufgabe im Zusammenhang mit der Umgestaltung des Weißenstein bestand in der Arbeit an der Kaskade am Großen Bassin oder Fontainenteich.[15] Dem Kasseler Hofbibliothecarius Friedrich Wilhelm Strieder zufolge fällt der Baubeginn bereits in das Jahr 1786. Dann habe der Bau geruht, um erst im Jahr 1789 wiederaufgenommen zu werden.[16] Das frühe Datum ist deshalb von Bedeutung, weil es ein Hinweis darauf ist, daß sich Jussow zwischen seinem Frankreich- und Italienaufenthalt und seiner Weiterreise nach England in Kassel aufgehalten haben muß. Auch nach seiner Rückkehr Ende Dezember 1787 lagen Jussows Aufgabenschwerpunkte vorrangig beim Park. Herausragende Bedeutung hat vor allem sein »Allgemeiner Plan des neuen Schlosses und Garten zu Weissenstein«, von dem insgesamt zwei Varianten existieren (vgl. Kat. Nr. 52). Aus diesen beiden sehr ähnlichen Entwürfen lassen sich wesentliche gestalterische Grundsätze ableiten, die maßgeblich für die weitere Entwicklung der Anlage wurden. Hier wird zum ersten Mal deutlich, wie sehr sich Jussows Parkplanung von dem bis 1785 unter Friedrich II. angelegten Park unterscheidet.

Charakteristisch für die neue Gestaltung ist zum Beispiel das doppelte, sich überlagernde Wegesystem mit den breiten Fahr- und den schmalen Fußwegen, die in natürlich geschwungenen Formen angelegt sind. Ein weiteres wichtiges Element ist die Vereinigung der südöstlich des Schlosses gelegenen Fischteiche zum natürlich wirkenden Lac. Auch das Fontainenbassin, das ursprünglich als Vierpaß gestaltet war, wurde in einen unregelmäßigen Teich umgewandelt. Die dazwischen befindlichen Fließgewässer wurden diesem Stil angepaßt und durch Aufweitungen zu kleinen Seen aufgelockert. Von besonderem Interesse ist Jussows Umgang mit der die barocke Gartengestaltung beherrschenden zentralen Achse. Der Plan zeigt, wie Jussow zunächst die seitlichen Baumreihen entlang der Achse zwischen dem Fontainenteich und der Plutogrotte beibehielt und nur durch einzelne Gehölze ergänzte. Auf diese Weise lockerte er die strenge formale Struktur unmerklich auf. Diese Planung stellt eine geschickte Übergangslösung dar, die eine stärker landschaftlich geprägte Gestaltung der Achse vorbereitet. Auch das Bowlinggreen, vorher eine nahezu rechteckig angelegte Freifläche vor dem alten Schloß, wurde in eine leicht geschwungene Form umgewandelt.

In der Folgezeit bildete die Planung von Wasseranlagen eine der Hauptaufgaben Jussows, die der Wilhelmshöhe ihren unverwechselbaren Reiz verleihen. Hinzu kommt, daß das Wasser neben dem von Jussow nach englischem Vorbild gestalteten neuen Blick- und Wegesystem das wichtigste verbindende Element der gesamten Anlage darstellt. Bei der Kombination von Wasseranlagen mit Parkarchitekturen stellte Jussow seine ganze Könnerschaft unter Beweis.

Als Beispiel für Jussows neues gestalterisches Vorgehen kann der Aquädukt aufgrund seiner gelungenen Einbindung in die Landschaft und seine Beziehungen

14   Vgl. auch den Situationsplan zur Gesamtanlage; Staatliche Museen Kassel, Inv. Nr. GS 6074 (s. Katalog Kassel 1999).

15   Heidelbach 1909, S. 218.

16   Vgl. hierzu Holtmeyer 1913, S. XLIV sowie Dittscheid 1987, S. 24.

17 Für die These einer frühen Planung spricht zudem das Motiv einer
römischen Wasserleitung, wie auch die Tatsache, daß auf zwei frühen
Gemälden von Johann Heinrich Tischbein d. Ä. aus den Jahren 1786/87 der
Aquädukt schon weitestgehend in seiner später tatsächlich ausgeführten
Gestalt erscheint; vgl. Katalog Kassel 1993, Taf 5, Abb. 29. Vermutlich handelt
es sich bei den frühen Entwürfen um Arbeitsproben, die Jussow vor seiner
Reise nach England Wilhelm IX. abzulegen hatte.

18 Vgl. Buttlar 1989, S. 191.

zu anderen zentralen Parkbauten hervorgehoben werden. Die Bauarbeiten
begannen schon Mitte 1788, so daß möglicherweise ein Großteil der Entwürfe
schon 1786, nach Jussows Rückkehr aus Italien, fertigestellt war. Bislang hat man
angenommen, daß Jussow mit den Planungen zum Aquädukt erst nach seiner
Rückkehr aus England begonnen hätte. Bezieht man aber den frühen Baubeginn
des Aquädukts im Mai 1788 mit ein und berücksichtigt ferner, daß Jussow
zusätzlich auch noch die Situationspläne für die Umgestaltung des Gartens auszu-
arbeiten hatte (vgl. Kat. Nr. 52-55), ist eine Planung nach der Englandreise eher
unwahrscheinlich.[17]

Der Aquädukt bildet zusammen mit der Löwenburg, zumindest in den ersten Jahren
nach seiner Entstehung, einen weithin sichtbaren Point de vue.[18] In der Kombination von Bauwerk und Wasseranlage bezieht er sich auf den Herkules mit den
Kaskaden. Dabei bildet er durch seine ruinenhafte und asymmetrische Anlage wie
auch durch seine ausgeprägt landschaftsgärtnerische Einbindung den ersten
ausdrucksstarken Kontrapunkt zur barocken Vorgabe (Abb. 34). In Verbindung mit
den Kaskaden am Fontainenteich entsteht zudem eine s-förmige Verbindung, die
der Dominanz des Herkules entgegenarbeitet. Von der heroischen, vollständig
ausgebauten Herkules-Kaskadenanlage gleitet der Blick zu dem im Verfall begrif-
fenen Aquädukt, bevor er, die Blickachse zum Herkules erneut kreuzend, über den
kleinen Wasserfall in dem Fontainenteich ausläuft.

Ein weiteres Beispiel, das Jussows übergeordnetes Prinzip deutlich werden läßt, die einzelnen neu geplanten Elemente des Parks mit den bereits bestehenden Bauwerken und Achsen über ein Blicksystem miteinander zu verknüpfen, ist die Teufelsbrücke (vgl. Kat. Nr. 56). Unmittelbar im Anschluß an die Jussow-Kaskade wurde ab November 1791 »unter Leitung Jussows der Wasserfall neben der Pluto-grotte samt der Teufelsbrücke in Angriff genommen«.[19] Jussow setzt sich hier am unmittelbarsten mit der vorgegebenen barocken Herkules-Achse auseinander, nach der die symmetrisch gestaltete Plutogrotte ausgerichtet ist. Er löste sich von dieser Vorgabe, indem er für die Teufelsbrücke zwar einen Standort in unmittelbarer Nähe der Plutogrotte wählte, sie jedoch aus der Achse verschob.

Wesentlich für die angestrebte Wahrnehmung dieser Parkszenerie ist die neue Wegeführung. Nahezu alle Wege vermeiden die zentrale Achse und führen statt dessen zum Rand der Schneise. Gleichzeitig wird der Betrachter zu besonders gestalteten Aussichtspunkten geleitet. Als platzartige Aufweitungen der Wege außerhalb der Mittelachse geben sie die neuen Blickbeziehungen vor. Statt auf den Herkules ausgerichtet zu sein, ist von den meisten um die Teufelsbrücke herum angelegten Aussichtspunkten aus vorrangig der Wasserfall mit der Teufelsbrücke und die Pluto-grotte zu sehen (Abb. 35).

Den Höhepunkt an planerischer Originalität in der Verbindung zwischen Wasser- und Baukunst schuf Jussow jedoch 1794 mit dem »Project zu einer auf dem Hude Platze am Fuße des Monuments anzulegenden Cascade« (vgl. Kat. Nr. 57). In unmittelbarer Fortsetzung der Herkules-Kaskaden plante er eine monumentale Anlage, bei der sich aus dem abschließenden barocken Kaskadenbecken ein zweistufiger Wasserfall ergoß. In die Anlage sind verschiedene ruinöse antike Versatzstücke integriert, wie die Reste eines dorischen Tempels oder diverse an Grotten oder Aquädukte erinnernde Ruinenfragmente im Wasserfall selbst.

Im Gegensatz zu den vorangegangenen Projekten war hier jedoch nie an eine Realisierung gedacht. Die Größe der Anlage hätte zuviel Kapazitäten von anderen, wichtigeren Bauprojekten – wie der Löwenburg und dem Schloß – abgezogen. Zudem hätte die Zu- und Ableitung der benötigten Wassermengen erhebliche technische Probleme für die anderen Wasseranlagen bedeutet. Vor allem aber hätte das Projekt den eher subtilen und respektvollen Umgang der anderen Parkbauwerke mit den barocken Herkules-Kaskaden überlagert. So könnte man diese Planung Jussows, losgelöst von pragmatischen Gesichtpunkten, eher als Capriccio verstehen.

Schloß und Park

Neben den architektonischen Parkstaffagen – wie etwa Aquädukt und Teufelsbrücke – hat Jussow auch die drei großen Gebäude, das Schloß, die Löwenburg und den barocken Herkules, in das rezeptionsästhetische Wirkungsgefüge zwischen Architektur und Gartenkunst einbezogen. Die Bedeutung dieser Gebäude innerhalb des Gesamtkonzepts von Garten- oder Parkanlagen liegt – neben ihrer praktischen Nutzung – vor allem in ihrer Rolle als weithin sichtbare Blickpunkte.

35 Gottlieb Kobold, »Die Teufels-Bruecke von der Nordseite«, um 1798. Staatliche Museen Kassel

19 Heidelbach 1909, S. 228.

36 Simon Louis Du Ry, »Project zu einem Obelisq zwischen den beyden neu erbauten Schloss=Flügeln«, um 1791. Stiftung Preußische Schlösser und Gärten Berlin-Brandenburg, Potsdam

Darüber hinaus boten alle drei Gebäude die Möglichkeit, von einem erhöhten Standpunkt aus Einblicke in den Park zu gewinnen, aber auch seine Gesamtanlage zu überblicken. Dittscheid hat im Zusammenhang mit der viel diskutierten Kuppel des Wilhelmshöher Schlosses bereits darauf hingewiesen, daß ihr nicht nur für die Wirkung des Außenbaus eine wichtige Funktion zukam, sondern daß sie auch als Belvedere zur Aussicht in den Park gedient hat.[20] Eine vergleichbare Funktion ist auch für die Löwenburg nachweisbar. Bereits vor Baubeginn wurde der vorgesehene Standort als Bellevue bezeichnet[21] und damit ausdrücklich sein Aussichtscharakter herausgestellt. »Auf diesem Gebäude«, berichten etwa die »Historischen Nachrichten« 1795, »gewährt eine Plattenform den Genuß einer unbeschreiblichen schönen Aussicht, die aber von der Höhe des großen Thurmes weit unbeschränkter und überraschender, für die Mühe, so hoch gestiegen zu sein, in vollem Maße belohnt.«[22] Durch den Einbau eines wetterfesten Belvederes in das Oktogon ergab sich ein weiterer exklusiv dem Fürsten und seinen Gästen vorbehaltener Aussichtspunkt auf den Park.[23]

Auch die Außenwirkung des Schlosses hat Jussow in die Gesamtkonzeption der Parkanlage miteinbezogen.[24] Die anfänglichen Planungen sahen nur einen Solitär vor, den heutigen Weißensteinflügel, der außerhalb der Herkules-Achse errichtet wurde. Als später der Kirchflügel achsensymmetrisch ergänzt wurde, mußte eine Lösung für die Gestaltung der Mitte zwischen den beiden Flügeln in der Achse des Oktogons gefunden werden. Die These lautet auch hier, daß Jussows originale Entwürfe, die Mitte zu gestalten, sich nicht ausschließlich an architektonischen Kriterien orientieren. Vielmehr lassen die Entwürfe – der Gesamtgestaltung des Parks vergleichbar – auf ein stärker bildhaftes, an der Gestaltung von Landschaft geschultes Denken im Umgang mit Architektur schließen.

Im Zusammenhang mit dem Schloß kommt dieser Ansatz am stärksten in dem berühmten Entwurf zum Ausdruck, der die Mitte als Ruinenlandschaft zeigt (vgl. Kat. Nr. 23). Eine Zeichnung Wilhelm Böttners, die nach einem Entwurf Jussows entstand, führt den Gedanken der Auflösung der bestehenden formalen Strukturen

20 Dittscheid 1997/2, S. 11.

21 Heidelbach 1909, S. 241.

22 Holtmeyer 1913, S. 70.

23 Diese Wahrnehmungsweise, die sich am Wechselspiel von Villa und Garten orientiert, stammt ursprünglich aus der italienischen Renaissance. Sie läßt sich auch an anderen Entwürfen Jussows nachweisen. Vgl. z.B. seinen Entwurf zu einem ruinösen neogotischen Gebäude (Kat. Nr. 112).

24 Von Jussow gestaltet als »die auf Fernsicht berechnete ›Wirkungsform‹«; vgl. Dittscheid 1987, S. 153.

37 Johann Erdmann Hummel, Ansicht der Wilhelmshöhe, 1799/1800. Staatliche Museen Kassel

auch auf den Park bezogen weiter (Abb. 6). Hier ist im Bereich zwischen Fontainen-bassin und Kaskaden die barocke Schneise vollständig aufgelöst und in eine großzügige Parklandschaft umgestaltet worden.

Die Qualität des Jussowschen Ruinenentwurfs zeigt sich besonders im Vergleich zu Simon Louis Du Rys konkurrierendem »Project zu einem Obelisq zwischen den beyden neu erbauten Schloss = Flügeln« (Abb. 36). Mittig zwischen den beiden Schloßflügeln angeordnet, bildet der Obelisk ein ästhetisches und räumliches Pendant zum Herkules, wodurch die barocke Achsialität noch unterstrichen wird. Auch wirkt die geplante Parklandschaft im Vergleich zu den Entwürfen Jussows aufgrund der willkürlichen Baumplazierungen und der kleinteiligen Geländemodel-lierung eher unbeholfen.

Nach 1791 setzte sich die Idee durch, für die Mitte ein traditionelles Corps de logis zu errichten. Im Rahmen des Wettbewerbs zur Gestaltung des Mittelbaus gelang es Jussow, sich endgültig gegenüber Du Ry durchzusetzen, was sich für die Außen-wirkung des Schlosses unter anderem in einer Kuppel auf dem Corps de logis niederschlug. Durch die Plazierung des Corp de logis auf der Herkulesachse nimmt Jussow noch einmal unmittelbar Bezug auf die barocke Anlage (Abb. 37).

Die späten Parkarchitekturen

Als mit zunehmender Gehölzdichte und -höhe der Aquädukt, der bis Anfang des 19. Jahrhunderts als Gegengewicht zum Herkules fungierte, als Point de vue nicht mehr auszumachen war, wurde der Umgang mit der zentralen Position des Herkules im Bereich zwischen Schloß und Fontainenteich erneut schwierig.[25] Das garten-künstlerische Alterswerk Jussows hatte daher wiederum auch die Funktion – vom

25   Vgl. Buttlar 1993, S. 18.

74

38 Größenverhältnisse von der kleinen Säulenhalle, dem sog. Jussow-Tempel und dem Oktogon (Zeichnung Holger Schulz)

Schloß aus betrachtet –, der Dominanz des Herkules entgegenzuarbeiten. Die um 1816 geschaffene Säulenhalle am Bowlinggreen sowie der 1817/1818 erbaute Tempel, der seinem Schöpfer zu Ehren auch den Namen Jussow-Tempel trägt, sollten vor allem neue Akzente setzen und die starre Achsialität aufbrechen. Von ihrer Form her eher schlicht und im Vergleich zu den früheren Parkbauwerken unspektakulär, bezeugen beide Gebäude durch ihre überlegte Plazierung und Dimensionierung die hohe Könnerschaft ihres Erbauers.[26]

Entscheidend für die Bewertung der Anordnung dieser Bauten ist die vorgegebene Wahrnehmungsweise, die Jussow wiederum durch die Wegeführung steuert. Wird die Wahrnehmung eines Gartens oder Parks traditionell eher mit einer Abfolge isolierter Bilder – ähnlich der Wahrnehmung in einer Gemäldegalerie – gleichgesetzt[27], hat Michael Seiler im Zusammenhang mit den Parkanlagen Lennés die These aufgestellt, daß »die Wegeführungen mit Regieanweisungen und Kamerafahrten« vergleichbar sind.[28] Die Rezeption eines vergleichsweise spät angelegten Landschaftsparks ergibt sich sozusagen aus der Bewegung heraus, indem sich der Betrachter im Gehen anhand des vorgegebenen Wegesystems den Garten erschließt. Die Wahrnehmung erfolgt dann auf einer quasi »kinematologischen«[29] Grundlage, was sich bei der Wilhelmshöhe besonders in Form von Überblendtechniken zeigt.

Beginnend an oder auf der Freitreppe des Schlosses richtet sich der Blick des Betrachters zuerst auf den Herkules als Point de vue in der barocken Zentralachse. Durch die geschickte Anordnung der beiden neuen Parkgebäude gleitet der Blick dann vom Herkules aus in einem sanften, aber deutlichen Bogen entlang des Gehölzmantels über den Jussow-Tempel bis hin zur Säulenhalle. Nicht mehr die barocke Achse allein gibt somit die Struktur für die Blickführung vor, vielmehr setzt Jussow ihr – dem veränderten Zeitgeschmack entsprechend – eine bogenförmige Version entgegen. Um diesen Effekt zu verstärken und gleichzeitig der Monumentalität des Herkules entgegenzuwirken, sind, vom Schloß aus betrachtet, alle drei Gebäude gleich hoch (Abb. 38). Das bedeutet für die Planung der einzelnen Gebäude, daß Jussow sie nicht isoliert konzipiert hat, sondern sie in einem rezeptionsästhetischen Zusammenhang aufeinander abstimmte. Die relative Größe der einzelnen Bauten, wie sie von bestimmten Betrachterstandpunkten aus im Verbund mit anderen erscheinen, stellte ein wichtiges Kriterium für die Planung dar.

Geht man vom Corps de logis aus wenige Meter weiter bis zur Wegebiegung auf der Höhe der Treppe des Weißensteinflügels, bietet sich dem Betrachter folgendes Bild: Der Jussow-Tempel und die Säulenhalle bilden nun zusammen mit dem älteren Aquädukt eine Dreieckskomposition, während der Herkules von Parkgehölzen vollkommen verdeckt wird. Will man den Begriff aus der Kinematologie noch einmal bemühen, so vollzieht sich die Veränderung der Bildkomposition fließend – einer filmischen Überblendung vergleichbar. Auch innerhalb dieser neuen Komposition erscheinen alle drei Bildelemente gleich hoch.

Folgt man dem Weg weiter über Fontainenteich und Aquädukt, tritt man erneut in die Herkules-Achse ein. Dabei bestimmt nun der Jussow-Tempel und nicht mehr der

26   Engelhard kritisiert hingegen in seiner Beschreibung der Wilhelmshöhe die neuen Parkbauten, den Tempel und die halbrunde Säulenhalle, und weist darauf hin, daß Jussow selbst nicht zufrieden mit ihnen war: »Wenn ich nicht irre, hat sich Jussow selbst gegen mich geäußert, daß es ihm leid thue, daselbst kleine Gebäulichkeiten haben anbringen zu müssen, welche nothwendig zu der colossalen Figur des Schlosses in großem Mißverhältnis stehen mußten; und das ist's auch gerade, was stört«. Engelhard 1842, S. 53.

27   Diese Wahrnehmungsform zeigt sich besonders bei den Parkinszenierungen von Teufelsbrücke und Aquädukt.

28   Zitiert nach Sperlich 1993, S. 56-61.

29   Reuß 1996, S. 24.

39 J. H. Martens nach Friedrich Burghard Müller, »Die große Fontaine zu Wilhelmshoehe«, um 1845. Staatliche Museen Kassel

Herkules den Eindruck. Die helle Außenfassade des Tempels, die in starkem Kontrast zu den umgebenden Büschen und Pflanzen steht, wie auch seine Bauweise als allseitig ansichtiger Rundtempel unterstreichen seine Dominanz noch.[30] Die Funktion des Tempels, die Blickachse zum Herkules zu überformen, wird durch die Geländemodellierung hinter dem Fontainenteich unterstützt. Umgestaltet in ein gewelltes Wiesental, bildet sie zusammen mit der aus der Mitte verschobenen und natürlich wirkenden Fontaineninsel einen Gegenpol zur barocken Formenstrenge (Abb. 39).

Jussow als Lehrer

Der für Jussow typische Anspruch, Architektur und Gartenkunst zu verbinden, für den der Weißenstein ein eindrucksvolles Beispiel bietet, läßt sich auch anhand seiner Lehrtätigkeit als Nachfolger Simon Louis Du Rys an der Bauakademie nachweisen, die er um 1800 aufnahm. Sein interdisziplinärer Planungsansatz wird beispielsweise durch die Aufgabenstellungen deutlich, die er im Rahmen der Klasse »Die Anfangsgründe der Baukunst« vorgab. Eine dieser Aufgaben lautete: »Die Seite ab hat keine Aussicht sondern ist mit Gebäuden verbaut. Von c bis d ist die Aussicht offen. Auf dem Platze soll ein Wohnhaus mit den zugehörigen Nebengebäuden errichtet, ein schöner Vorhof angebracht hinter dem Hauße ein engl. Garten angelegt und in der Ecke auf der Anhöhe e ein belvedere erbauet werden, welches die Aussicht über cd hat, worauf die Pflanzungen angegeben werden müssen.«[31] (Abb. 40-41) Demnach sollten Gebäude- und Freiraumgestaltung – aufeinander abgestimmt – von den Studenten bearbeitet werden. Die für diese Aufgabe zu leistende Verbindung eines Gebäudes mit einer englischen Gartenanlage und einem

30 Der Jussow-Tempel bildet mit der überkuppelten Säulenfront gleichzeitig ein räumliches und formalästhetisches Pedant zum Corps de logis.

31 Nachlaß Laves, Stadtarchiv Hannover. Als Quelle von Christiane Lukatis, Staatliche Museen Kassel, mir freundlichst zur Verfügung gestellt.

40 Georg Ludwig Friedrich Laves, Entwurf zu einem Landhaus,
um 1806. Laves-Nachlaß, Stadtarchiv, Hannover

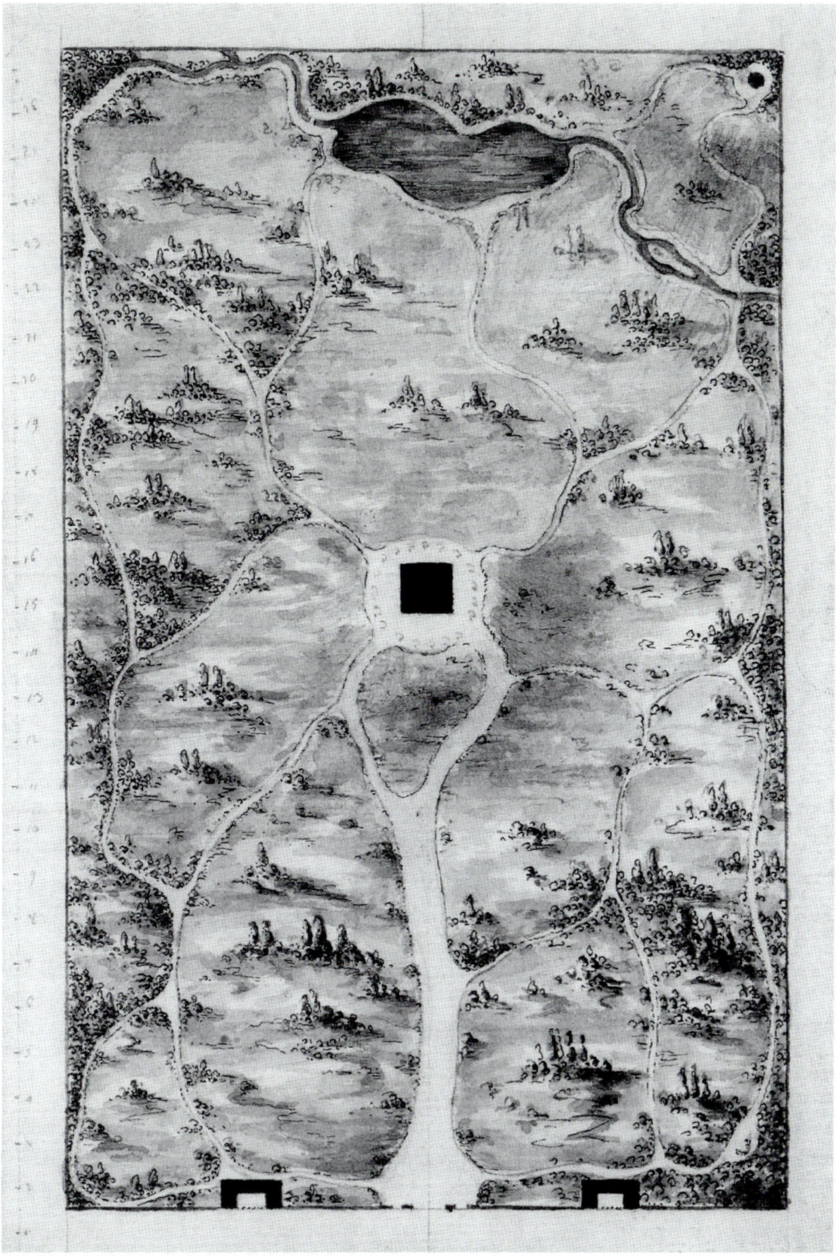

41 Georg Ludwig Friedrich Laves, Entwurf zu dem englischen
Garten des Landhauses, um 1806. Laves-Nachlaß, Stadtarchiv,
Hannover

32   Hoeltje 1964/1, S. 24-25.

Belvedere, von dem aus die Anlage überblickt werden konnte, faßt im Kleinen noch
einmal die wesentlichen Punkte zusammen, die für Jussows eigene Umgestaltung
des Weißenstein maßgeblich waren.

Der zusammen mit der Aufgabenstellung erhaltene und ganz im Geiste Jussows
gestaltete Entwurf seines Neffen Georg Ludwig Friedrich Laves (1788-1864)[32], der

die Bauakademie zwischen 1804 und 1807 besuchte, zeigt in seiner differenzierten Planung von Wegen, Gewässern und Vegetation die Bedeutung der gartenkünstlerischen Ausbildung an der Akademie.

Ein weiterer anspruchsvoller Entwurf von Laves aus der Zeit um 1809[33], der sehr wahrscheinlich unter dem Einfluß Jussows entstand, setzt sich noch detaillierter mit Freiraumgestaltung auseinander. Auf dem »Generalplan eines projectierten Invalidenhauses«[34] bildet ein streng formal aufgebauter Rahmen aus Alleen das geometrische Grundmuster, in das zwei unterschiedlich strukturierte und organisierte Landschaftsgärten eingefügt sind (Abb. 42). Interessant ist, daß es sich bei dem Entwurf von Laves um eine Neuplanung handelt und nicht etwa um eine Umgestaltung, bei der er auf eine ältere Parkanlage hätte Rücksicht nehmen müssen. Hier zeigt sich bereits der im Laufe des 19. Jahrhunderts immer häufiger genutzte »gemischte Stil«, der sich besonders über die Lenné-Meyersche Schule in Deutschland durchsetzte. Die Einbindung der Gartenkunst in die akademische Architektenausbildung in Kassel stellt eine für den deutschsprachigen Raum frühe Form der später durch Lenné in Preußen 1823 gegründeten Gärtnerlehranstalt dar.[35] Die Ausbildung in Kassel unterschied sich zwar grundsätzlich durch das Fehlen von unmittelbar auf die Gartenkunst bezogenen Lehrplänen[36], allerdings lassen die bisher bekannten Schülerentwürfe eine intensive Auseinandersetzung mit diesem Thema vermuten.[37] Auch nimmt das Kasseler Konzept die Idee vorweg[38], daß über die Schüler – so Friedrich Schwarzkopf oder Caspar Christoph Schaeffer (Abb. 32) – ein eigener fachlicher Nachwuchs herangebildet werden sollte. Sie sollten in die entsprechenden Funktionen hineinwachsen oder die leitenden Mitarbeiter entlasten.

Jussow und Lenné

Bei dem Versuch, Jussows Bedeutung als Gartenkünstler im Vergleich zu dem fast 30 Jahre später agierenden Peter Joseph Lenné zu erfassen, ist zunächst festzustellen, daß Jussow über seine Tätigkeit im Wilhelmshöher Schloßpark hinaus zwar auch im Zusammenhang mit anderen Parkplanungen tätig war, dort aber ausschließlich als Architekt von Parkbauwerken hervortrat, wie etwa in Riede (vgl. Kat. Nr. 108) oder Lütetsburg. Der Grund hierfür liegt vermutlich in seiner Auslastung durch seine Position als leitender Architekt Wilhelms IX. in Kassel. Sie wird verhindert haben, daß er weitere umfangreiche Aufträge übernehmen konnte. Trotzdem muß Jussow über Kassel hinaus einen Ruf gehabt haben. Sein Freund und Biograph Karl Wilhelm Justi schreibt etwa 1831: »Als Meister seines Faches hat sich Jussow im In- und Auslande großen Ruhm erworben, Engländer, Franzosen und Italiaener, welche seine Werke gesehen hatten, ließen ihm Gerechtigkeit widerfahren, und mehr als einmal bekam er ehrenvolle Anträge in's Ausland, die er aber, aus großer Vaterlandsliebe, stets ablehnte.«[39]

In seinem Umgang mit einer barocken Hauptachse weisen Peter Joseph Lennés Planungen für Sanssouci große Parallelen zu Jussow auf. Mit seinem nicht ausge-

33 Zehnpfennig 1988, S. 132.

34 Abgebildet bei Zehnpfennig 1988, S. 131.

35 Die Verbindung von Architektur und Gartenkunst an der Kasseler Bauakademie seit dem späten 18. Jahrhundert nimmt das interdisziplinäre Konzept des Studienbereichs »Architektur, Stadt- und Landschaftsplanung« der Universität Gesamthochschule Kassel vorweg, die mit diesem integrierten Ansatz eine innovative Rolle in der Ausbildung von Planern seit den fünfziger Jahren dieses Jahrhunderts entwickelte.

36 Vgl. den Stundenplan von 1806 in Ege 1986, S. 44.

37 Das Anliegen, Architektur und Gartenkunst in der Tradition Jussows zu verbinden, zeigt sich besonders bei Karl Ludwig Du Ry, dem Sohn Simon Louis Du Rys. 1784, mit zwölf Jahren, in die Akademie eingetreten, war er Schüler der Bau- und Zeichenklassen. Als Stipendiat sollte er nach dem Studium in Kassel und Marburg ab 1794 »[...] durch Betrachtung der in Italien und England befindlichen Werke der Bau- und Gartenkunst seine Kenntnisse erweitern.« Zitiert nach Knackfuß 1908, S. 99-100. Gleichzeitig studierten auch Gärtner wie Friedrich Schwarzkopf an der Akademie. Zum Teil waren Gärtner sogar die am häufigsten vertretene Berufsgruppe. Vgl. hierzu »Listen der Akademie Classen I 1779-1794«, Staatliche Museen Kassel, Archiv.

38 Dementsprechend muß die verbreitete Ansicht, eine Ausbildungseinrichtung für Gärtner bzw. Gartenkünstler sei erst durch Lenné 1823 errichtet worden, korrigiert werden. So z.B. Günther 1985, S. 25.

39 Justi 1831, S. 319.

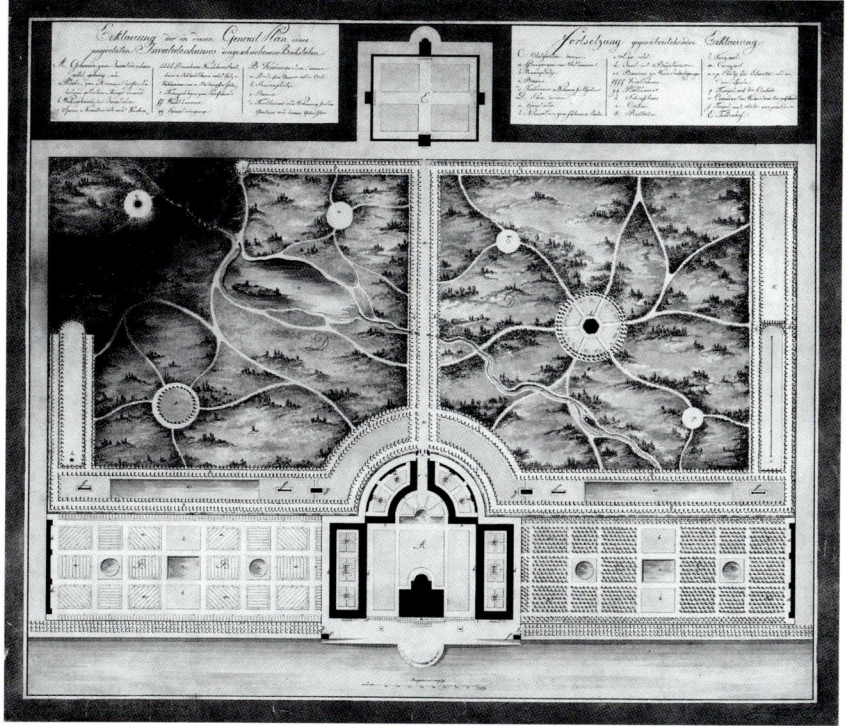

führten »Plan von Sans-Soucj und dessen Umgebungen, nebst Project fliessendes
und springendes Wasser dahinzubringen, so wie auch die Promenaden zu
verschönern« (Abb. 43), den er 1816 – also 28 Jahre nach Jussows ersten Entwürfen
für den Weißenstein – zeichnete, hatte Lenné seinem Dienstherrn König Friedrich
Wilhelm III. von Preußen ein ausgesprochen modernes Konzept vorgelegt.[40]
Abgesehen von der berühmten Terrasse Friedrichs des Großen beließ Lenné von den
wichtigen barocken Elementen lediglich die radialen Lindenpflanzungen in der
Umgebung des Obelisken als räumliches Pendant zur Schloßanlage des Neuen
Palais. Dem Herkules in der Wirkung vergleichbar, dominiert es als Point de vue die
Achse. Die restliche Parkanlage plante Lenné bis auf einige kleinere Nebenbereiche
grundlegend um, wobei er vor allem die zentrale Hauptallee in eine landschaftlich
überformte Raumachse zu verändern gedachte. Wie die Herkulesschneise wird sie
von neuen geschwungenen Wegen lediglich gekreuzt. Auffällig ist ebenfalls die
häufige Verwendung unterschiedlichster Wasseranlagen, die Lenné trotz der – im
Vergleich zur Wilhelmshöhe – eher ungünstigen topographischen Lage sogar mit
»fließenden und springenden Wassern« bereichern wollte. Was die Umgestaltung
der alten barocken Hauptallee betrifft, orientierte sich Lenné an Bildern, die auf
dem Plan des Weißensteins von Friedrich Schwarzkopf aus dem Jahr 1791 wiederzu-
finden sind. Ziel war die vollständige Auflösung der barocken Allee in eine stärker
landschaftlich überformte Schneise.

40 Vgl. Günther/Harksen 1993, S. 45.

79

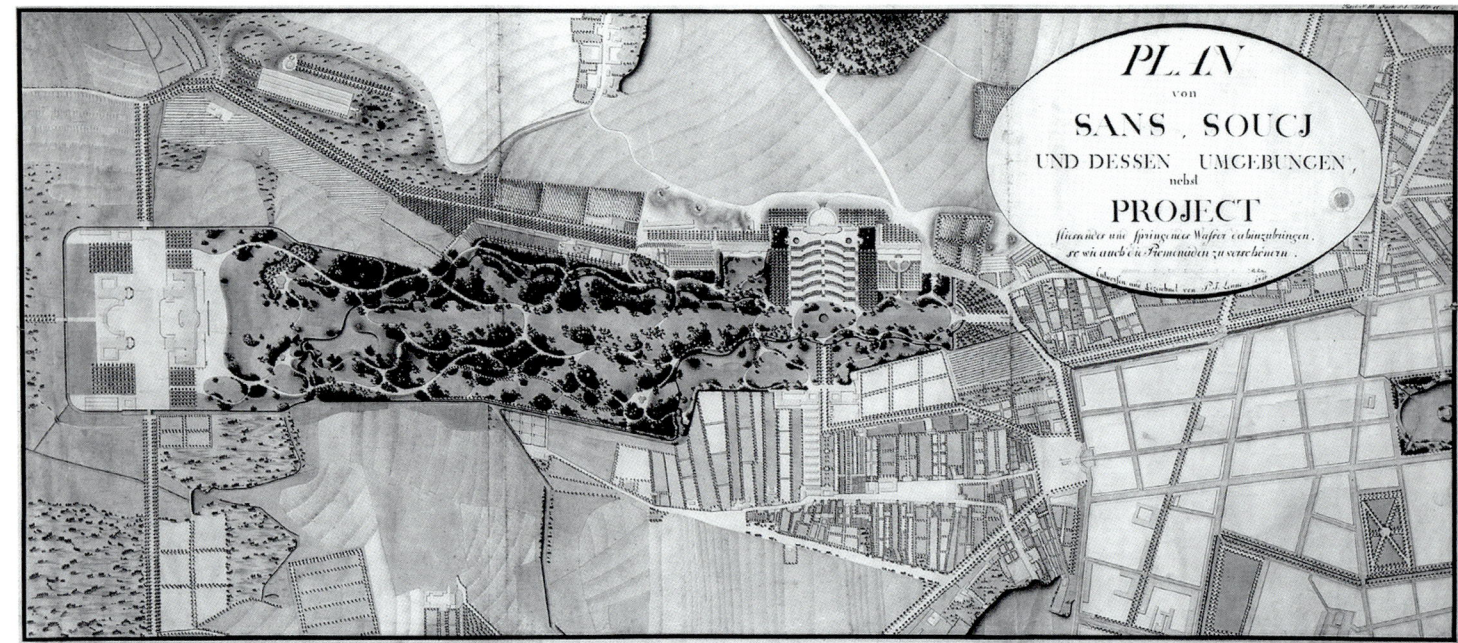

PLAN
von
SANS · SOUCJ
UND DESSEN UMGEBUNGEN,
nebst
PROJECT
fliessendes wie springendes Wasser dahinzubringen,
so wie auch die Promenaden zu verschönern.

*43 Peter Joseph Lenné, »Plan von Sans-Soucj und dessen
Umgebungen«, 1816. Stiftung Preußische Schlösser und Gärten
Berlin – Brandenburg, Potsdam*

Für den Vergleich muß jedoch berücksichtigt werden, daß Lenné im Gegensatz zu
Jussow eigentlich Gärtner war. Während Jussow als Architekt *und* Gartenkünstler
einen »Allgemeine[n] Plan des neuen Schlosses und Garten zu Weißenstein«
entwerfen konnte, um damit beide Disziplinen – Architektur und Gartenkunst – in
seinen Planungen aufeinander abzustimmen (vgl. Kat. Nr. 52), hatte sich Lenné als
Gärtner zwangsläufig an den architektonischen Vorgaben anderer zu orientieren.
Jussows gartenkünstlerische Leistung zeigt sich im Vergleich zu der genannten
Parkgestaltung vor allem in seiner gelungenen Überformung einer vorgegebenen
barocken Anlage. Es gelingt ihm, die zuvor alles beherrschende zentrale Achse mit
dem Herkules und der Kaskadenanlage in sein neues Konzept des englischen
Landschaftsgartens zu integrieren, ohne sich ihr zu unterwerfen. Neben dem neu
angelegten großzügigen Wegesystem strukturieren vor allem die von ihm entworfenen Gebäude den Park neu. Das wichtigste gestalterische Element auf der
Wilhelmshöhe bleibt jedoch das Wasser. Auf vielfältige Weise kommt es als verbindendes Element zum Einsatz und setzt – oft im Zusammenspiel mit der Architektur
– wesentliche Akzente. Dadurch nimmt Jussow zugleich Bezug auf die barocke
Wasseranlage, die er als Bild neu interpretiert.
Innerhalb der Planungen lassen sich drei unterschiedliche visuelle Rezeptions-
ebenen aufzeigen. Die erste besteht in der Wahrnehmung der Gesamtanlage aus der
Überschau und blieb dem Landgrafen und seinen Besuchern vorbehalten. Den
Hauptgebäuden kommt dabei jeweils die Funktion eines »Belvedere« zu. Die zweite
besteht in der Wahrnehmung einzelner Bilder, die von vorgegebenen Standorten im

Park aus erfolgt. Sie findet sich vor allem bei Jussows frühen Parkinszenierungen. Die dritte – vor allem die späten Parkarchitekturen betreffende – Rezeptionsform erfaßt die Anlage aus der Bewegung heraus als sukzessive Abfolge von Bildern mit den Möglichkeiten der Überblendung.

Für die Bewertung Jussows und damit letztlich auch der Neukonzeption der Wilhelmshöhe spielt die Frage nach der Verteilung und Gewichtung der Aufgaben eine wichtige Rolle. Für die Realisierung der Wasseranlagen, die Jussow plante, stand ihm mit Karl Steinhöfer ein Mitarbeiter zur Verfügung, der nach den bislang bekannten Quellen zufolge für die Bauleitung und die wassertechnischen Fragen zuständig war.[41] Daniel August Schwarzkopf und seine Nachfolger übernahmen wesentliche vegetationstechnische Aufgaben. Für die Konzeption des Parks aber war – trotz aller Anregungen, die von Wilhelm IX. oder Hirschfeld ausgegangen sein mögen - in erster Linie Jussow verantwortlich.

Die Arbeitsteilung zwischen einem übergeordneten planenden Architekten und einem in der Pflanzenzucht erfahrenen Gärtner verweist nach England. Bei der Anlage von Kew Gardens stand dem Architekten William Chambers ebenfalls ein erfahrener Gärtner zur Seite, der für die Vielfalt der Anpflanzungen zuständig war.[42] Stilistisch orientieren sich Jussow und seine Mitarbeiter jedoch eher an dem englischen Gärtner Lancelot »Capability« Brown.[43] Dessen s-förmig geschwungenes Wegesystem, der Umgang mit dem Bodenrelief, die Anordnung der Baumpflanzungen zu »Clumpsen« besonders aber die verstärkte Einbindung von stehendem und fließendem Wasser verweisen direkt auf das englische Vorbild. Dennoch war Jussow bei der Anlage der einzelnen Parkszenerien aufgrund der besonderen künstlerischen und topographischen Gegebenheiten auf dem Weißenstein im wesentlichen auf eigene planerische Ideen angewiesen. Nur so konnte letztlich die barocke Kaskadenanlage mit dem Herkules in den neuen, englischen Stil integriert werden.

Jussows Aufenthalt in England, könnte man daher abschließend vermuten, diente weniger dem Studium möglicher Vorlagen für Parkszenerien, sondern vielmehr dazu, die dem englischen Landschaftsgarten zugrundeliegenden strukturellen, organisatorischen und rezeptionsästhetischen Prinzipien zu erlernen. Dabei hat sich Jussow letztlich von den klassifizierenden Berufsbezeichnungen wie Architekt oder Gärtner gelöst, indem er für die Gestaltung des Weißenstein beide Aufgabenbereiche zu verbinden trachtete. Dies kommt bereits in dem von Dittmer nach Angaben von Laves geschriebenen Nekrolog von 1825 zum Ausdruck, in dem es heißt: »Besonders verdankt ihm die großartige Anlage des Wilhelmshöher Parks ihre Entstehung.«[44] Mit seinem Anteil an der Neugestaltung der Wilhelmshöhe hat sich Jussow zweifelsohne einen der ersten Plätze in der Reihe der Parkgestalter seiner Epoche gesichert.

41 Vgl. z.B. Paetow 1929, S. 29-30.

42 Vgl. Buttlar 1989, S. 190.

43 Dittscheid 1987, S. 251.

44 Dittmer 1827, S. 849.

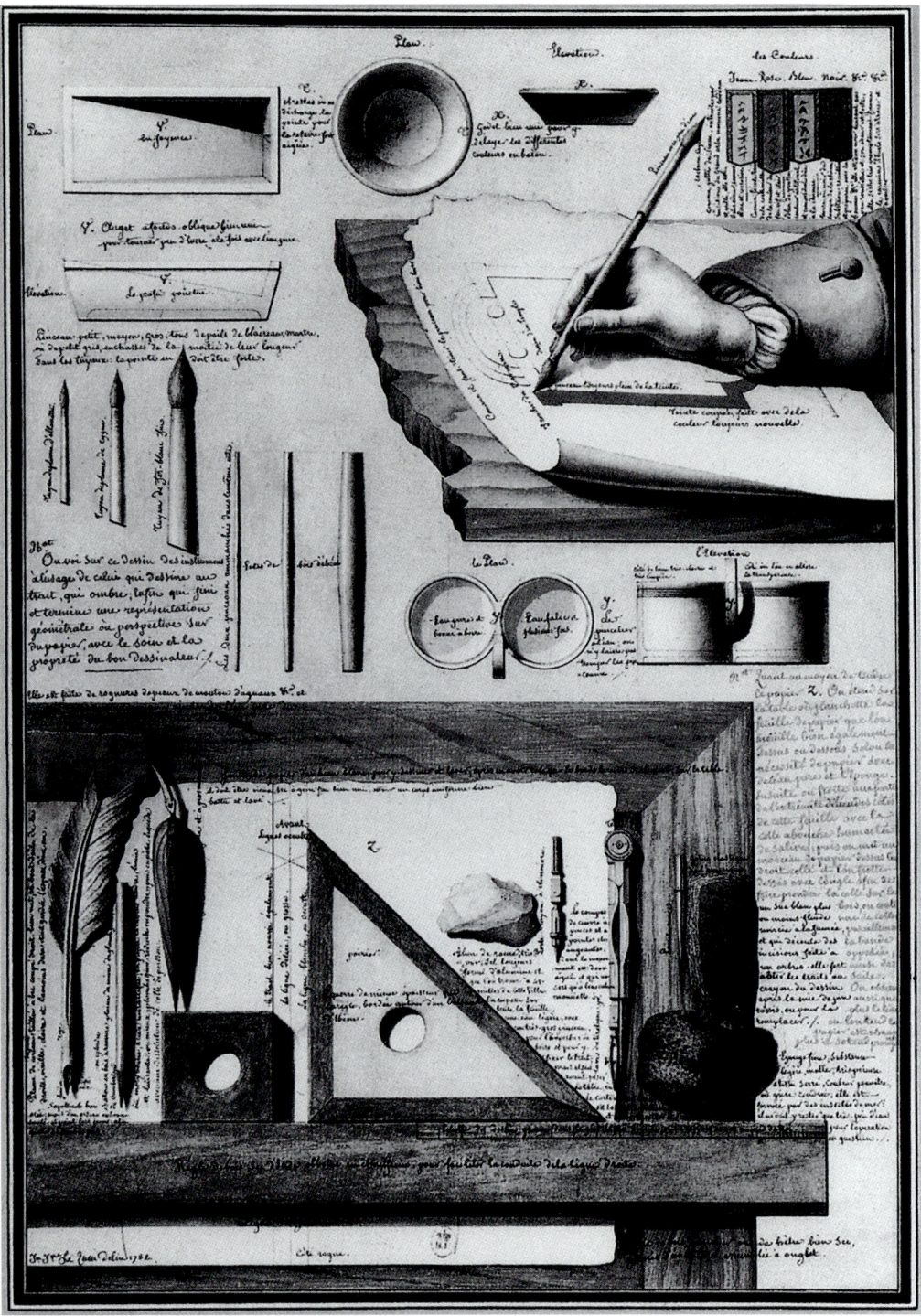

44 Jean-Jacques Lequeu, *Von den Instrumenten des guten Zeichners, 1782. Bibliothèque Nationale, Paris*

Das Handwerk des Architekten

Hans Ottomeyer Die Entwicklung und Typologie der Architekturzeichnung 1760 – 1835

»Les arts du dessin«

In der Baukunst entstehen wesentliche Merkmale des Gebäudes zuerst auf dem Papier und werden durch die Art der Zeichnung des Entwurfes festgelegt. Die Entwurfzeichnung, vervollkommnet zur Präsentationszeichnung, ist zugleich, noch vor dem Anfertigen eines Modells, die wesentliche Grundlage bei der Entscheidung zur Auftragsvergabe. Die Zeichnung ist überdies die Grundlage aller davon abgeleiteten Werkzeichnungen, welche die Ausführung bis hinein in jedes Detail zur Umsetzung in das reale Bauwesen vorbereiten. Dazu schreibt die »Encyclopédie française« 1754: »Die Zeichenkunst (dessein) muß als das wichtigste Talent des Architekten betrachtet werden; mit ihrer Hilfe kann man sich über die Formen Rechnung ablegen, die es gilt für jeden Teil des Gebäudes zu verwenden, wie es sich geziemt. Ohne die Zeichenkunst findet sich der fruchtbarste und genialste Geist in seinen Projekten aufgehalten und die Notwendigkeit, in der sich ein guter Architekt bisweilen befindet, sich eines Zeichners zu bedienen, dient zu nichts anderem, als zu irritieren und ein nicht homogenes Gebilde zu schaffen und ein Gebäude zu errichten das aus schlecht abgestimmten Teilen besteht.«[1]

Architekturzeichnungen sind das eigentliche Handwerk des Architekten (Abb. 44). Ihr Charakter, der auch von der Wahl der zeichnerischen Mittel bestimmt wird, findet seine Umsetzung bis in spezifische Eigenschaften der realisierten Architektur, welcher stets Qualitäten und Defizite des gezeichneten Architektenentwurfs anhaften. Deswegen hat das 18. Jahrhundert die Architektur zu den drei Künsten der Zeichnung »les arts du dessin« gerechnet und herausgestellt, daß die Architektur den beiden anderen Künsten, der Malerei und der Bildhauerkunst, als Grundvoraussetzung den architektonischen Rahmen und die Flächen schafft, um Skulpturen und Gemälde zu präsentieren und zu bewahren.[2] Die Architektur unterstützt die anderen bildenden Künste und bedient sich als Grundlage ihrer Mittel.

Die Aufgabe des Architekten bei der Konzeption und Planung besteht darin, im Hinblick auf die Möglichkeiten der bautechnischen Verwirklichung nach einer ersten Entwurfsskizze in Reinzeichnung mit Angabe aller Maße in zwingendem Bezug untereinander die Grundrisse, die Aufrisse und entsprechende Querschnitte in einem festgelegten Maßstab zu zeichnen. Diese Grunddisziplinen bleiben das zur Bauausführung notwendige Minimum der Architekturzeichnung. So entsteht ein Liniengefüge als mathematische und geometrische Disziplin, das von Laien kaum gelesen und interpretiert werden kann, aber für die professionelle Umsetzung unabdingbar ist. Aus dieser Art der Bauzeichnung ergeben sich bestimmte Gestaltungsweisen, welche die Bauten formen und in ihrer konsequenten Anwendung die Ästhetik europäischen Bauens ausmachen. Hauptelemente sind gerade geführte Linien, welche alle Teile in eine Flucht zwingen und in linearer Abfolge in gleiche

1 Diderot/D'Alembert 1751-80, s. v. dessein.

2 Vgl. Vasaris Einleitung zu den »Viten«: »Alle tre arti del Disegno«. In: Vasari 1878-85. Bd. 1, S. 107-148.

Abstände ordnen. Der Bauriß erzwingt in seiner Konsequenz eine symmetrische, parataktische Bauweise, welche der geraden Linie und ihren gleichen Teilungen die meisten ihrer Gestaltungsmotive verdankt.

Der Wandel der Architekturzeichnung gegen Ende des 18. Jahrhunderts

Auf diesen Grundlagen kennzeichnet das Ende des 18. Jahrhunderts und den Anfang des 19. Jahrhunderts eine rasche und dramatische Änderung der Architekturauffassung, bedingt durch andere Arten der Architekturzeichnung. Der eine Impuls geht von den Architekturakademien aus, bei denen gezeichnete Architekturen für die jährlichen und monatlichen Preiswettbewerbe eine immer größere Bedeutung gewannen. Dies sind vor allen die Accademia di S. Lucca in Rom und die Académie Royale d'Architecture in Paris, denen die Architekturschulen in Wien, London, Berlin und anderen europäischen Residenzstädten nach Verfahren und Zielen bald folgten.[3] Ab 1793 hat sich die Architekturzeichnung soweit entwickelt, daß sie neben der Malerei und Zeichenkunst auf den jährlichen Salons im Pariser Louvre zur Ausstellung kommt und in Katalogen und Kommentaren als eigenes Genre gewürdigt wird. Sie findet jetzt, der Malerei und Zeichenkunst gleich, ein allgemeines Publikum.

Das andere Motiv der Entwicklung ist die Tatsache, daß mehr und mehr Bauherren sich Entwürfe verschiedener Architekten zum gleichen Bauvorhaben bestellen, sich die Projekte in großen Präsentationszeichnungen vorstellen lassen, die dann auch öffentlich gezeigt werden, um schließlich mit dem Architekten ihrer Wahl das Bauvorhaben weiter zu entwickeln.[4] Dabei spielten suggestive, malerisch ausgeführte und perspektivisch angelegte Zeichnungen eine zunehmend wichtigere Rolle. Die Entwicklung geht von Rom aus.[5]

Binnen weniger Jahrzehnte hat sich die Architekturzeichnung in Nordeuropa grundlegend geändert: gegen 1760 herrscht noch der mit Zirkel und Reißfeder gezeichnete Architekturriß vor, der dem Auge nur ein Liniengerüst zeigt und ohne Vorstellung der Perspektive auskommt. Dennoch entstehen zusätzlich in Zentralperspektive angelegte Architekturzeichnungen, deren Teile sorgfältig und nuanciert schattiert sind. In Reduktion auf eine monochrome Wiedergabe kalkulieren sie sorgfältig die Effekte von Licht und Schatten und damit die Wirkungen der so definierten Körper auf die ästhetische Empfindung. Diese Art zu zeichnen und zu entwerfen erreicht ihren Höhepunkt gegen 1780, einige Jahre vor der französischen Revolution. Es bahnt sich darüber hinaus die farbige Architekturzeichnung an, bei der die Farbigkeit der verschiedenen Baumaterialien den Bauteilen zugeordnet wird und Vorstellungen von bewußt eingesetzter Polychromie in der Architektur entstehen. Diese letzte Phase begleitet die Mode, lebensvolle malerische Staffagen zu den Architekturen hinzuzufügen und reduziert auf den Umrißlinienstich diese Erfindungen im Kupferstich zu publizieren. Bemerkenswert bleibt dabei, wie rasch diese Entwicklungen sich vollziehen und wie international sie in Europa ihre Verbreitung finden; zwischen Palermo und Edinburgh, Moskau und Madrid liegen

3   Hautecœur 1952; Rosenau 1960; Erichsen 1980; Pérouse de Montclos 1984.

4   Ein Paradefall ist der Architektenwettbewerb zur Bibliothek und Galerie von Lord Shelburne in London. Es waren u.a. beteiligt: François Joseph Bélanger, George Dance, Charles-Louis Clerisseau. Von den Vorschlägen wurde keiner ausgeführt; die Zeichnungen dazu befinden sich alle im Sir John Soane's Museum, London.

5   Zur italienischen Architekturzeichnung vgl. Katalog Stuttgart 1993.

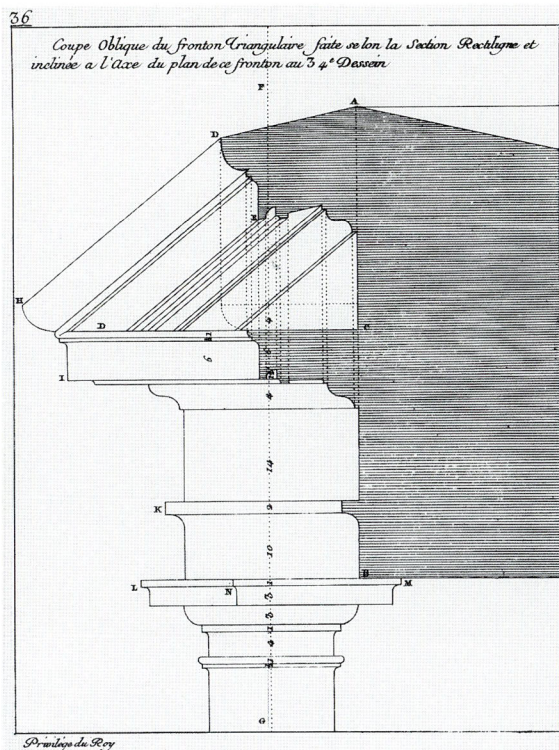

Coupe Oblique du fronton Triangulaire faite selon la Section Rectiligne et inclinée a l'Axe du plan de ce fronton au 3.4.e Dessein

Privilège du Roy

45 Unbekannt, Riss eines Frontons. Vorlageblatt zum architektonischen Zeichenunterricht der Ecole gratuite de dessin, Paris, zwischen 1766 und 1800

die Parameter und in Rom, London und Paris die Zentren einer Architektenschaft, die über die damals enggefaßten Landesgrenzen hinaus einen intensiven Austausch pflegte, der bewußt eine gemeinsame Orientierung suchte.

Der Architektenriß

Der reine Riß bleibt bis gegen das Ende der 1760er Jahre die verbreitete Form, eine Bauzeichnung zu fertigen (Abb. 45). Diese Art der äußersten Definition durch präzise halbmillimeterstarke Linien brauchte allerdings eine intensive und sorgfältige Vorbereitung durch eine genau angelegte und in den Maßen definierte Vorzeichnung in Blei, was Änderungen und Retuschen ermöglichte. Dies mit der Konsequenz, daß entweder die Bleizeichnung nach dem Darüberlegen des Risses ausradiert wurde, oder umständlicher, die Übertragung der endgültigen Form der Bleizeichnung auf das neue Blatt. Dabei mußte die Papierqualität sehr gut sein, damit beim Markieren und Radieren die Oberfläche des Blattes nicht beschädigt wurde. Die traditionelle Art der Architekturzeichnung bleibt der Plan als eine Lineal- und Zirkelkonstruktion. Es bildet sich so ein Gitterwerk von Konturen, bei welchen Linien die Flächen definieren, die selbst nicht ausgeführt werden, sondern neutral bleiben. Als abstraktes Hilfsmittel, um das Mauerwerk von den Zwischenräumen zu unterscheiden, findet sich das Verfahren, die Binnenflächen zu schraffieren oder getönt einzulassen. Dies dient der besseren Lesbarkeit der Bauteile und ist noch kein darstellendes Mittel. In dieser Phase findet sich noch keine bildhafte Gestaltung der Aufrisse, da sie, ohne die Perspektive des Betrachters miteinzubeziehen, auch keine Verkürzungen und Überdeckungen zur Darstellung bringen. Darin liegt ein immerwährendes Mißverständnis vom zukünftigen Erscheinungsbild der Architektur begründet, da der naive Betrachter stets den Aufriß als die zukünftige Ansicht des Gebäudes nimmt. Dies gegen den Augenschein erklären zu wollen, ist ein müßiges Unterfangen, das rascher und bessser durch eine perspektivische Ansicht geklärt wird. Die Diskussion um die Konstruktion eines Daches auf den Mittelbau von Schloß Wilhelmshöhe macht deutlich, daß gerade nach der Entwicklung und Perfektion der perspektivischen Ansicht ein Aufriß nicht mehr von einem Laienpublikum gelesen werden kann, ohne zu gravierenden Mißverständnissen zu gelangen.

Die Architekturvedute und Piranesi

Die perspektivisch angelegte Architekturvedute war im 17. und zu Anfang des 18. Jahrhunderts keine Aufgabe des Architektenstandes, sondern des graphischen Gewerbes. Ansichten von Städten, Plätzen, Stadtpalästen, Burgen, Schlössern und Villen in ihren Gärten entstanden, um sie an ein breites Publikum gewinnbringend zu verkaufen. Dies gilt für Handzeichnungen genauso wie für druckgraphische Blätter. So nimmt es auch nicht Wunder, daß die perspektivische Architekturansicht als Mittel des Architekten, neue Architekturvorstellungen durchzusetzen, auf eine Gruppe französischer Architekturschüler zurückgeht, welche in Rom dem direkten

Einfluß Piranesis erlagen (Abb. 13). Als »konstruktivistische« Zeichner nach Rom gekommen, um, mit einem Stipendium des französischen Königs versehen, ihre Kenntnisse an den antiken und neuzeitlichen Bauten Roms zu vervollkommnen, gerieten Charles De Wailly, Pierre-Louis Moreau-Desproux und Antoine-François Peyre um 1755 in den Bannkreis des polemischen, genialen Zeichners, Kupferstechers und Verlegers, der in Rom Ansichten und Rekonstruktionen von Architekturen in zwingenden Perspektiven und extremen Wirkungen von Licht und Schatten fertigte. Seine »Schattenarchitektur« bewältigte die schwierigsten räumlichen Konstruktionen und zielte bewußt auf psychologische Effekte.[6]

Die französische Architekturzeichnung um 1780

Bei diesen französischen Architekten, in ihrem Umkreis und bei ihren Schülern findet sich diese neue Art der Architekturzeichnung, welche alle Möglichkeiten der Perspektive ausschöpft. Der individuelle Standpunkt des Betrachters unter Annahme eines subjektiven Eindrucks ebenso wie der jeweilige Stand der Sonne mit dem momentanen Einfall des Lichts bestimmen ein Gefüge von Licht und Schatten, das die Volumen, die Massen der Körper und die Verteilung der Teile der dargestellten Architektur definiert. Durch die Beschränkung der Mittel auf Schwarz und Weiß sowie die Übergänge dieser Nichtfarben wird die Darstellung der plastischen Werte der Architektur besonders intensiv und durch kein Beiwerk getrübt. Es entsteht ein suggestiver Eindruck von der Wirkung plastischer Massen des Bauwerks auf den Betrachter. Alle Mittel der Zeichenkunst sind diesem Anliegen untergeordnet.

Die auf den Augenpunkt des Betrachters bezogene Perspektive besteht nach wie vor aus einem mit der Reißfeder entlang des Lineals gezogenen Liniengerüst, denn nur diese besonders konstruierte Stahlfeder kann entlang einem Lineal gezogen werden, ohne zu spritzen oder zu schmieren. Wie immer hat eine Bleistiftvorzeichnung geholfen, die Richtigkeit der Konstruktion festzulegen. Die Flächen und plastischen Wölbungen sind sorgfältig in vielfältig gestuften Grautönen laviert, um Licht- und Schattenverläufe wiederzugeben.

In nahezu allen Fällen wird beim »Dessein lavé« chinesische Tusche verwendet, welche in verschieden intensiven Mischungen mit Wasser versetzt und in ebenmäßigen Flächen aufgetragen wurde. »Die tiefschwarze Rußtinte ist eigentlich schwarze Tusche, das heißt eine Aufschwemmung von Kerzen- oder Lampenruß in Wasser, meist mit Zusatz von Pflanzengummi oder Eiweißstoffen. Rußtinte oder schwarze Tusche, die in China bereits im 3. Jahrtausend v. Chr. bekannt war, bezeichnete man früher als ›Reißschwarz‹, ›Rauch-oder Teutsche Schwärtz‹, ›Ostindische Tinte‹ und ›Sinesische Dinte‹.«[7] In immer kleineren Stufen überdecken sich diese Schichten und bilden so die Schattenzonen nach, die das geplante Gebäude in seiner Wirkung definieren. »Später ging man von der umständlichen Technik der steigenden Farbkonzentration ab und verwendete lediglich zwei Schälchen mit einer helleren und dunkleren Wasserfarbe. Diese vereinfachte Arbeitsweise

6 Harris 1966, S. 189-191; Erichsen 1980.
7 Kühn 1974, S. 107-108.

46 *Charles De Wailly, Erstes Projekt für Schloß Weißenstein,*
1785. Stiftung preußische Schlösser und Gärten Berlin-
Brandenburg, Potsdam

entsprach der stilistischen Entwicklung, die von anfangs geschlossenen Modellie-
rungen zu immer freier werdenden pointierten Lavierungen hinführt.«[8] Im
Gegensatz zum Aquarell läßt sich chinesische Tusche sehr fein in ihren Pigmenten
verreiben, ermöglicht Flächen ohne Schlieren und Wolken sowie ohne die Bildung
von Rändern beim Trocknen.[9] Diese Tuschetechnik hieß im Gegensatz zum
Aquarell »lavis«, weil die Tusche mit Wasser verwaschen wurde. Die chinesischen
Tuschen verfügten noch über einige weitere Farben, die aber in der Anwendung
nicht miteinander gemischt werden. Es sind ein Zinnoberrot, Blaugrün, Mittelgelb
und Mittelblau. Diese Farben kommen für Querschnitte und zur Einfärbung
besonderer Partien ebenfalls zum Einsatz. Die Ruß- und Lackmischung der
schwarzen Tusche irisiert zwischen einem hellen Gelbgrau und leicht bläulichem
Schwarz auf dem teilweise durchscheinenden Papier. Dies macht den großen Reiz
der Tuschegrisaillen der Architekturzeichnungen nach 1760 aus.

Der Einfluß Charles De Waillys

Von Charles De Wailly wird diese Art der Architekturzeichnung zur größten indivi-
duellen Meisterschaft entwickelt (Abb. 46). Seine großen Präsentationsentwürfe
oder Detailzeichnungen für die Gespräche mit seinen Auftraggebern gehören zu
den hervorragenden Leistungen der Architekturzeichnung im 18. Jahrhundert. Sein
Vorbild machte in Paris, in St. Petersburg und in Kassel Schule. Insbesondere entwik-
kelte De Wailly perspektivische Isometrien – die perspektivische Ansicht von

8 Ebd. 108.

9 Vgl. Kieven 1993 mit gründlicher Analyse der Eigenschaften chinesischer
Tusche für die Architekturzeichnung.

teilweise aufgeschnittenen Gebäuden mit offenliegenden Innenräumen – zu einer großen Perfektion.[10] Die bahnbrechende Rolle dieses Architekten für die Architekturzeichnung blieb lange bewußt. So heißt es 1799, am Ende des Jahrhunderts: »Ehedem und bis zu der Zeit der Schule Jean Laurent Legeays (d. h. Boullée, Moreau-Desproux, Peyre l'Ainé, De Wailly) beschieden sich die Architekten auf Linienzeichnungen und auf Risse, aber da sie weder die Binnenkonturen noch die Risalite darstellten, noch die Ornamente zeichneten, beherrschten sie, um es so auszudrücken, nicht ihre ganze Sprache. Sie redeten kaum; sie teilten nicht ganz ihre Gedanken mit, und der Effekt ihrer Komposition war nicht zu erahnen. De Wailly hingegen komponierte und vollendete seine Zeichnungen in grandioser und malerischer Manier; überdies gab er seiner Kunst einen neuen Anstoß.«[11] Die hochentwickelte Gebäudeansicht in Tuschetechnik wird von einer Gruppe französischer Architekten gepflegt und auch unterrichtet, welche der Académie Royale d'Architecture angehören oder ihr nahestehen. Dazu gehören Pierre-Adrien Paris (1745-1819), der für die »Menus-Plaisirs« zeichnet[12], und François Joseph Bélanger, der ebendort angestellt ist und für eine avantgardistisch orientierte Klientel aus Hocharistokratie und -finanz arbeitet. Weiter gehören dazu Antoine-François Peyre (1739-1823) und sein älterer Bruder Marie-Joseph Peyre l'Ainé (1730-1785). Insbesondere durch die monatlichen und jährlichen Wettbewerbe der Schüler um die Preise der Académie Royale d'Architecture wird diese bestimmte Art, eine Licht- und Schattenarchitektur zu zeichnen, zunehmend verbreitet. Die privaten Architekturschulen, welche auf diese Aufgaben vorbereiten, unterrichten die Schüler in der Technik, in verschiedenen Schritten die Grisaillen in der Lavis-Technik mit Tusche aufzubauen und damit technisch und konzeptionell beeindruckende Arbeiten vorzulegen. Insbesonders die Schule des jüngeren Peyre[13] scheint, den Erfolgen seiner Schüler nach zu urteilen, hier Besonderes geleistet zu haben.

Julien David Le Roy und der Unterricht an der Académie Royale d'Architecture

Mit dieser Art zu zeichnen und zu entwerfen war eine besondere Ästhetik des Bauens verbunden, welche in hervorragender Weise von dem Archäologen und Architekten Julien David Le Roy (1724-1803) vertreten wurde, welcher wöchentlichen Unterricht an der Académie Royale d'Architecture für alle Schüler gab. Er unterrichtete von 1762 bis 1803, ist also in seinem Einfluß nicht zu überschätzen. Eine Eindruckspsychologie der Massen, der Größe und der ungeteilten Flächen spielt bei ihm eine hervorragende Rolle und wird ausdrücklich gefordert: Er sieht in Säulenstellungen die beste Möglichkeit, einem Bauwerk beeindruckende Größe zu geben. Sie haben die spezifische Eigenschaft, durch das sich wandelnde Aussehen aufgrund der dynamischen Bewegung des Durchschreitenden den Raumeindruck zu erhöhen und so die dritte Dimension und plastische Werte der Architektur spürbar werden zu lassen. Außer Peristylen will er nur wenig gegliederte und ungeschmückte Wände dulden, um die Wirkung der Architektur zu erhöhen. Das Spiel von Licht und Schatten wird als wichtiger für den Eindruck von Architektur

10 Vgl. Dittscheid 1980 zu De Waillys Arbeiten für Kassel.

11 Andrieux 1799, S. 39.

12 Gruber 1972.

13 Ottomeyer 1981, S. 17-27.

47 Louis Dumanet, »Tombeau de M. de la Pérouse«, 1788.
Bibliothèque de l'Ecole des Beaux-Arts, Paris

herausgestellt als der Schmuck durch Skulpturen und Bauornamente, die für Le Roys Empfinden den Eindruck der reinen Architektur nur abschwächen und verwässern.[14] Mit dieser Meinung und vor allem dieser Lehre steht er keineswegs isoliert da. Auch der ältere Peyre, der sich weniger als Le Roy auf die Erfahrung griechischer, sondern römischer Bauwerke bezieht, fordert in seinen Vorträgen vor der Académie eine Architektur der großen Dimension und ungeteilten Massen. Freistehende Säulenordnungen, Terrassierungen, Rampen und eine Verteilung der Flächen ohne darüber lastende schwere Gesimse und hohe Attiken sollen so angelegt sein, daß ein Bauwerk größer erscheint, als es wirklich ist. Wandflächen unter Portiken sollen nicht geschmückt sein, um als plane Flächen einen klaren Kontrast zum Reichtum der Säulenordnungen zu bilden. Die Gebäude können hingegen durch eine nuancierte Reliefierung der Fassadentiefen den Eindruck von Leichtigkeit und Bewegung erzeugen, welchen die Anlage von Licht- und Schattenzonen verstärkt.[15] Vor allem wird die Baukunst wegen ihrer erhebenden und starken Wirkung geschätzt: »Die Architektur bewirkt in unserer Seele die stärksten Eindrücke.«[16]

Licht und Schatten als Wirkungsträger der Architektur waren Beobachtungen, die sich nur dem passiven Zeichner einer Bauaufnahme und dem aktiven Zeichner eines Bauprojekts als Gestaltungskriterien offenbarten, welche die Mittel und ihre Wirkungen auf das Genaueste zu beobachten hatten, um sie auf das Papier zu bringen. Die Art des Entwurfes und die Technik der Entwurfszeichnung haben ihre unmittelbaren Auswirkungen auf die Architektur am Ende des 18. Jahrhunderts. In Frankreich entsteht zwischen 1760 und 1780 und in Europa über 1800 hinaus eine Architektur, welche sich auf homogene Materialien beschränkt und die Farbskala der entstehenden Bauten und Räume auf Weiß, Grau und Gelblich beschränkt. Die Art der Zeichnung hat direkten Einfluß auf die Architekturkonzeption. Das ganze Gewicht liegt auf der plastischen Durchbildung des Baukörpers und den skulpturalen Valeurs der Oberflächengestaltung. Sie erzeugen eine nuancierte Reliefierung der gegeneinander in die Tiefe versetzten Flächen und der antikisierenden, stark stilisierten Ornamente. Sie sind im sogenannten »goût grec« oder »Zopfstil« gehalten, in bewußt kräftigen Formen, die eine deutliche Schattenbildung erzeugen.[17] Was auf dem Zeichenbrett kalkuliert und bedacht wurde, zeitigte seine Wirkung in der gebauten Architektur.

Die malerische Architekturzeichnung

In der französischen Architekturzeichnung entwickeln sich gegen Anfang der 1780er Jahre noch andere nicht-architektonische Mittel, um die psychologischen Wirkungen der architektonischen Projekte zu verstärken. Dies geschieht durch die Staffage mit Landschaftsgründen, charakteristischer Vegetation, aber vor allem durch intensive Wolkenbilder, die sich bisweilen zu dunklen Gewitterwolken zusammenballen, aus denen Blitze niederfahren. Lange Züge und große bewegte Massen von Menschen, die winzig klein wiedergegeben sind, dienen dazu, sympathetisch

14 Ebd. S. 28-33.

15 Vgl. Ottomeyer 1981, S. 19 nach Peyre 1795 mit Abdruck seiner Schriften von 1772 und folgender Jahre.

16 »La bonne architecture produit sur notre âme, les affections du plus fortes.« Vgl. Ottomeyer 1981, Aufsatz »Du Genie dans l'Architecture«.

17 Eriksen 1974.

unmittelbare Wirkungen von Architekturen anzudeuten (Abb. 47). Ob diese Art der Architekturzeichnung zulässig oder ein gänzlich unangebrachtes Mittel sei, war eine heftig umstrittene Frage.

Der führende Kopf in dieser Art der Architekturkonzeption, die später den Namen »Revolutionsarchitektur« erhielt, ist Etienne-Louis Boullée (1728-1799), der erst als Maler bei Nicolas Lancret, Collin und Jean-Baptiste Pierre seine Grundausbildung erhielt und dann bei Jean-François Blondel, Germain Boffrand und dem einfluß-reichen Architekturvisionär Legeay Architektur studierte. Für ihn und seine pitto-resken Architekturprojekte galt das Motto: »ed io anche son pittore«. Boullée war zugleich Mitglied der Académie Royale d'Architecture und Mentor vieler Schüler, die seine Art des Architekturentwurfs übernahmen. Eine Überprüfung zwischen den Themen der Akademiewettbewerbe und den Boulléeschen Entwürfen läßt den Schluß zu, daß er nicht so sehr Vorläufer und Erfinder dieses neuen Stils der Archi-tektur ist, als daß er vielmehr die Themen und ihre Entwicklung begleitet. Es war allgemeine Überzeugung, daß schiere Größe das Hauptmerkmal guter Architektur sei. »Die physische Größe ist einer der Hauptgründe des Wertes und der Wirkung von Architektur«, schrieb Quatremère de Quincy dazu.[18]

Aus Tendenzen dieser architektonischen Zeichentechnik heraus entwickeln sich Hauptmerkmale der Revolutionsarchitektur. Eine Licht- und Schattenarchitektur bleibt neben der dramatischen Staffage sicherlich das Hauptgestaltungsmittel, aber die Bewegungszüge der Staffage entfesseln dynamische Kräfte und steigern den Eindruck der Architektur ins Überwältigende. Die monumentale Architektur in der Art von Ledoux oder Boullée basiert auf diesen Effekten, welche aber an der einfluß-reichen Académie Royale d'Architecture von anderen Mitgliedern des repräsenta-tiven Gremiums als verderblich für gute Architektur gehalten wurden, weil Neben-effekte die wirklichen Qualitäten dieser »nützlichsten Kunst« verdecken und überlagern würden. Bezeichnend ist hier der Schüleraufstand an der Académie Royale d'Architecture nach einer Juryentscheidung im Jahr 1785. Der junge Architekt Pierre-François-Léonard Fontaine hatte eine Grabpyramide in ihrer psychologischen Wirkung auf den Betrachter durch die Darstellung eines dunklen Gewitterhimmels verstärkt. Auf dem Blatt mit dem Aufriß ist die Architektur fast ganz in schwarze Schatten getaucht. Ein Blitz erhellt vor düsteren Wolken die Szenerie. Kleine Menschengruppen, von denen eine Gruppe zum Gipfel des Monuments aufsteigt, beleben die Architekturszene und verdeutlichen die gigan-testen Dimensionen und die Funktionen des Baues. Auf dem Blatt mit dem Querschnitt wird dann in zeitlicher Versetzung das sich unter Regenschauern verzie-hende Gewitter gezeigt, während die Sonne wieder durch die Wolken bricht.[19] Die Art der Zeichnung bringt Fontaine um den ersten Preis, welcher Jean-Charles-Alexandre Moreau zugesprochen wird. Dies aber erweckt die Wut der Schüler, welche ihre Lehrer nach der Sitzung mit einem Tumult empfangen und sie laut beschimpfen und bedrohen. Es folgt eine schriftliche Mahnung, »daß die Architek-turschüler ihren Projekten keine unpassenden Ornamente hinzufügen sollen«.[20]

18 Quatremère de Quincy 1836, S. 18: »La grandeur physique est une des principales causes de la valeur et de l'effet de l'architecture«.

19 Ottomeyer 1981, S. 71-84.

20 »[...] que les élèves architectes n'ajoutent a leurs projets nul ornement étranger [...]«. Vgl. Ottomeyer 1981, S. 71-84.

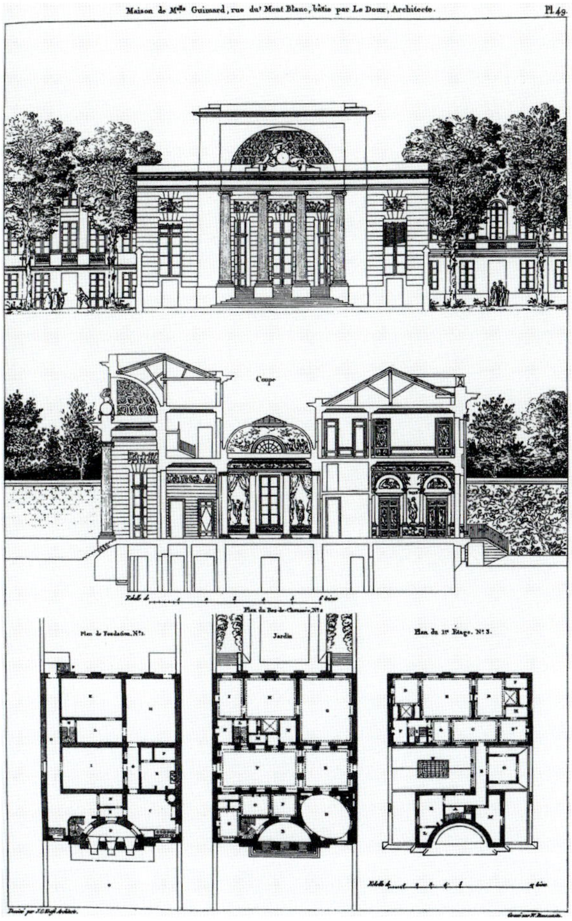

48 Jean-Charles Krafft und Nicolas Ransonette, Das Hôtel Guimard von Ledoux in Paris, 1802. In: Plans, Coupes et Élévations [...], Tafel 49

1786, ein Jahr später, mahnt aus Rom Auguste Hubert seinen Freund Arnaud Corcelles in Paris: »Der beste Rat, den man Dir bei dieser Gelegenheit geben könnte, ist, Deinem Entwurf keinerlei Nebensächlichkeiten hinzuzufügen, keine Figuren darzustellen, und vor allem, keinerlei Rokoko und keinerlei überspannte Formen, weil es dafür in Rom kein Beispiel gibt [...] Also, mein lieber Freund, glaube, was wir, Fontaine und ich, Dir sagen, ist, eine Architektur in der Art von M. Peyre zu entwerfen und alle Nebensächlichkeiten wie Figuren, Landschaftsgrund etc. in Deinem Entwurf wegzulassen. Andernfalls wirst Du abserviert.«[21]

Der Architekturentwurf mit belebtem Landschaftsgrund

Die puristischen Tendenzen, die malerischen Mittel im Architekturentwurf und in der Architekturdarstellung zu bekämpfen, waren nur ein Teil der Wirklichkeit, der andere Teil war die Tatsache, daß sich die Staffage in der architektonischen Zeichnung von 1785 an rasch in Europa verbreitete und in Publikationen weit vertrieben wurde. Eine davon ist die Veröffentlichung seiner eigenen Werke, welche Claude-Nicolas Ledoux auf den Weg bringt. Seine zweibändige »L'Architecture considerée sous le rapport de l'art, des mœurs et de la législation« erscheint 1804 in Paris, wird aber schon in den 1790er Jahren drucktechnisch vorbereitet. Ledoux entwirft die Staffagen für seine Gebäude nicht selbst, sondern bedient sich für die Gestaltung der Hilfe eben jenes Fontaine, dem wegen seiner malerischen Künste jede weitere Förderung der Académie Royale d'Architecture verweigert wurde.[22] Auffallend bei diesen malerischen Staffagen ist, daß sie tief in die Landschaft führen und, mit Mitteln der Perspektive, die Illusion der dritten Dimension verstärken. Die Staffage hat, und das läßt sich an einigen Bauten von Ledoux mit Sicherheit überprüfen, nichts mit den wirklichen topographischen Gegebenheiten zu tun, welche die Landschaft um die realisierten Architekturen prägen.[23]
Der Architekturentwurf mit einem belebten Landschaftsgrund, welcher die Architektur im Ensemble von Vegetation, Gärten, Brunnen, Menschen und Equipagen wiedergibt, wurde in Kupferstichwerken propagiert. Bereits 1796 ist hier – zeitlich früh – das Werk »Petites maisons de Paris« des Architekten A.-P. Prieur und des Stechers Pierre Louis van Cléemputte anzusetzen. Die andere wichtige Publikation, welche der Ansicht und dem Querschnitt mit Staffage zum Durchbruch verhilft, ist die weit verbreitete Architekturpublikation des Architekten Jean-Charles Krafft und des Stechers Nicolas Ransonette, welche alle bedeutenden, zwischen 1771 und 1802 entstandenen Neubauten in Paris publizieren und in Umrißlinienstichen abbilden (Abb. 48-49). Dieses in Europa verbreitete Buch hieß: »Plans, Coupes et Élévation des plus belles maisons et des hôtels construit à Paris et dans les environs«. Es wurde wie alle Stichwerke in dieser Zeit in Stichfolgen herausgegeben, die von den Beziehern subskribiert werden konnten. Es erschien erstmals 1802, dem Jahr IX, und war ein Jahr später abgeschlossen. Die Manier des Linienrisses für die Konturen des Gebäudes, der minutiösen Linienzüge für die Gestaltung der Flächen und des locker angedeuteten Baumschlags der umgebenden Vegetation, erfährt in beiden Publika-

21 Lance 1872, S. 366: »Le meilleur avis que l'on puisse te donner dans cette occassion, c'est de ne faire aucun accessoire à ton projet; n'y mets aucune figure, et surtout point de rococo et point de certain style outré, car à Rome il n'y en a aucun exemple [...] Ainsi, mon cher ami, crois ce que nous te disous, Fontaine et moi, c'est de faire de l'architecture dans le genre de M. Peyre et d'exclure tout accessoire de ton projet, comme figures, fond de paysage, etc. Autrement tu es rasé.«

22 Ottomeyer 1981, S. 146-149.

23 So die Barrieren von Paris.

49 Jean-Charles Krafft und Nicolas Ransonette, Der Speisesaal im Hôtel Soubise von Cellerier, 1802. In: Plans, Coupes et Élévations [...], Tafel 85

tionen Ausformungen, welche Jussow sehr bald bekannt geworden sein müssen, da sie seine spätere Art zu zeichnen formen.

Der farbige Architekturentwurf

Über die Architekturzeichnung mit Staffage hinaus prägt die Entwicklung der 1780er Jahre die Vorliebe für den farbigen Architekturentwurf, der sich über die ungemischten Primärfarben der chinesischen Tuschen hinaus jetzt in Aquarelltechnik ausdrückt. Was war das Anliegen dieser farbigen Architekturaquarelle? Vor allem die farbigen Wirkungen der verschiedenen Baumaterialien in ihrem Gegeneinander und in der Wirkung im ganzen suggestiv darzustellen. Das graphische Mittel ermöglicht, farbige Materialien, welche ein zusätzliches ästhetisches Erleben in die Planung der dreidimensionalen Massen einbringen, zu kalkulieren und schärft die Aufmerksamkeit für die Effekte einer polychromen Architektur.

Die Entwicklung der polychromen Architektur nimmt ihren Anfang in den Erfahrungen und Diskussionen einer international zusammengesetzten Architektengruppe, welche sich in Rom vor 1760 zusammenfindet und die positiven Wirkungen von Farben durch die von ihnen bewunderten Bauten der Antike und der römischen Renaissance in eigene Projekte umsetzt. Farbe wurde als spezifisch römisch verstanden und als ein Gegensatz zu den Griechen interpretiert. Diese Architekten machen auf die Mittlerrolle der Renaissancekünstler für die Interpretation der farbigen römischen Innenarchitekturen aufmerksam. So schreibt Robert Adam: »In the times of Raphael, Michel Angelo, Julio Romano, Pollidorio, Giovanni di Udine, Vasari, Zucchero, and Algardi there is no doubt there were much greater remains of the grotte, than what are now to be seen, and in imitation of them, were decorated the loggias of the Vatican, the Villa Madonna, Pamphili, Caparola, the old Palace at Florence and indeed whatever is elegant or admireable in the furnishings of modern Italy.«[24] Robert Adam setzt genauso wie François Joseph Bélanger, der seine Studienjahre nicht in Rom, sondern in England verbrachte, Farbe systematisch ein, um farbige Wandfelder in komplementären Harmonien gegeneinander abzusetzen und die Gestaltung der Decken und Böden in diese Farbordnung einzubeziehen. Die Polychromie bleibt dem 18. Jahrhundert mit einem Groteskenstil verbunden, den die Zeitgenossen »goût étrusque où arabesque« nannten und welcher sich von dem monochromen Licht-Schattensystem des »goût grecque« oder frühen Klassizismus deutlich unterscheidet. Über die Verwendung farbiger chinesischer Tuschen hinaus wird für die nuancierte Farbigkeit der Architekturzeichnungen, die auf Grau, Rosa, Grün und Gelb beschränkt waren, bald die reiche Skala des Aquarells verwendet, bei dem die Palette der Erd- und Mineralfarben noch um die intensiven Töne von metallischen Verbindungen bereichert wird. Die Suggestion des aquarellierten Architekturentwurfs ermöglicht die Einbindung aller Architekturteile in eine homogene Architekturkomposition. Die Farben erfordern ein spannungsreiches Sich-Gegeneinander-Absetzen der Elemente und einen Ausgleich im ganzen. Die unmittelbare Konsequenz ist erst in der Innenarchitektur, dann auch an den Fassaden spürbar. Bei letzteren werden jetzt stark eigenfarbige Materialien ausgewählt und eingebracht: grünes Kupfer, blauer Schiefer, Sandsteine und Marmorarten in intensiven Tönungen und mit starken Farbverläufen, vergoldete und gestrichene Metallteile und immer wieder als Kontrast zur Farbe reines Weiß in Marmor und durch Anstriche.

Charles Percier und das Architekturaquarell

Diese Art der Architekturzeichnung findet auf dem Kontinent ihre bedeutendsten Propagatoren in François Joseph Bélanger und danach in Charles Percier. Dieser Architekt hatte an der »École gratuite des dessin« in Paris, bei Julien David Le Roy und in der privaten Architekturschule des jüngeren Peyre Architektur und Zeichnen gelernt und seit seinem Grand-Prix Aufenthalt in Rom 1786 bis 1791 das Architekturaquarell für Bauaufnahmen entwickelt. Er legt, und darin ist er noch lange für seine zahlreichen Schüler in ganz Europa vorbildlich, dem Aufbau seiner Aquarelle eine Graphitvorzeichnung zugrunde. Diese Linien werden sorgfältig mit der Feder als Konturen wie ein »dessein au trait« nachgezogen. Die Flächen, in sich monochrom, doch in der Helligkeit des Tons fein abgestuft, befinden sich innerhalb des Liniengerüstes der Umrißlinienzeichnung, welche die Grenzen der Farben definiert. Mit solchen Architekturzeichnungen tritt Percier im Salon 1793 in Paris in Erscheinung. Das von ihm geprägte Architekturaquarell nimmt als eine neue Gattung in den nächsten Jahrzehnten eine eigene Stellung ein. Daneben existieren ähnlich vollkommen ausgeführte perspektivische Ansichten in Bister, Gouache und in Tusche. Aber das Aquarell ist in dieser Entwicklung die letzte und abschließende Stufe. Was die Schüler Perciers untereinander verbindet, ist ihre ausgesprochene Farbigkeit in der Architekturzeichnung, bei der sie bis in die kleinsten Details und

24 Adam 1773-78, Bd. 1, S. 5.

50 Charles Percier, Querschnitt eines Monopteros mit den Genien der Musik, um 1795-1800. Staatliche Museen Kassel

bis in gewisse Manierismen der Formgebung sich nach dem Stil und der Technik Perciers ausrichten. Auffallend sind die Kontinuität der Konturlinie, die nuancierte Lavierung oder Aquarellierung und die gestreckten, überlängten Proportionen menschlicher Figuren (Abb. 50). Bestimmte Zeichner wie François Mazois, St. Ange, André Marie Rénie, Philippe Binet oder Louis Vaudoyer sind in ihren Zeichnungen, wenn man von dem unsicheren Qualitätskriterium absieht, stilistisch nicht von Percier zu unterscheiden. Erst bei den späteren Schülern Perciers, und dazu gehören die Kasseler Architekten Grandjean de Montigny und Klenze, lassen sich bei gleichen Intentionen individuelle Unterschiede der Handschrift feststellen (Abb. 51): Wiederholungen von Detailmotiven werden nur noch angedeutet. Die Wiedergabe von Lichteffekten verwischt zunehmend die Formpräzision der architektonischen Liniengefüge.[25]

Wie verbindlich das Beispiel Percierscher Architekturzeichnungen war, erweist sich daran, daß 1795 Louis Pierre Baltard an das Direktorium der École centrale de travaux publiqués – der späteren École polytechnique – den Antrag stellt, von Percier Architekturzeichnungen anfertigen zu lassen, die fortan als Muster im Architekturunterricht verwendet werden sollen.[26]

Die Schule Perciers vertritt in gleichem Maße, wie sie die aquarellierte Entwurfszeichnung pflegt, die Rezeption polychromer Architektur und die Planung farbiger Architektur. Darin geht Percier selbst voran. Er hatte seit seiner Ankunft in Rom in

25 Ottomeyer 1981, S. 317-336.

26 Ebd.

Aquarellen die Tradition einer farbigen Architektur aufgezeichnet und verfolgte sie,
von den Marmorinkrustationen und farbigen Innenausstattungen der Spätantike
beginnend, über die Lithochromie und Mosaike frühchristlicher Basiliken bis in die
Spätrenaissance hinein. Das Medium des Künstlers gab die Wege der Rezeption vor.
In Paris läßt sich für Percier auch das Interesse am Fortbestand starkfarbiger Innen-
dekorationen während des Mittelalters erkennen. Farbstudien in Saint-Denis und
Sainte-Chapelle und die Anwendung von Farbe bei den neuen Innenarchitekturen
des Musée des Monuments Français legen davon Zeugnis ab. Eine auf diese Weise
fundierte und angewendete Kenntnis der Polychromie zeichnet die Auffassung
Perciers und seiner Schüler in besonderer Weise aus. Noch Jakob Ignaz Hittorf und
Leo von Klenze haben sich 1824 bei ihrem Wettstreit um die Wiederentdeckung der
Polychromie der Griechen auf Percier zurückbezogen.[27] Percier hatte aufgrund
seiner Beschäftigung mit der antiken und nachantiken Lithochromie und
Polychromie die Existenz einer farbigen Architektur erkannt und hatte diese
Einsichten seiner Schule vermittelt. Hittorf und Klenze lieferten schließlich den
archäologischen Beweis dafür, daß bereits die Griechen eine farbige Architektur
kannten, und änderten damit die Auffassung von den Anfängen der europäischen
Kultur.

Der aufwendige aquarellierte Architekturentwurf mit den beschriebenen Charakteri-
stika bleibt zusammen mit dem älteren lavierten Architekturprojekt bis 1835 die
wesentlichste Darstellungsform der Architektur. Mittels der druckgraphischen
Techniken wurde er reproduziert. Dies geschieht insbesonders in den neuen
Techniken der Lithographie ab 1797 und des Stahlstichs um 1820, die wegen
möglicher hoher Auflagen und damit verbunden geringer Druckpreise große
Verbreitung fanden.

27 Ebd. S. 336-346.

Die Entwicklung der Architekturzeichnung ging von Rom aus, fand Verbreitung und ihre systematische Verwendung in Paris sowie in London. In den Architekturwettbewerben war die Fähigkeit suggestiver Darstellung von Architekturprojekten neben der Idee und der konzeptionellen Durcharbeitung ein entscheidender Faktor. Primär wurden Architekturzeichner gefördert und beauftragt. Die Wirklichkeit gebauter Architektur war eine davon abgeleitete Konsequenz.

Für eine kurze Zeit war Kassel ein El Dorado für Architektur, als sich Du Ry, De Wailly, Ledoux, Jussow, Grandjean de Montigny, Bromeis, Klenze und Laves hier begegneten und architektonische Kenntnisse, zeichnerische Fähigkeiten und die Möglichkeiten der Realisierung anspruchsvoller Architekturen in eine günstige Konstellation traten. Der Einsatz neuer Mittel begünstigte neue Ausdrucksmöglichkeiten der Architektur und führte zu beeindruckenden Bauqualitäten.

Auf der Basis der Entwicklung zwischen 1760 und 1835 wurde die Architekturzeichnung während des 19. Jahrhunderts mit ihren verschiedenen Mitteln gepflegt und an den Akademien als Repertoire gelehrt.[28] Die Meisterschaft der farbigen perspektivischen Architekturzeichnung etwa eines Friedrich von Thiersch unterscheidet sich in ihrer Typologie aber nur wenig von einem der grandiosen Projekte De Waillys. Farbige perspektivische Raumentwürfe für gebaute oder geplante Interieurs sind die am längsten gepflegte Disziplin der Architektur.

In der Epoche der Neuen Sachlichkeit nach 1920 wenden sich die Architekten bewußt und sehr rigoros von der Farbe und zeichnerischen Illusion dreidimensionaler plastischer Körper auf dem Papier ab und beschränken sich auf Risse und Modelle. Die zeichnerischen Einträge werden in der konstruktivistischen Moderne auf ein äußerstes Maß reduziert und auf das Liniengerüst mit Maßeinträgen zurückentwickelt, die Flächen nunmehr nicht mehr definiert und die Darstellung plastischer Tiefe und Staffelung vermieden. Daß auch hier der Baustil der Vorgaben-Entwurfskunst folgt, ist evident. Qualitätvolles Zeichnen wird als nicht zulässige Augentäuschung verdammt: »Der beste Zeichner kann ein schlechter Architekt sein, der beste Architekt kann ein schlechter Zeichner sein [...] Hüte dich vor dem Originellsein, das Zeichnen verleitet dazu.«[29]

28 Katalog Frankfurt 1985.

29 Alfred Loos; zitiert nach Katalog Frankfurt 1985, S. 15, Anm. 40.

KATALOG DER ZEICHNUNGEN

Studienblätter

ANTIKENNACHZEICHNUNG, 1784

Innerhalb der Gruppe der Antikennachzeichnungen von Jussow überwiegen Zeichnungen römischer Marmorvasen und Grabaltäre. Die Objekte sind meist nur in Umrißzeichnung wiedergegeben. Aus dem Rahmen fällt das Blatt mit der Darstellung einer Siegessäule, zweier Kandelaberbasen und verschiedener Dreifüße durch die kompositionell durchdachte Zusammenstellung mehrerer Objekte sowie durch die sorgfältige Lavierung, die farblich zwischen unterschiedlichen Materialien differenziert: Marmorarbeiten sind gelb und braun laviert, Bronzearbeiten dagegen blau.

Zudem handelt es sich um eines der wenigen Studienblätter mit Antiken, das Jussow signiert und datiert hat. Dabei fällt auf, daß die Ortsangabe bei der Bezeichnung »Jussow del. Romae 1784.« nachträglich eingefügt ist, das Papier zeigt hier deutliche Radierspuren. Dittscheid vermutet deswegen, daß Jussow die Zeichnung in Paris angefertigt und die Ortsangabe nachträglich geändert habe, um den Eindruck eines »authentischen Antikenstudiums vor Ort« zu erwecken.

Im Zentrum der Darstellung steht die »Columna Rostrata«, eine mit Schiffsvorderteilen verzierte Säule, die von Gaius Duilius im Jahr 260 v. Chr. nach dem Seesieg über die Karthager bei Mylai auf dem Forum Romanum in Rom errichtet wurde. Das Siegesmonument wird unten rechts und links von zwei Kandelaberbasen gerahmt, darüber stehen auf beiden Seiten je drei Dreifüße.

In der oberen Hälfte des Blattes gibt Jussow als Pendants zwei in Pompeji gefundene Dreifüße wieder: links den sog. Sphingen-Dreifuß, rechts ein Exemplar mit Satyrn als Stützfiguren. Beide waren im 18. Jahrhundert durch Stichwerke wie das 1752-1767 erschienene »Recueil d'antiquités égyptiennes, étrusques, grecques, romaines et gauloises« des Grafen Caylus bekannt. Ein Kupferstich des Sphingen-Dreifußes ist auch in den »Vasi, candelabri, cippi, sarcofagi [...]« von Piranesi vertreten. Derartige Dreifüße waren im Neoklassizismus als Vorlagen für Möbelentwürfe beliebt.

Möglicherweise hat Jussow die Zeichnung für Unterrichtszwecke an der Akademie verwendet. Dafür könnte neben der Montierung auf Karton sprechen, daß zwei seiner Schüler Nachzeichnungen dieses Blattes angefertigt haben: Eine Kopie von Georg Ludwig Friedrich Laves befindet sich heute im Architekturmuseum der Technischen Universität München. In einem bei den Staatlichen Museen Kassel aufbewahrten römischen Skizzenbuch von Johann Christian Ruhl finden sich Kopien einzelner Objekte nach Jussows Vorlage. *WL*

1

NACHZEICHNUNG EINER SIEGESSÄULE, ZWEIER KANDELABERBASEN UND VERSCHIEDENER DREIFÜSSE, 1784

Graphit, Feder in Schwarz und Grau, grau, braun und gelb laviert
496 × 317 mm
Staatliche Museen Kassel, Inv. Nr. GS 6147

LITERATUR: Dittscheid 1987, S. 26, 262, Anm. 316; Zehnpfennig 1988, S. 121, 123, Nr. 16.14, 135, Anm. 16; Zehnpfennig 1990, S. 63, Abb. 1; Katalog Kassel 1999
Zitat: Dittscheid 1987, S. 26

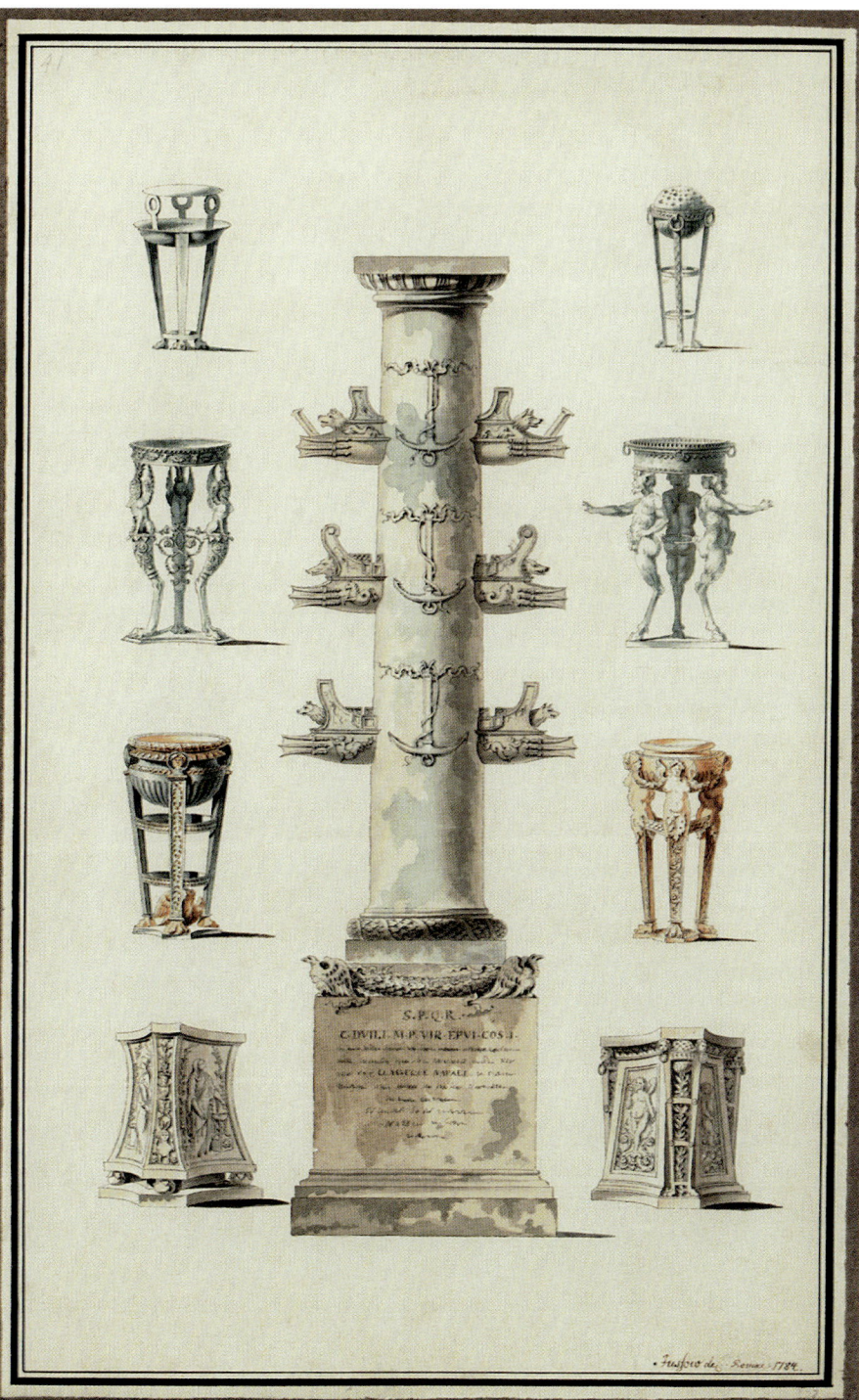

Studienblätter

ANTIKENNACHZEICHNUNG, UM 1785/86

»Wir erkennen das Genie der ältesten Nationen an den geschmackvollen Formen und Verzierungen ihrer Vasen, welche sich bis auf unsere Zeiten erhalten haben. – Auch ist die Vase ein vorzügliches Sinnbild des Schönen und schon an sich eine Zierde, weil sie ein in sich selbst vollendetes Ganzes und gleichsam nichts als Umfang ist [...].« Diese Abschrift von Jussows Hand leitet im »Journal von und für Deutschland« von 1790 den Abschnitt über die Arbeiten der Königlichen Porzellanfabrik auf der »Ausstellung der Kunstwerke auf der königlichen Akademie der bildenden Künste zu Berlin« ein.

Ein bereits im 18. Jahrhundert berühmtes Beispiel für das »Genie der ältesten Nationen« ist der Medici-Krater, eine monumentale, 1,73 m hohe römische Marmorvase aus dem 1. Jahrhundert v. Chr. Gegen Ende des 16. Jahrhunderts vermutlich in Rom gefunden, befand sich das Gefäß zunächst in der Sammlung der Medici in Rom, seit 1780 in den Uffizien in Florenz.

Die Darstellung zeigt eine Szene aus dem Trojanischen Krieg: sieben Krieger zu seiten einer Frau, die vor einer Kultbildbasis sitzt. Seit dem 16. Jahrhundert nahm man an, es handle sich um die Opferung der Iphigenie, die die Ausfahrt der wegen einer Windstille vor Aulis liegenden griechischen Flotte ermöglichen sollte. Ausschlaggebend für diese Interpretation ist die auf der Basis stehende, durch den Bogen als Artemis gekennzeichnete Figur. Ausgerechnet diese Figur ist jedoch ergänzt. Heute wird die Darstellung im allgemeinen als Befragung des delphischen Orakels durch die griechischen Helden vor der Fahrt nach Troja interpretiert. Dann wäre auf der Basis Apollon zu ergänzen und die Sitzende als die Pythia zu identifizieren.

Nachzeichnungen des Medici-Kraters exitstierten bereits im 17. Jahrhundert, etwa von Stefano Della Bella (1656) oder von Charles Errard (ca. 1609-1689) in dem »Recueil de divers Vases Antiques«. Errard beauftragte als Direktor der neugegründeten Französischen Akademie in Rom französische Studenten der Bildhauerei damit, Kopien des Medici-Kraters und des Kraters Borghese anzufertigen. Diese Kopien wurden in den 1670er und 1680er Jahren gemeinsam mit antikisierenden Gefäßen im Park von Versailles aufgestellt. Eine ähnliche Funktion hatten derartige Stücke bereits in der Antike; auch der Medici-Krater könnte ursprünglich im Garten einer römischen Villa gestanden haben.

In den einschlägigen Stichwerken des 18. Jahrhunderts wie in Bernard de Montfaucons »L'antiquité expliquée [...]« von 1719/1722 oder in Piranesis »Vasi, candelabri, cippi, sarcofagi [...]« von 1778 war der Medici-Krater ebenfalls abgebildet. Als Vorlage für Jussows Zeichnung haben diese Werke nicht gedient. Ob er nach einer anderen, bisher nicht identifizierten Vorlage oder nach dem Original gearbeitet hat, ist noch unklar. Jussow könnte Florenz auf seiner Italienreise besucht haben, ausdrücklich erwähnt wird ein Besuch der Stadt jedoch nicht. *WL*

2

NACHZEICHNUNG DES MEDICI-KRATERS, UM 1785/86

Graphit, Feder in Graubraun, braun und grau laviert
398 × 253 mm
Staatliche Museen Kassel, Inv. Nr. GS 6143

LITERATUR: Katalog Kassel 1999; zum Medici-Krater vgl. Grassinger 1991, S. 163-166, Nr. 8, Abb. 38; zur Bedeutung antiker Vasen in der Graphik und im Kunsthandwerk vgl. Katalog Zürich 1982, bes. S. 80-83

Zitat: Staatliche Museen Kassel, Nachlaß Jussow; vgl. Journal von und für Deutschland 7, 1790, 3. Stück, S. 223

Studienblätter

PAESTUM, HERATEMPEL II, 1785/86

Jussow besuchte im Rahmen seines Italienaufenthaltes auch das südlich von Neapel gelegene Paestum. Die dortigen drei dorischen Tempel aus dem späten 6. und frühen 5. Jahrhundert v. Chr. lösten im 18. Jahrhundert eine lebhafte Diskussion aus und wurden von zahlreichen Reisenden aufgesucht. Jussow studierte die Tempel eingehend anhand der 1784 erschienenen zweisprachigen Publikation »Paesti quod Posidoniam etiam dixere Rudera / Rovine della Città di Pesto detta ancora Posidonia« von Paolo Antonio Paoli. Seine Abhandlung war eine unter vielen Schriften, die in jenen Jahren zu den Bauten erschienen. Der Heratempel II, der auch als Poseidontempel bezeichnet wurde, galt als ein herausragendes Beispiel für einen dorischen Tempel. Paoli widmete ihm daher in seiner Abhandlung breiten Raum, und Jussow kopierte aus den Kupferstichen zahlreiche Details, die er jedoch auf einem einzigen Blatt arrangierte.

In der linken unteren Ecke seiner Zeichnung gab Jussow den Grundriß des Tempels aus Tafel XIII abweichend von der Vorlage nicht hoch-, sondern querformatig wieder. Darüber plazierte er aus Tafel XVIII den Aufriß der Ostfront. Als Gegenstück zeichnete er auf gleicher Höhe am rechten Blattrand den Querschnitt durch den Tempel, mit Blick nach Osten, wobei er sich an Tafel XIX als Vorlage hielt. Unterhalb und links des Querschnitts ordnete Jussow architektoische Details aus den Tafeln XXI und XXII an. Dabei handelt es sich beispielsweise um Einzelheiten einer Ecksäule mit Gebälk, um die Unteransicht eines Geisons mit Regulae und Guttae, drei Teilschnitte durch verschiedene Säulen, den Grundriß des Cellagebälks und den Aufriß eines Antenkapitells mit Gebälk. Diese Elemente paßte Jussow frei in die Komposition seiner Zeichnung ein. Oberhalb der Wiedergaben zeichnete er den Längsschnitt des Tempels, den er aus Tafel XX übernahm.

Bei seinen Nachzeichnungen hielt sich Jussow eng an die Vorlagen Paolis, setzte jedoch die einfarbigen Stichvorlagen in farbige Wiedergaben um. Durch die Kolorierung und die kompositorische Anordung gab er seinem Studienblatt einen anspruchsvollen Charakter. *FCS*

3

NACHZEICHNUNGEN DES TEMPELS, GRUNDRISSE, AUFRISSE UND SCHNITTE, 1785/86

Feder in Braun, schwarz, graubraun und rosa laviert
489 × 640 mm
Staatliche Museen Kassel, Inv. Nr. GS 6084

LITERATUR: Katalog Kassel 1979, S. 262-263, Nr. 502; Katalog Kassel 1986/1, S. 159, Abb. 34h; Dittscheid 1987, S. 22, 261, Anm. 274; Katalog Kassel 1999

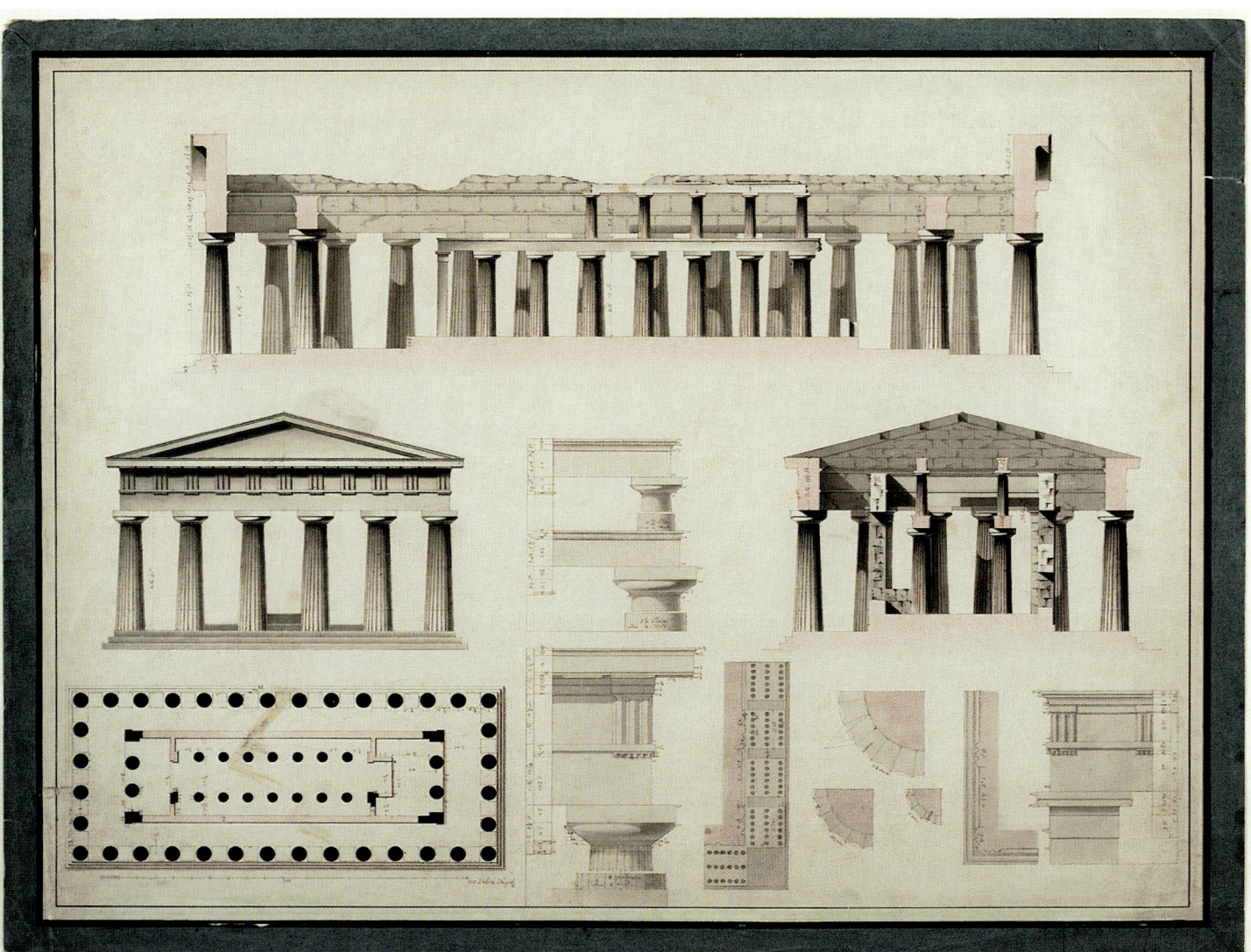

Studienblätter

Architektonische Details, um 1783-85

Diese sorgfältig ausgeführte und gerahmte Zeichnung zeigt eine freitragende Treppe im Ausschnitt eines runden Gebäudes mit einer mächtigen Arkade, die zwei Stockwerke überspannt. Die ovale Grundform des Baues beinhaltet eine besondere Treppenführung, wobei im regelmäßigen Wechsel auf einen Treppenarm im Zentrum ein Podest folgt, das in zwei gewendelte äußere Treppenarme überleitet. Dabei entstehen zwei kleine querovale Treppenaugen.

Ovale Treppen hatte bereits Palladio häufiger in seinen Villenentwürfen eingesetzt. Auch im Barock erfreuten sie sich großer Beliebtheit. Jussows Lehrer Charles De Wailly verwandte eine vergleichbare Treppenkonstruktion 1774 für eine ovale Treppe im »Maison de Voltaire«, deren Kunstfertigkeit und Leichtigkeit von den Zeitgenossen sehr gelobt wurde. An Jussows Entwurf überrascht die Höhe des doppelstöckigen Treppenhauses, das von massiven, merkwürdig gewölbten Mauerpfeilern eingefaßt ist. Diese Besonderheiten stellen einen engen Zusammenhang her zu der von Le Camus de Mézières 1763 bis 1767 erbauten aufsehenerregenden »Halle au Blé«, einer runden Getreidehalle in Paris, die ebenfalls zwei ovale Treppenhäuser aufweist und wegen ihrer kühnen Eleganz allgemein bewundert wurde. Ein Vergleich der Querschnitte belegt, daß Jussow in seiner Zeichnung die entsprechende Treppenkonstruktion am westlichen Eingang wiedergibt beziehungsweise leicht variiert.

In diesem Entwurf manifestiert sich Jussows sorgfältiges Studium der Architektur in Paris, was auch durch verschiedene Grundrißkopien älterer und zeitgenössischer Gebäude von architektonischer Bedeutung dokumentiert ist. Das Blatt ist somit in seine französische Studienzeit zwischen 1783 und 1785 zu datieren.   *UH*

4

Skizze eines ovalen Treppenhauses, Grundriss und Schnitt, um 1783-85

Graphit, Feder in Grauschwarz, grau und rosa laviert
314 × 227 mm
Staatliche Museen Kassel, Inv. Nr. GS 6293
Literatur: Katalog Kassel 1999

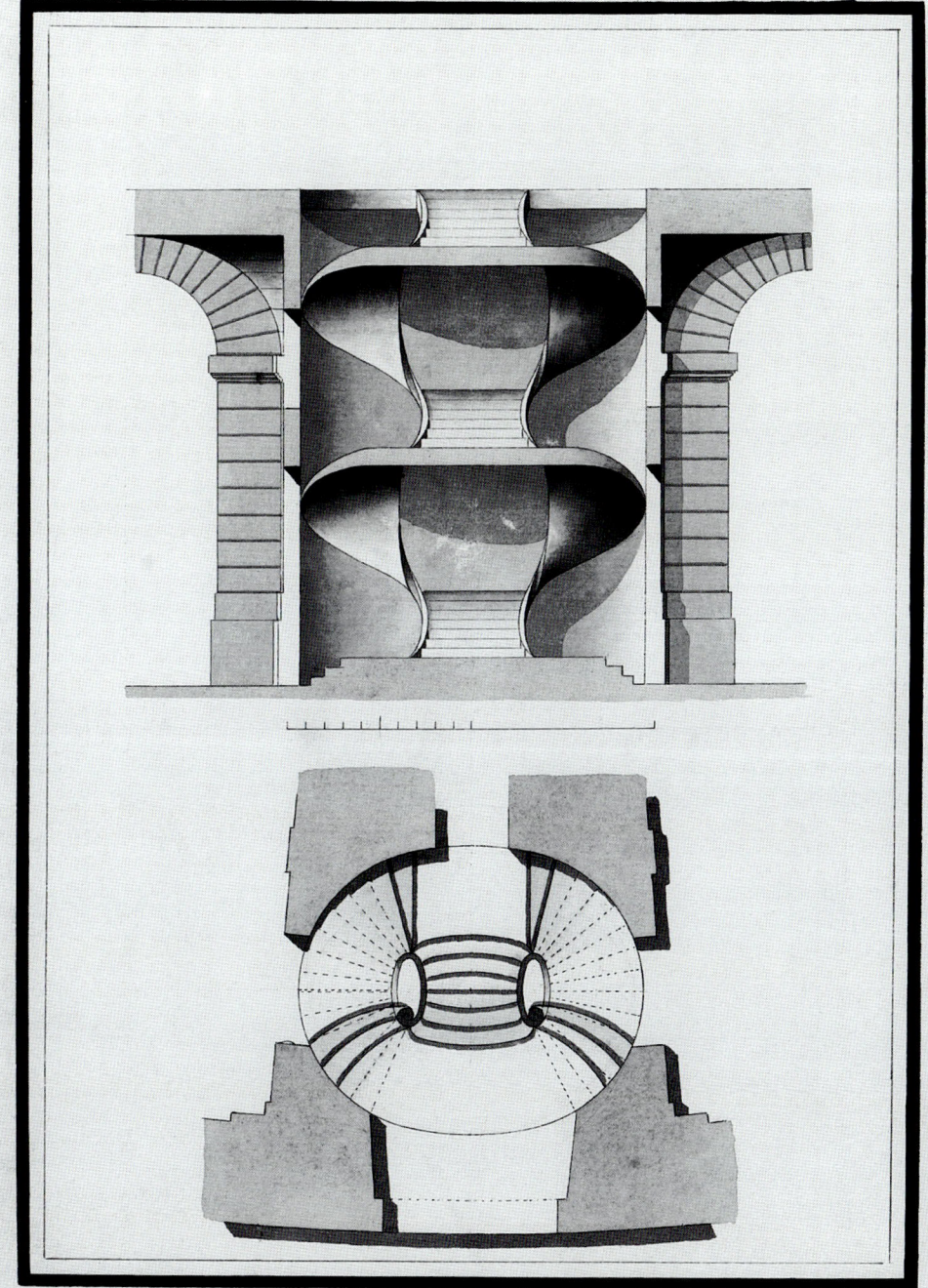

Studienblätter

ARCHITEKTONISCHE DETAILS, UM 1810

Die Wiedergabe eines korinthischen Kapitells mit einem Gebälk, in das ein Figuren-
fries mit einer Opferszene eingelassen ist, erweist sich als eine seitenverkehrte
Nachzeichnung eines römischen Architekturdetails aus den »Regole delle cinque
ordini d'Archittetura« von Jacopo Barozzi da Vignola, einem bei den Architekten
über Jahrhunderte äußerst beliebten Kompendium der Säulenordnungen. Aufgrund
der deutlich geringeren Größe von Jussows Zeichnung und wegen kleiner Abweichungen in den Details ist anzunehmen, daß hier als Vorlage eine der vielen
Übersetzungen und Nachdrucke benutzt wurde, möglicherweise die 1691 in Paris
erschienene französische Ausgabe von Augustin Charles D'Aviler.

Das Kopieren antiker Architekturteile war wichtiger Bestandteil der Zeichenaus-
bildung in den Architekturklassen an den Akademien wie auch in den privaten
Ateliers. Man benutzte als Vorlage einschlägige Kupferstichwerke oder auch
Gipskopien. An der Kasseler Akademie wurden seit Beginn der Architektenausbildung im Jahr 1781 mehrfach Gipse angeschafft. Besonderen Wert legte man nicht
nur auf die korrekte Nachzeichnung, sondern auch auf die durch die Lavierung
erfaßten Licht- und Schattenwerte.

Wann die Zeichnung entstand, ist nicht mit Sicherheit auszumachen. Jussow könnte
sie während seiner Studienzeit zu Übungszwecken angefertigt haben. Die sorgfältige
Durcharbeitung mit den fein differenzierten Lavierungen spricht aber eher dafür,
daß das Blatt erst im Zusammenhang mit Jussows eigener Lehrtätigkeit an der
Kasseler Akademie als Vorlage für die Studenten entstand, wie es für einige Zeichnungen von Carl von Fischer in München belegt ist. Diese These wird dadurch
unterstützt, daß Jussow selbst bei einem seiner späteren Bauwerke auf diese
Zeichnung zurückgegriffen hat: Die Kapitelle des sogenannten Jussow-Tempels (vgl.
Kat. Nr. 65) folgen dem hier vorgestellten Exemplar bis ins kleinste Detail.   *UH*

5

SKIZZE EINES KORINTHISCHEN KAPITELLS MIT GEBÄLK,
AUFRISS, UM 1810

Feder in Grau, braun laviert
218 × 201 mm
Staatliche Museen Kassel, Inv. Nr. GS 6346
LITERATUR: Katalog Kassel 1999

Studienblätter

ÖFFENTLICHES GEBÄUDE, UM 1785

Die rückseitige Beschriftung dieses großformatigen Entwurfes mit »Allerley Ideen« weist diesen als Phantasiegebilde aus. Zugrunde liegt ihm die konsequente Anwendung eines Quadratrasters, wie es im Atelier von Etienne-Louis Boullée in Paris gelehrt und nach 1800 durch seinen Schüler Jean Nicolas Louis Durand in den »Précis des leçons d'architecture« weit verbreitet wurde. Diese Methode ermöglichte es Jussow, nach geometrischen Prinzipien Räume zu konstruieren und in vielfältigen Formen zu variieren. Ein wichtiges Gestaltungselement ist dabei die Säule, die am Innen- und Außenbau immer wieder in Erscheinung tritt.

Überraschend erscheint der Verzicht auf Achsensymmetrie. Das quadratische Hauptgebäude mit zentraler Rotunde steht in der Mitte einer Kolonnade aus vier paarweise angeordneten Säulenreihen. Diese begrenzt die Vorderseite eines querrechteckigen Hofes, gebildet aus einer vielfältigen Abfolge von Räumen. An den rechten vorderen Eckpavillon dieser Anlage schließt noch ein kleinerer quadratischer Hof an, der allerdings erst später angesetzt wurde. Er überdeckt den ursprünglichen Eckpavillon der oblongen Anlage. Die Raumfolgen auf der Basis des Quadratrasters erinnern mit ihrem Säulenschmuck und den rechteckigen oder halbrunden Nischen an die römische Thermenarchitektur. Wo diese Raumketten rechtwinklig abknicken, befinden sich kreuzförmige Zentralräume als Überleitung. Der Grundriß des zentralen Gebäudes ist von Palladios Villa Rotonda inspiriert. Im Zentrum steht ein von Voll- und Halbsäulen umstellter runder Saal, in dessen dreieckige Eckzwickel Treppenläufe eingepaßt sind. Ihm sind in Kreuzform vier gleichartige Vestibüle vorgeschaltet. Die vier Räume in den Ecken haben wie das gesamte Gebäude einen quadratischen Grundriß. Die Front wird durch einen achtsäuligen Portikus betont. Da die Wandfläche nur von den Eingängen durchbrochen ist, scheinen die Räume ausschließlich durch verglaste Oberlichter beleuchtet zu werden, wie sie in der französischen Architektur der zweiten Hälfte des 18. Jahrhunderts beliebt waren. Dies schließt allerdings eine Funktion als Wohngebäude aus. Aufgrund der Einbauten an den Wänden und den auf einer weiteren Zeichnung (GS 6283) erkennbaren Emporen ist eher an eine Bibliothek oder ein Archiv zu denken.

Ähnlich komplexe Entwürfe wurden in der zweiten Hälfte des 18. Jahrhunderts in den Wettbewerben um den Prix de Rome der Akademie in Paris thematisiert. Jussows Entwurf steht zudem im Zusammenhang mit dem Idealprojekt für Schloß Weißenstein, dem ebenfalls ein Quadratraster zugrundeliegt. »Allerley Ideen«, eine spielerische Variation architektonischer Formen, diente möglicherweise als erste Vorbereitung hierfür.   *UH*

6

ENTWURF ZU EINER BIBLIOTHEK ODER EINEM ARCHIV, GRUNDRISS, UM 1785

Graphit, Feder in Grau, grau laviert; aus 2 Bogen montiert; 3 Deckblätter
562 × 790 mm
Staatliche Museen Kassel, Inv. Nr. GS 9562

LITERATUR: Hoeltje 1964/1, S. 55, Abb. 51, S. 192, Anm. 129; Lohr 1984, S. 127, Anm. 71; Dittscheid 1987, S. 74, Abb. 139; Katalog Kassel 1999

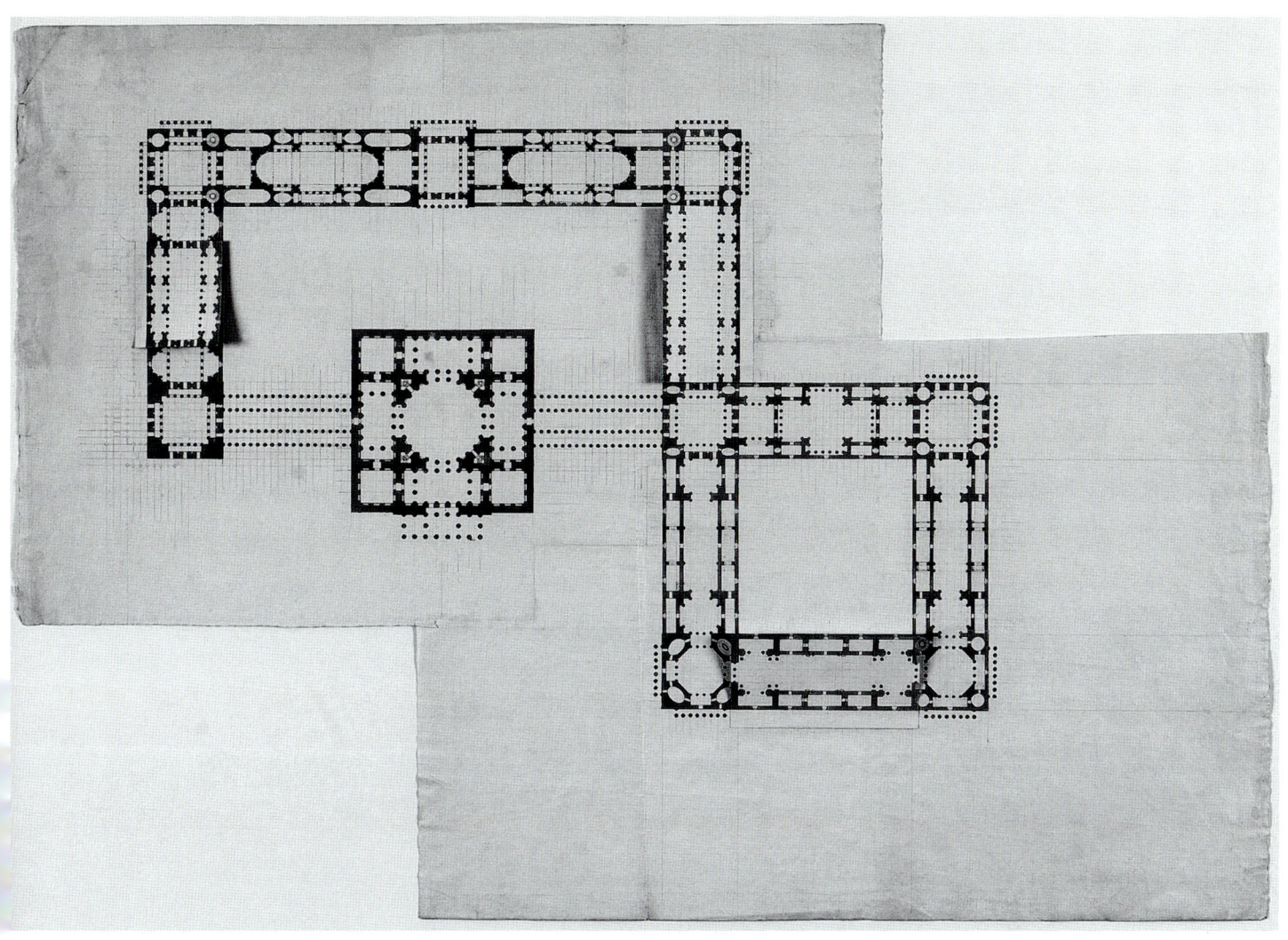

Studienblätter

Villa, um 1783-85

Aufriß und Grundriß gehören zu einem Landhaus nach palladianischem Vorbild. Über einem massiven rustizierten Sockelgeschoß erhebt sich ein rechteckiges zweistöckiges Gebäude. An beiden Ecken sind risalitartig vorspringende einstöckige Baukörper angelegt. Den Hauptbau überspannt ein Zeltdach, während die niedrigeren Eckbauten mit einer Attika abschließen, die im Gesims des Hauptbaus weitergeführt wird. Zwei vorgelegte Treppenläufe gehen vom zentralen Zugang zum Sockelgeschoß aus. Sie führen zu einem Podest, von dem aus man den Eingang in der von vier toskanischen Säulen getragenen Loggia über mehrere Stufen betreten kann. Über dem durchgehenden Gesims öffnet sich im Obergeschoß in der Breite der Loggia eine Lünette, die mit einer Balustrade gesichert ist.

Erst der zugehörige Grundriß macht deutlich, daß sich der Entwurf auf einen Plan Sebastiano Serlios bezieht, den dieser, angeregt durch den Palazzo Poggio Reale bei Neapel, 1619 in seinen »Regole generali di architettura« veröffentlicht hat. Entsprechend zeigt Jussows Plan einen querrechteckigen Bau mit vier Eckrisaliten an den Außenkanten. Der in der Mitte gelegene quadratische Saal öffnet sich zum Eingang und zur Gartenseite hin in viersäuligen Loggien. Im Unterschied zu Serlio verzichtet Jussow allerdings auf die Seitenloggien und plaziert statt dessen freistehende Säulen

7

Entwurf zu einer Villa, Aufriss, um 1783-85

Graphit, Feder in Grau, grau und rosa laviert
191 × 230 mm
Staatliche Museen Kassel, Inv. Nr. GS 6268
Literatur: Katalog Kassel 1999

8

Entwurf zu einer Villa, Grundriss, um 1783-85

Feder in Grauschwarz, schwarz, grau und beige laviert
224 × 270 mm
Staatliche Museen Kassel, Inv. Nr. GS 6269
Literatur: Katalog Kassel 1999

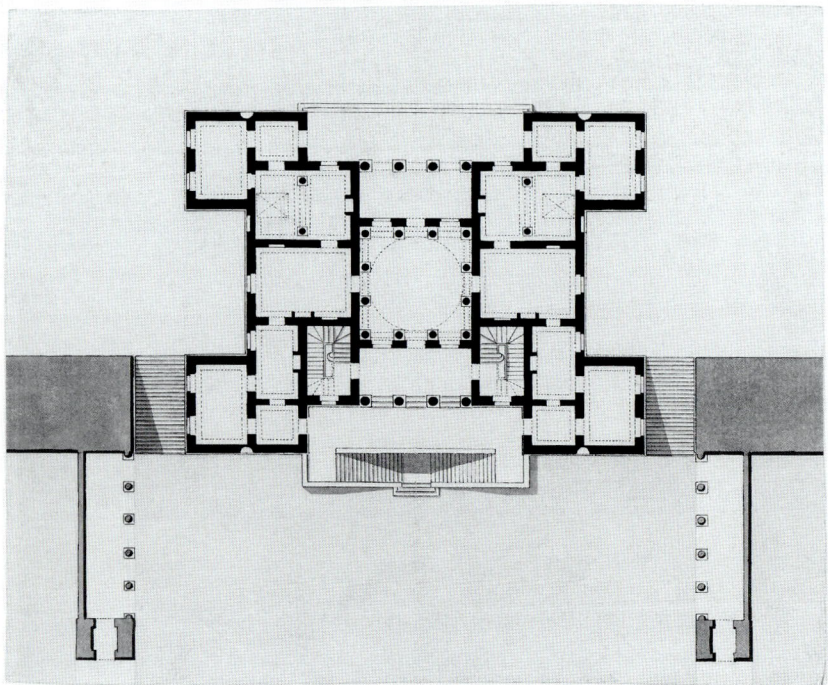

an den Wänden des Salons, über denen eine Kuppel ansetzt. Dadurch ist Platz für zwei separate Appartements und zwei rechteckige Treppenhäuser zu seiten der Eingangsloggia gewonnen.

Das Motiv der viersäuligen Loggia mit darüberliegender Lünette stammt aus der römischen Thermenarchitektur. Claude-Nicolas Ledoux verwendete es 1770 an dem vielbeachteten Haus der Mademoiselle Guimard in Paris (Abb. 48). Bei Jussow taucht es ein weiteres Mal bei dem Entwurf für einen Marstall in Meiningen (vgl. Kat. Nr. 106-107) auf. Die auffällige Lagerfugenrustika in den Hauptgeschossen und die Verwendung der toskanischen Ordnung an der Loggia erinnern an De Waillys und Peyres Comédie Française.

Die Auseinandersetzung mit Serlios Architekturbuch, das in der Ausbildung der Architekten eine wichtige Rolle spielte, und die enge Beziehung zur zeitgenössischen französischen Architektur legen nahe, daß dieser Entwurf in Jussows Pariser Studienzeit zwischen 1783 und 1785 entstanden ist.   *UH*

Studienblätter

VILLA, UM 1785/86

In die Studienzeit Jussows fallen einige Architekturzeichnungen, die eine Auseinandersetzung mit den Villen Palladios, vor allem mit der Villa Rotonda, widerspiegeln. Dazu gehört auch dieser Entwurf. Er zeigt einen oblongen Baukörper, der durch eine zentrale Flachkuppel mit Tambour überhöht wird. Bestimmend für das Gebäude ist die aufwendige Eingangssituation mit dem beide Hauptgeschosse überspannenden, sechssäuligen ionischen Portikus. Dieser ist über eine in das Sockelgeschoß eingeschnittene Freitreppe zugänglich. Über einem scharfkantigen Gesims folgt eine Attika, die in der Verlängerung der Säulenachsen Statuen trägt. Der Eingang wird zusätzlich durch ein zentrales vierstufiges Podest vor dem Tambour betont, das von einer Rüstung mit zwei symmetrisch angelehnten Schilden, dem antiken Tropaion-Motiv, bekrönt wird.

Die breite Türöffnung hinter dem Portikus wird von dorischen Säulen eingefaßt und in dem darüberliegenden Altan mit Balustradenbrüstung im Mezzaningeschoß wiederholt. Dazwischen zieht sich ein antikisierender Metopen-Triglyphen-Fries.

Ein 1779 in Paris preisgekrönter Entwurf von Louis Alexandre Trouard für ein »Chateau de campagne« zeigt eine sehr ähnliche Geschoßgliederung, einschließlich der Kuppel mit Opaion. Im Unterschied dazu erstrebte Jussow jedoch in der Rückbesinnung auf Palladio eine stärkere Konzentration auf das Zentrum des Baukörpers, was auch der zugehörige Grundriß erweist. Dieser zeigt einen quadratischen Block, vor dessen Eingangsfront sich der Portikus auf einem vorgezogenen Treppenpodest erhebt. Ein Gegengewicht zum betonten Eingang bildet der überkuppelte, an den Wänden von Halbsäulen umgebene Salon, der an der rückwärtigen Fassade halbkreisförmig vorspringt. Eine ungewöhnlich lange, durch Säulenreihen gegliederte Eingangshalle verbindet Portikus und Salon. Diese Mittelachse trennt die repräsentativen Räume auf der rechten Seite von dem Privatappartement mit Schlafzimmer auf der linken.

Der runde Salon, der an der Fassade konvex vorspringt, war ein bestimmendes Element feudaler Architektur im vorrevolutionären Paris. Jussows Lehrer Charles De Wailly hatte als einer der ersten bereits 1769 mit dem Bau von Schloß Montmusard bei Dijon den vielbeachteten Versuch unternommen, einen rechteckigen Baukörper mit der Idealform des Kreises aufzuwerten. Der runde Salon wird dort durch eine runde Säulenhalle als Eingang ergänzt.

Jussows Entwurf, in den Elemente der antiken, palladianischen und zeitgenössischen französischen Architektur eingeflossen sind, bildete eine wichtige Grundlage für sein Idealprojekt für Schloß Weißenstein (vgl. Kat. Nr. 16-17). *UH*

9

ENTWURF ZU EINER VILLA, AUFRISS, UM 1785/86

Graphit, Feder in Grau, grau laviert
245 × 378 mm
Staatliche Museen Kassel, Inv. Nr. GS 6262a
LITERATUR: Dittscheid 1987, S. 72, 270, Anm. 554, Abb. 127; Katalog Kassel 1999

10

ENTWURF ZU EINER VILLA, GRUNDRISS, UM 1785/86

Graphit, Feder in Grau, schwarz und grau laviert
382 × 247 mm
Staatliche Museen Kassel, Inv. Nr. GS 6263
LITERATUR: Katalog Kassel 1999

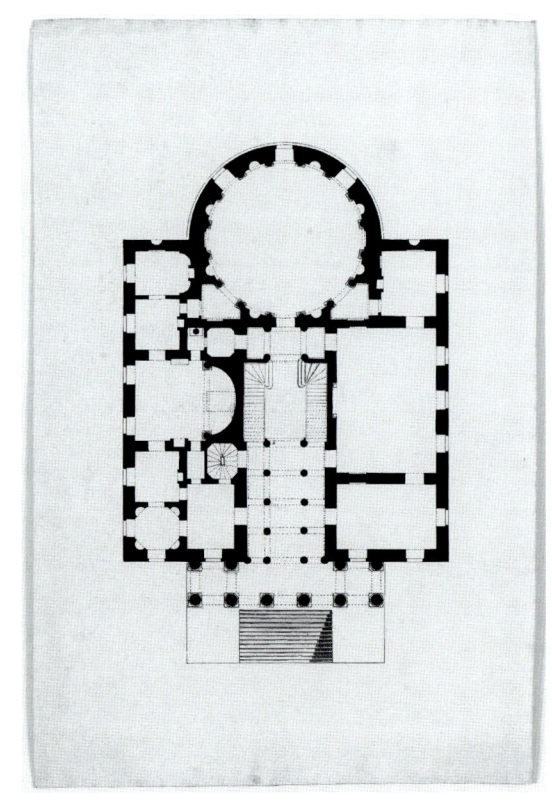

Studienblätter

Villa, um 1785/86

Dieser Grundrißentwurf bezieht sich in entscheidenden Punkten deutlich auf Palladios Villa Rotonda. Hier wie dort handelt es sich um einen rechteckigen Baublock mit rundem Zentralraum und axialsymmetrischer Aufteilung. Auf der Vorder- und der Rückseite öffnet er sich in sechssäuligen Portiken. Die Säulen sind vor die Flucht der Fassade gestellt. Die schmalen Treppenläufe in den Risaliten der Front, die wahrscheinlich die Wirtschaftsräume im Sockelgeschoß erschließen, werden durch zwei Wendeltreppen an den Seiten des Vestibüls ergänzt. Jussow hat sie ganz subtil in das Mauerwerk zwischen den abgerundeten bzw. abgeschrägten Ecken der Räume im vorderen Bereich und dem Rundsaal eingefügt. Diese Wendeltreppen, die den vorhandenen Raum optimal nutzen, sind den Entwürfen für Schloß Weißenstein von Jussows Lehrer Charles De Wailly verpflichtet. Sie konnten 1784/1785 während ihrer Entstehungszeit in Paris von vielen Künstlern begutachtet werden.

Auffällig ist der Variantenreichtum in den Raumformen – neben dem beherrschenden zentralen Rund finden sich Oval- und Rechteckräume, letztere teilweise mit abgeschrägten Ecken oder angelegten Halbrunden. Das Fehlen von kleinen Kabinetten und Schlafzimmeralkoven läßt auf eine rein repräsentative Funktion der Raumfolge schließen.

Der Bau ist auf einem erhöhten Bodensockel situiert, der von einem Graben umgeben ist, der vor der Rückfront halbkreisförmig geführt wurde. Diese Anordnung rekurriert auf die charakteristische Anlage von De Waillys Schloß Montmusard bei Dijon.

Ein ähnlicher Grundrißentwurf, der ebenfalls Palladios Villa Rotonda reflektiert, findet sich bei Peter Joseph Krahe, der sich zur selben Zeit wie Jussow in Rom aufhielt. Auch hier wird das Bemühen deutlich, innerhalb einer quadratischen Villa mit zentralem Rundsaal den Raum optimal auszunutzen. Damit wird eindrücklich belegt, daß beide Künstler in ihrer Studienzeit vergleichbare Problemstellungen aufgriffen und dabei ein einheitliches Formenrepertoire benutzten. *UH*

11
Entwurf zu einer Villa, Grundriss, um 1785/86
Graphit, Feder in Grauschwarz, schwarz, grau, braungrau und grün
laviert
321 × 235 mm
Staatliche Museen Kassel, Inv. Nr. GS 6267
Literatur: Katalog Kassel 1999

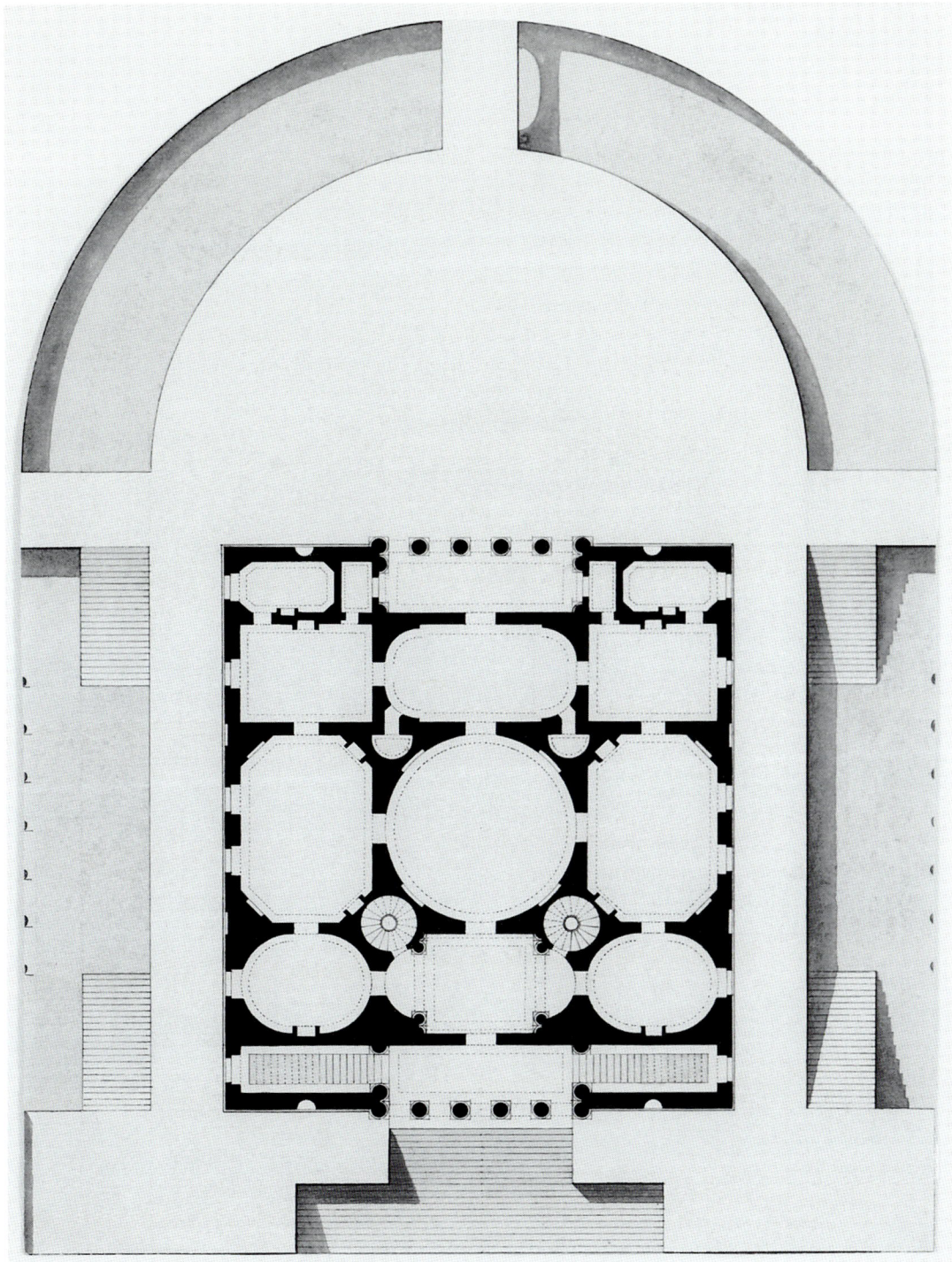

Studienblätter

GRABMAL, 1784-86

Jussow beschäftigte sich intensiv mit dem vorliegenden Entwurf einer komplexen Grabanlage. Er führte ihn in zwei Formaten aus, wobei die größere Zeichnung zerschnitten wurde und heute nur noch fragmentarisch erhalten ist (GS 6296, 6298 und 6299). Diese Fragmente erlauben allerdings die Identifizierung von Details im kleineren, kolorierten Entwurf des Grabmonuments.

Zwei Obelisken mit thronenden Frauenfiguren an den Basen flankieren eine Pyramide auf einer Terrasse, zu der Treppen emporführen. Auf den Treppenabsätzen steht genau unterhalb der Obelisken jeweils eine männliche Figur, die einen Schrein mit einer Götterstatue hält. Vor der großen Pyramide befindet sich ebenerdig eine zweite, kleinere Pyramide. Ihren Eingang, über dem Jussow eine Inschrift vorsah, schmücken thronende Frauenstatuen mit je zwei Löwen.

Die große Pyramide auf der Terrasse umgab er mit skizzenhaft gezeichneten Pinien und Zypressen. Dadurch entsteht der Eindruck einer südlichen Umgebung. Vermutlich ist die Zeichnung von der Pyramide des Cestius aus dem 1. Jahrhundert v. Chr. inspiriert, die später in die römische Stadtmauer integriert wurde. Möglicherweise beziehen sich die Obelisken in ihrer Anordnung auch auf die Cestiuspyramide. Alexander VII. ließ dort 1663 nach einer Ausgrabungskampagne an der Westseite zwei der ursprünglich vier Säulen aufstellen, die in der Antike die Ecken der Pyramide hervorgehoben hatten. Zahlreiche Künstler ließen sich von dieser Situation anregen und stellten in Capricci die Pyramide dar, allerdings mit Obelisken statt der Säulen.

Der Wettbewerb für den Grand Prix der Académie Royale d'Architecture lautete 1789 auf ein »Monument sépulchrale«. Von dieser Themenstellung, zu welcher der Architekt Fontaine eine Pyramide beitrug, könnte dieser Entwurf angeregt sein.

Jussow versammelt in dem Entwurf eine Reihe architektonischer Elemente, die er generell sehr schätzte und auf die er immer wieder zurückgriff. Obelisken und Pyramiden wurden im Klassizismus und in der Revolutionsarchitektur, deren Idealen Jussows Entwurf verpflichtet ist, häufig verwendet. Wegen des Ewigkeitsanspruchs der ägyptischen Kunst wurden Pyramiden insbesondere im sepulkralen Kontext genutzt. Dabei war das Pyramidengrab im letzten Drittel des 18. Jahrhunderts hauptsächlich ein Bautyp für Adelsmausoleen. So ließ der spätere Wilhelm IX. für seinen 1784 jung verstorbenen Sohn Friedrich auf der Insel im Park von Wilhelmsbad bei Hanau nach dem Vorbild der Cestiuspyramide ein begehbares Pyramidengrab errichten, in dem eine Urne mit dem Herzen des Prinzen beigesetzt wurde.   *FCS*

12
ZEICHNUNG MIT ZWEI PYRAMIDEN UND OBELISKEN, AUFRISS, 1784-86
Graphit, Feder in Braun, koloriert
107 × 232 mm
Staatliche Museen Kassel, Inv. Nr. GS 6297
LITERATUR: Katalog Kassel 1986/1, S. 39, S. 146, Abb. 30d;
Katalog Kassel 1999

Studienblätter

MAUSOLEUM, 1784-86

Auf einem terrassenartigen Unterbau erhebt sich ein monumentales Rundgrab mit Flachkuppel über getrepptem Ansatz. Figuren flankieren den schlichten Eingang. Die strenge stereometrische Wirkung des Gebäudes wird nur durch eine Inschrifttafel in der Achse des Eingangs und einen umlaufenden Bukranienfries unterhalb des Gesimses mit alternierenden Stier- und Widderschädeln belebt. In den Unterbau führt ebenfalls ein Zugang. Ein Rundbogen mit einer Inschrifttafel über dem Sturz öffnet einen tonnengewölbten Gang, an dessen Ende eine Tür in eine Krypta führt. Die Tür schmücken zwei seitliche Figuren und ein Relief.

Für diese Zeichnung Jussows war das Grabmal der Caecilia Metella vorbildlich, das an der Via Appia Antica in der Nähe von S. Sebastiano ad catacumbas liegt. Es galt als eines der wichtigsten antiken Gräber Roms und wurde deshalb von den Reisenden im 18. Jahrhundert häufig besucht. Wegen seiner Berühmtheit waren kleinformatige Nachbildungen des Grabes in Kork erhältlich. Ein Exemplar war in der Sammlung phelloplastischer Modelle im Kasseler Museum Fridericianum vorhanden, weshalb Jussow das Grab bereits vor seinem italienischen Studienaufenthalt vertraut gewesen sein wird.

Von dem Vorbild weicht seine Adaption wegen der gedrückten Proportionen in markanter Weise ab. Möglicherweise läßt sich dieser Sachverhalt und die düstere, strenge Wirkung des Baus mit Vorgaben der Revolutionsarchitekten erklären. Etienne-Louis Boullée bemerkte etwa: »Man muß, wie ich es in den Entwürfen für Grabbauten zu tun versucht habe, das Skelett der Architektur zeigen, indem man das Mauerwerk absolut kahl läßt; man muß das Bild einer verschütteten Architektur geben, indem man nur gedrungene, absackende Proportionen verwendet, die den Eindruck erwecken, als steckten sie in der Erde; man muß schließlich durch die Verwendung von Materialien, die das Licht absorbieren, das schwarze Bild einer Architektur aus Schatten gestalten, das vom Effekt noch schwärzerer Schatten gezeichnet wird.«

Die Zeichnung Jussows ist eines der wichtigsten Dokumente für seine Auseinandersetzung mit den Prinzipien der Revolutionsarchitektur. In mehreren Zeichnungen, die heute im Stadtarchiv Hannover aufbewahrt werden, entfaltete sein Neffe Georg Ludwig Friedrich Laves im Rahmen seiner Ausbildung die Konzeption weiter. Nicht auszuschließen ist, daß es sich um Kopien heute verlorener Zeichnungen von Jussow handelt. *FCS*

13
ENTWURF EINES MAUSOLEUMS, AUFRISS, 1784-86
Graphit, Feder in Schwarz, grau und braun laviert
187 × 291 mm
Staatliche Museen Kassel, Graphische Sammlung, Inv. Nr. GS 6272
LITERATUR: Katalog Kassel 1986/1, S. 138-139, Abb. 27e; Katalog Hannover 1988, S. 128, Nr. 16.29; Katalog Kassel 1999
Zitat: Nach Bideau 1986, S. 168-169

Studienblätter

DENKMAL, UM 1800

Jussow variiert in dem Skizzenblatt den Entwurf eines Denkmals mit einer Sitzstatue in architektonischem Kontext. Zwei der insgesamt vier Skizzen zeigen die thronende Statue in einer Rundbogennische, die von einem Dreiecksgiebel überfangen wird. Vor den rahmenden Rechteckfeldern sind Wannen als Brunnenbecken aufgestellt.

Vermutlich zeichnete Jussow zunächst die Skizze in der Blattmitte und variierte den Entwurf anschließend in der Zeichnung darunter. Schon den ersten Entwurf hatte er abgewandelt, indem er mit Graphit die Rundbogennische auf Kosten des Dreiecksgiebels vergrößerte und auf die Architektur mittig einen Obelisken setzte. Diese nur schwach angedeutete Idee führte er dann in den zwei nebenstehenden Zeichnungen am rechten Rand gesondert aus, wobei in der oberen Zeichnung der Obelisk ausgesprochen gedrungen erscheint. In der unteren, lediglich mit Graphit skizzierten Studie verkleinerte er die Statue und ihre Nische, die nunmehr gegenüber dem Obelisken sekundär wirken. Diente bisher der Obelisk zur Akzentuierung der Figur, scheint diese nunmehr zum Schmuck des Obelisken und seines Postaments reduziert worden zu sein.

Die Vorbilder für diesen Entwurf könnte Jussow in Rom kennengelernt haben. Ähnlichkeiten bestehen etwa zu römischen Brunnenwänden wie der Acqua Paola oder der Acqua Felice. Auf Rom deuten auch die Wannen hin, denn hier werden mitunter antike Steinwannen als Brunnenbecken genutzt. Jussow wollte das Monument in eine Mauer integrieren. In der Skizze in der Blattmitte schließt die Mauer mit einem breiten Torpfosten, der von Trophäen und einem liegenden Löwen geschmückt ist.

FCS

14

ENTWURFSSKIZZEN FÜR EIN DENKMAL MIT SITZSTATUE IN EINER NISCHE, UM 1800

Graphit, Feder in Braun
202 × 347 mm
Staatliche Museen Kassel, Inv. Nr. GS 5990
LITERATUR: Katalog Kassel 1999

Studienblätter

Denkmal, um 1800

Innerhalb von Jussows Entwurfstätigkeit kommt Denkmälern ein eigener Stellenwert zu. Mit der Vielzahl seiner Denkmalsstudien entsprach er einer Zeiterscheinung. Ab 1770 wurden auf öffentlichen Plätzen zunehmend Denkmäler für nicht regierende Personen errichtet, was zu einer regelrechten Flut von Denkmälern führte. Von Jussows Entwürfen wurden allerdings nur wenige realisiert, wie das Hessendenkmal in Frankfurt am Main (vgl. Kat. Nr. 100). Nicht verwirklicht wurde dagegen die vorliegende Zeichnung eines Denkmals mit einer dorischen Säule. Jussow plazierte diese auf einem Sockel, der sich über zwei Stufen erhebt. Die Kanneluren der Säule werden in der Mitte des Schaftes durch ein Inschriftfeld unterbrochen, wobei Jussow die vorgesehene umfangreiche Beschriftung lediglich andeutet. Für das Polster des Kapitells sah er ein ionisches Kymation vor. Eine kleine Kugel bekrönt die Säule.

Seit seiner eingehenden Beschäftigung mit den Tempeln Süditaliens und Siziliens war Jussow die dorische Säulenordnung besonders vertraut. In zahlreichen seiner Entwürfe für Bauwerke griff er auf sie zurück.

Eine einzelne Säule als Denkmal zu errichten, war in der Zeit um 1800 nicht singulär. Ähnliche Lösungen finden sich bei Wettbewerben für eine Säule im Pantheon und bei den »Colonnes departementales«, einem französischen nationalen Wettbewerb für Gefallenendenkmale in den französischen Provinzhauptstädten von 1793. Johann Heinrich Ramberg legte 1816 für Hannover den Entwurf eines Waterloo-Monuments in Form einer dorischen Säule auf einem Postament vor, die von einer runden, bronzenen Bürgerkrone aus Eichenblättern, einer »corona civica«, abgeschlossen werden sollte.

Die Radikalität von Jussows Entwurf beruht in der ausschließlichen Verwendung stereometrischer Körper und in dem Verzicht auf Skulpturenschmuck, wodurch ein ungegenständliches Denkmal entsteht. Als Architekt wird Jussow diese Denkmalauffassung besonders entsprochen haben. Die Säule bedeutet ikonographisch Dauerhaftigkeit, während die Kugel mit ihrer punktuellen Auflagefläche Labilität versinnbildlicht.

FCS

15

Entwurf zu einem Denkmal in Form einer kugelbekrönten Säule, Aufriss, um 1800

Graphit, Feder in Braun, grau laviert
306 × 190 mm
Staatliche Museen Kassel, Inv. Nr. GS 6138

Literatur: Katalog Kassel 1979, S. 269, Nr. 242; Katalog Kassel 1999; zu den französischen Wettbewerbsentwürfen für Säulendenkmäler vgl. Ottomeyer 1981, S. 160

Kassel, Schloß Wilhelmshöhe

Idealprojekt, 1786

An der Stelle des heutigen Schlosses Wilhelmshöhe stand ehemals ein Kloster, das nach der Reformation durch ein Jagdschloß ersetzt wurde. Bereits Landgraf Karl plante einen Neubau, der allerdings nicht verwirklicht wurde. Für Landgraf Friedrich II. entwarf Charles De Wailly drei Schloßprojekte in repräsentativen Zeichnungen. Sie trafen jedoch erst nach dem Tod des Landgrafen in Kassel ein. Wilhelm IX., der seit dem 31. Oktober 1785 die Regierung führte, trug sich als begeisterter Architekturdilettant ebenfalls mit Neubauplänen für das damals Weißenstein genannte Areal. Jussow legte deshalb aus eigenem Antrieb ein Neubauprojekt vor, um sich bei Wilhelm zu empfehlen.

Er plante zwei parallele Schloßflügel, die symmetrisch zu der barocken Gartenachse angelegt waren. Die insgesamt vier Eckpavillons sollten durch Kuppeln betont werden. Unter Verzicht auf das traditionelle Corps de logis verband er die Flügel in der Mitte durch eine Kolonnade und einen zentralen Triumphbogen. Dem Komplex lagerte er zwei separierte Gebäude mit der Schloßküche und dem Theater vor, die durch geschwungene Kolonnaden mit den beiden Schloßflügeln verbunden werden sollten. Vor dem Triumphbogen plazierte Jussow einen Obelisken, den er nach dem Vorbild der römischen Sonnennadeln mit einem Stern bekrönte, vergleichbar ist etwa der antike Obelisk, den Sixtus V. 1586 auf dem Petersplatz wieder errichten ließ. Der Stil von Jussows Entwurf ist deutlich von der Revolutionsarchitektur inspiriert und weist bevorzugt stereometrische, schmucklose Formen auf. Wegen seiner Ausmaße war das Projekt nicht realisierbar.

Zum Schloß sollten mächtige doppelläufige Rampen emporführen, wobei die mittlere einen monumentalen Springbrunnen umfaßte. Damit rekurrierte Jussow auf die Entwürfe De Waillys, bei dem er 1783 bis 1785 in Paris studiert hatte, ehe er seine Ausbildung in Rom fortsetzte und dort 1786 das Idealprojekt konzipierte. Er nahm darüber hinaus architektonische Motive von Giovanni Francesco Guernieros Anlage für die Wasserspiele unterhalb des Oktogons auf. Die von Guerniero dort ausgeführten Rampen zeichnete Jussow in seine Skizze deutlich ein. So scheint es, als sei seine Idee, die Wasserspiele auch unterhalb des Schlosses weiterzuführen, nicht nur von De Wailly, sondern auch von den Planungen der Barockzeit beeinflußt.

Einige der auf dem Blatt versammelten Skizzen stehen nicht im Zusammenhang mit dem Schloßprojekt, wie der Auf- und Grundriß eines vermutlich dorischen Tempels auf getrepptem Unterbau. Im Gegensatz zu dem minutiös ausgeführten Schloßaufriß sind die übrigen Zeichnungen rasch und impulsiv skizziert. Diese Zusammenstellung war möglich, weil Jussow das Blatt nur als Studie für den Präsentationsaufriß diente, den er beim Landgrafen einreichte. *FCS*

16

Aufriss der Stadtfront und andere Skizzen, 1786
Graphit
410 × 520 mm
Staatliche Museen Kassel, Inv. Nr. GS 6072

Literatur: Katalog Kassel 1958, S. 6-7, Nr. 4; Reuther 1959, S. 50; Bangert 1969, S. 82; Dittscheid 1987, S. 69, 71, 76, 327, Nr. 41, Abb. 99; Dorn 1997, S. 101; Katalog Kassel 1999

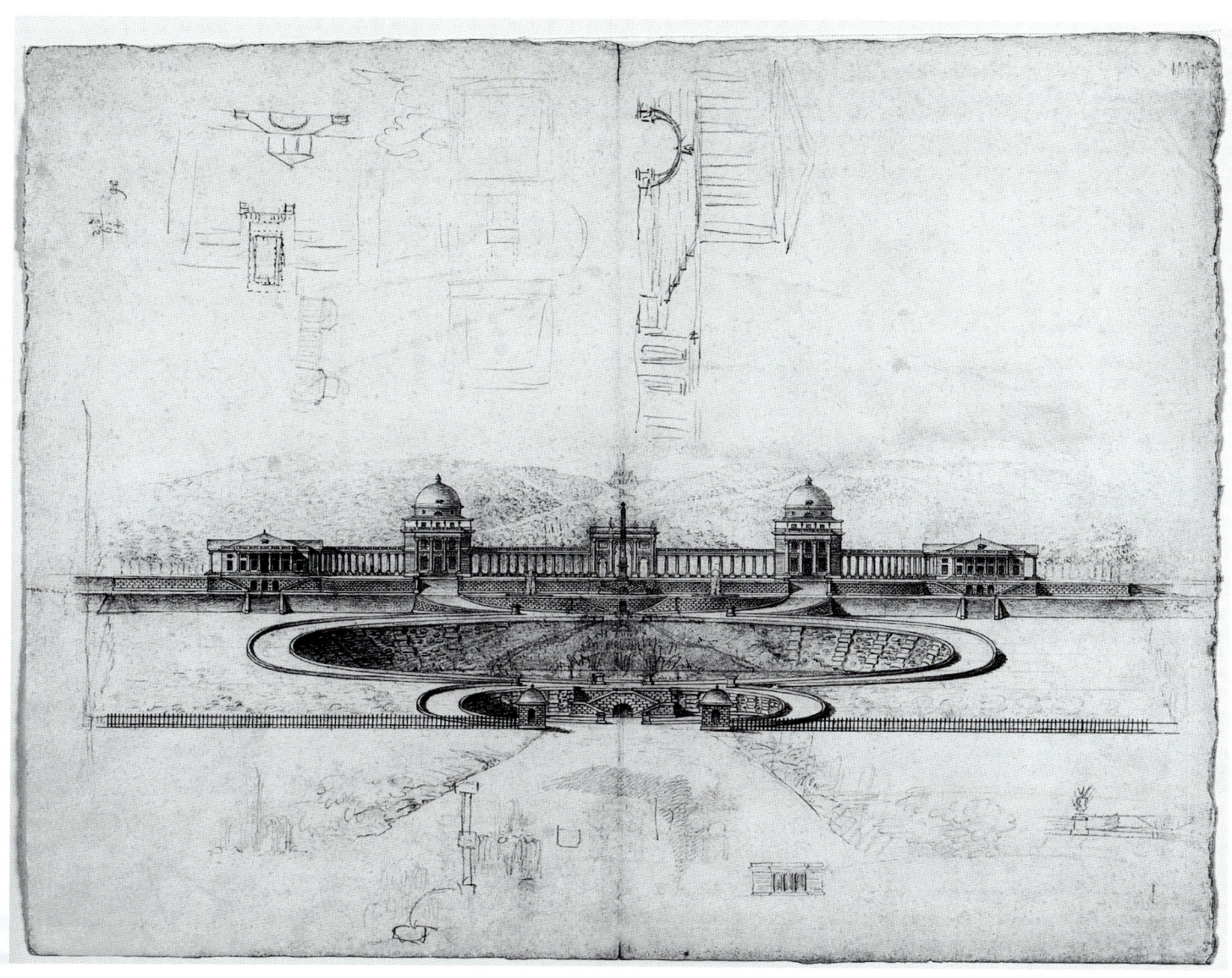

Kassel, Schloß Wilhelmshöhe

Idealprojekt, 1786

Im Laufe seiner Beschäftigung mit dem Idealprojekt entwickelte Jussow zwei Varianten. In der früheren Version (GS 6075) sah er relativ schmale Eckpavillons und zum Park hin gerundete Mittelrisalite vor. In den späteren, dem Landgrafen zugeschickten Präsentationszeichnungen vergrößerte er die Eckpavillons und konzipierte die Mittelrisalite eckig. Diesen Zustand gibt der vorliegende Präsentationsgrundriß wieder. Im Gegensatz zu früheren skizzenhaften Entwürfen ist der Garten vor der Schloßanlage durchgängig formal aufgefaßt.

In der bereits erwähnten Grundrißskizze, die sich im Nachlaß erhalten hat, hatte Jussow den Obelisken in die Achse der Brunnen gestellt, die genau vor den Theater- und Küchenbauten lagen. Da diese Bauten durch geschwungene Kolonnaden mit den Schloßflügeln verbunden und die weiterführenden Terrassen ebenfalls gerundet waren, ergab sich eine deutliche Beziehung zu Berninis Petersplatz mit seinen halbkreisförmigen Kolonnaden. In der überarbeiteten Version hatte sich Jussow entschieden, diese Anspielung auf den Petersplatz zu mindern. Er plazierte den Obelisken nicht mehr in der Achse der Brunnen, sondern rückte ihn vom Schloß weg näher an die Rampenanlage heran, wodurch er auf den ankommenden Besucher mächtiger wirken mußte. Möglicherweise war der Grund für diese Planänderung, daß die Assoziation an den Petersplatz im Zusammenhang mit dem landgräflichen Schloß unangemessen erschien.

Für den zentralen Triumphbogen ließ sich Jussow nicht von Triumphbögen der römischen Antike, sondern von zeitgenössischen französischen Vorbildern inspirieren, etwa von Marie-Joseph Peyre. Der Denkmalcharakter von Jussows Schloßentwurf wird durch den Triumphbogen unterstrichen. Seine herausgehobene Stellung zwischen den Kolonnaden an der traditionellen Stelle des Corps de logis ist eine bestimmende Idee der Planung. Als Konsequenz entwarf Jussow die beiden Flügel als zwei selbständige Schloßbauten mit weitgehend übereinstimmender Raumaufteilung.

FCS

17

Präsentationsgrundriss, 1786

Graphit, Feder in Schwarz, koloriert
592 × 411 mm
Bad Homburg v. d. H., Verwaltung der Staatlichen Schlösser und Gärten Hessen, GK I 42178

Literatur: Paetow 1929, S. 83; Dittscheid 1987, Nr. 38, Abb. 114, Farbtaf. IV; Katalog Kassel 1999

Kassel, Schloß Wilhelmshöhe

Weissensteinflügel, um 1786

Nach seinem Regierungsantritt im Oktober 1785 wünschte Wilhelm IX., das Jagdschloß auf dem Weißenstein zu verändern. Die Überlegung, es lediglich zu verkleiden, wurde ebensowenig realisiert wie die Absicht des Landgrafen, eine Burgruine zu errichten, wie er sie in Wilhelmsbad bei Hanau bewohnt hatte. Vielmehr wurde nach den Plänen von Simon Louis Du Ry am 3. Juni 1786 der Grundstein zu einem ruinösen, außerhalb der barocken Achse liegenden Bau in der Art eines englisch-palladianischen Landhauses gelegt. Im Laufe der Arbeiten wurde die Ruinenkonzeption aufgegeben und ein auch nach außen hin intaktes Gebäude errichtet, das 1791 endgültig vollendet war.

Du Ry entwarf ein freistehendes Gebäude mit rustiziertem Erdgeschoß und ionischen Säulen, die sowohl an den Langseiten wie auch an den mit Apsiden versehenen Schmalseiten die beiden oberen Geschosse zusammenbanden. Urnenförmige Vasen auf der Dachbrüstung betonen die Säulenachsen. Zunächst sollte der Bau einen Solitär bilden. Allerdings wurde dieser Gedanke bald fallengelassen. Nunmehr sollte er als ein Flügel in eine dreiteilige Anlage integriert werden, die an der zentralen Gartenachse ausgerichtet war.

Den vorliegenden Grundriß des heutigen Weißensteinflügels zeichnete Du Ry bereits 1786. In den folgenden Jahren überarbeitete ihn Jussow mehrfach, denn seit 1788 hatte er als Bauinspektor unter der Leitung Du Rys die Bauaufsicht am Weißenstein inne und rückte nach dessen Tod 1799 in die Führungsposition auf. Zu seinen Aufgaben gehörte zunächst auch das Anfertigen von Plänen und Präsentationsrissen nach den Vorstellungen Du Rys. Der ursprünglich präsentable Grundriß wurde durch die Graphiteinzeichnungen und Beschriftungen Jussows zu einem Skizzenblatt.

Das von der Parkseite zugängliche Vestibül gliedern vier nachträglich von Jussow freihändig eingezeichnete Säulen. Im rechten Raumteil sah bereits Du Ry die zweiläufige Haupttreppe vor. Mit dem Salon, südlich hinter dem Vestibül gelegen, beginnen die Repräsentationsräume, die westlich außerdem das Audienzimmer und die in der Apsis untergebrachte Bibliothek umfassen. Ursprünglich war diese von dem galerieartigen Langraum durch eine Mauer getrennt. Ein fest aufgeklebtes Deckblatt ändert diese Konzeption und ersetzt die Wand durch vier Säulen. Östlich von Vestibül und Salon liegen die Privaträume des Landgrafen, wobei sich das Schlafzimmer und die Garderobe mit dem Bett des Kammerdieners zum Park orientieren.

Jussow griff erheblich in den Entwurf seines Lehrers ein. So veränderte er die Position und Größe der Freitreppe, legte die Trennungswand zwischen Salon und Audienzimmer nieder und konzipierte 1789 in der Garderobe eine Wendeltreppe.

FCS

18

Simon Louis Du Ry mit Korrekturen von Heinrich Christoph Jussow
Grundriss des Erdgeschosses, um 1786

Graphit, Feder in Grau und Braun, rosa und gelb laviert; 1 Deckblatt aufgeklebt
324 × 506 mm
Staatliche Museen Kassel, Inv. Nr. GS 5747
Literatur: Katalog Kassel 1999

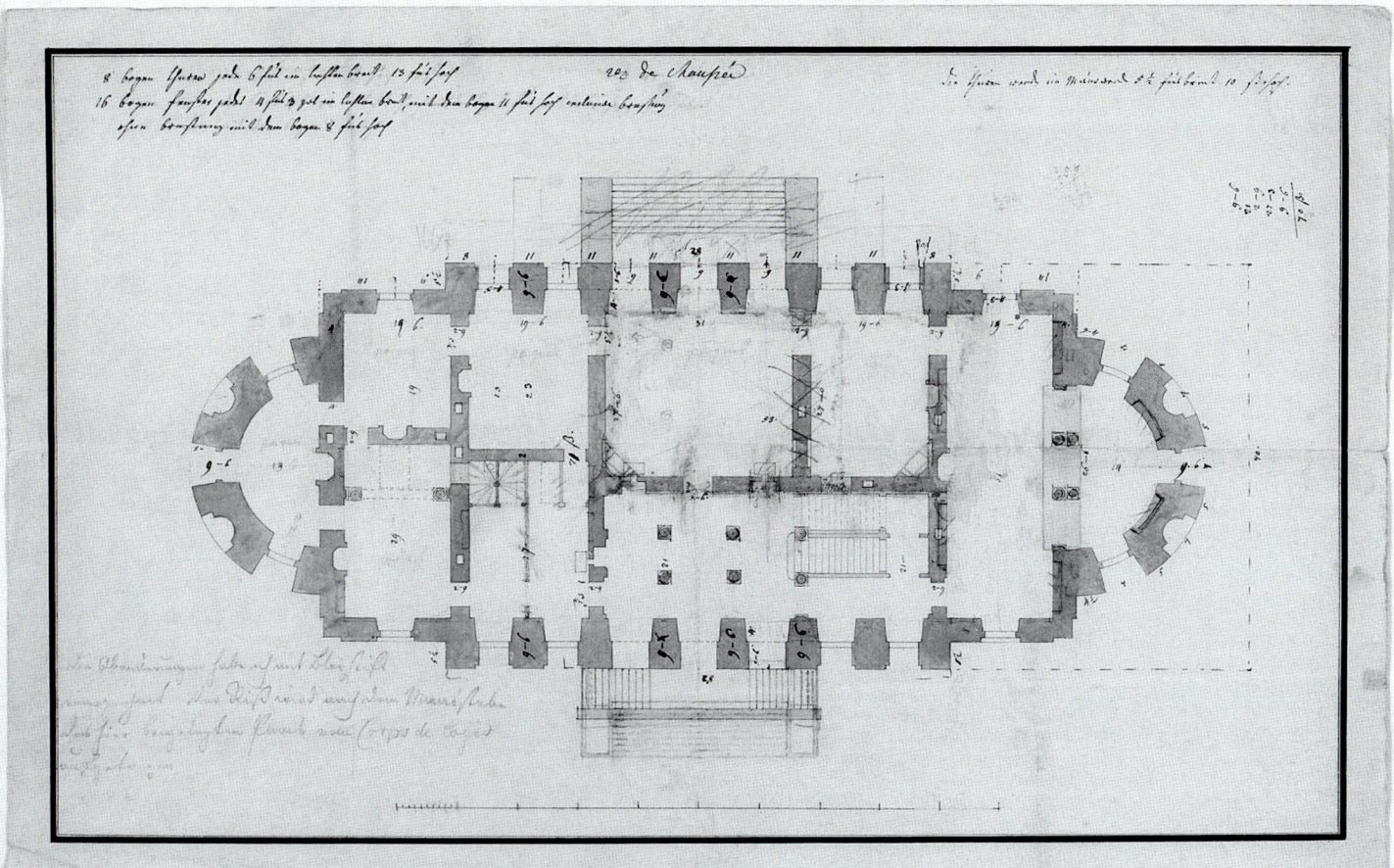

Kassel, Schloß Wilhelmshöhe

WEISSENSTEINFLÜGEL, INNENAUSSTATTUNG, UM 1788

Das Blatt gehört zu einer Reihe von Deckenentwürfen, die Jussow für den Weißensteinflügel angefertigt hat. Die Zeichnung zeigt ungewöhnlicherweise die Decke eines Speisesaals, der als eigener Raumtypus erst im späten 18. Jahrhundert aufkam. Dem längsrechteckigen Saal ist eine Nische angefügt, die der Außenarchitektur des Gebäudes folgt. Die eingestellten, gekuppelten Säulen stellen ein Motiv des Manierismus aus dem 16. Jahrhundert dar und weisen die Übergangszone aus, indem sie sowohl eine Trennung als auch eine Verbindung der beiden Raumteile schaffen. Der Deckenunterzug ist mit Flechtband und Rosettenkassetten besetzt und trennt damit deutlich den Hauptraum von der Apsis, welches noch durch die paarigen Pilastervorlagen unterstrichen wird. Die Deckenränder verziert, jeweils zur Deckenmitte hin abgestuft, ein Gebälkstreifen, ein in regelmäßigen Abständen von Rosetten rhythmisierter Mäander und ein mit einem Blattstab belegter Wulst. Die freie Fläche des Deckenspiegels ist mit zwei mittig gesetzten Rosetten belegt, die wiederum von Blattwülsten und Mäanderbändern umgeben sind. Die Rosette wiederholt sich auf der halbrunden Decke des Anraums, nur wird sie hier rechts und links von zwei mit Akanthusranken besetzten Zwickeln begleitet. Die stark stilisierte Ornamentik ist ganz dem Frühklassizismus im Sinne des »gôut grec« verpflichtet.
Die sehr schlichte, weiß getönte Stuckdecke hat sich bis auf die Rosettenverzierung des Anraums erhalten. *ST*

19

DECKENENTWURF FÜR DEN SPEISESAAL IM ERDGESCHOSS (RAUM 188), UNTERSICHT, UM 1788

Graphit, Feder in Grau, Pinsel in Braungrau, grau und braungrau laviert
495 × 667 mm
Staatliche Museen Kassel, Inv. Nr. GS 5781
LITERATUR: Dittscheid 1987, S. 94, 97, 273, Anm. 689, Abb. 266; Katalog Kassel 1999

Kassel, Schloß Wilhelmshöhe

Weissensteinflügel, Innenausstattung, um 1788

Der Deckenentwurf war für das halbrunde Kabinett im Erdgeschoß gedacht und wurde in Stuck ausgeführt. Die Decke ist als Halbrund mit demzufolge halbierter Mittelrosette konzipiert, in deren Zentrum ein römischer Adler auf einer Palmette mit Blattwerk sitzt und eine Girlande im Schnabel hält, welche an den Seiten mit Bändern festgeknüpft ist. Das Feld wird umrandet von Blattwülsten, einem Band mit einem Blattstab und von einer Groteskenranke, die sich spiegelsymmetrisch zu einer Maske ordnet. Böcke und weibliche Figuren wachsen aus den sich einrollenden Akanthusranken heraus. Den weiteren Deckenspiegel rhythmisiert, mittig gesetzt, eine an weiblichen Masken befestigte Girlande.

Die Gestaltung der Decke folgt dem Groteskenstil, welcher sich in der zweiten Hälfte des 18. Jahrhunderts entwickelte. Piranesi gab nach eingehendem Studium der römischen Bauornamentik und Dekoration eigene Entwürfe im Groteskenstil unter dem Titel »Della Magnificenza ed Architettura de'Romani« 1761 heraus. Der auf dem Frontispiz erscheinende Adler von SS. Apostoli wird hier von Jussow im Mittelfeld zitiert. Der Groteskenstil ging von England aus. Als frühestes Beispiel ist der »Painted Room« in Spencer House von James Stuart 1759 in London zu nennen. In den 1770er Jahren wurde er von François Joseph Bélanger in Frankreich unter der Bezeichnung »style arabesque ou étrusque« umgesetzt.

Der Entwurf Jussows lehnt sich in den frei auf der Fläche angeordneten Ornamenten eher an englische Gestaltungen an, beispielsweise von Robert Adam oder William Chambers, vermag aber nicht deren Leichtigkeit und Spannung zu schaffen. *ST*

20

Deckenentwurf für das halbrunde Kabinett im Erdgeschoss (Raum 180), Untersicht, 1788

Graphit, Feder und Pinsel in Grau
323 × 506 mm
Staatliche Museen Kassel, Inv. Nr. GS 5789
Literatur: Katalog Kassel 1958, S. 15, Nr. 32; Dittscheid 1987, S. 94, 273, Anm. 689; Katalog Kassel 1999

Jaffow. inv.

Kassel, Schloß Wilhelmshöhe

KIRCHFLÜGEL, UM 1792

Spätestens 1787 fiel die Entscheidung, am Weißenstein eine Dreiflügelanlage zu errichten, wobei zunächst der zweite Seitenflügel als Pendant zum Weißenstein-flügel gebaut wurde. Die Ausrichtung ergab sich durch die barocke Gartenachse. Die Bauarbeiten zum zweiten Flügel begannen 1788 und waren 1792 abgeschlossen. Für die Konzeption der dreischiffigen Kapelle, die erst spät in die Planungen aufgenommen wurde und die nach außen hin nicht in Erscheinung tritt, war nicht Du Ry, sondern Jussow verantwortlich. In mehreren Zeichnungen vermittelte er dem Bauherrn deren Ausgestaltung. Ein Querschnitt zeigt den Blick auf den 1792 eingebauten Fürstenstand an der Rückwand im Osten des Sakralraums, von wo aus der Landgraf die Gottesdienste verfolgte. Darüber befindet sich die Orgelempore, die vom Mittelkorridor der Beletage aus betretbar war. Die Fürstenloge liegt hinter einer Balustrade zwischen zwei Säulen. Rote Vorhänge bestimmen den Eindruck des Entwurfs. Im Logengebälk zeichnete Jussow ein Medaillon mit Festons über einer rechteckigen Tafel mit den Buchstaben »D[ominus]. O[ptiums]. M[aximus].« ein. Weitere Varianten entwarf Jussow auf Deckblättern, die über die Zeichnung gelegt werden können. Das heute fest montierte, aber anhebbare Deckblatt zeigt als Variante zwischen den Säulen einen geringfügig vorstehenden Erker mit verglasten Fenstertüren oberhalb der Balustrade. Über der Verdachung ist das Monogramm des Fürsten »WL« angebracht. Bereits Du Ry hatte solche in ovalen Rahmen gefaßte Monogramme entworfen, die von Festons oder Lorbeerzweigen geschmückt sind. Darüber hinaus stehen zwei heute separat aufbewahrte Zeichnungen, die vermutlich als Deckblätter dienten, im Zusammenhang mit dem Entwurf. In der einen Variante, die heute in Potsdam aufbewahrt wird (Bestand Kassel X, B b, Nr. 106/101), verzichtete Jussow auf den vorspringenden Erker, führte die Fenstertüren bis an die Säulen heran und setzte jeweils links und rechts der Säulen eine Fensterachse zur Vergrößerung hinzu. Das Ovalmedaillon im Gebälk hinterfangen Vorhänge. Eine weitere Klappe (GS 5791) war ursprünglich im Gewölbescheitel der Querschnitt-zeichnung angeklebt. Mit ihr wurde der Raum über der Loge und deren Gebälk abgedeckt und dieses in einen strengen Metopen-Triglyphenfries geändert.

Die Vielzahl der erhaltenen Varianten belegt, wie wichtig dem Landgrafen die Gestaltung des Fürstenstandes war. Neben dem Fürstenstand bilden die Kanzel in der westlichen Apsis, der Altar unter dem Chorbogen und die Kassettierung der tonnengewölbten Decke den entscheidenden Schmuck der sonst zurückhaltend ausgestatteten Kirche, in der wenige Vergoldungen den in Weiß gehaltenen Raum effektvoll steigern. Der Sakralraum nimmt Jussows Entwurf für die nicht gebaute Kapelle in Schloß Söder bei Hildesheim vorweg (GS 6049). Hier konzipierte Jussow für Friedrich Moritz von Brabeck eine Fürstenempore, auf die er in Kassel ungewöhnlicherweise zugunsten einer ebenerdigen Loge verzichtete. *FCS*

21

QUERSCHNITT DURCH DIE KIRCHE MIT BLICK NACH OSTEN ZUM FÜRSTENSTAND, UM 1792

Graphit, Feder in Grau und Braun, graubraun und zartrosa laviert;
1 Deckblatt aufgeklebt
304 × 496 mm
Staatliche Museen Kassel, Inv. Nr. GS 5771
LITERATUR: Katalog Kassel 1999

Kassel, Schloß Wilhelmshöhe

Corps de logis, um 1788/89

Im Zentrum der Planungstätigkeit Du Rys und Jussows stand die Entwicklung eines angemessenen Corps de logis. In zwei 1787 und 1788 entstandenen Serien von Zeichnungen konkretisierte Du Ry seine Vorstellungen. Dabei übernahm er die Struktur der Seitenflügel und vergrößerte sie lediglich. Während er in den Zeichnungen von 1787 noch versuchsweise das Corps de logis mit einer Kuppel oder einem Giebel bekrönte, beschränkte er sich in den Blättern, die Jussow 1788 für ihn zeichnete, lediglich auf eine mit Skulpturen besetzte Attika. Er entschied sich damit für die Einheitlichkeit des Gebäudeensembles. Von einem sechssäuligen Mitteldekor ausgehend, gelangte Du Ry 1788, spätestens aber 1789, zu einer zehnsäuligen Akzentuierung der Mitte, wobei die größere Anzahl der Säulen die Dominanz über die Seitenflügel gewährleisten sollte.

Da Jussow für Du Ry zeichnete, kannte er dessen Vorschläge und stellte ein mit den Seitenflügeln kontrastierendes Corps de logis dagegen. In einer Reihe von Vorentwürfen, die dem eigentlichen, zum Bau bestimmten Entwurf vorausgingen, spielte er experimentell seine Ideen durch. Heute haben sich nach Dittscheid elf derartige Varianten erhalten. Es ist aber wahrscheinlich, daß ursprünglich weit mehr Vorentwürfe existierten. Der Zeitraum, in dem sie entstanden, ist ebenso unklar wie die Reihenfolge ihrer Anfertigung. Einige der Blätter gelangten in die landgräfliche Sammlung. Diese haben Präsentationscharakter und waren bei Hofe bekannt, andere verblieben dagegen in Jussows Besitz und wurden möglicherweise nie diskutiert.

Der Vorentwurf mit einer monumentalen Freitreppe weist eine Kuppel und einen Portikus in der Art des römischen Pantheons auf und orientiert sich an Du Rys Bauten. Jussow sah beispielsweise Apsiden an den Gebäudeschmalseiten vor, die als verbindendes Element zu den Seitenflügeln aufzufassen sind. Die Front gliedern ionische Kolossalsäulen vor dem ersten und zweiten Geschoß. Diese sind als Fassadenrücklagen ausgebildet und werden von zwei Seitenrisaliten gerahmt. Zum ersten Stock führt in der Gebäudemitte eine monumentale Treppe empor. Ein mächtiges, von Trophäen flankiertes Tor im Erdgeschoß der Treppenanlage erinnert an Vorbilder der Revolutionsarchitektur. Die Treppenanlage ist bereits in Jussows Idealprojekt für ein Schloß am Weißenstein angelegt (vgl. Kat. Nr. 16) und bezieht sich auf das zweite Schloßprojekt De Waillys. Sie dient gleichzeitig als Standfläche für sechs aus der Säulenreihe hervortretende Portikussäulen. Die eindrucksvolle Säulenreihung griff Jussow noch in weiteren seiner Vorentwürfe auf. Sie ist dem Palais (Garde-meuble) an der heutigen Place de la Concorde in Paris verpflichtet, das Jussow aus eigener Anschauung kannte. *FCS*

22

Vorentwurf mit monumentaler Freitreppe, Aufriss, um 1788/89

Graphit, Feder in Grau, schwarz und grau laviert
319 × 681 mm
Staatliche Museen Kassel, Inv. Nr. Marb. Dep. 46

Literatur: Holtmeyer 1913, S. LII, Abb. 37; Paetow 1929, S. 86, Abb. 51; Bangert 1969, S. 29, Fig. 18; Dittscheid 1987, S. 120, 335, Nr. 83, Abb. 212; Katalog Kassel 1999; allgemein zur Baugeschichte von Schloß Wilhelmshöhe vgl. Dittscheid 1987

Kassel, Schloß Wilhelmshöhe

Corps de logis, um 1791

Am spektakulärsten unter den Vorentwürfen für den Mittelbau des Schlosses ist Jussows Konzeption einer künstlichen Ruine. Dabei plante er keine kulissenhafte Ansammlung von Steinen. Vielmehr lassen sich aus der Ruine Elemente anderer Vorentwürfe rekonstruieren. Auch den apsidialen, mit Rundsälen versehenen Abschluß der Seitenflügel nahm Jussow bei der Ruine wieder auf.

Jussow deutete den landschaftlichen Zusammenhang des Gebäudes an, ohne allerdings die Topographie des Karlsbergs zu berücksichtigen. Die Bäume sind summarisch wiedergegeben und erinnern an mediterrane Vegetation. Damit hat die Zeichnung einen Bezug zu einem Präsentationsblatt des ebenfalls als künstliche Ruine ausgeführten Aquädukts (vgl. Kat. Nr. 53). Das Vorprojekt eines ruinösen Mittelbaus verdeutlicht, daß Jussow den Prinzipien des Landschaftsgartens ebenso verpflichtet war wie der klassischen Antike. Die Ruinen sollten wie in den Radierungen Giovanni Battista Piranesis den Betrachter die Größe der Vergangenheit spüren lassen. 1791 fertigte Wilhelm Böttner von dem Entwurf eine bildmäßige Zeichnung an und dokumentierte damit, welche Faszination der Plan bei den Zeitgenossen auslöste (Abb. 6).

Jussows Vorentwürfe waren Ideenskizzen. Das wird besonders an dem Blatt deutlich, auf dem zwei unterschiedliche Vorentwürfe zusammengestellt sind. Im oberen Teil ist das Projekt mit dem ruinösen Corps de logis modifiziert ein weiteres Mal festgehalten. Der linke Ruinenteil sollte möglicherweise bewohnbar sein, wie es auch Du Ry in seinem ersten Entwurf für den ruinösen Weißensteinflügel geplant hatte.

Im unteren Teil des Blattes zeigt Jussow einen gänzlich unterschiedlichen Vorentwurf. Als Corps de logis fungiert ein kuppelbekrönter, tempelartiger Rundbau. Kolonnaden mit dorischen Säulen, unterbrochen durch kleinere Triumphbögen, sollten ihn mit den Flügelbauten verbinden.

Triumphbögen nutzte Jussow mehrfach für seine Vorentwürfe. In einer dieser Planungen sollte ein Triumphbogen sogar die Stelle des Hauptbaus einnehmen und das Denkmalhafte der Anlage herausstellen (GS 5803). Während der Landgraf diesen Vorschlag in einem Holzmodell vor Ort erproben ließ, wurde der Vorentwurf des Rundbaus offensichtlich gleich verworfen. *FCS*

23

Vorentwurf mit künstlicher Ruine, um 1791

Graphit, Feder in Braun und Grau, braun laviert
217 × 625 mm
Staatliche Museen Kassel, Inv. Nr. GS 5728
Literatur: Katalog Kassel 1958, S. 10-11, Nr. 20; Dittscheid 1987, S. 125, 337, Nr. 94, Abb. 225; Mellinghoff/Watkin 1989, S. 47-48; von Hessen 1996, S. 272, Abb. 53; Katalog Kassel 1999

24

Zwei Vorentwürfe, um 1791

Graphit, Feder in Braun, braun laviert
309 × 508 mm
Staatliche Museen Kassel, Inv. Nr. GS 5729
Literatur: Katalog Kassel 1958, S. 12, Nr. 21; Bangert 1969, S. 27, Fig. 13, S. 29, Fig. 19, S. 36, Fig. 33-34, S. 111; Dittscheid 1987, S. 125, 127, 337, Nr. 95, Abb. 227; Dittscheid 1997/1, S. 10, Abb. 9; Katalog Kassel 1999

Kassel, Schloß Wilhelmshöhe

Corps de logis, 1791

Am 20. November 1791 traten die Planungen zu dem Hauptgebäude von Schloß Weißenstein in das entscheidende Stadium. Der Landgraf wünschte ultimativ bis zum folgenden Tag von Du Ry und Jussow jeweils einen Entwurf zur Auswahl. Als Vorgabe nannte er für den Mittelportikus ionische Kolossalsäulen, die bereits auf Bodenhöhe ansetzen sollten, um weniger massive Erdgeschoßmauern als bei den Seitenflügeln zu erhalten. Am folgenden Tag ließ Wilhelm IX. sich die Entwürfe vorlegen, entschied zugunsten Jussows und am 22. November wurden bereits die Bauarbeiten in Angriff genommen.

Du Ry hatte einen kuppellosen Bau geplant, dessen Mitte ein Giebel auf sechs korinthischen Säulen akzentuieren sollte. Er verletzte bewußt die Vorgaben des Landgrafen, weil er das Hauptgebäude mit der höherrangigen Säulenordnung gegen die Seitenflügel absetzen wollte. Dagegen sah Jussows Entwurf einen fünfzehnachsigen Bau mit einem Giebel auf sechs ionischen Säulen und einer Kuppel vor. Als Tribut an die Seitenflügel versah er die Schmalseiten mit Apsiden und ließ außerdem das Erdgeschoß rustizieren, während die übrigen Geschosse wie bei den Seitenflügeln verputzt werden sollten.

Das für den Wettbewerb angefertigte Blatt mit der Ansicht des Schlosses von Westen ist wegen der Zeitknappheit aus unterschiedlichen Zeichnungen montiert. Die Seitenflügel schnitt Jussow aus einem Entwurf der Ostseite des Schlosses, weshalb er sie für die Westansicht über Kreuz vertauschen und im Bereich der Untergeschosse sogar mit Deckblättern überkleben mußte. Terrassen mit Figurenschmuck ohne Tordurchfahrten sollten die drei Gebäude verbinden. Später zeichnete er von Löwen flankierte Freitreppen ein, wobei die Terrassenbrüstungen allerdings weiterhin sichtbar blieben.

In der Folge der Auftragsvergabe an Jussow entstanden weitere Entwürfe, darunter auch der Präsentationsriß mit der Schloßansicht von Osten. Dieses Blatt versah der Landgraf mit seinem Approbationsvermerk, der auf die Zeichnung geklebt wurde. Trotz der Genehmigung durch den Auftraggeber erfolgten im Bauprozeß noch Änderungen; so wurde das Friesgeschoß ausgebaut und der Tambour erhielt Fenster. Die Ansicht der Stadtseite unterscheidet sich von dem wenig älteren Entwurf von Westen in einigen Details. Bedingt durch die Hanglage, wird der Sockel zu einem Vollgeschoß ausgebildet. Vor der Gebäudemitte wird eine Freitreppe nötig, die aus den Vorentwürfen abgeleitet ist. Als zusätzlicher Schmuck waren Giebelskulpturen, Skulpturen auf der Dachbrüstung und der Namenszug des Landgrafen auf dem Architrav vorgesehen. Die Verbindungsterrasse zum Kirchflügel weist eine rundbogige Durchfahrt auf, die Terrasse zum Weißensteinflügel hingegen nur eine Treppe, offenbar war noch keine Entscheidung gefallen, welche Variante ausgeführt werden sollte.   *FCS*

25
Aufriss von Westen, 1791
Graphit, Feder in Grau, grau laviert
251 × 705 mm
Staatliche Museen Kassel, Inv. Nr. GS 5731
Literatur: Bangert 1969, S. 33, Fig. 28, S. 117, 120-122; Dittscheid 1987, S. 133, 338-339, Nr. 102, Abb. 236; Katalog Kassel 1999

26
Aufriss von Osten, 1791
Graphit, Feder in Grau, koloriert
220 × 668 mm
Staatliche Museen Kassel, Inv. Nr. GS 5720
Literatur: Bätjer 1941, S. 7, 29, Taf. XV,2; Katalog Kassel 1958, S. 12-13, Nr. 23; Bangert 1969, S. 33, Fig. 23, S. 33, Fig. 29, S. 117, Anm. 20, S. 121-122; Dittscheid 1987, S. 133-134, 136, 339, Nr. 103, Abb. 237, Farbtaf. VI unten; Dittscheid 1997/1, S. 10, Abb. 9; Katalog Kassel 1999

approb. Wilhelm ℒ 31ᵗ Jan: 1792.

Kassel, Schloß Wilhelmshöhe

Corps de logis, um 1793/96

Das zwischen 1793 und 1796 ausgeführte Blatt zeigt einen Querschnitt durch die Mittelachse des Corps de logis. Die Gewölbekonstruktion der Kellerräume hielt Jussow lediglich summarisch in Umrissen fest. Darüber zeichnete er detaillierter das Erdgeschoß mit Vestibül und Treppenhaus, die Beletage mit Antichambre und Grand Salon, den zweiten Stock mit Bibliothek und der Gewölbezone des Grand Salon, das Friesgeschoß mit einer Möbelkammer, das niedrige Dachbodengeschoß und den Kuppelsaal. Die mit großer Differenziertheit ausgeführten Ornamente belegen die Sorgfalt, die Jussow bei der Ausführung dieser Zeichnung anwandte. Die Zeichnung hält aber nicht nur dekorative Einzelheiten der Raumausstattung fest, sondern auch konstruktive Elemente wie die Verdübelung der Säulentrommeln oder der hölzernen Kuppelschale und die Eisenverklammerung der Portiken. Der Entwurf unterscheidet sich von dem gebauten Zustand in einigen Details. So fehlen in der Zeichnung die im Bibliothekssaal schließlich frei aufgestellten Säulen.

Schon Jussows definitiver Entwurf für das Corps de logis vom November 1791 wies eine Kuppel auf, womit er den Erwartungen des Landgrafen entsprach. Zunächst war ein niedriger und fensterloser Tambour vorgesehen, dann wurde er in einer zweiten Planungsphase erhöht und zehn Fenster für den Rundraum projektiert. Gebaut wurden aber zwölf Fenster, denen im Inneren zwölf korinthische Säulen und Wandpilaster entsprachen. Demnach wurde die Idee, den Kuppelsaal als Aussichtsraum zu nutzen, erst später entwickelt. Er erfüllte dieselbe Funktion wie das Belvedere auf dem Dach des Wörlitzer Schlosses, von wo man den Blick auf den Garten genießen konnte.

Neben den Fenstern im Tambour diente ein Opaion der Beleuchtung des Saales. Die Öffnung im Scheitel der kassettierten Kuppel und der getreppte Kuppelfuß sind Anklänge an die Kuppel des römischen Pantheons. Die zweischalige, in leichter Fachwerkbauweise ausgeführte Konstruktion war außen zum Schutz vor Witterungseinflüssen mit Kupfer beschlagen.

Der Querschnitt macht deutlich, daß der Kuppel die entscheidende Aufgabe zukam, den Außenbau zu akzentuieren und den Mittelbau gegenüber den Seitenflügeln, aber auch der Löwenburg und Guernieros Oktogon zu betonen. Zu den Repräsentationsräumen der Beletage hatte sie keinerlei Verbindung und war nur schwer über winkelige Treppen in dunklen Räumen zugänglich. *FCS*

27

Querschnitt durch den Mittelbau, um 1793/96

Graphit, Feder in Grau, grau laviert
718 × 576 mm
Staatliche Museen Kassel, Inv. Nr. GS 12494

Literatur: Katalog Kassel 1958, S. 14, Nr. 27; Bangert 1969, S. 119, Anm. 21; Gercke 1982, S. 32; Dittscheid 1987, S. 136, 339-340, Nr. 105, Abb. 240; Dittscheid 1997/1, S. 11, Abb. 10; Heraeus 1997, S. 97-98, Abb. 81; Katalog Kassel 1997/1, S. 153, Nr. 42, Abb. 97; Katalog Kassel 1999

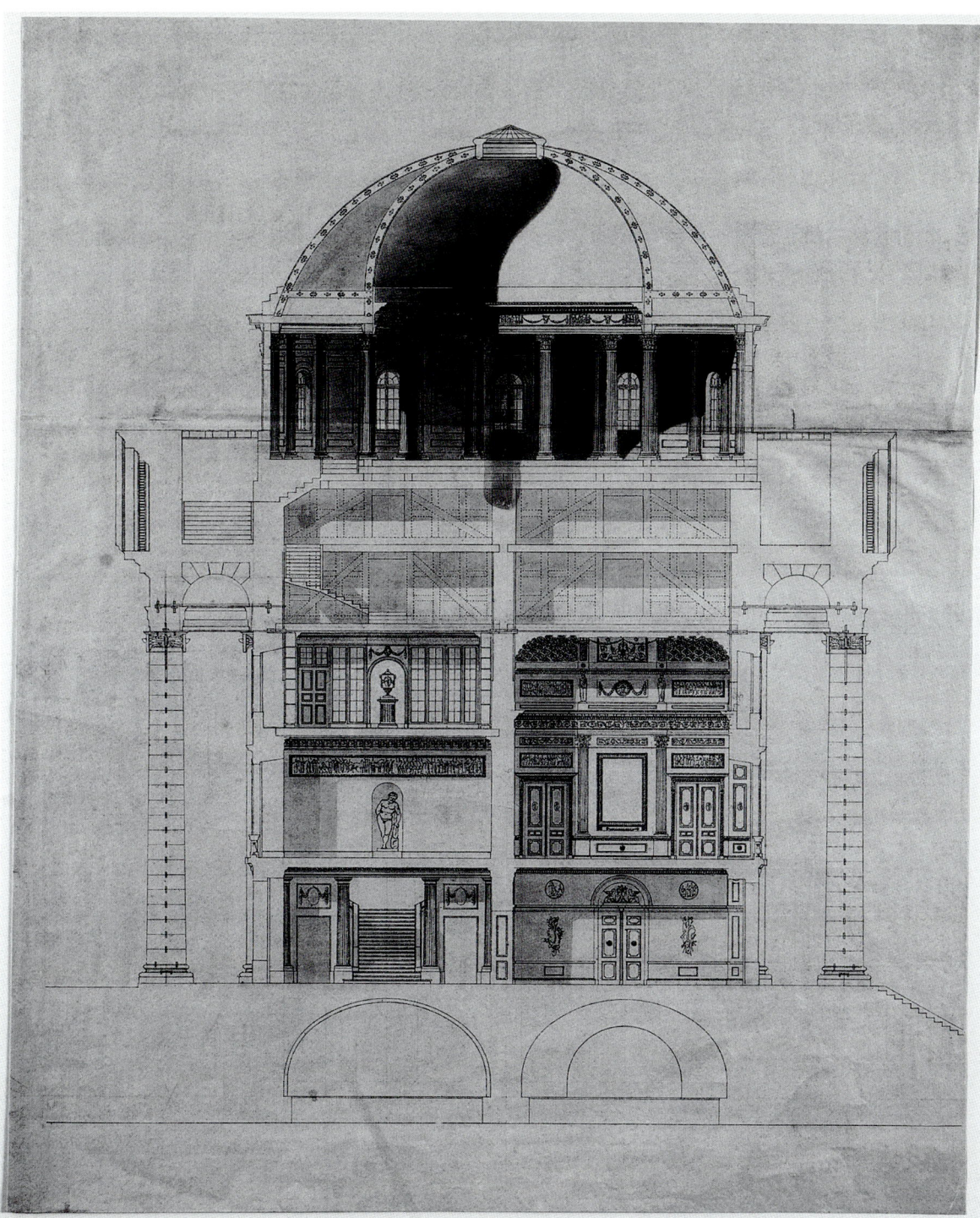

Kassel, Schloß Wilhelmshöhe

Corps de logis, Innenausstattung, um 1800

Die beiden Blätter bringen Variationen zur Wandgestaltung des Großen Saales im Erdgeschoß des Corps de logis zum Vorschlag.

Die Zeichnung GS 6096 zeigt einen Wandaufriß mit einer klaren Felderung der Wandfläche. Den Sockel gliedern eingetiefte Felder, während die zurückgesetzten Wandfüllungen kleine ovale Medaillons mit Viktorien zieren. Darüber befindet sich oberhalb eines Rosettenbandes ein Opferfries. Über dem Türsturz wird alternativ links ein eingetieftes, mit Medaillons und Girlanden dekoriertes Feld bzw. rechts eine variierte, stärker verzierte, architektonisch gegliederte Supraporte vorgestellt.

Das Blatt GS 6097 zeigt einen eklektizistischen Entwurf in der Tradition des französischen Klassizismus unter Ludwig XIV., der um 1760 eine Neuinterpretation erfuhr. Typisch hierfür ist die Feldergliederung mit Tondi, welche hinter ionischen Pilastern liegt. Über der zentral situierten Tür mit einem oben aufliegenden Architrav ist ein Figurenrelief angebracht, das in antikisierender Darstellung den Abschied der Krieger zeigt. Die Felder über den Nischen, die als weiteren Schmuck wohl antike Skulpturen aufnehmen sollten, werden durch Rosetten geschmückt. Zur Decke schließt die Wand mit einem glatten Architav und einer mit Eierstab besetzten Kehle ab. Das Figurenrelief bildet neben den zurückhaltend plazierten, aus der antiken Bauskulptur hergeleiteten Ornamenten die einzige plastische Dekoration.

Profilleisten und Reliefverzierungen sind bei beiden Vorschlägen flach gehalten, um die Wandfläche und ihre Gliederung zu unterstreichen, wobei auf die kühnen Licht- und Schatteneffekte der vorherigen Epoche bewußt verzichtet wurde. Die Wirkung bestand nun in der feinen Proportionierung der Felderungen, die durch verschiedene Marmorierungen betont wurde. Die nüchterne Klarheit des Dekors entspricht der strengen Richtung des deutschen Klassizismus. Es scheint, daß Johann Joachim Winckelmanns Forderungen nach »Einfachheit«, »Klarheit« und »Natürlichkeit« in solcherlei schlichten Gestaltungen ihren Ausdruck gefunden haben. In diesem Zusammenhang ist auch die Eigentümlichkeit Jussows zu sehen, Rosetten bzw. kleine figürliche Medaillons frei in die Füllungen zu setzen und nicht wie üblich in ein Ornamentsystem einzugegliedern bzw. die Figur nach dem pompejanischem Stil jener Zeit frei auf die Fläche zu stellen.

Die farbig gefaßte Marmorierung der beiden Blätter interpretiert den Raum als »Steinernen Saal«, der im Eingangsbereich angesiedelt war, um in der Raumfolge eine weitere Steigerung der Ausstattung zu erreichen. *ST*

28
Entwurf zur Wandabwicklung des Grossen Saales im Erdgeschoss, Aufriss, um 1800

Graphit, Feder in Schwarz, koloriert
250 × 440 mm
Staatliche Museen Kassel, Inv. Nr. GS 6096
Literatur: Katalog Kassel 1999

29
Entwurf zur Wandabwicklung des Grossen Saales im Erdgeschoss, Aufriss, um 1800

Graphit, Feder in Schwarz, koloriert
237 × 433 mm
Staatliche Museen Kassel, Inv. Nr. GS 6097
Literatur: Katalog Kassel 1999

Kassel, Schloß Wilhelmshöhe

Die Verbindungsbauten, um 1810

Die Präsentationszeichnungen entstanden vermutlich in der Zeit des Königreichs Westphalen (1807-1813) und stellen einen Vorschlag Jussows für Umbaumaßnahmen an dem seit 1801 fertiggestellten Schloß dar, das seit 1798 auf Anordnung des Landgrafen Wilhelmshöhe hieß, in französischer Zeit aber Napoleonshöhe genannt wurde.

Jussow konzipierte eingeschossige und gerundete Gänge als Verbindungen zwischen den Schloßteilen. Im Grundriß sind die projektierten Baumaßnahmen schwarz, die bestehende Architektur hingegen rosa eingezeichnet. Die Verbindungsgänge sollten es bei jeder Witterung ermöglichen, zwischen den Gebäuden zu verkehren. Zum Park hin waren den Gängen Kolonnaden mit toskanischen Säulen auf halbkreisförmigem Grundriß vorgelagert. Die Kolonnaden sollten auch vor dem Corps de logis und den Seitenflügeln weiterlaufen und wären als Balkone nutzbar gewesen.

Diese Konzeption wurde möglicherweise deswegen nicht realisiert, weil der Entwurf den Vorgaben der Architekturtheorie widersprach, die unterschiedlich hohe Säulen verschiedener Ordnungen an einem Bauwerk verbot. Statt dessen wurden andere eingeschossige Verbindungsgänge errichtet. 1829 wurden sie auf die heutige Höhe aufgestockt, wodurch die Wirkung des Schlosses erheblich beeinträchtigt wird. Die ehemalige klare Dreiteilung hatte den Blick von der Stadt in den Park erlaubt, während seit 1829 das Schloß den Landschaftsgarten entgegen den Intentionen von Bauherr und Architekt abriegelt.

Die ursprüngliche Anlage aus drei separierten Gebäuden, die lediglich durch gerundete Terrassen oder niedrige Gänge verbunden waren, findet sich nicht häufig in der Architekturgeschichte. Die Struktur ergab sich aus der Bauentwicklung, weil der heutige Weißensteinflügel zunächst als Solitär geplant war und erst später erweitert wurde. Anregungen für die dreiteilige Anlage könnte Jussow durch Prior Park südlich von Bath erhalten haben (Abb. 24). Der dortige Mittelbau wird von Portiken mit jeweils sechs korinthischen Kolossalsäulen akzentuiert. Darüber hinaus liegt das Schloß auf einem Rasenhügel, an dessen Fuß sich ein kleiner See befindet, wodurch sich wiederum Gemeinsamkeiten zu Wilhelmshöhe ergeben. Im Landschaftsgarten von Prior Park erhebt sich außerdem die neogotische Ruine Sham Castle, die in Details Anregungen für die Löwenburg geliefert haben könnte. *FCS*

30

Aufriss von Westen, um 1810

Feder in Grau, grau laviert
381 × 688 mm
Staatliche Museen Kassel, Inv. Nr. GS 5732
Literatur: Katalog Kassel 1958, S. 12-14, Nr. 22; Bangert 1969, S. 33, Fig. 27, S. 117, Anm. 20, S. 120, 122; Katalog Kassel 1999

31

Entwurf des Erdgeschossgrundrisses, um 1810

Graphit, Feder in Grau und Schwarz, schwarz, grau und rosa laviert
461 × 883 mm
Staatliche Museen Kassel, Inv. Nr. GS 9560
Literatur: Katalog Kassel 1999

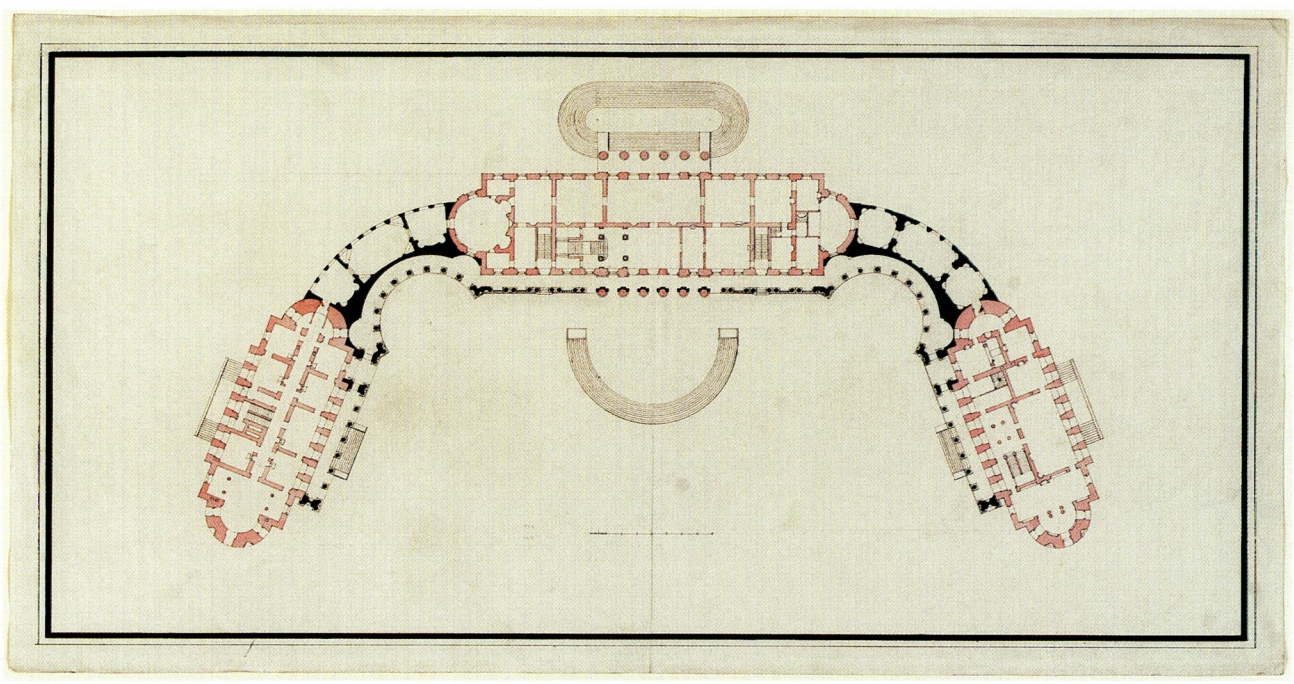

Kassel, Schloß Wilhelmshöhe

Weissensteinflügel, Möbel, 1789

Jussow entwarf das aufwendig gestaltete Bildhauermöbel als Staatsbett »à la romaine«, das sich durch einen Baldachin und stark antikische Formen auszeichnet. Die detaillierte Ausführung des Blattes mit Licht und Schatten zeigt die skulpturale Wirkung des Möbels in der Frontalansicht.

Das Paradebett mit verschieden hohen Kopf-und Fußenden ruht über Kugelfüßchen auf vier konisch nach unten verjüngten, kannelierten Beinen, die oberhalb eines eingezogenen Schaftrings mit einem Blattkapitell abschließen. Den holzgeschnitzten Rahmen des Fußteils zieren an der unteren Zarge ein Wasserwogenband und an den Seiten Flechtbänder. Mit Rosetten besetzte Würfel betonen nach frühklassizistischem Schema die Eckpunkte der Konstruktion und stellen die Verbindung mit dem Gestell her. Das ovale, von Blatt-und Perlstäben eingefaßte und in den Ecken mit Akanthusblättern besetzte Mittelfeld ist mit Seide bespannt und gepolstert zu denken. Ein Rosettenband bildet den Dekor des oberen Rahmenstücks, welches in der Mitte mit einer geschnitzten Lorbeergirlande belegt ist und von einem vollplastisch geschnitzten Blumenstrauß akzentuiert wird. Auf den oberen Rosetteneckklötzen stehen zierliche kannelierte Säulen, die auf ihren unteren glatten Teil des Schaftes das Blumenmotiv in Form einer Girlande wieder aufnehmen. Ihre ausladenden Akanthusvolutenkapitelle, die nach Art eines Palmettenkapitells mit zwei Ringen von Schaftblättern umgeben sind, tragen auf überkragenden Plinthen den gewölbten, rechteckigen Betthimmel. Ihn umzieht kontinuierlich ein antikisierendes Gebälk, dessen Fries mit einer Akanthusvolutenranke besetzt ist. Die Mitte akzentuiert eine Trophäe mit Helm und Faszienbündel, welche die Richtigkeit der Bezeichnung »Lit à la romaine« verdeutlicht. Aigrettenbüsche aus Reiher und Straußenfedern, die Paradebetten herkömmlicherweise auszeichnen, sind auf den Ecken und in der Mitte des Betthimmels aufgesetzt. Doch gerade hier wollte man wohl sparen, wie Eintragungen im Inventar belegen: »Ser^mus^ waren lezthin der Meynung, daß man denen Federn eine ähnliche Verzierung von Bildhauerarbeit in Holz substituiren könne, indeßen würde diese nach eingezogener Erkundung bey Sachverständigen noch theurer seyn als die Federn«, und so entschloß man sich, doch die verlangten 76 Taler für die dekorativen Federbüsche aufzuwenden.

1790 wurde das Bett wahrscheinlich vom Hofbildhauer Nikolaus Valois in weißgoldener Fassung ausgeführt und im ersten Obergeschoß des Weißensteinflügels im Schlafzimmer der Kurfürstin als Gegenstück zum Paradebett des Kurfürsten im Erdgeschoß plaziert. Seinem Typus mit überhöhtem Kopfende entsprechend stand es mit dem Kopf vor der Wand frei im Raum.

Im Zuge der Neueinrichtung des Weißensteinflügels unter Kurfürst Wilhelm II. wurde 1822 das Bett zusammen mit anderen Möbeln nach Wilhelmsthal überführt.

ST

32

Entwurf eines Paradebettes für das Schlafzimmer der Landgräfin im ersten Obergeschoss, Ansicht der Frontseite, 1789

Feder in Grauschwarz, grau laviert
487 × 298 mm
Staatliche Museen Kassel, Inv. Nr. GS 6121
Literatur: Katalog Kassel 1958, S. 15, Nr. 34; Katalog Kassel 1999
Zitat: Nach Holtmeyer 1910, S. 314

Jacson del.

Kassel, Schloß Wilhelmshöhe

Corps de logis, Möbel, 1798-1800

Die beiden Blätter zeigen Entwürfe für Armsessel, die Jussow für das Corps de logis angefertigt hat. Er gibt die Fauteuils à bras in Vorder- und Seitenansicht wieder und liefert durch Angabe der Gesamtstruktur, der Ornamentgliederung und des Ornamentdetails präzise Angaben für den Handwerker bzw. den Bildhauer. Die Mittelachse trennt jeweils die beiden Hälften des Alternativentwurfs, der die Ornamentvarianten zur Entscheidung vor Augen führt.

Die Armsessel vertreten den klassischen Typus eines Fauteuil »à la Reine« mit rückseitig geraden Gestellrahmen und gerade geführter Rückenlehne, der gemäß seiner Funktion als »Fauteuil meublant« vor der Wand aufgestellt wurde.

Jussow bildet die Sessel entsprechend der frühklassizistischen Gliederung mit geraden Zargen, rechteckiger Rückenlehne und konischen Beinen aus. Mit Rosetten verzierte Würfel markieren die Verbindungspunkte zwischen der Zarge und den geschwungen zu denkenden Armstützen. Die Armlehnen enden in gedrückten Voluten und laufen im Rückenrahmen aus. Sitz, Lehne und die Manschetten der Armlehnen sind gepolstert. Diesen Grundtypus zeigt eine Reihe von Entwürfen Jussows (GS 6128-GS 6134), die sich allein im Muster des antikisierenden, geschnitzten Ornaments unterscheiden.

Jussow hat sich bei seinen Entwürfen eng an den französischen Stuhltypus um 1780 angelehnt, den Georges Jacob (1739-1814) für den Hof von Versailles unter Marie Antoinette entwickelt hatte. Er zeichnete sich durch ein einfaches und klar konstruiertes Rahmenwerk aus, das reich mit delikatem Schnitzwerk dekoriert war. In Frankreich wurde der Typus bis zur Französischen Revolution zum gängigen Möbel und fand in ganz Europa weite Verbreitung. Der Möbelstil wurde ebenso nach Deutschland übertragen und lebte hier bis in das erste Jahrzehnt des 19. Jahrhunderts fort. Jussow brachte bei diesen Entwürfen für die Möblierung des Mittelbaus das französische Vorbild in den rigiden Formen des Klassizismus in Deutschland zum Ausdruck. Bezeichnend dafür ist unter anderem die additive Geometrisierung mit der quadratischen Formulierung des Rückens und die stark stilisierten, aus der antiken Bauskulptur hergeleiteten Ornamente. Diese puristische architektonische Grundhaltung entwickelt die französischen Vorbilder weiter, wobei das Ornament klar von der Struktur abgelöst und aufgesetzt in den vorgegebenen Feldern erscheint.

Die Entwürfe charakterisieren Teile einer Garnitur, die analog als Sessel, Stühle und Kanapees ausgestaltet waren. Von den im Nachlaß Jussow befindlichen Blättern zu Sitzmöbeln ist keines in Ausführung vorhanden. Die in Wilhelmshöhe erhaltenen, gefertigten Möbel weisen allesamt Varianten zu den Entwürfen auf und sind in ihren Ornamentformen noch weiter reduziert. *ST*

33
Entwurf eines Armsessels für das Kabinett des zweiten Appartements, Frontalansicht, 1798-1800

Graphit, Feder in Grau, grau, hellblau und zartrot laviert
166 × 163 mm
Staatliche Museen Kassel, Inv. Nr. GS 6127
Literatur: Katalog Kassel 1999

34
Entwurf eines Armsessels, Frontalansicht, 1798-1800

Graphit, Feder in Grau, grau, hellblau und zartrot laviert
162 × 164 mm
Staatliche Museen Kassel, Inv. Nr. GS 6128
Literatur: Katalog Kassel 1999

Kassel, Löwenburg

Studien und Vorprojekte, 1790 und 1793

Unmittelbar nach seiner Regierungsübernahme im November 1785 begann Wilhelm IX. nicht nur mit dem Neubau des Schlosses Weißenstein, sondern auch mit der Umgestaltung des Schloßparks. Bereits sein Vater, Friedrich II., hatte Teile der barocken Anlage durch verschlungene Wege und hölzerne Staffagen bereichern lassen. Erst Wilhelm IX. veränderte den Bergpark jedoch im Sinne eines englischen Landschaftsgartens. Wie es dieser Mode entsprach, sollte der Besucher durch Areale und Gebäude unterschiedlichster Stile mit wechselnden Stimmungen und Assoziationen konfrontiert werden.

Ab 1788 ließ Wilhelm IX. rechts der barocken Achse mit dem Aquädukt ein »Stück des alten Roms«, so der Hofdichter Casparson, errichten. Links davon war als Gegengewicht auf einem felsigen, steil abfallenden Plateau eine künstliche Ruine geplant. Ein Gartenplan, der ins Jahr 1788 zu datieren ist, verzeichnet dort bereits eine »projectierte gotische Ruine« (vgl. Kat. Nr. 52). Fünf Jahre später wurde auf dieser Anhöhe die Löwenburg errichtet, die, so Casparson, dem »alten Rom« das »alte Deutschland« gegenüberstellte.

Hirschfeld hatte in seiner »Theorie der Gartenkunst« für die Dekoration eines »Berggartens« »mancherley Arten von Scenen« vorgeschlagen: »Auf seinem mäßig aufsteigenden und von Bäumen oder benachbarten Bergen beschützten Gipfel [...] bietet er dem Landhause einen anmuthigen Platz an; auf einer zierlichen [...] Erhebung nimmt er selbst einen Tempel von griechischer Schönheit auf, allein auf kühnen Spitzen, wo kahle Felswände sich mit steilem Absturz senken, fordert er ein altes Bergschloß, oder seine Trümmer.« Diese seien aber im »gothischen Styl« am schicklichsten.

Die Löwenburg ist nicht die erste künstliche Ruine, die Wilhelm IX. erbauen ließ. Als Erbprinz hatte er sich zwischen 1779 und 1781 in Wilhelmsbad bei Hanau einen burgartigen Turm nach englischem Vorbild als Rückzugsort errichten lassen. Anfangs plante er auch das zunächst als Solitär errichtete Schloß Weißenstein, später den Mittelteil des Schlosses als künstliche Ruine auszubilden. Auf der Anhöhe im Bergpark, dem sog. Bellevue, sollte ähnlich wie in Wilhelmsbad zunächst nur ein Turm mit einem Küchengebäude als landgräfliche Eremitage entstehen. Diese frühen Planungen sind durch mehrere Zeichnungen überliefert. Besonders interessant ist der zweite Vorentwurf. Er verbindet die künstliche Ruine mit ihren verstreuten Gemäuern mit einem Wasserfall, der unmittelbar an dem Wohnturm vorbeifließt und dessen isolierte Lage noch betont, da er nur noch über eine Brücke zu betreten war.

Inspirieren ließ sich Jussow bei diesen Vorentwürfen von mittelalterlichen Burgruinen in der Umgebung Kassels. Von den leicht erreichbaren Burgen Löwenstein und Jesberg haben sich mehrere Skizzen in seinem Nachlaß erhalten. *CL*

35

Ansicht der Burgruine Löwenstein, um 1790

Graphit, Feder in Braun, grau und braun laviert
315 × 513 mm
Staatliche Museen Kassel, Inv. Nr. GS 5625
Literatur: Katalog Kassel 1958, S. 19, Nr. 44; Bangert 1969, S. 110, Anm. 12; Biehn 1970, S. 57; Dittscheid 1987, S. 200; Katalog Kassel 1999

36

Entwurf zum zweiten »Project einer zu Weissenstein [...] zu erbauenden Ruine«, Aufriss von Osten, vor November 1793

Graphit, Feder in Braun, grau laviert
332 × 497 mm
Staatliche Museen Kassel, Inv. Nr. GS 5647
Literatur: Katalog Kassel 1958, S. 19, Nr. 46; Reuther 1959, S. 51; Bangert 1969, S. 110, Anm. 12; Dittscheid 1987, S. 166, 197, 199, 347, Nr. 139, Abb. 292; Katalog Kassel 1999
Zitate: 1. Nach Dittscheid 1987, S. 304; 2. Hirschfeld 1779-85, Bd. IV, S. 33

Ansicht der zerstörten alten Burg zu Löwenstein.

2ᵗᵉˢ Project einer zu Weißenstein über dem Steinbruch der sogenannten bille wieß, zu erbauenden Ruine.

Kassel, Löwenburg

Ausführungsentwürfe, spätestens November 1793

Vermutlich im Herbst 1793 legte Jussow dem Landgrafen mehrere Entwürfe zur Felsen- bzw. Löwenburg vor. Die enge Auseinandersetzung des Bauherrn mit diesen Entwürfen bezeugen diverse Graphiteinskizzierungen auf den Grundrissen, die vermutlich während der Diskussion mit dem Architekten entstanden und die Verbesserungswünsche des Landgrafen festhalten. Diskutiert wurde vor allem die genaue Lage des Bergfrieds, die Anordnung des Küchentrakts sowie der Gemäuer, die beide Bereiche miteinander verbinden sollten. Die Entscheidung für einen der vorgelegten Entwürfe fiel am 18. November 1793. Von diesem Tag datiert der Vermerk Wilhelms IX. auf dem Aufrißentwurf: »approbiert und ist in Arbeit zu nehmen.«

Vermutlich aus Kostengründen hatte sich der Landgraf für die Variante entschieden, die am wenigsten aufwendig war. Wie Detailentwürfe zeigen, sollte der vierstöckige Turm ein vollständiges Appartement aufnehmen mit dem »chambre à coucher«, der »garderobe« und einem »cabinet« im Erdgeschoß, einem größeren »Cabinet« und der »antichambre« im Zwischengeschoß sowie dem »Sallon« in der Beletage und drei Kammern für Bedienstete im Obergeschoß. Der Küchenbau war mit dem Turm nur über eine ruinös gestaltete Mauer verbunden. Ein weiterer kleiner Trakt barg möglicherweise zusätzliche Kammern für Bedienstete.

Noch im November wurden die Fundamente zur Felsenburg erstellt, am 2. Dezember der Grundstein gelegt und mit den Mauerarbeiten begonnen. Die Einskizzierungen in Graphit in dem approbierten Grundriß zeigen denn auch Details zur Treppe und zu den Fenstern, die erst im Zuge der Bauausführung von Interesse waren.

Auch im Frühjahr 1794 schritten die Arbeiten zügig voran. So berichtete Simon Louis Du Ry dem Landgrafen in dem »Unterthänigsten Rapport vom 24t Marz bis den 7t April 1794, das Bauwesen betreffend«: »Der Thurm an der gothischen Ruine über dem alten Steinbruch hat sehr in der Höhe zugenommen, und bey Abräumung der Erde unter diesem Gebäude kommen die schönsten Felsen zum Vorschein, wodurch selbiges ein sehr mahlerisches Ansehen erhalten wird; Es haben daher Eure Hoch Fürstliche Durchlaucht bey Aussuchung dieses Plazes zu Erbauung gedachter Burg, eine ungemein glückliche Wahl getroffen.«   *CL*

37
ENTWURF ZUM OSTTRAKT, AUFRISS VON OSTEN, SPÄTESTENS NOVEMBER 1793

Graphit, Feder in Braun, braun laviert
347 × 486 mm
Staatliche Museen Kassel, Inv. Nr. GS 5649

LITERATUR: Katalog Kassel 1958, S. 19, Nr. 47; Reuther 1959, S. 51; Bangert 1969, S. 110, Anm. 12; Dittscheid 1987, S. 167, 197, 347, Nr. 140, Abb. 294; Dötsch 1998, S. 140, Abb. 2; Katalog Kassel 1999

38
ENTWURF ZUM GRUNDRISS, SPÄTESTENS NOVEMBER 1793

Graphit, Feder in Grau und Braun, grau laviert
345 × 482 mm
Staatliche Museen Kassel, Inv. Nr. GS 5633

LITERATUR: Dittscheid/Einsingbach/Fink 1976, Abb. 18; Dittscheid 1987, S. 167, 197, 347, Nr. 142, Abb. 296; Katalog Kassel 1999
Zitat: StAM Bestand 6a, Nr. 153; vgl. Dittscheid 1987, S. 169

Approbirt und zur ferner Arbeit zu nehmen Wilhelmsh. d 18. Novbr 1799
Wilhelm

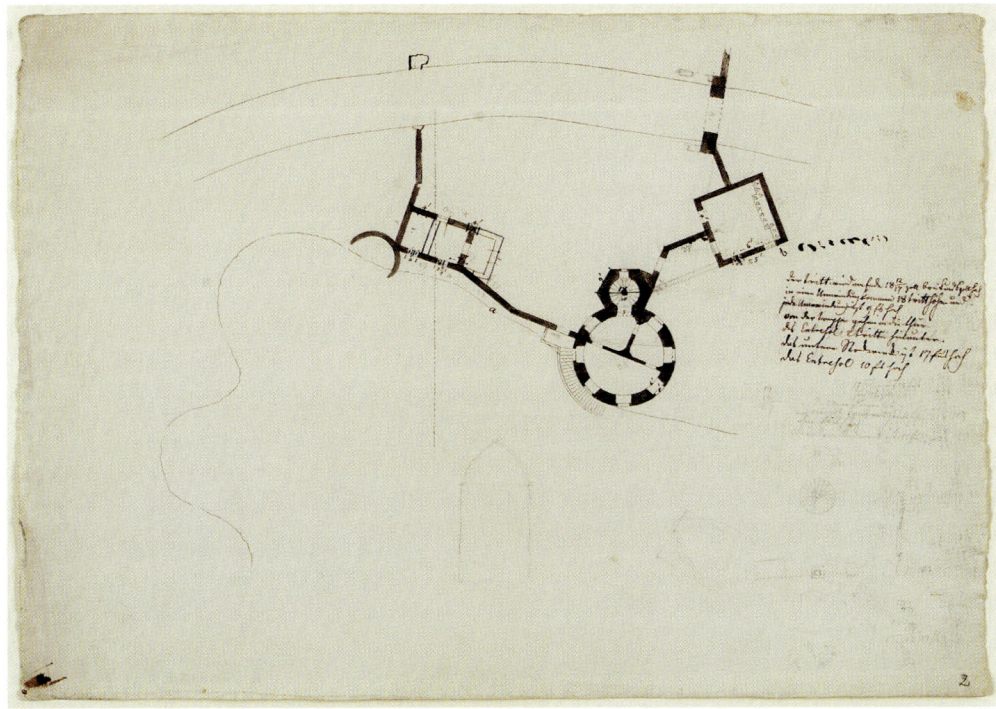

Kassel, Löwenburg

ERDGESCHOSS, AB WINTER 1794/95

Der vorliegende Grundriß ist ausgesprochen aufschlußreich für die komplizierte Baugeschichte der Löwenburg, da er über Jahre hinweg fortgeführt wurde und so die zahlreichen Planungsänderungen und Erweiterungen des Baukomplexes durch nachträgliche Einzeichnungen und Korrekturen dokumentiert. Wie die frühen Entwürfe zeigen, war zunächst nur ein einfacher Wohnturm mit wenigen Nebengebäuden geplant. »Dieses Gebäude das, der ersten Idee nach, nur durch die Vorstellung einer alten Warte und weniger Reste zerfallener Mauern die Erinnerung der verflossenen Zeiten zurückrufen sollte ist seit dem Anfange seines Baues bis zu einer beträchtlichen Größe erweitert worden, indem des Herrn Landgrafen Hoch Fürstl᷎ Durchlaucht jene erste von Höchstdemselben, mit so glücklicher Auswahl des Platzes, gefaßte Idee in die eines ganzen gothischen Bergschloßes umzuschaffen gnädigst geruhet haben.«, berichtet Jussow im Jahr 1795 über den Stand der Bauarbeiten in den »Historischen Nachrichten«. Von 1785 bis 1801 verzeichnet diese Chronik, die zunächst von dem Hofbibliothecarius Strieder, seit 1795 dann von Jussow selbst im Auftrag des Landgrafen angefertigt wurde, die baulichen Veränderungen auf der Wilhelmshöhe. Für den Bauverlauf der Löwenburg sind die »Historischen Nachrichten« die wichtigste schriftliche Quelle.

Für das Jahr 1794 verzeichnet Strieder: »Von der Felsenburg war im J. 1794 der große Thurm, zwey daran stoßende Zimmer mit einem abgebrochenem Thurm, die Küche, die Thürmers-Wohnung und das daran liegende Thor zum Theil, in Ansehung der Mauerarbeit zu Stande gekommen.« Bald nach Baubeginn muß es demnach zu einer erheblichen Erweiterung des approbierten Grundrisses vom November 1793 gekommen sein, denn die Türmerswohnung und das Nordtor waren damals noch gar nicht geplant. Die einschneidensten Planungsänderungen von der Ruine zum »ganzen gothischen Bergschloß« werden aber spätestens im Winter 1794/1795 vorgenommen worden sein. Denn 1795 sind nach den »Historischen Nachrichten« bereits der Osttrakt mit dem vierstöckigen Donjon, das Süd- und das Nordtor, der Nordtrakt mit der Burgvogtswohnung, die in diesem Jahr bezugsfertig wurde, sowie der Westtrakt mit der Kapelle und dem Marstallgebäude im Bau oder zumindest in der Planung. Spätestens im Winter 1794/1795 wird auch der vorliegende Grundriß entstanden sein. Er wurde von Wilhelm IX. approbiert und ist vermutlich das früheste Zeugnis zur Erweiterung der Löwenburg zu einer asymmetrischen, um einen zentralen Hof angelegten Vierflügelanlage. Verschiedenfarbige Tinten und Radierspuren weisen auf die Veränderungen in der Planung hin, etwa auf die Erweiterung der Retraite im Ostbau oder auf die mehrfach überarbeitete Verbindung zwischen dem Treppenturm des Donjon und der Küche. Die sukzessive Erweiterung der Anlage hat sich auch in den verschiedenen Aufrißentwürfen niedergeschlagen. *CL*

39

ENTWURF ZUM ERDGESCHOSS, GRUNDRISS, AB WINTER 1794/95

Graphit, Feder in Grau, Schwarz und Dunkelbraun, grau, hellgrau, graubräunlich und rot laviert
505 × 578 mm
Staatliche Museen Kassel, Inv. Nr. Marb. Dep. 45

LITERATUR: Dittscheid 1987, S. 171, 174-175, 178-179, 186, 201, 204, 348-349, Nr. 148, Abb. 305, Farbtaf. VIII; Dötsch 1998, S. 141, Abb. 4; Katalog Kassel 1999
Zitate: 1. Holtmeyer 1913, S. LXIX-LXX; 2. ebd. S. LXVIII

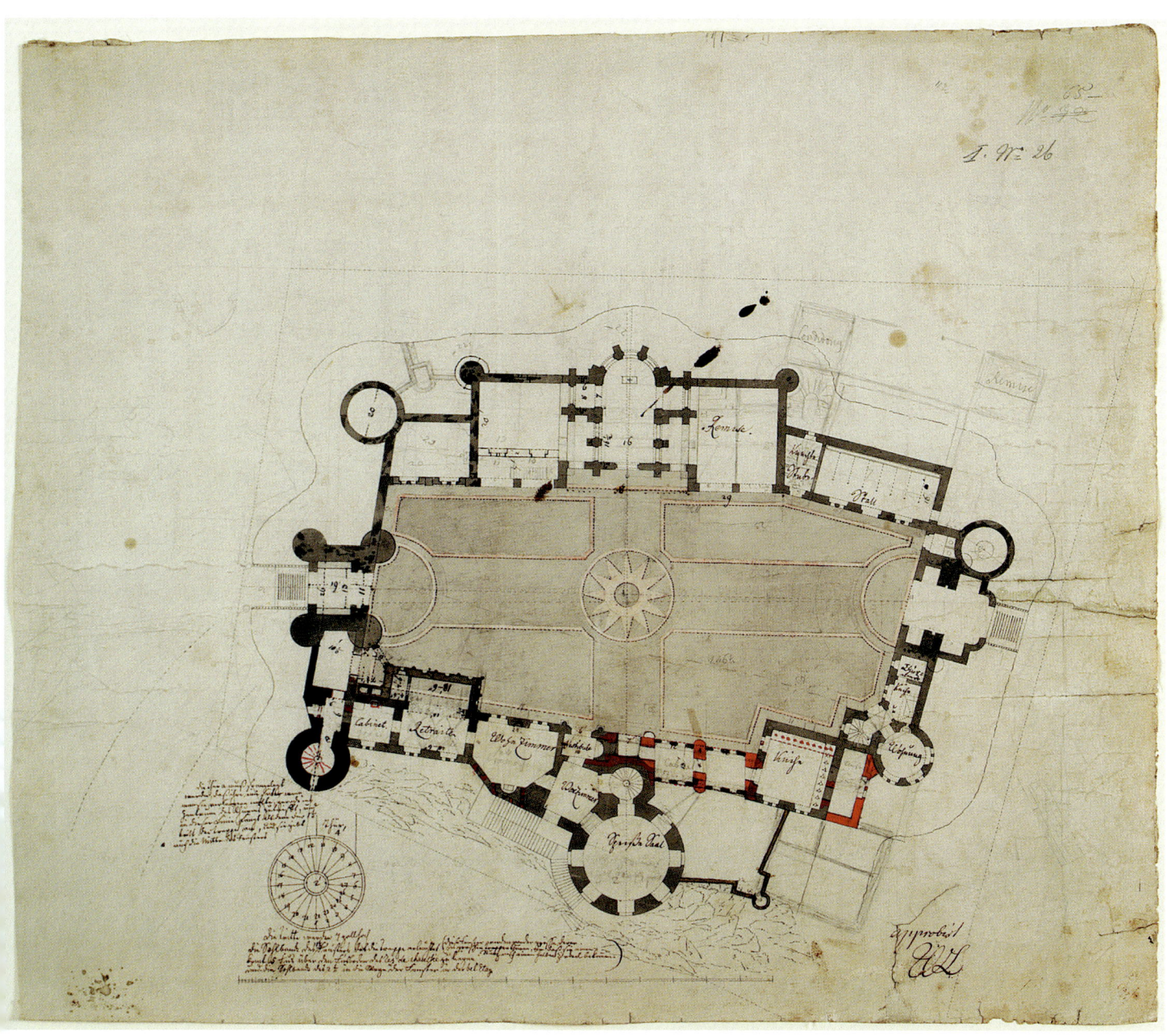

Kassel, Löwenburg

WASSERFALL IN DER WOLFSSCHLUCHT, WINTER 1794/95

Im Nachlaß Jussows befinden sich etliche Entwürfe, die detailliert die Gestaltung der Umgebung der Löwenburg festlegen. Am aufwendigsten plante Wilhelm IX. den Osttrakt zu inszenieren, die Hauptansichtsseite der Burg vom Schloß Wilhelmshöhe aus. Wie der vorliegende, nur in Teilen realisierte Entwurf zeigt, sollte unmittelbar vor dem Südtrakt der Löwenburg ein Bach vorbeigeleitet werden, der sich über mächtige Felsen in die steil abfallende, schroffe Wolfsschlucht bis in den Fontainenteich hinabstürzen sollte. Ein verschlungener Pfad, der im oberen Bereich über Brücken und Treppen stellenweise durch den Wasserfall hindurchführte, lenkte den Besucher zur Burg hinauf, wobei er stets das von dieser Seite aus steil emporragende Gemäuer mit dem hohen Donjon im Blickfeld hatte.

Wie der Plan zur Gestaltung der Wolfsschlucht zeigt, verstand es Jussow geschickt, die Löwenburg in eine passende Umgebung einzubinden. Dabei machte er sich die vorgegebene natürliche Situation zunutze, in dem er ihre Schroffheit durch künstliche Felsen noch steigerte. Der Weg von dem Fontainenbassin über zunächst flache, dann immer stärker ansteigende Wiesen- und Waldstücke entlang des Baches bis zum Einstieg in die Schlucht mit dem immer steiler verlaufenden Pfad und der Sicht von unten auf das Burgmassiv ist eine gelungene Inszenierung, die in dem Besucher ein Gefühl für die Allmacht und Erhabenheit dieser Naturkulissen bewirken sollte.

Nach Hirschfeld bildet der Charakter des Erhabenen sich »vornehmlich in Gebirgen und hohen felsigten Landschaften. [...] Die Kunst der Pflanzung weicht hier ohnmächtig zurück. Alles muß groß, ausgedehnt, stark, kühn, ein Werk der allmächtigen Natur seyn. Eine gewisse rohe Wildniß, eine gewisse kühne Unordnung, eine gewisse nachlässige Häufung von starken regellosen Massen sind von dem Charakter des Erhabenen fast unzertrennlich.« Als passende Staffage für derartige Kulissen legt Hirschfeld wiederum Burgen und Ruinen im gotischen Stil nahe.

Aus finanziellen Gründen konnte der projektierte Wasserfall in der Wolfsschlucht nicht vollendet werden. In seinem »Überschlag des Kosten Betrags, der zu gänzlicher Vollendung und innern Ausbauung der Löwenburg annoch erforderlich seyn wird« vom 31. Dezember 1796 führt Jussow einen Betrag von 50.000 Talern für seine Realisierung an – immerhin ein Drittel der Gesamtkosten, die für die Löwenburg aufzubringen waren. Dieser Betrag war offensichtlich zu hoch, denn für das Jahr 1797 verzeichnen die »Historischen Nachrichten«, daß die Arbeit an dem im Vorjahr begonnenen Wasserfall eingestellt wurde.

Die Zuschreibung des Entwurfes an Jussow ist nicht sicher. Weitreichende Übereinstimmungen mit dem sog. Schaeffer-Plan (Abb. 32) sprechen dafür, daß er der Vorbereitung dieses großformatigen Planes gedient hat und deshalb möglicherweise auch von Schaeffer gezeichnet worden sein könnte. Mit Sicherheit wird Jussow jedoch für die Planungen verantwortlich gewesen sein.   *CL*

40

HEINRICH CHRISTOPH JUSSOW
ODER CASPAR CHRISTOPH SCHAEFFER
ENTWURF ZUM WASSERFALL, SITUATIONSPLAN,
WINTER 1794/95

Graphit, Feder in Grau und Rot, koloriert
475 × 628 mm
Staatliche Museen Kassel, Inv. Nr. GS 5640
LITERATUR: Katalog Kassel 1993, S. 117, Nr. 26; Katalog Kassel 1999
Zitat: Hirschfeld 1779-85, Bd. IV, S. 116

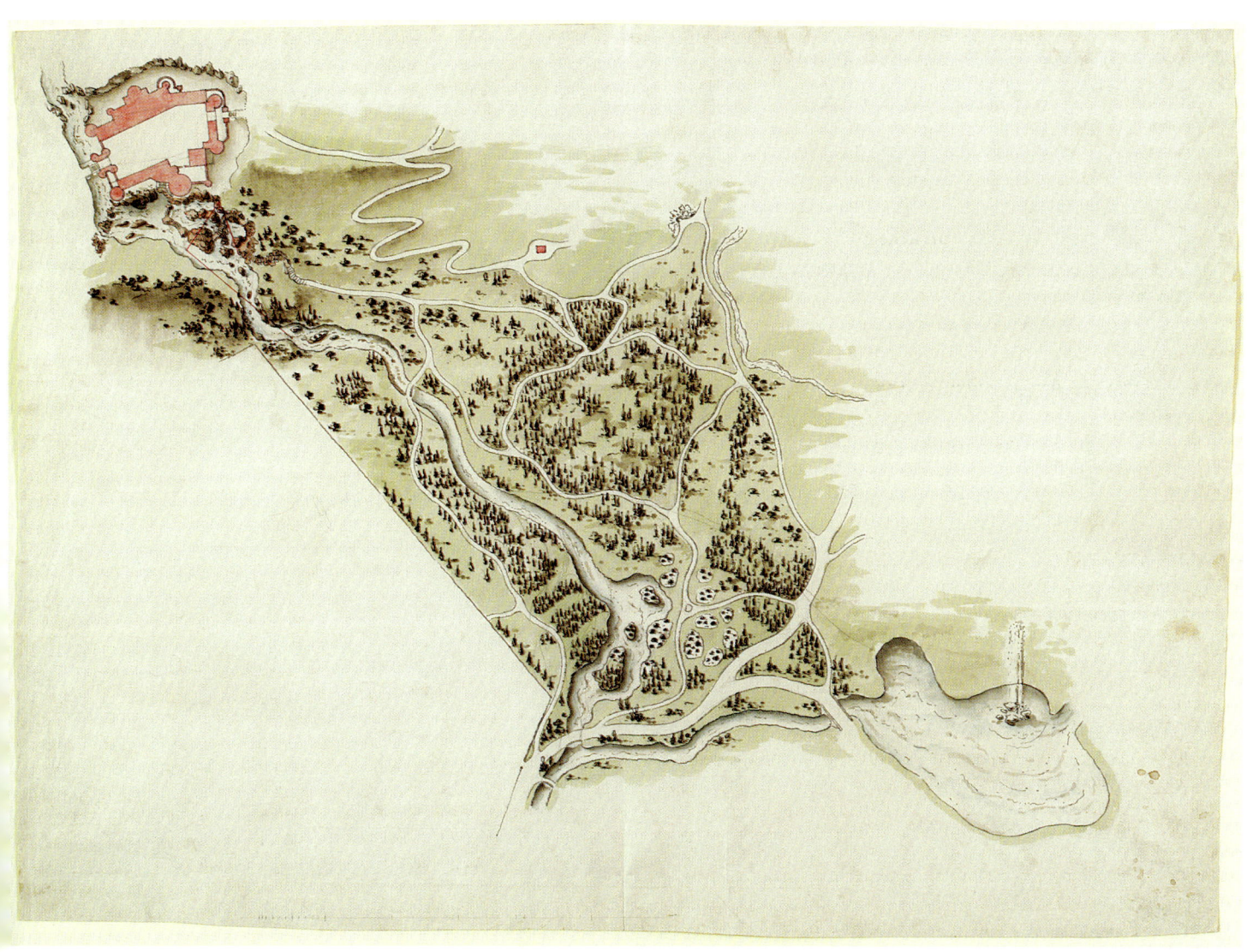

Kassel, Löwenburg

Entwürfe zum Osttrakt, Winter 1794/95 und 1795

Die Aufrißentwürfe zur Löwenburg zeigen höchst anschaulich den sukzessiven Ausbau der Anlage von einem ruinösen Wohnturm mit dem für Landschaftsgärten typischen staffagehaften Charakter zu einer voll ausgebauten neogotischen Burg von denkmalhafter Wirkung. Nach und nach wurden der Bergfried, die Küche und der Südosttrakt, die ehemals nur optisch über Mauern miteinander verbunden waren, durch zusätzliche Wohnräume zu einem einheitlichen Osttrakt verschmolzen. Die Funktion des landgräflichen Appartements, die anfangs allein der Bergfried übernommen hatte, konnte im Zuge dieser Ausbauarbeiten auf die im Süden anschließenden Räumlichkeiten, den sog. Herrenbau, verlagert werden. Zahlreiche Detailentwürfe zum Herrenbau, zum Donjon und zur Türmerswohnung im Nordosten dokumentieren diese Planänderungen.

Nach den »Historischen Nachrichten« waren das Nordtor und die Türmerswohnung 1794 bereits im Bau und das Südtor 1795 zumindest in der Planung. Dies spricht dafür, daß der früheste erhaltene Gesamtaufriß des Osttrakts spätestens im Winter 1794/1795 entstanden sein muß. Er wurde von Jussow in einem Zuge ausgeführt und zeigt den für ihn charakteristischen Zeichenstil: eine Vorzeichnung mit breiten Graphitstrichen, die mit brauner Feder nachgezogen wurde und eine fleckenhafte, hier überwiegend in Brauntönen gehaltene Lavierung.

1795 erwähnen die »Historischen Nachrichten«, daß die Burg um ein Geschoß aufgestockt werden soll. 1796 waren diese Pläne, die der zweite Aufrißentwurf dokumentiert, resolviert und bereits in Teilen ausgeführt. Ein Vergleich der beiden Aufrisse miteinander veranschaulicht die Entwurfstechnik, die Jussow bei der Löwenburg anwandte. Stück für Stück wurden die ehemals ruinösen Teile komplettiert und wie nach einem Baukastenprinzip ergänzt. Um den Zeichenprozeß zu vereinfachen, ließ Jussow dabei den älteren Entwurf vermutlich von einem Eleven mit grauer Tinte kopieren und fügte anschließend mit andersfarbiger, heute brauner Tinte die Erweiterungen hinzu. Deutlich sind der ehemals ruinöse Zustand des südlichen Flankierungsturms und das gebrochene Mauerwerk, mit dem der Herrenbau im ersten Entwurf abschloß, unter der Lavierung zu erkennen. Radierspuren im Bereich des Küchenbaus zeigen, daß hier lange um die richtige Lösung gerungen wurde. Realisiert wurde denn auch nicht die hier vorgestellte Dachform mit dem zentralen Dachreiter, sondern der seitliche Turm, den Jussow schemenhaft in Graphit andeutet. Die Löwenburg stimmt nur in Details, keinesfalls aber in der Gesamtkonzeption mit der Architektur mittelalterlicher Burgen überein. So ordnete Jussow den für die Verteidigung wichtigen Bergfried nicht an der Hauptangriffsseite zum Hang hin an, sondern verlagerte ihn aus ästhetischen Gründen an die Bergseite. Bei der wichtigsten Schauseite konnte er auf den hohen beherrschenden Turm nicht verzichten.

CL

41

Entwurf zum Osttrakt, Aufriss von Osten, Winter 1794/95

Graphit, Feder in Braun, braun laviert
304 × 492 mm
Staatliche Museen Kassel, Inv. Nr. GS 5650

Literatur: Katalog Kassel 1958, S. 19, Nr. 48; Reuther 1959, S. 51, Abb. 3a; Bangert 1969, S. 35, Fig. 31, S. 110, Anm. 12; Dittscheid 1987, S. 169, 173, 177, 348, 352, Nr. 146, Abb. 300, Farbtaf. IX; Katalog Kassel 1999; zur Beziehung der Löwenburg zur mittelalterlichen Burgenarchitektur vgl. Zimmermann 1989, S. 214-215

42

Entwurf zum Osttrakt, Aufriss von Osten, 1795

Graphit, Feder in Grau und Braun, grau und braun laviert
331 × 503 mm
Staatliche Museen Kassel, Inv. Nr. GS 5652

Literatur: Katalog Kassel 1958, S. 19, Nr. 50; Bangert 1969, S. 110, Anm. 12; Biehn 1970, S. 338, Abb. 11; Dittscheid 1987, S. 177-178, 352, Nr. 166, Abb. 328; Katalog Kassel 1999

Kassel, Löwenburg

Entwürfe zum Osttrakt, 1794/95 und 1798

Im Gegensatz zu seiner Eremitage Wilhelmsbad, in der sich Wilhelm IX. als Kronprinz häufiger aufgehalten hat, wurde die Löwenburg nur äußerst selten vom Landgrafen bewohnt. Anläßlich der Fertigstellung der Burg 1798 verbrachte er eine Woche dort. Die »Historischen Nachrichten« berichten darüber: »Am 29ten Aug. geruheten des Herren Landgrafen Hochfürstl Durchlaucht die Burg zu beziehen und am 2ten Sept. des Abends solche illuminieren zu lassen.« Am Neujahrstag zog sich Wilhelm regelmäßig auf die Löwenburg zurück, um seinen Verpflichtungen zu entgehen. In der Regel wurde die Burg jedoch nur stundenweise aufgesucht, etwa um sie hohen Besuchern des Landgrafen zu zeigen, so auch dem König und der Königin von Preußen, die 1799 in Kassel weilten. Da Friedrich Wilhelm III. und Luise im Schloß Wilhelmshöhe Quartier genommen hatten, siedelte Wilhelm für einige Tage auf die Löwenburg über. Auch zu diesem Anlaß wurde die Burg illuminiert. »Vom Herkules bis zum Fusse der kolossalischen Pyramide [...] strahlte alles in hellem Feuer, auf linker Hand erhoben sich die bezauberten Zinnen der Löwenburg. Aus dem Walde trat man vor die ofne beleuchtete Burg, alle Zimmer standen offen und illuminiert, die Kapelle war vortreflich, ein mattes überirdisches Licht vermehrte der Einbildung Spiel.«

Der Entwurf von Jussow zu einer Illumination des Osttrakts der Löwenburg könnte anläßlich ihrer Einweihung entstanden sein. Das Feuerwerk, das offensichtlich einen Brand der Burg vortäuschen sollte, wird den heroischen Charakter der Anlage betont haben. Die unmittelbare, täuschende Wirkung, die die Anlage als »bewundernswürdiges Denkmahl altdeutscher Grösse und Stärke« auf die Zeitgenossen ausüben sollte, hat Casparson in seiner Vorlesung über die Löwenburg aus dem Jahr 1799 drastisch ausgedrückt: »Ist diese Ruine eine Löwenburg, so sehen wir im Geiste [...] an ihren Mauern, auf ihren Thürmen noch das Blut derer, welche sie verteidigten.«

Baugeschichtlich stimmt der Aufriß des Osttrakts weitgehend mit dem vorangegangenen Entwurf überein. Hinzugekommen ist allein der Zwinger vor dem Küchenbau, der seit 1796 errichtet wurde. In dieser Hinsicht interessanter ist dagegen der Aufriß-entwurf zur Hofseite des Osttrakts. Da es sich hier nicht um eine der wichtigen Schauseiten der Burg handelt, hat sich Jussow nicht die Mühe gemacht, für jeden Planungszustand eine Kopie des alten Entwurfes anzufertigen oder anfertigen zu lassen. Vielmehr fügte er die Neuerungen in die alte Zeichnung ein. Insgesamt sind drei Planungszustände zu unterscheiden: Der erste Zustand wurde mit grauer Tinte und feiner qualitätvoller Kolorierung ausgeführt und zeigt den noch eingeschossigen Aufriß, wie er im Winter 1794/1795 geplant war (vgl. Kat. Nr. 41). Starke Radierspuren zwischen dem Küchenbau und dem Bergfried sowie im Bereich des Herrenbaus weisen auf zahlreiche nachträgliche Veränderungen hin bis zu dem letzten, möglicherweise mit Eisengallustinte ausgeführten Zustand, der in dieser Form realisiert wurde. *CL*

43

Entwurf zu einer nächtlichen Illumination des Osttrakts, Aufriss von Osten, vor September 1798

Graphit, Feder in Dunkelbraun, grau und gelb laviert
298 × 481 mm
Potsdam, Stiftung Preußische Schlösser und Gärten Berlin-Brandenburg, Plankammer, Bestand Kassel XX, A b), Bl. 62
Literatur: Dittscheid 1987, S. 182, 355, Nr. 178, Abb. 340; von Hessen 1996, Abb. 68; Katalog Kassel 1999 (zitiert als BK 1)

44

Entwurf zum Osttrakt, Aufriss von Westen, Winter 1794/95 und 1795

Graphit, Feder in Grau und Braun, grau und braun laviert
327 × 470 mm
Staatliche Museen Kassel, Inv. Nr. GS 5657
Literatur: Dittscheid 1987, S. 173, 179, 350, Nr. 155, Abb. 314; Dötsch 1998, S.142, Abb. 6; Katalog Kassel 1999
Zitate: 1. Holtmeyer 1913, S. LXXXIV; 2. nach Dittscheid 1987, S. 294, Anm. 1458; 3. nach Dittscheid 1987, S. 305; 4. nach Dittscheid 1987, S. 306

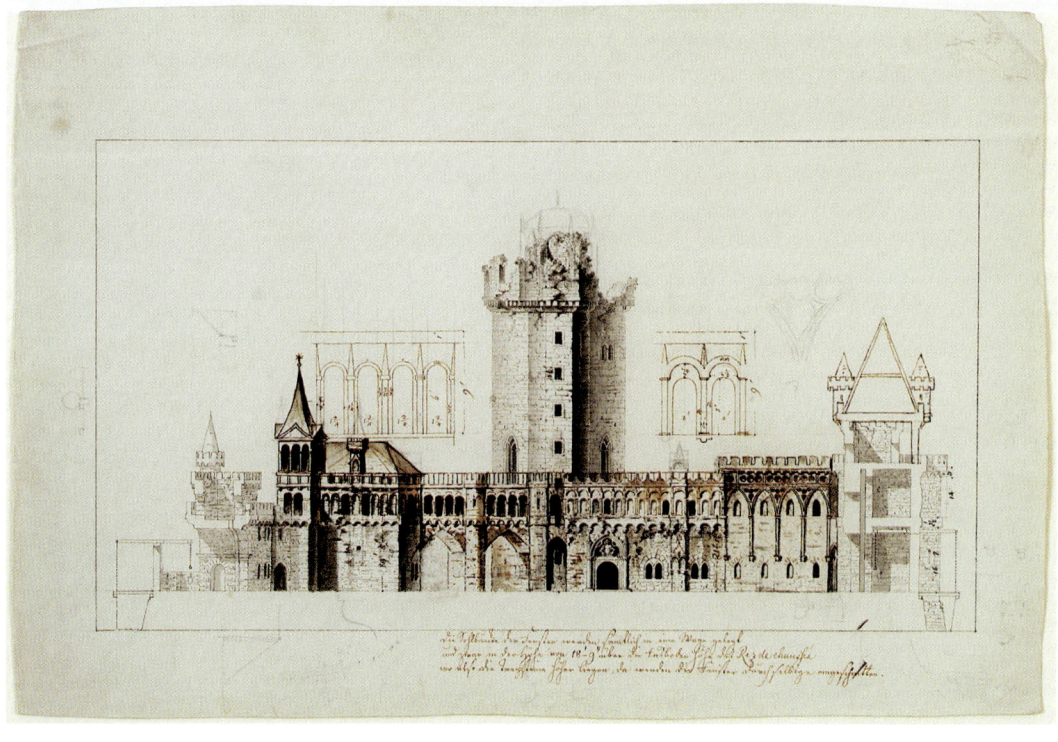

Kassel, Löwenburg

Entwürfe zum Südtrakt, Winter 1794/95 und 1795

Die beiden Aufrisse zum Südtrakt der Löwenburg, die vermutlich im Abstand von nicht mehr als einem Jahr entstanden, zeigen dieselbe Entwurfstechnik wie die Pläne zum Osttrakt. Wiederum hat Jussow den Zeichenprozeß vereinfacht, indem er den späteren Entwurf in eine Kopie des früheren einzeichnete und die ehemals ruinösen Partien der Burg im Zuge der Aufstockung komplettierte.

Beide Zeichnungen weisen eine besonders qualitätvolle und ungewöhnliche Kolorierung auf. Wie es bei der französischen Architekturzeichnung, insbesondere bei seinem Lehrer Charles De Wailly üblich war, hat Jussow die einzelnen Raumschichten farblich differenziert. Vom Vorder- zum Hintergrund werden die Töne immer graustichiger, um die räumliche Wirkung der Zeichnung zu steigern. Diese Art der Farbabstufung läßt sich auch bei seinen Entwürfen für klassizistische Gebäude, etwa für das Schloß Wilhelmshöhe oder das Palais Veltheim in Braunschweig (vgl. Kat. Nr. 92-99), nachweisen. Während sich Jussow dort jedoch auf eine Lavierung in Braun- und Grautönen beschränkt, fällt die ungewöhnliche Farbwahl bei den beiden Entwürfen zur Löwenburg auf. Die Kolorierung in zarten Rottönen erzeugt gerade bei dem frühen Entwurf zum Südtrakt eine kulissenhafte, illusionistische Wirkung. Diese wird noch dadurch betont, daß auch die Gräser und Felsen des Vordergrundes entgegen ihrer Lokalfarbe in Rottönen wiedergegeben werden. Bei dem späteren Aufriß wird vor allem durch das lichte Blau der hintersten Raumebene die angestrebte irreale Wirkung erreicht.

Die zeitgenössische Literatur hat stets den malerischen Charakter der Löwenburg hervorgehoben. Der Begriff des Pittoresken spielte in der englischen Kunsttheorie seit der zweiten Hälfte des 18. Jahrhunderts eine bedeutende Rolle. Dabei wurde von einigen Theoretikern die gotische Architektur dem Pittoresken und die antike dem Schönen zugeordnet. Den besonders malerischen Charakter der neogotischen Löwenburg wollte Jussow offensichtlich durch seine auffällige Kolorierung noch unterstreichen.

Nach dem »Gotischen Haus« in Wörlitz gehört die Löwenburg zu den frühesten Zeugnissen der Neogotik in Deutschland. Ihre inhaltliche Deutung in der Forschung weist ein breites Spektrum auf: von einem ausschließlich ästhetisch motivierten Zeugnis einer melancholisch-sentimentalen Architektur bis zum Denkmal des alten Deutschland als Reaktion auf die Bedrohung der bestehenden Ordnung nach der französischen Revolution. Die Inszenierung der Löwenburg als Denkmal wurde dabei durch die Komplettierung der Ruine zur Burg entscheidend verstärkt. Darüber hinaus betont ihre Funktion als Grablege des Bauherrn – Kurfürst Wilhelms I. ließ sich in einer Gruft unterhalb der Kapelle beisetzen – ihren denkmalhaften, programmatischen Charakter. *CL*

45

Entwurf zum Südtrakt, Aufriss von Süden, Winter 1794/95

Graphit, Feder in Grau, rotbraun, grau und rosa laviert
275 × 451 mm
Staatliche Museen Kassel, Inv. Nr. GS 5653
Literatur: Katalog Kassel 1958, S. 19, Nr. 49; Reuther 1959, S. 51; Bangert 1969, S. 110, Anm. 12; Dittscheid 1987, S. 173, 178, 349-350, Nr. 152, Abb. 307, Farbtaf. X oben; Dittscheid 1997/1, Abb. 16; Katalog Kassel 1999; zum Pittoresken vgl. Kruft 1991, S. 300-302; zu den verschiedenen Interpretationen der Löwenburg zuletzt Zimmermann 1989, S. 353-355, Anm. 893

46

Entwurf zum Südtrakt, Aufriss von Süden, 1795

Graphit, Feder in Grau und Braun, hellblau, ocker, rot, grau und braun laviert
319 × 508 mm
Staatliche Museen Kassel, Inv. Nr. GS 5654
Literatur: Dittscheid 1987, S. 178, 187, 352-353, Nr. 168, Abb. 308, Farbtaf. X unten; Katalog Wien 1997, S. 301, Nr. 1.2; Katalog Kassel 1999

Kassel, Löwenburg

Die Burgkirche, Winter 1794/95

Nach der Planänderung von der Ruine zur vollständigen Burganlage war im westlichen Trakt der Löwenburg eine Kapelle vorgesehen. Der früheste erhaltene Grundriß zur Gesamtanlage (vgl. Kat. Nr. 39) sah eine einschiffige Halle vor, die leicht aus der Flucht der benachbarten Fassaden zurücktrat. Später wurde die Kapelle zusätzlich um ein Joch in diese Richtung verschoben und dreischiffig ausgebaut.

Zum Aufriß der Kapelle haben sich drei verschiedene Varianten erhalten. Den ersten Entwurf überliefert ein Aufriß, der den Westtrakt noch eingeschossig zeigt. Die Kirchenfassade wird bereits durch von Fialen bekrönte Strebepfeiler in drei Teile gegliedert. Ihre seitlichen Trakte schließen jedoch noch auf einer Höhe mit den Nachbargebäuden ab. In Graphit ist in diesen Aufrißentwurf bereits der zweigeschossige Ausbau des Westtrakts sowie die Erhöhung der Kirche eingezeichnet.

Der vorliegende zweite, besonders großformatige und dadurch repräsentative Entwurf sieht dagegen nur eine Erhöhung der Kirche vor, die flankierenden Gebäude sind noch eingeschossig vorgesehen. Die Aufstockung des Westtrakts und der Kirche müssen demnach in engem zeitlichem Rahmen im Winter 1794/95 unabhängig voneinander diskutiert worden sein.

Die dritte Variante entspricht der Bauausführung, die erst spät vollendet wurde. Nachdem 1796 der Sockel und das Untergeschoß mit der Burg errichtet worden waren, ruhte der Bau bis 1798. »Von denen den Hof [...] einschließenden Gebäuden war die Kapelle das einzige,« berichtet Jussow in den »Historischen Nachrichten«, »das bisher noch gar nicht in Arbeit genommen war. Jetzt wurde die Veranstaltung dazu gemacht und der Bau vom 21ten May an bis zum 24ten Oktober soweit gebracht, daß die Gewölbe geschlossen und das Mauerwerk über haupt vollendet war.«

Zwischen Entwurf und Ausführung lag also eine längere Zeitspanne, wie es häufiger bei der Löwenburg der Fall gewesen zu sein scheint. Alle drei Fassadenentwürfe orientieren sich an der italienischen Gotik. Besonders deutlich wird dies bei der zweiten Variante, die sich an die Fassaden der Dome in Siena und Orvieto anlehnt. Da sich keine Aufzeichnungen von Jussows Italienreise erhalten haben, ist unklar, ob er die beiden Orte aus eigener Anschauung kannte oder ob er sich Stichvorlagen zum Vorbild nahm. Italienische Vorbilder scheinen auch bei einigen Details der Löwenburg eine Rolle gespielt zu haben. So erinnern die Rundbogenfenster im hofseitigen Obergeschoß des Osttrakts an venezianische Palastfassaden (vgl. Kat. Nr. 44).

Die Kapelle wurde teilweise mit mittelalterlichen Gemälden und Glasfenstern ausgestattet. Darüber hinaus fertigte Johann Christian Ruhl nach Entwürfen von Jussow das bewegliche Mobiliar und die Bildhauerarbeiten wie das Rittergrabmal, das in der Kapelle an ihre Funktion als Grablege erinnert, und den marmornen Sarkophag, in dem Wilhelm am 14. März 1821 in der Gruft beigesetzt wurde. *CL*

47

Entwurf zur Fassade, Aufriss, Winter 1794/95

Graphit, Feder in Braun, braun und grau laviert
510 × 402 mm
Staatliche Museen Kassel, Inv. Nr. GS 5689

Literatur: Katalog Kassel 1958, S. 21, Nr. 55; Reuther 1959, S. 51; Klein 1975, S. 160, Abb. 7; Dittscheid/Einsingbach/Fink 1976, S. 48, Abb. 37; Dittscheid 1987, S. 176, 201-203, 352, Nr. 164, Abb. 319; Riedl 1993, S. 157; Katalog Kassel 1999
Zitat: Holtmeyer 1913, S. LXXXIV

Kassel, Löwenburg

Innenausstattung, 1794/95

Der von Jussow vorgeschlagene Entwurf zur Wanddekoration des Rittersaals im Bergfried der Löwenburg zeigt eine in regelmäßigen Abständen durchfensterte Wand mit der Darstellung einer und zweier halber Fensterachsen. Die Wandabschnitte zwischen den Spitzbogenfenstern sind entsprechend den klassizistischen Grundprinzipien gefeldert. Ebenso dem klassizistischen Geschmack folgt die Gestaltung der Wandeinteilung mit verschiedenartigen Marmorierungen, welche hier in Stuckmarmor ausgeführt werden sollten, aber in jenen Jahren so populär waren, daß sie auch als Malerei oder gar auf Papiertapete gängig waren.

Zur obligaten Dekoration von Rittersälen, wie sie etwa in dem populären zeitgenössischen »Magazin für Freunde des guten Geschmacks« vorgestellt wurde, gehörten um 1800 Helme mit Federbüschen, Panzer mit buntfarbigen Feldbinden, Lanzen, Schwerter, Streitäxte, Heroldsinsignien etc. Entsprechend bestückte Jussow die gerahmten Wandfelder mit hessischen Wappen und mit Trophäen, die wiederum mittelalterliche Elemente in antikisierende Grundformen bringen. Für den Trophäenschmuck standen Jussow bzw. dem unter seiner Anleitung arbeitenden Bildhauer Johann Christian Ruhl die verschiedensten Vorlagenwerke zur Verfügung, etwa von dem Pariser Architekten und »décorateur« Jean-Charles Delafosse, dessen Blattsammlung »Suite de Cartels et Trophées« aus den 1760er Jahren lange Zeit als vorbildlich galt. Die Trophäen wurden von Ruhl ausgeführt.

Der Rittersaal weist in seiner Innenarchitektur nur wenige neogotische Elemente auf. Die mittelalterliche Gestalt des Vorschlages beschränkt sich neben den spitzbogigen Fensteröffnungen auf vereinzelte gotisierende Ornamentformen und bleibt im Grunde einer klassizistischen Gestaltung verhaftet. Durch die Marmorierung und Rustizierung, die sich bis in die profilierten Fenstergewände hineinzieht, gelingt Jussow eine homogene Verbindung der verschiedenen Stilelemente, welche dem Raum ein mittelalterliches Gepräge geben. *ST*

48

Entwurf zur Wanddekoration des Rittersaals im Bergfried, Aufriss, 1794/95

Graphit, Feder in Grau, koloriert
219 × 289 mm
Staatliche Museen Kassel, Inv. Nr. GS 5711

Literatur: Heidelbach 1909, S. 166; Dittscheid 1987, S. 175, 351, Nr. 161, Abb. 326; Katalog Kassel 1999; zur Ausführung vgl. Dittscheid 1987, S. 175

Kassel, Löwenburg

Innenausstattung, 1794/95

Das Blatt führt zwei Alternativentwürfe für die Kuppeldekoration des Rittersaals zur Auswahl vor, wobei der linke eine Untersicht bietet und der rechte als halbierter Aufriß zu sehen ist.

Die rechte Seite bildet die Kuppel nach dem üblichen klassizistischen Formenrepertoire um eine zentrale Rosette mit diagonal verlaufender Kassettenfelderung, die über gestreckte, sechseckige Felder in aneinandergereihte Stichkappen mit spitzbogigen Maßwerkfenstern übergeht und somit eine Mischung aus einem Fächer- und einem Netzgewölbe entstehen läßt. Weitere Anleihen aus dem gotischen Formenrepertoire sind die Kreuzblumen in den Kompartimenten zwischen den Stichkappen und die ornamentale Gestaltung der Sechseckfelder durch mittelalterliche Helme mit Helmzier.

Der linke Entwurf zur Ausgestaltung der Kuppel reduziert die neogotischen Elemente und zeigt wiederum die halbkugelige Kalotte mit einer zentralen Rosette und Kassettenfelderung, die erst im äußeren Drittel in die sechseckigen, gleichermaßen neogotisch geschmückten Felder übergeht und am äußeren, rautierten Rand mit Krabben besetzt ist.

Der filigrane Deckenentwurf liefert ein frühes Beispiel für den Umgang mit dem neogotischen Stil in Deutschland, dessen Dekorationsformen noch ganz unbeschwert behandelt und in pittoresker Weise mit klassizistischem Formengut kombiniert werden.

Die plastisch wirkende Deckengestaltung wurde nicht in Stuck, sondern nach dem Gemäldeinventar von 1798 in Trompe-l'oeil-Malerei ausgeführt. *ST*

49

Entwurf zur Kuppeldekoration des Rittersaals, halbierter Aufriss und Teilansicht, 1794/95

Graphit, Feder in Grau, koloriert
305 × 493 mm
Staatliche Museen Kassel, Inv. Nr. GS 5708

Literatur: Katalog Kassel 1958, S. 21, Nr. 54; Reuther 1959, S. 51; Bangert 1969, S. 34, Fig. 30, S. 110, Anm. 12; Dittscheid 1987, S. 175, 351, Nr. 162, Abb. 327; Katalog Kassel 1999; zur Ausführung der Decke vgl. Dittscheid 1987, S. 175

Kassel, Löwenburg

MÖBEL, UM 1800

Für die Ausstattung der Löwenburg wurden, wie auch anderenorts gebräuchlich, historische, meist frühbarocke Möbel aus anderen hessischen Schlössern zusammengetragen. Da aber die Hofkämmerei auf keinen allzu großen Vorrat zurückgreifen konnte und die Stücke nicht ausreichten, um die herrschaftlichen Räume zu füllen, wurden zudem Möbel im »antiquen« Geschmack gearbeitet. Wie sich in den Inventaren nachlesen läßt, wurden auch einzelne historische Stücke in den ersten Jahren gegen neogotische »Stilmöbel« ausgetauscht, die sich harmonischer in die Gesamtkonzeption der Löwenburg einfügten. Dabei galt es, Möbelstücke des modernen Gebrauchs in eine gotische Formensprache umzusetzen, wobei allerdings keine Loslösung von der klassizistischen Grundstruktur vollzogen wurde. Zu den beauftragten neogotischen Möbeln zählt neben Stühlen, Konsoltischen und Ofenschirmen unter anderem auch dieser von Jussow entworfene Aktenschrank.

Die Zeichnung zeigt den Schrank in Seiten-, Front- und Innenansicht, wobei der Maßstab an der Seite des Blattes auf die sorgfältige Proportionierung des Möbels hinweist. Die Grundgliederung des Stückes folgt noch ganz einem klassizistischen Kasten, der entsprechend auf Rahmen und Füllung gearbeitet ist. Gotisierend ist allein der Dekor, der auf den Schrank appliziert wurde, ohne seinen klassizistischen Aufbau zu durchdringen und zu verändern. Sogar bestimmte Ornamente sind noch der klassizistischen Formensprache entnommen, wie die mit geschweiften Akanthusblättern belegten Löwenmonopodien, auf denen der Schrank ruht, die Münzschnur auf der Schlagleiste und die in der Mitte der Türfüllungen sitzenden Löwenköpfe. Auch das profilierte Abschlußgesims mit seiner ornamentierten Kehle stammt aus dem klassizistischen Repertoire. Gotisierend ist dagegen das aufgestiftete und aufgeleimte Schnitzwerk der Türen. Der über einem Sockel aus Maßwerk aufstrebende Wimperg wird von Fialen, Krabben und einer Kreuzblume abgeschlossen.

Bei diesem Schrank lehnte sich Jussow nicht an mittelalterliche Vorbilder an, sondern schuf mit der durch gotische Formelemente bereicherten klassizistischen Grundstruktur ein Komposit, das ganz dem literarischen »gothic revival« um 1800 entsprach.

Der Aktenschrank wurde ausgeführt und im Sommer 1800 im Schreibkabinett der Löwenburg aufgestellt. *ST*

50

ENTWURF EINES SCHRANKES IM NEOGOTISCHEN STIL, SEITEN-, FRONT- UND INNENANSICHT, UM 1800

Graphit, Feder in Schwarz, gelb und braun laviert
251 × 324 mm
Staatliche Museen Kassel, Inv. Nr. GS 5712

LITERATUR: Klein 1975, Abb. 11; Dittscheid 1987, S. 189; Katalog Kassel 1999

Kassel, Löwenburg

Der Turnierplatz, 1800

Während Jussow zur Bergseite hin den heroischen Charakter der Löwenburg durch künstlich aufgetürmte Felsen in der Wolfsschlucht noch steigerte, bot sich die freie Fläche auf der Westseite an, um mittelalterliches Treiben und Ambiente zu inszenieren. Vor dem Nordtor ließ Wilhelm IX. dafür einen Burggarten anlegen, der sich durch seinen formalen Charakter von dem natürlich anmutenden Landschaftsgarten abhob. Im Westen aber wurde das Gelände planiert und ein Turnierplatz mit einer Tribüne für die Zuschauer errichtet. »Vor dem nördlichen Thore«, berichten die »Historischen Nachrichten« für das Jahr 1800, »verschönert ein im alten Geschmack mit geschnittenen und in macherley Gestalten geformten Hecken und Bäumen; Baßins; Springbrunnen; Statuen; Bogengängen und Vogelhäußern angelegter Garten die Gegend und erhöhet die Täuschung vom würklichen Alter der Burg. Zu gleichem Zwecke wird vor dem südlichen Thore ein Turnier Platz angeordnet [...].« Die Tribüne, zu der sich ein Aufrißentwurf erhalten hat, wurde im folgenden Jahr erbaut, allerdings nicht zweigeschossig, wie auf dem vorliegenden Situationsplan vorgesehen, sondern nur eingeschossig.

Die Errichtung eines Turnierplatzes vor einer neogotischen Burganlage ist kein Einzelfall. Auch zur Franzensburg, die von 1798 bis 1801 von Franz II. von Österreich erbaut wurde, gehörte ein Platz, auf dem Ritterspiele wie Lanzenstechen veranstaltet wurden und dem Ideal des Rittertums gehuldigt werden konnte. Wie bei den meisten dieser Anlagen, wurde auch bei der Löwenburg nicht nur die Umgebung so gestaltet, daß sie »die Täuschung vom würklichen Alter der Burg« erhöhen konnte. Wilhelm IX. ließ die Schweizer Wache am Südtor in alten Kostümen auftreten, im Westtrakt eine Rüstkammer mit historischen Rüstungen, Waffen und Gerätschaften ausstatten und eine umfangreiche Bibliothek mit zeitgenössischen Ritterromanen anlegen. Die Bezeichnungen der einzelnen Räume und Appartements auf den Grundrissen der Löwenburg mit »Ritterordenssaal«, »des Burgherren Zimmer«, den Zimmern für den »Burg Pfaffen« oder die »Knappen« legen weiter nahe, daß auch die Bewohner und Besucher sich der Illusion eines mittelalterlichen Lebens hingeben wollten. »Der Geist der Ritterzeit« wurde denn auch bei dem Besuch der Wilhelmshöhe von König Friedrich Wilhelm III. von Preußen und seiner Gemahlin Luise am 9. Juni 1799 beschworen. Der Hofpoet Casparson verfaßte zu diesem Anlaß ein gleichnamiges Gedicht, in dem die ruhmreiche Vergangenheit der Hohenzollern besungen wurde. Die Burg selbst betrachtete Casparson jedoch als Denkmal für die Tatkraft des Bauherrn und seiner Ahnen. »Der anschauende Wanderer gantz staunen, ganz schauern, ganz in die Ritterzeit gezaubert – und doch alles, alles Täuschung! Denn Wilhelm IX. gründete die Burg, er führt sie aus. [...] Sie ist das Schöpferwerk seines unternehmenden Geistes, seiner altdeutschen Größe und Stärke, das Denkmal, welches er denen widmete, die solche auf ihn vererbten.« *CL*

51

Entwurf zur Tribüne und ihrer Umgebung, Ansicht, 1800

Graphit, Feder in Grau, Braun und Schwarz, koloriert
315 × 502 mm
Staatliche Museen Kassel, Inv. Nr. GS 5723

Literatur: Katalog Kassel 1958, S. 22, Nr. 60; Reuther 1959, S. 51; Bangert 1969, S. 110, Anm. 12; Katalog Kassel 1999
Zitate: 1. Holtmeyer 1913, S. LXXXIX; 2. nach Dittscheid 1987, S. 306-307

Kassel, Schloßpark Wilhelmshöhe

Gartenplan, um 1788

Zusammen mit einem zweiten, sehr ähnlichen Situationsplan des »Schlosses und Garten zu Weissenstein« in Potsdam (Bestand Kassel XII, Nr. 1) gibt das um 1788 anzusetzende, kolorierte und mit einer Legende versehene Blatt einen ersten Eindruck der von Jussow unter Wilhelm IX. projektierten Umgestaltung des Parks nach englischem Vorbild. Im Dezember 1787 war Jussow von seinem einjährigen Englandaufenthalt zurückgekehrt. Die frühen Parkpläne bezeugen eine intensive Auseinandersetzung mit dem englischen Landschaftsgarten und seinen beiden wichtigsten Vertretern, Lancelot »Capability« Brown und William Chambers. Besonders im Vergleich zu Gartenplänen, die den Zustand unter Friedrich II. verzeichnen – wie zum Beispiel der Plan des Hofgärtners Fuchs aus dem Jahr 1784 (Abb. 33) – zeigt sich die Konsequenz und Modernität, mit der Jussow die Umgestaltung anging.

Der Plan erfaßt den westlichen Teil des Parks bis zur Querachse der barocken Anlage und reicht im Osten bis zum unteren Ende des Lac. Er gibt einerseits einen genauen Überblick über den damals aktuellen Bestand an Gartenarchitekturen, andererseits bezieht er die erst im Planungsstadium befindlichen Projekte wie den Aquädukt, die Löwenburg und den Neubau des Schlosses mit ein. Das Schloß ist beispielsweise nach einem von Simon Louis Du Ry geplanten Grundriß eingezeichnet, der nach Dittscheid dem Planungsstadium um 1788 entspricht. Was die Bauausführung angeht, hatte man gerade erst mit dem zweiten Flügel begonnen.

Besonders auffällig an Jussows Plan ist die Übersichtlichkeit und Großzügigkeit aller gestalterischen Elemente, die im Gegensatz zur Kleinteiligkeit des Parks unter Friedrich II. stehen. Ältere Anlagen wie das Labyrinth oder das Heckentheater wurden beseitigt und nahezu alle barocken, geometrisch gestalteten Formen wie das Fontainenbassin oder das Bowlinggreen in unregelmäßige, natürlich wirkende Formen und Flächen umgestaltet.

Als gutes Beispiel für die grundlegende Neukonzeption des Parks kann das Wegesystem gelten. Neben großzügigen Fahrwegen, die der Erschließung des Parks dienen sollten, verlaufen auch die neuen Spazierwege in langgezogenen S-Schwüngen. Sie entsprechen den großzügigen Schlangenlinien oder »serpentines«, die Lancelot Brown für die Gestaltung der englischen Gartenanlagen bevorzugte. Auch die vielfach verzweigten kleinen Wasserläufe faßt Jussow zu größeren Flüssen zusammen. Wege und Flüsse strukturieren das Terrain neu und schaffen zusammen mit dem großen, aus der Achse gerückten Lac, der an Stelle der Fischteiche angelegt werden sollte, ein Gegengewicht zu der barocken Symmetrie.

Für die Datierung des Blattes ist neben dem Aquädukt, dessen Bau 1788 begonnen wurde, besonders die hier noch unterhalb des Schlosses eingezeichnete Fasanerie relevant, die um 1788 unter Wilhelm IX. einen neuen Standort unterhalb der Löwenburg erhielt. *SH*

52

»Allgemeiner Plan des neuen Schlosses und Garten zu Weissenstein«, Situationsplan, um 1788

Graphit, Feder in Grauschwarz, grau, braun, rot und grün laviert
495 × 420 mm
Privatbesitz Ulrich Helbing

Literatur: Heidelbach 1909, S. 240, Abb. 46; Holtmeyer 1910, Taf. 127; Dittscheid 1987, S. 332, Nr. 67, Abb. 184; Katalog Kassel 1999; allgemein zur Situation von Schloß und Garten um 1788 vgl. Heidelbach 1909, S. 196; Holtmeyer 1910, S. 247-249; Holtmeyer 1913, S. XXXVII-XLIV
Zitat: Nach Dittscheid 1987, S. 23

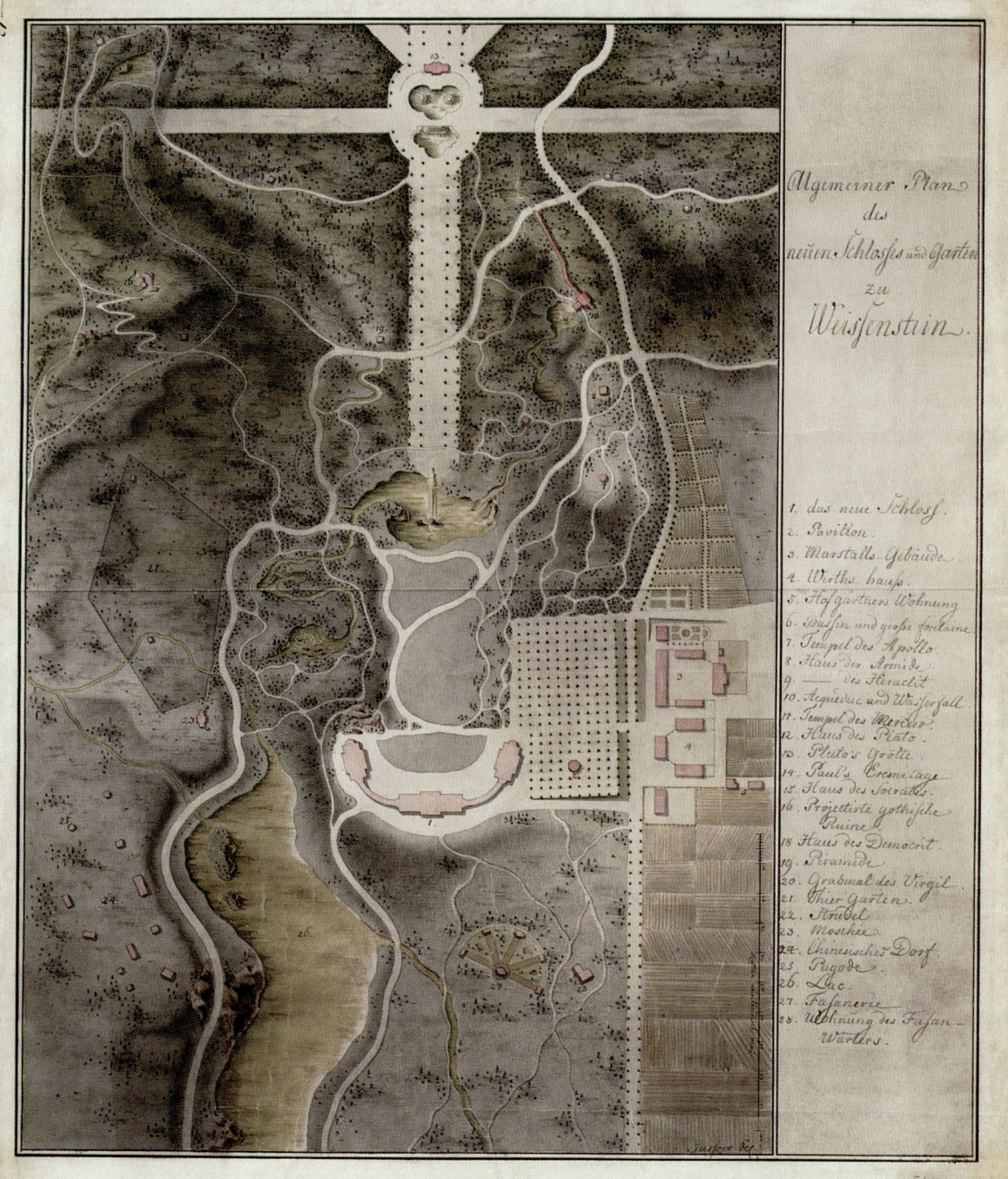

Algemeiner Plan
des
neüen Schlosses und Garten
zu
Weissenstein.

1. das neue Schloss.
2. Pavillon.
3. Marstalls Gebäude.
4. Wirths hauss.
5. Hofgärtners Wohnung.
6. Bassin und grosse fontaine.
7. Tempel des Apollo.
8. Haus der Armide.
9. — des Heraclit.
10. Aequeduc und Wasserfall.
11. Tempel des Merkur.
12. Haus des Plato.
13. Pluto's Grotte.
14. Paul's Eremitage.
15. Haus des Socrates.
16. Projektirte gothische
    Ruine.
18. Haus des Democrit.
19. Piramide.
20. Grabmal des Virgil.
21. Thier Garten.
22. Strudel.
23. Moschee.
24. Chinesisches Dorf.
25. Pagode.
26. Lac.
27. Fasanerie.
28. Wohnung des Fasan_
    Wärters.

Kassel, Schloßpark Wilhelmshöhe

Aquädukt, vor 1788

Der Aquädukt gehört zu den frühesten geplanten Projekten für die Umgestaltung des Bergparks nach englischem Vorbild. Bereits ein 1786 – kurz nach der Regierungsübernahme Wilhelms IX. – entstandenes Gemälde von Johann Heinrich Tischbein d. Ä. gibt einen Eindruck der geplanten antiken Ruine wieder. Daher ist davon auszugehen, daß die Idee zu einem Aquädukt – wie wahrscheinlich auch zu einer gotischen Ruine – vom Landgrafen an Jussow herangetragen wurde, da dieser erst im Dezember 1787 von seiner Studienreise aus England zurückkehrte.

Der 1788 bis 1792 errichtete Aquädukt bildet zusammen mit der 1793 bis 1803 im neogotischen Stil erbauten Löwenburg die Hauptstaffage des Parks. Wie die Löwenburg ist der Aquädukt Ausdruck des romantischen Ruinenkults, der in der zweiten Hälfte des 18. Jahrhunderts ausgehend von England den Gartenstil beherrschte. Die in dieser Zeit angelegten Ruinen beziehen sich fast immer auf gotische oder antike Vorbilder, deren Formen sie frei variieren. Statt die Gartenbilder mit moralisierenden Sinngehalten zu verknüpfen, wurde nun gemäß der sensualistischen Theorie die unmittelbar sinnliche Wirkung der Gartenbilder auf das Gemüt angestrebt. Die Ruine spielte dabei eine wichtige Rolle. Nach Hirschfeld, dem die künstliche Ruine im Garten als reiche »Quelle des Vergnügens und der süßesten Melancholie« galt, verstärkt ein kleiner Wasserfall den Stimmungswert, während ein großer Wassersturz ihn verändert. »Die Wirkung der Katarakten ist Ungewißheit, Unruhe, Staunen, oft eine Art von Schrecken. Sie gehören nicht zur angenehmen Gegend, vielweniger zu sanftmelancholischen; sie machen einen Theil von dem Charakter romantischer, am meisten aber feyerlicher Reviere aus.«

Im Gegensatz zu dem von Tischbein mit einem spektakulären Wassersturz ausgestatteten Aquädukt, der dem letztlich realisierten bereits ziemlich nahe kommt, sieht Jussows früher malerischer Entwurf nur einen kleinen Wasserfall vor. Die Zeichnung zeigt den Aquädukt in seiner ganzen Länge. Auf einem leicht abschüssigen Gelände bildet er acht Bögen aus, die in einem ruinösen römischen Wasserkastell enden, das mit einem überkuppelten Rundbau verbunden ist. Die Verbindung von Aquädukt und Rundtempel ist ausgesprochen ungewöhnlich. Über einen Fries aus Stierschädeln und Girlanden, der die mittlere Wandzone abschließt, stellt Jussow einen Bezug zum antiken Grabmal der Caecilia Metella an der Via Appia in Rom her.

Die stimmungsvoll aufgefaßte Architekturzeichnung zeigt den Aquädukt vor einer Kulisse aus Pinien und Zypressen, die eine Anmutung an die römische Campagna schaffen. Zugleich korrespondieren die Bäume mit den Büschen und Pflanzen, die das Bauwerk überwuchern. Die Bepflanzung der künstlichen Ruinen sollte ihnen ein »natürliches« Aussehen verleihen. »Nichts giebt einen sichtbarern Beweis von der Länge der Zeit, als wenn der Ort, den ein Gebäude zierte, mit Moos, mit Gras

53

Variante des ersten Entwurfes, Aufriss, vor 1788

Graphit, Feder in Grau, grau und rosa laviert
308 × 987 mm
Staatliche Museen Kassel, Inv. Nr. GS 5845

Literatur: Katalog Kassel 1958, S. 24-25, Nr. 65; Katalog Kassel 1986/1, S. 131, Abb. 24e; Katalog Kassel 1999; zu J. H. Tischbein d. Ä. »Der Aquädukt« von 1786 vgl. Katalog Kassel 1993, S. 63, Taf. 5; allgemein zum Wasserfall vgl. Hirschfeld 1779-85, Bd. II, S. 115-124; allgemein zur Ruine vgl. ebd. Bd. III, S. 110-118
Zitat: 1. Hirschfeld 1779-85, Bd. II, S. 119; 2. ebd. Bd. III, S. 113

und grünem Gesträuch überzogen ist.«, heißt es bei Hirschfeld. Im Gegensatz zu
dem von Tischbein imaginierten Aquädukt weist die Wasserleitung am Ende bereits
eine Verzweigung auf. Dabei fällt das Wasser noch nicht, wie in der realisierten
Version, in eine tiefe Schlucht, sondern lediglich auf Felsen, die am Fuße des
Kastells lagern. *SH*

Kassel, Schloßpark Wilhelmshöhe

AQUÄDUKT, VOR 1788

Das aufwendig gestaltete Blatt befaßt sich mit der Einbettung des Aquädukts in die von Jussow unter Wilhelm IX. nach neuestem englischen Vorbild geplante nördliche Parklandschaft. Der Grundriß des Aquädukts entspricht hier weitgehend der 1788 begonnenen und 1792 abgeschlossenen Ausführung. Der Ausschnitt beschränkt sich auf den Aquädukt und den oberen Teil des von ihm gespeisten Wasserlaufs mit dem neuen aus England übernommenen Wegesystem, das den Park in langgezogenen S-Schwüngen durchzieht. Das nördlich eingezeichnete Haus der Armide wie auch das südlich gelegene Haus des Heraklit wurden später entfernt. Vom Aquädukt aus sollte das Wasser in die Tiefe stürzen und sich in einem kleinen Becken sammeln. Von dort schlängelt sich der Fluß bis zu einem kleinen See und fließt weiter in das Fontainenbecken. Östlich schließt der Auschnitt mit dem ehemaligen Schneckenberg ab. Dessen bereits von Hirschfeld kritisierte »ermüdende« Manier mit dem spiralförmig angelegten Weg sollte nach dem Plan in ein einfacheres Wegesystem aufgelöst werden. Auch der auf seiner Spitze befindliche hölzerne Tempel des Apollo sollte der geplanten, aber nie ausgeführten Fortführung des Aquädukts weichen.

Die untere Hälfte des Blattes zeigt ergänzend den Schnitt durch den oben gegebenen Bereich des Parks. Die Fortsetzung des Aquädukts auf dem Schnekkenberg wirkt in der Profilansicht der Landschaft unmittelbar überzeugend. Ungefähr auf gleicher Höhe gelegen, durch einen Taleinschnitt voneinander getrennt, treten die beiden Fragmente des Aquädukts zueinander in Beziehung. Sie überragen durch ihre exponierte Lage und ihre gewaltige Größendimension den relativ niedrig angesetzten, aber ungemein vielfältig geplanten Baumbestand, dessen unterschiedliche Pflanzenarten sich trotz der Kleinteiligkeit der Zeichnung mühelos bestimmen lassen.

Der Charakter des westlichen Teiles des Aquädukts wird durch die Vielzahl an Bögen bestimmt. Er ergibt sich aus seiner tatsächlichen Funktion, das Wasser für den Wasserfall herbeizuführen. Die Turmruine auf dem vorletzten Bogen setzt ästhetisch einen Vertikalakzent, der das Herabstürzen der Fluten um so eindrucksvoller gestalten sollte. Die geplante Fortführung des Aquädukts auf dem Schneckenberg hingegen, die nicht mit Wasser bespielt werden sollte, ist als eigenständiges Architekturfragment weniger scharf umrissen. Ein die Bogenreste ergänzendes Halbrund läßt Assoziationen an Tempelarchitektur zu, die aber unspezifisch bleiben.

Warum die Fortsetzung nicht realisiert wurde, kann nur vermutet werden. Da Wilhelm IX. beim Abschluß der Bauarbeiten bereits von der Idee einer »Felsenburg« eingenommen war, die das gotische Pendant zu der antiken Ruine des Aquädukts bilden sollte, hätte eine Fortführung des Aquädukts den engen Bezug der beiden Ruinen aufeinander eher geschwächt als gestärkt.   *SH*

54

ENTWURF ZUM AQUÄDUKT UND ZU EINER RUINE AUF DEM APOLLOBERG, AUFSICHT UND SCHNITT, VOR 1788

Graphit, Feder in Grau, koloriert
477 × 640 mm
Staatliche Museen Kassel, Inv. Nr. GS 5727

LITERATUR: Katalog Kassel 1993, S. 118-119, Nr. 31; Katalog Kassel 1999; zum Kasseler Aquädukt vgl. Apell 1805, S. 45-47; Engelhard 1842, S. 149-150; Hartmann 1981, S. 141; 170-171; Zimmermann 1989, S. 112-119; zum Schneckenberg vgl. Hirschfeld 1779-85, Bd. V, S. 238

Kassel, Schloßpark Wilhelmshöhe

Aquädukt, 1788-92

Aquädukte, die mit einem künstlichen Wasserfall kombiniert wurden, finden sich nur selten in der Geschichte der Landschaftsgärten, auch wenn sie in der Gartenliteratur häufiger beschrieben werden. Neben dem römischen Wasserkastell in Schwetzingen, das jedoch keinen vergleichbaren Wassersturz aufweist, gehört der Aquädukt für den Weißenstein zu den wenigen realisierten Bauten dieses Typus. Die Hauptschwierigkeit bestand in der Anlage eines künstlichen Wasserfalls, der nach Hirschfeld kaum je überzeugen konnte: »Die Natur scheint die Bildung der Katarakten allein ihrer schöpferischen Macht vorbehalten zu haben; die Kunst wird hier, nach vergebens verschwendeter Mühe und Aufwand, zurückweichen und ihre Schwäche fühlen. Schon die Umstände, daß Wasserstürze keine rechte Wirkung haben, wenn sie nicht von felsigten Anhöhen herabfallen, und daß nur eine von der Natur selbst gebildete Wildniß natürlich scheint, lassen die Schwierigkeiten bald erkennen.« Der Wasserreichtum des Bergparks Wilhelmshöhe und seine Hanglage boten jedoch optimale Voraussetzungen für ein solches Vorhaben.

Die bildhaft abgerundete Zeichnung des Aquädukts zeigt das Wasserkastell mit Ruinenturm während der Wasserspiele in einer Ansicht von Süden. Der Turm markiert den Kreuzungspunkt zweier Leitungen. Das Wasser wird von der Hauptleitung über eine kurze Nebenarkade geführt und stürzt über einen zerfallenen Bogen in eine tiefe Schlucht. Der dargestellte Zustand entspricht weitgehend der Ausführung, weshalb nicht gänzlich auszuschließen ist, daß die Zeichnung während oder sogar erst nach der Einweihung des Aquädukts am Himmelfahrtstag 1792 entstand. Jussow interessieren hier weniger die technischen Details des Aquädukts als seine malerische Wirkung in der Landschaft.

Von den Zeitgenossen ist insbesondere hervorgehoben worden, wie überzeugend Jussow die Umsetzung des Aquädukts als Ruine gelungen sei. Die »[...] künstliche Nachahmung von Rissen und Senkungen ist so täuschend, dass sie selbst einen Sachverständigen irre führen könnte.«, bemerkt Engelhard, ein Schüler Jussows. Viel stärker wurde aber noch die überwältigende Wirkung des Wasserfalls selbst empfunden. »Ueber alle Beschreibung groß und erhaben ist der Anblick der ungeheuren Wassermasse, wenn sie da, wo die Bogen endigen, aus einer Höhe von 100 Fuß, 18 Fuß breit und einen Fuß dick, sich schäumend und mit donnerähnlichem Gebrülle auf die unten vorliegenden Felsen herabstürzt.«, beschreibt von Apell 1805 das »fürchterlich-schöne Schauspiel«. Und auf Engelhard macht der Wasserfall »[...] einen so grossartigen Effect, dass er einen Vergleich mit recht schönen Wasserfällen in der Schweiz und Italien wohl aushalten kann. [...] Ich kann nicht läugnen,« schreibt er, »dass ich dieses Wasserkunstwerk allen übrigen künstlichen Anlagen, die ich je gesehen habe und auch allen übrigen Wilhelmshöher Wasserkünsten vorziehe.«   *SH*

55

Ansicht des Aquädukts von Süden, 1788-92

Graphit, braungrau laviert
313 × 191 mm
Staatliche Museen Kassel, Inv. Nr. GS 5857

Literatur: Katalog Kassel 1958, S. 25, Nr. 69; Pierce 1967, S. 49-50, Abb. 4; Katalog Kassel 1999; zum Kasseler Aquädukt allgemein vgl. Grohmann 1802, Heft 39, Taf. 8; Engelhard 1842, S. 150; Hartmann 1981, S. 141, 170-171; Zimmermann 1989, 112-119
Zitate: 1. Hirschfeld 1779-85, Bd. II, S. 119, 2. Engelhard 1842, S. 150; 3. Apell 1805, S. 46; 4. Engelhard 1842, S. 150

Kassel, Schloßpark Wilhelmshöhe

TEUFELSBRÜCKE, UM 1792

Unter der Leitung Jussows wurde am 1. November 1791 mit dem Bau eines Wasserfalls neben der Plutogrotte begonnen. Ihm folgte die Idee zu einer Brücke, die den Wasserfall überspannen sollte. Beide Projekte waren im April 1793 abgeschlossen. Heidelbach weist in seiner Chronik darauf hin, daß der Wasserfall aufgrund eines Zufalls geplant wurde. Nachdem man oberhalb der Plutogrotte zwei ältere Sammelteiche zu einem größeren Reservoir zusammengezogen hatte, bestand die Notwendigkeit, einen Abfluß durch den Fichten- und Lärchenbestand zu legen. Das aus dem Reservoir abgeleitete Wasser wurde über eine künstlich angelegte Tuffsteinwand geführt und stürzte über Basaltsäulen in den darunterliegenden Höllenteich. Dessen regelmäßige Form, die sich aus zwei Becken zusammensetzte, wurde in einen natürlich wirkenden kleinen See umgestaltet. Erst die Idee einer Brücke jedoch, die ein Erleben des Wasserfalls aus unmittelbarer Nähe erlaubte und zugleich – vom Teich aus gesehen – einen reizvollen Anblick bot, rundete das Ensemble zu einem bildhaften Gesamteindruck ab.

Jussow entwarf sechs unterschiedliche Varianten für die Brücke, denen einzig die Bogenform gemeinsam ist. Jeder einzelne Entwurf zeigt eine individuelle Gestaltung des Geländers, wobei vier der sechs Brücken aus Stein gemauerte Lösungen aufweisen. Eine weitere Brücke besitzt ein Eisengeländer, das in einem gemauerten Bogen verankert ist. Nur eine der Varianten verzichtet auf Stein und ist gänzlich aus Holz konstruiert. Wilhelm zog die Holzbrücke allen anderen Entwürfen vor, was an der Unterschrift »Approbatur und soll gleich in Arbeit genommen werden Wilhelm L« ersichtlich ist. Vermutlich entsprach eine fragile Holzkonstruktion am ehesten seiner Vorstellung einer romantischen Gebirgsszenerie. Als der damalige Baudirektor Simon Louis Du Ry den Landgrafen über den Fortgang der Bauarbeiten informierte, stellte er die Vorteile einer Holzkonstruktion heraus: »Die Waßerfalls Maure neben der Moritz Grotte [Plutogrotte] ist nun so weit fertig, daß oberhalb derselben die projectierte Brücke in Arbeit genommen werden könte: Ich habe dafür beykommend vom Inspector Jussow entworfene Zeichnungen überreichen, und zugleich unterthänigst anheim stellen sollen, welches von diesen 4 projecten ausgeführt werden soll? Meiner unterthänigst ohnmasgebigen Meinung nach mögte wohl die hölzerne Brücke Nr. 4 denen Brücken im Tirol und in den Schweizer gebürgen am beßten gleich kommen. Selbige wird auch viel weniger Kosten als eine steinerne erfordern.«

Als Kurfürst Wilhelm II. im Jahr 1825 über die Brücke spazierte, brach ein Teil des hölzernen Geländers ab; darauf wurde sie 1826 durch eine von Bromeis entworfene Eisengußbrücke ersetzt.   *SH*

56
SECHS ENTWÜRFE ZUR TEUFELSBRÜCKE, UM 1792
Graphit, Feder in Braun, braun und grau laviert
318 × 398 mm
Potsdam, Stiftung Preußische Schlösser und Gärten Berlin-Brandenburg, Plankammer, Bestand Kassel XVII, C. a.
Bl. 23/32
LITERATUR: Katalog Kassel 1999 (zitiert als BK 62); allgemein zur Teufelsbrücke vgl. Heidelbach 1909, S. 226-227
Zitat: StAM Bestand 6a, Nr. 153

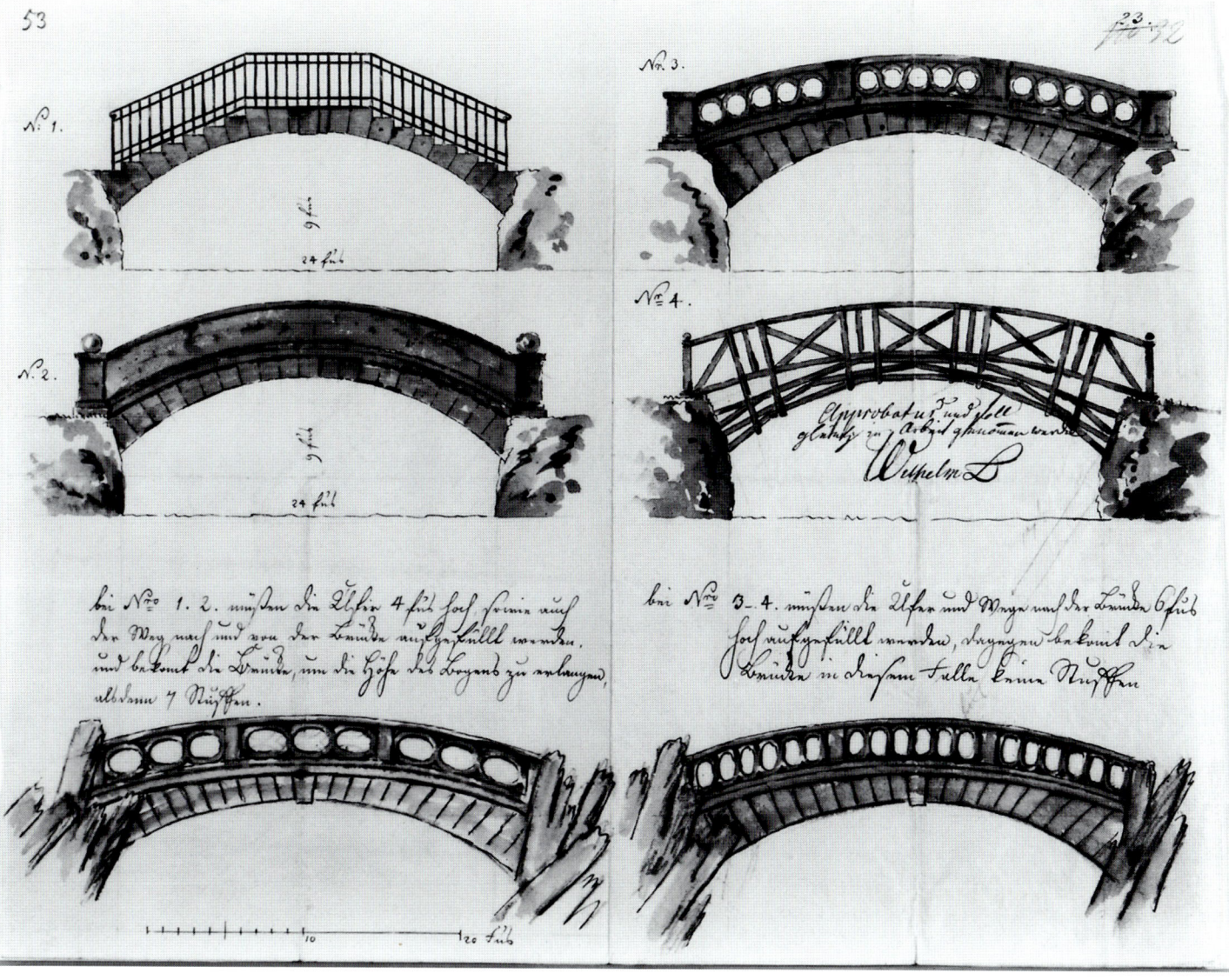

Nº 1.

Nº 2.

Nº 3.

Nº 4.

Approbatus, und soll
gleich in Arbeit genommen werden
Wilhelm L

9 fus

24 fus

9 fus

24 fus

bei Nº 1. 2. müssen die Ufer 4 fus hoch, so wie auch
der Weg nach und von der Brücke aufgefüllt werden.
und bekomt die Brücke, um die Höhe des Bogens zu erlangen,
alsdann 7 Rüsten.

bei Nº 3. 4. müssen die Ufer und Wege nach der Brücke 6 fus
hoch aufgefüllt werden, dagegen bekomt die
Brücke in diesem Falle keine Rüsten

10   20 fus

Kassel, Schloßpark Wilhelmshöhe

HUTEPLATZ, 1794

»Die eigentlichste Zierde von Wilhelmshöhe, die dieser Anlage auch stets einen Vorzug vor anderen ähnlicher Art geben und erhalten wird, sind seine *Wasserkünste*, für welche dieser Ort so ungemein von der Natur begünstigt ist; denn wo wird man leicht eine Gelegenheit finden, solche Wassermassen von dem Gipfel des höchsten Berges der Gegend in das Thal hinabstürzen zu lassen!«, heißt es in Engelhards Beschreibung des Lustschlosses Wilhelmshöhe. Das 1794 von Jussow entworfene Idealprojekt einer theatralisch romantischen Fortführung der barocken Kaskaden-anlage gibt eine Vorstellung davon, wie konsequent er die Idee eines Wasserfalls verfolgte. Der Entwurf sieht vor, einen zweistufigen, an Tivoli erinnernden Wasserfall mit einem griechischen Ruinenfeld und römischen Ruinenresten zu kombinieren. Interessant dabei ist vor allem, daß Jussow hier die zentrale Achse der barocken Anlage aufgreift – die er in seinen sonstigen Planungen stets elegant überspielt –, sie aber gleichsam »modern« interpretiert. Jussows Graphitnotiz am rechten Rand des Blattes, die den Übergang von der barocken zur neuen romanti-schen Anlage markiert, kann zugleich als Motto der Gestaltung gelten: »Unordnung auf Ordnung«. Die Achse als Sinnbild barocker Naturbeherrschung wird durch die scheinbar entfesselte Naturgewalt des Wassers ausgelöscht und zugleich bestätigt.

Das Blatt zeigt das obere Drittel des Bergparks in der Überschau, ausgehend vom Oktogon mit der barocken Kaskadenanlage und dem sie abschließenden Bassin. Das Becken weist in der Mitte zum Tal hin eine Öffnung auf, durch die sich die Fluten unter einem befestigten Steg hindurch über das Oval des Huteplatzes ergießen. Scheinbar von allem barocken Reglement befreit, umfließen sie eine Insel, die mit einer antiken Tempelruine im dorischen Stil bestückt ist, und stürzen – wieder vereinigt – über zwei Stufen hinweg in die Tiefe. Über die ganze Breite des gewaltigen Wasserfalls ragen mehrgeschossige Bogenreste römischer Ruinen aus dem Wasser. Sie sind begehbar, um dem Betrachter den Genuß des schaurig erhabenen Anblicks aus unmittelbarer Nähe zu ermöglichen. Daß Jussow hier eher seiner Phantasie freien Lauf läßt, als ein realisierbares Projekt zu skizzieren, kann aus der bildhaften Anlage des Blattes sowie aus den von ihm selten verwendeten Staffage-gefiguren geschlossen werden. Sie sollen ein Gefühl für die gewaltigen Dimensionen des Projektes vermitteln und es dem Betrachter erleichtern, sich in die phantastische Szene hineinzuversetzen. Zugleich stellt das in Jussows Oeuvre einzigartige Blatt ein herausragendes Beispiel für das Zusammenspiel unterschiedlicher Stile im ausge-henden 18. Jahrhundert dar. Barocke, klassizistische und romantische Elemente werden, auf ihre »erhabene« Wirkung hin berechnet, zu einem Landschaftsbild verbunden, das den Betrachter in »süßen Schrecken« versetzen sollte. *SH*

57
ENTWURF ZUM WASSERFALLPROJEKT HUTEPLATZ, 1794
Graphit, Feder in Schwarz, braun laviert
639 × 512 mm
Potsdam, Stiftung Preußische Schlösser und Gärten Berlin-Brandenburg, Plankammer, Bestand Kassel XV, Nr. XXVII/ 65
LITERATUR: Heidelbach 1909, S. 256; Holtmeyer 1910, S. 329, Taf. 198,2; Katalog Kassel 1999 (zitiert als BK 63)
Zitat: Engelhard 1842, S. 57-58

Project zu einer auf dem Hügelplatze am Fuß des Monuments anzulegenden Cascade.

Jussow del. 1794.

Kassel, Schloßpark Wilhelmshöhe

FELSENECK, UM 1794

Der erst »Retraite«, ab 1800 »Felseneck« genannte Pavillon aus Tuffstein wurde von März bis Oktober 1794 etwas unterhalb der großen Kaskade errichtet. Er war über mehrere Wege zugänglich und ein wenig nach Norden aus der Blickachse zum Herkules verschoben, so daß das Schloß und die Löwenburg von dort aus mit einem Blick erfaßt werden konnten.

Grund- und Aufriß der Zeichnung zeigen einen oktogonalen Gartenpavillon auf einem fünfstufigen Postament. Die Außenwände sind mit Blendarkaden in Keilsteintechnik verziert, die auf acht unkannelierten tuskischen Dreiviertelsäulen ohne Basen ruhen. In den Arkaden befinden sich abwechselnd rundbogige Fensteröffnungen mit Balustraden und geschlossene Nischen. Der obere Abschluß des Gebäudes mit einer kunstvoll ausgebrochenen Balustrade über dem Kranzgesims gibt ihm das Aussehen einer künstlichen Ruine. Allerdings zeigen bereits die ersten Ansichten des tatsächlichen Baues ein einfaches Geländer mit runden Öffnungen und ohne die ruinösen Ausbrüche. Der Grundriß unterteilt den Bau in Vestibül, Garderobe und Kabinett. Er diente demnach als ein privates Refugium, eine Art Eremitage für Wilhelm IX.

Anläßlich der Instandsetzungsarbeiten 1872/1873 wurde das anfällige Dachgeländer entfernt und das undichte Dach durch ein flaches Zinkdach ersetzt. Außerdem wurden die inneren Trennwände und die häufig durch Vandalismus zerstörten Fenster und Türen entfernt, um einen öffentlichen Ruhepavillon zu schaffen. In dieser Form ist der Bau, den Paetow noch Simon Louis Du Ry zuschrieb, bis heute erhalten geblieben.   *UH*

58

ENTWURF ZUM FELSENECK, GRUND- UND AUFRISS, UM 1794

Graphit, Feder in Braun, grau und braungrau laviert
354 × 243 mm
Staatliche Museen, Kassel, Inv. Nr. GS 5837

LITERATUR: Holtmeyer 1910, S. 358; Paetow 1929, S. 47; Katalog Kassel 1958, S. 28, Nr. 74; Katalog Kassel 1999

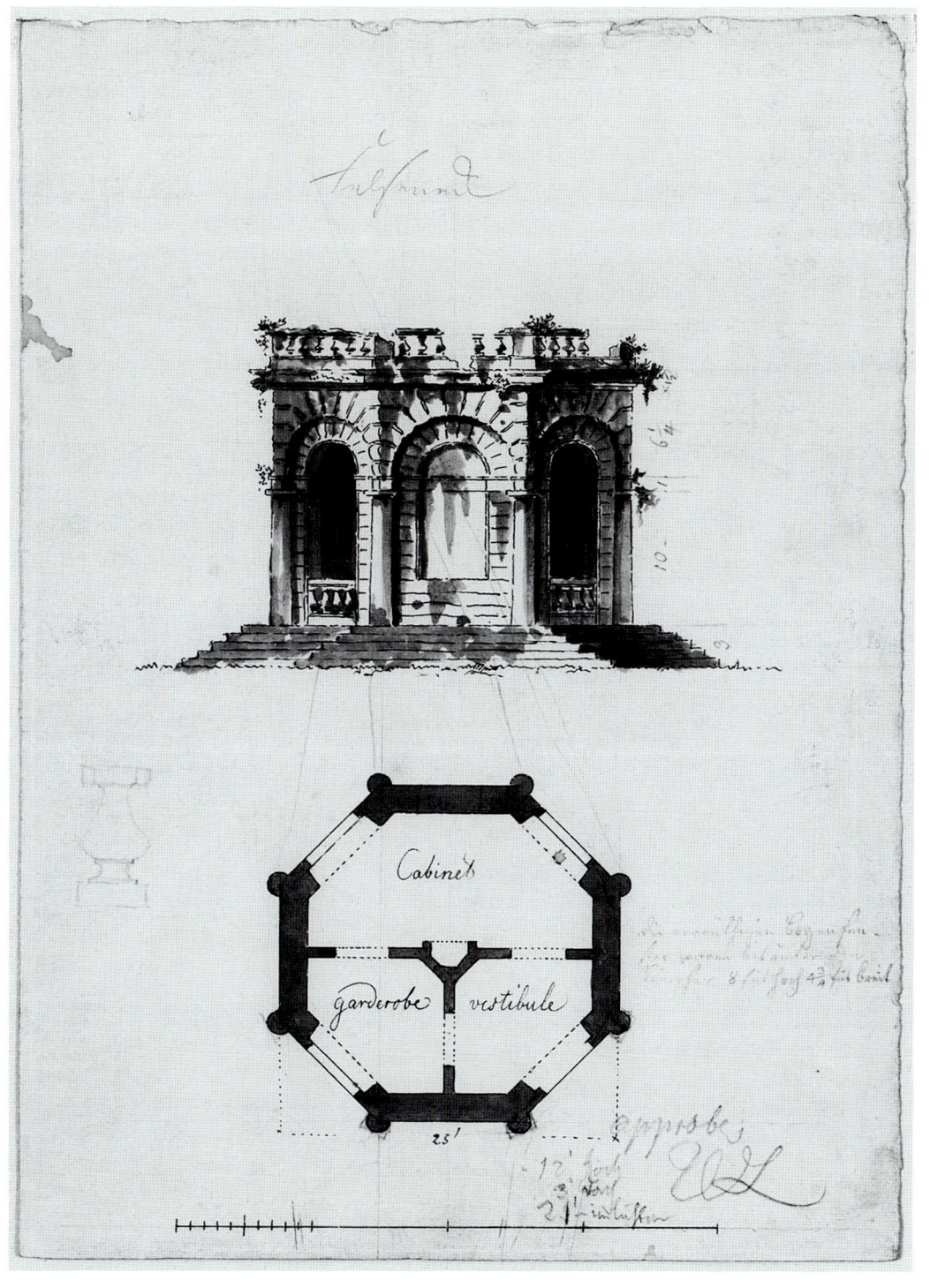

Cabinet

Garderobe *vestibule*

25'

Kassel, Schloßpark Wilhelmshöhe

Gewächshaus, um 1795

Orangeriegebäude dienten der Überwinterung der empfindlichen Orangen- und Zitronenbäume und spielten während des Barock als Orte von Festen und Lustbarkeiten eine wichtige gesellschaftliche Rolle bei Hofe. Mit dem zunehmenden botanischen Interesse an exotischen Pflanzen, das in der zweiten Hälfte des 18. Jahrhunderts den Kult um die Orange ablöste, richtete sich die Kritik zunehmend gegen die prunkvolle Architektur dieser Häuser, die zu wenig Rücksicht auf die Bedürfnisse der Pflanzen nahm. Im Zuge dieser Entwicklung wurde das repräsentative Orangeriegebäude von funktionalen Treib- und Gewächshäusern abgelöst.

Auch auf der Wilhelmshöhe entstanden jenseits der alten Allee in Zusammenhang mit dem neuen Obst-und Gemüsegarten zwei große Treibhäuser. Nachdem sie zunächst durch einen Fahrweg getrennt waren, wurden sie auf Wunsch des Landgrafen durch einen Speisesaal miteinander verbunden. Die beiden Treibhäuser waren in 23 verschiedene hintereinander liegende Kammern eingeteilt und mit seltenen ausländischen Gewächsen und Blumen bepflanzt. Alle Räume waren durch einander gegenüberliegende Türen verbunden, so daß ein Spaziergang durch die Gebäude möglich war. Besonders im Winter, schreibt von Apell, »glaubt man sich beim Eintritt in diesen Lustgarten in Edens Gefilde hingezaubert«.

Im Gegensatz zu den festlichen Orangerien hatten die neuen Treibhäuser, die häufig mit kleineren Gesellschaftsräumen ausgestattet waren, eher privaten Charakter. In England waren diese Gesellschaftsräume der Teezeremonie vorbehalten. Analog dazu wurde der neue Speisesaal auf der Wilhelmshöhe von Wilhelm IX. am 11. Februar 1796 mit einem Frühstück eingeweiht.

Jussow konzipierte den Speisesaal als hohen achteckigen mit einem Mansarddach versehenen Mittelpavillon, der quer zu den Flügelbauten stand und diese überragte. Die Darstellung zeigt einen Querschnitt durch den Saal mit Blick auf die fensterlose, mit einer rundbogigen Flügeltür ausgestattete nördliche Wandgliederung, hinter der sich ein kleiner rechteckiger Anbau verbarg. Die gegenüberliegende südlich vorspringende Front war hingegen bis in die Dachzone hinauf von Sprossenglasfenstern durchbrochen und bildete zusammen mit den nach Süden ausgerichteten Flügelbauten eine durchgängige Glasfront. Die nördliche Wandgliederung bestand aus runden und halbrunden Blendnischen mit eingestellten Vasen und rahmendem Pflanzenspalier, das sich über die Seitenwände fortsetzte. Die ornamentale Friesdekoration der Dachzone griff auf Pflanzenmotive zurück. Die sorgfältig durchgezeichnete und kolorierte Zeichnung gehört zu den repräsentativsten im Werk Jussows. Ihre Wirkung verdankt sich vor allem dem Spiel von Licht und Schatten auf der rötlichen Wand mit dem kontrastierenden Grün der Pflanzen. Ein fast identisches Blatt, das zusätzlich einen Teil der angrenzenden Treibhäuser im Längsschnitt zeigt, befindet sich in Potsdam (Bestand Kassel XXI, Umschlag B, Bl. 20/40). *SH*

59

Entwurf zum Speisesaal, Querschnitt mit Blick nach Norden, um 1795

Graphit, Feder in Grau, koloriert
302 × 202 mm
Staatliche Museen Kassel, Inv. Nr. GS 5832

Literatur: Paetow 1929, S. 47-48; Katalog Kassel 1958, S. 75; Katalog Kassel 1999; zu den Treibhäusern in Kassel vgl. Apell 1805, S. 40-42; Holtmeyer 1910, S. 335; zur Geschichte der Treib- und Gewächshäuser vgl. Tschira 1939; Koppelkamm 1988, S. 18
Zitat: Apell 1805, S. 41

Kassel, Schloßpark Wilhelmshöhe

Speisesaal am Bowlinggreen, um 1800

Der Speisesaal am Bowlinggreen, der Rasenfläche zwischen Schloß und Fontainenbassin, wurde um 1800 errichtet, ist aber bereits Mitte des 19. Jahrhunderts nicht mehr
nachweisbar. Er lag zwischen dem Kirchflügel und dem Apolloberg, nördlich der
später errichteten Kleinen Säulenhalle, wie der Plan von Jacques Christophe Savin
nach Caspar Christoph Schaeffer aus dem Jahre 1813 belegt. Das Gebäude hatte einen
fast quadratischen Grundriß. Aus mehreren Varianten wählte der Landgraf den
Entwurf aus, welcher sich am stärksten an die klassische Antike anlehnte: eine Säulen-
vorhalle mit vier dorischen Säulen wird von einem Gebälk mit klassischem Metopen-
Triglyphen-Fries überdacht, darüber erhebt sich in der Mitte ein Podest mit einer Vase.
Der eigentliche Baukörper wird von einem pyramidalen Dach überfangen. Er enthielt
einen Speisesaal sowie eine »Retraite« (Ruheraum), und ein Kabinett im rückwärtigen
Bereich. Erbaut wurde der Saal »von Holz mit Backsteine«, wie die Beschriftung auf
dem vom Kurfürsten approbierten Entwurf Jussows (GS 9552) erläutert. Das Gebäude
wurde, nach einer Dachreparatur bzw. -erneuerung 1816 bis 1818 wohl noch vor der
Jahrhundertmitte ohne weitere Erwähnung abgerissen. Neben diesem Gebäudes sind
auf Jussows Zeichnung zwei Deckklappen angebracht, die flankierende Gewächshäuser zeigen, deren Gestaltung mit vorgelegten Pilastern und den flachen Giebel-
dächern mit der des Speisesaals harmoniert.

Mit diesen Gewächshäusern beschäftigt sich ein weiterer, farbig angelegter Plan mit
mehreren Grundrissen und Schnitten. Dem als »Orangensaal« bezeichneten
Speisesaal sind die beiden quadratischen Pavillons seitlich vorgelagert, wobei sie
durch ein Kanalsystem für Wasser und Heizung verbunden sind. Zwei Detailzeichnungen konkretisieren das Aussehen dieser Glashäuser, die rundum, einschließlich
des Daches, verglast werden sollten. Wie damals üblich, besteht das Skelett aus einer
Holzkonstruktion. Die Bezeichnung »Orangensaal« bezieht sich wohl auf die
Orangenbäume, die in den geplanten beheizbaren Gewächshäusern überwintern
konnten. Die wahrscheinlich kurz nach 1800 geplanten Glashäuser wurden offensichtlich nicht ausgeführt, da sie auf keinem Situationsplan verzeichnet sind.

Form und Funktion des Speisesaals stimmen mit einem Entwurf Jussows für einen
»Pavillon der Gastfreundschaft« im Lütetsburger Schloßpark überein, den der
Architekt in einem Brief beschreibt: »Ein Gebäude, das der Gastfreundschaft
gewidmet ist, das zum Versammlungsort bestimmt ist, wo Freunde im gesellschaft-
lichen Zirkel, beim Genuß der Gaben der Erde, edles stilles Vergnügen, nicht
brauβende Freuden sich verschaffen; das aber auch zugleich eine edle Verzierung des
Gartens abgeben und die natürlichen Schönheiten der Landschafft durch die
Erregung des frohen Gedankens von Cultur und Wohlstand erhöhen soll [...]«. Da es
in den Entwürfen keine Küche gibt, mußte die Versorgung der Gäste von außerhalb
erfolgen. Wahrscheinlich sollten hier nur kleinere Gesellschaften stattfinden. *UH*

60

Entwurf zur Ergänzung mit zwei Glashäusern,
Aufriss, um 1800

Graphit, Feder in Braun, blau, grün, rot, braun und
schwarz laviert; 2 Deckblätter
278 × 440 mm
Staatliche Museen Kassel, Inv. Nr. GS 5831
Literatur: Paetow 1929, S. 48; Katalog Kassel 1958, S. 29, Nr. 77;
Katalog Kassel 1999

61

Entwurf zur Ergänzung mit zwei Glashäusern,
Grundrisse und Schnitt, um 1800

Graphit, Feder in Braun, rot, gelb, blau und braun laviert
283 × 441 mm
Staatliche Museen Kassel, Inv. Nr. GS 5829
Literatur: Katalog Kassel 1999
Zitat: Nach Kehn 1998, S. 29, Anm. 201

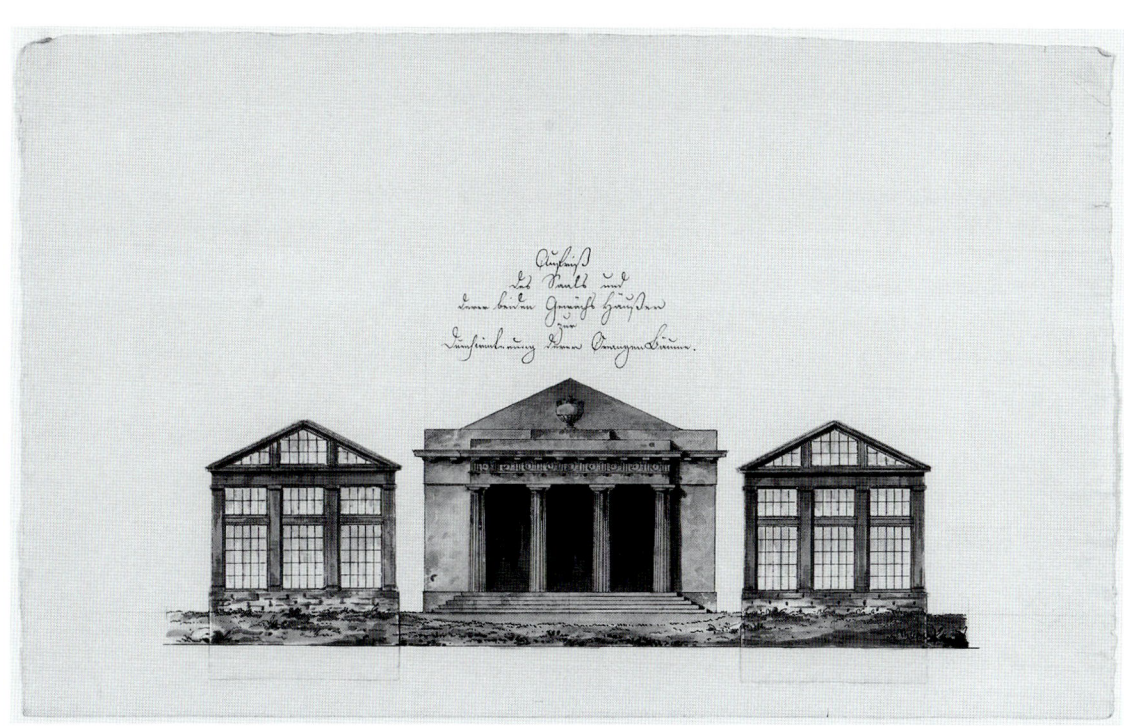

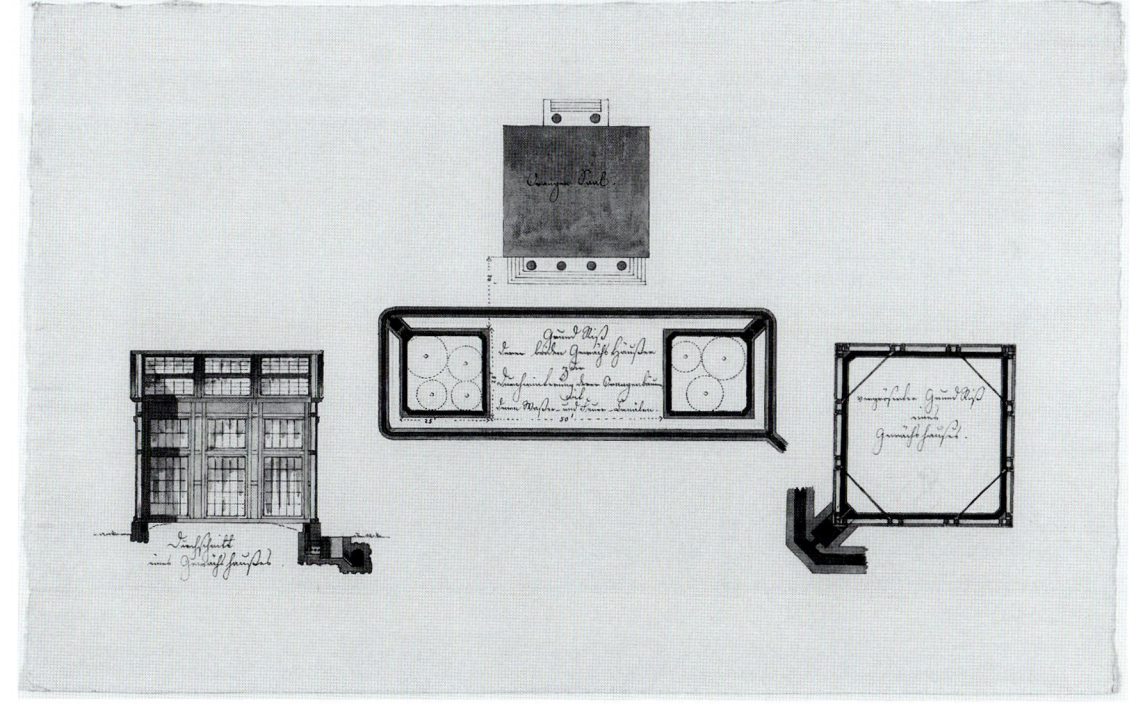

Kassel, Schloßpark Wilhelmshöhe

Gewächshaus, um 1810

Bereits in der ersten Hälfte des 18. Jahrhunderts bildete sich ausgehend von England und Frankreich ein feststehender Typus für Treibhäuser aus. Ein solches Gebäude enthielt nach Süden gelegen die Räume für Pflanzen, die meist in ummauerten Beeten standen. Nach Norden zu lag ein schützender Gang, von dem aus man die Öfen befeuern konnte und der zugleich als Geräteraum diente. Nachdem man die Häuser zunächst punktuell mit Öfen beheizt hatte, löste bereits um 1715 die Kanalheizung die Einzelöfen ab, die sich im übrigen auch für Orangeriegebäude durchsetzten. Unterirdisch verlegte gemauerte Kanäle durchzogen die Pflanzräume und befanden sich, je nach gewünschter Temperatur, entweder unter den Wegen oder unter den Beeten selbst. Die Kanalheizung war jedoch nicht unproblematisch, da an undichten Stellen schwefelhaltige Abgase austreten konnten, die den Pflanzen schadeten. Torf galt für diesen Heizungstyp als der beste Brennstoff, da er eine milde Hitze erzeugte. Das für die Wilhelmshöhe Anfang des 19. Jahrhunderts entworfene Treibhaus folgt noch dem damals gängigsten Typus, dem Pulthaus, dem auch das große, 1760 erbaute Treibhaus in Kew von William Chambers und William Aiton verpflichtet ist.

Der Entwurf ist in drei Teile geteilt. Er zeigt oben die ganz mit Sprossenfenstern verglaste Front mit den rechts und links aufstrebenden Kaminen. Darunter befindet sich ein Querschnitt durch das Haus, der die Aufteilung in den schmalen fensterlosen Nordgang mit den Ofenöffnungen und den Schornsteinen sowie den Pflanzraum gut erkennen läßt. Er liegt wegen des Kanalsystems etwas höher. Die gemauerten Wände weisen ein tragendes Gerüst aus Fachwerk auf. Unten ist der Grundriß abgebildet, der eine Teilung des Pflanzraums in zwei gleichgroße Räume mit einer Verbindungstür in der Mitte vorsieht. *SH*

62

Entwurf eines Gewächshauses, Grundriss, Querschnitt und Aufriss, um 1810

Feder in Grauschwarz, braun, grau und rosa laviert
506 × 333 mm
Staatliche Museen Kassel, Inv. Nr. GS 6292

Literatur: Katalog Kassel 1999; allgemein zu Gewächshäusern vgl. Tschira 1939, S. 76-79; Koppelkamm 1988

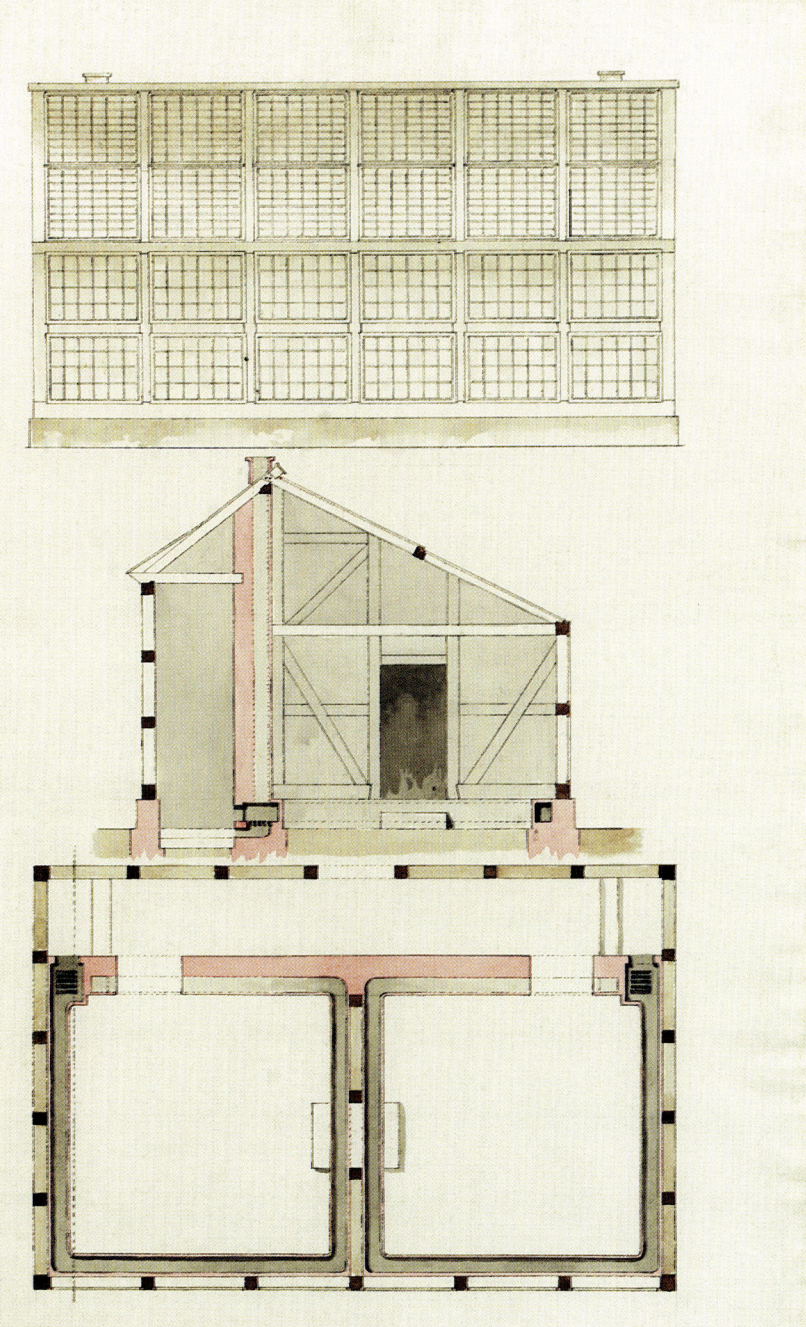

Kassel, Schloßpark Wilhelmshöhe

Aufseherhaus an den Kaskaden, um 1810

Das kleine Aufseherhäuschen für den Kaskadenwärter wurde um 1810 auf der Südseite des Neptunbassins errichtet. Es sollte die permanente Anwesenheit von Aufsichtspersonal und damit den ungestörten Ablauf der Wasserkünste im vielbesuchten Park garantieren.

Die sehr malerisch angelegte Zeichnung der oberen Blatthälfte zeigt einen von Bäumen und Büschen gerahmten eingeschossigen Bau aus Steinquadern über einem glatten Sockel. Der Eingang in der Mitte wird durch eine Freitreppe betont und durch die Umrahmung mit besonders langgestreckten Quadern, die im Dachbereich einen Rundbogen bilden und ein Lünettenfenster einfassen. Ein markantes Konsolgesims zieht sich an der Kante des Walmdachs entlang, wobei ein Zahnschnittfries die seitlichen geraden Abschlüsse begleitet. Zwei große, rechteckige Fensteröffnungen flankieren den Eingang.

Der Grundriß zeigt zwei gleich große Räume zu seiten eines schmalen Flures, der in den hinteren Bereich zur Küche führt. Sie wird gerahmt von einer kleineren und einer größeren Kammer mit angedeuteter Toilette. Auffällig sind die für ein Gebäude dieser Größe recht zahlreichen Fensteröffnungen, die wohl mit der ständigen Aufsichtspflicht des Wärters in Zusammenhang stehen.

Die Reduktion auf einfache geometrischen Formen und die Eigenart des Mauerwerks verweisen auf die französische Revolutionsarchitektur, vor allem die zahlreichen Zollhäuser von Claude-Nicolas Ledoux. Dies hängt sicherlich damit zusammen, daß dieser Bau in der Regierungszeit von König Jérôme von Westphalen errichtet wurde. Aus dieser Zeit sind uns nur wenige Zeichnungen von Jussow bekannt, da er damals hauptsächlich mit Verwaltungsaufgaben betraut war. Paetow hielt diesen Bau deshalb fälschlich nicht für Jussows Werk.   *UH*

63
Entwurf zu einem Aufseherhaus, Grund- und Aufriss, um 1810

Graphit, Feder in Grau, grau und braun laviert
338 × 258 mm
Staatliche Museen Kassel, Inv. Nr. GS 5836
Literatur: Holtmeyer 1910, S. 358, Taf. 173; Paetow 1929, S.49-50; Katalog Kassel 1958, S. 30, Nr. 78; Katalog Kassel 1999

Kassel, Schloßpark Wilhelmshöhe

Verbindungsgalerie zwischen Kirchflügel und Theater, um 1810

Mit dem zunehmenden Ostasienhandel wurden ab der Mitte des 17. Jahrhunderts in ganz Europa chinesische Motive und Dekorationen im Kunsthandwerk modern. In der Architektur tauchen dagegen erst zu Beginn des 18. Jahrhunderts chinoise Formen auf und zwar vor allem bei Nebengebäuden, die in den Parks errichtet wurden, um ein ungezwungenes Leben neben dem strengen höfischen Zeremoniell zu ermöglichen. So ließ Landgraf Wilhelm VIII. im Park von Wilhelmsthal 1747 durch François Cuvilliés die sog. Entenhäuser im chinesischen Stil errichten, in denen der Tee serviert wurde. Auch Friedrich II. interessierte sich für exotische Architekturen. Unter seiner Regie wurden Teile der Anlagen unterhalb des Karlsbergs im anglo-chinoisen Stil umgestaltet und das chinesische Dorf Mulang errichtet. Daß die Chinamode bis ins 19. Jahrhundert hinein beliebt blieb, davon zeugt der vorliegende Entwurf zu einer hölzernen Verbindungsgalerie zwischen dem Theater und dem Kirchflügel des Schlosses Wilhelmshöhe.

1809/1810 ließ König Jérôme nördlich des Kirchflügels in einer alten Kastanienplantage durch seinen Hofarchitekten Leo von Klenze (1784-1864) ein Theater erbauen. Um 1810 wurde dieses Theater vermutlich nach Plänen von Jussow durch »das sonderbare Mittel einer chinesischen Konstruktion«, so Klenze, mit dem Schloß verbunden. Bereits 1813 ließ Kurfürst Wilhelm I. nach seiner Rückkehr die buntverglaste Galerie nach Mulang versetzen, wo sie, baufällig geworden, 1851 abgerissen wurde.

Der vorliegende Entwurf zeigt im Grundriß links das Theater und rechts einen Teil des Kirchflügels. Den Zwischenraum überbrückt die Galerie mit einem oktogonalen Pavillon im Zentrum und zwei kleineren quadratischen zu seinen Seiten. An die kleinen Pavillons schließen sich offene Verbindungsgänge an, die direkt in den Kirchflügel bzw. ins Theater münden.

Dem Aufriß folgend, soll der Mittelbau mit einer Laterne versehen werden. Die aufgebogenen Dächer, die sich auch bei den seitlichen Pavillons finden, und die bunte Verglasung sind gängige Gestaltungselemente zeitgenössischer Chinoiserien und erzeugen den exotischen Charme des Gebäudes. Nach einer Beschreibung aus dem Jahr 1821 war die Galerie im Innern mit »Blumentreppen und Gewinden [...] messingenen Vogelhecken, kleinen Springbrunnen, Erleuchtung von Sonne und Kronleuchter bey Tag- und Nachtfesten, Teppichen und den Abbildungen der vier Jahreszeiten in den Fenstern« ausgestattet und wurde bei festlichen Anlässen prächtig illuminiert. *CL*

64
Entwurf zur Verbindungsgalerie, Aufriss und Grundriss, um 1810

Graphit, Feder in Schwarz, koloriert
449 × 569 mm
Potsdam, Stiftung Preußische Schlösser und Gärten Berlin-Brandenburg, Bestand Kassel XX, Umschlag B/a, Bl. 21
Literatur: Holtmeyer 1910, S. 362, Taf. 141,5; Katalog Kassel 1999 (zitiert als BK 20)
Zitate: 1. Nach Buttlar 1986, S. 189; 2. Nach Holtmeyer 1910, S. 362-363

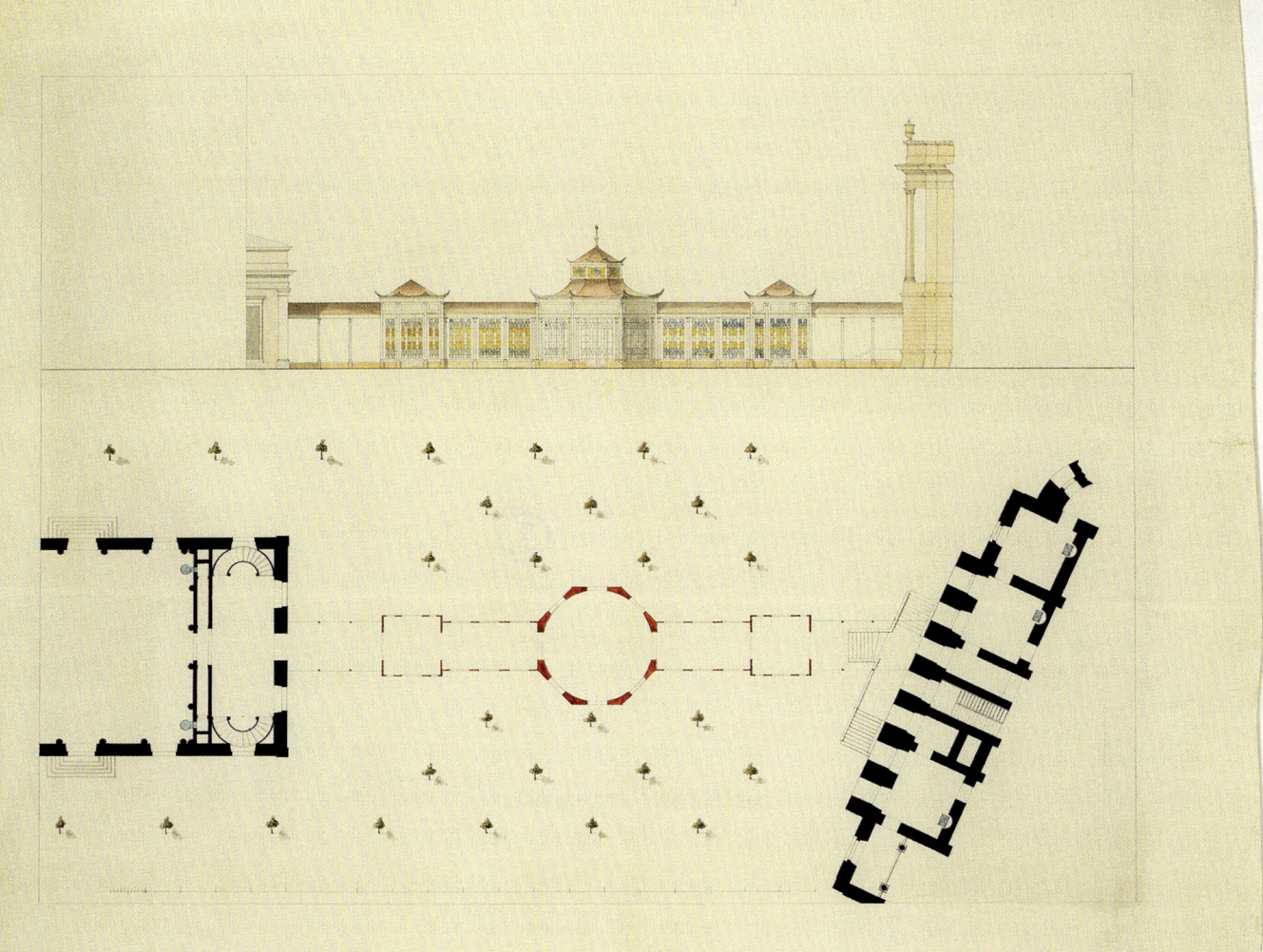

Kassel, Schloßpark Wilhelmshöhe

JUSSOW-TEMPEL, 1817/18

Der sogenannte »Jussow-Tempel«, ursprünglich als »Tempel am Bassin« oder »Fontainentempel« bezeichnet, wurde 1816-1818 auf einem kleinen Hügel nördlich des Fontainenteichs an der Einmündung des Wasserlaufs errichtet. Es handelt sich um einen Tholos korinthischer Ordnung, dessen halbrund gewölbte Tambourkuppel sich deutlich über den Säulenumgang erhebt.

Die Zeichnung zeigt Grund- und Aufriß dieses Gartentempels. Die zwölf Säulen des Umgangs ruhen auf einem vierstufigen Podest. Vier große Türöffnungen ermöglichen den Zugang zum Tempelinnern. Über den Säulen, deren Kapitelle im Aufriß ausgespart sind, erhebt sich ein Architrav mit zwei diagonal auskragenden, profilierten Gesimsen, deren zweifache Abtreppung im Kranzgesims des Tambour wiederholt wird. Maßangaben belegen die sorgfältig ausgewogenen Proportionen des kleinen Baues. Die mit Graphitschraffuren angedeuteten Umrisse geben eine zweite, größere Variante wieder, die verwirklicht wurde.

Für die besondere Form des Tempels als Tholos mit überhöhter Tambourkuppel lassen sich Vergleichsbeispiele in englischen Landschaftsgärten aufweisen, wie der »Tempel der alten Tugenden« in Stowe oder der »Temple of Victory« in Kew. Letztendlich geht der Typus aber auf Bramantes Tempietto in Rom zurück, der durch die Architekturbücher von Serlio und Palladio weite Verbreitung gefunden hat. Das Studium derartiger Publikationen war unverzichtbarer Bestandteil der Architektenausbildung. So findet sich das Vorbild für die in Jussows Plan ausgesparten korinthischen Kapitelle mit der charakteristischen Akanthusblüte in einer eigenhändigen Nachzeichnung einer korinthischen Ordnung (vgl. Kat. Nr. 5), die auf Vignolas Buch der Säulenordnungen zurückgeht.

Die Rechnungen des Gelbgießers Marenholdt über die Lieferung von Kapitellen und Konsolen aus Zink vom September 1817 sowie weitere Baurechnungen aus den Jahren 1816-1818 bezeugen, daß der Tempel gleichzeitig mit der unterhalb gelegenen kleinen Säulenhalle errichtet wurde. Zu diesem Zeitpunkt war die Parkgestaltung schon weitgehend abgeschlossen. Im gleichen Zeitraum wurden interessanterweise aber auch die Kaskaden beim Tempel verändert, wie ein erhaltenes Kostenverzeichnis belegt. Daraus kann man schließen, daß die Positionierung des Tempels am Fontainenteich sehr bewußt im Rahmen der Planung von Blickpunkten im unteren Bereich des Parks erfolgte, zumal der hölzerne Apollotempel auf dem benachbarten Schneckenberg zu diesem Zeitpunkt schon in schlechtem Zustand war und wenig später abgebrochen wurde. Auf einer kolorierten Lithographie von Johann Heinrich Bleuler ist diese Einbindung in den Gesamtzusammenhang der Parkanlagen deutlich zu erkennen. *UH*

65

WERKZEICHNUNG ZUM TEMPEL, GRUND- UND AUFRISS, 1817/18

Graphit, Feder in Grauschwarz
510 × 335 mm
Staatliche Museen Kassel, Inv. Nr. GS 5812

LITERATUR: Holtmeyer 1910, S. 331; Paetow 1929, S. 48; Katalog Kassel 1958, S. 30-31, Nr. 79; Katalog Kassel 1999; zur Bauausführung vgl. die Quellen StAM Bestand 7b1, 321; StAM Bestand 300 E 12/17; StAM Bestand 300 E 12/18

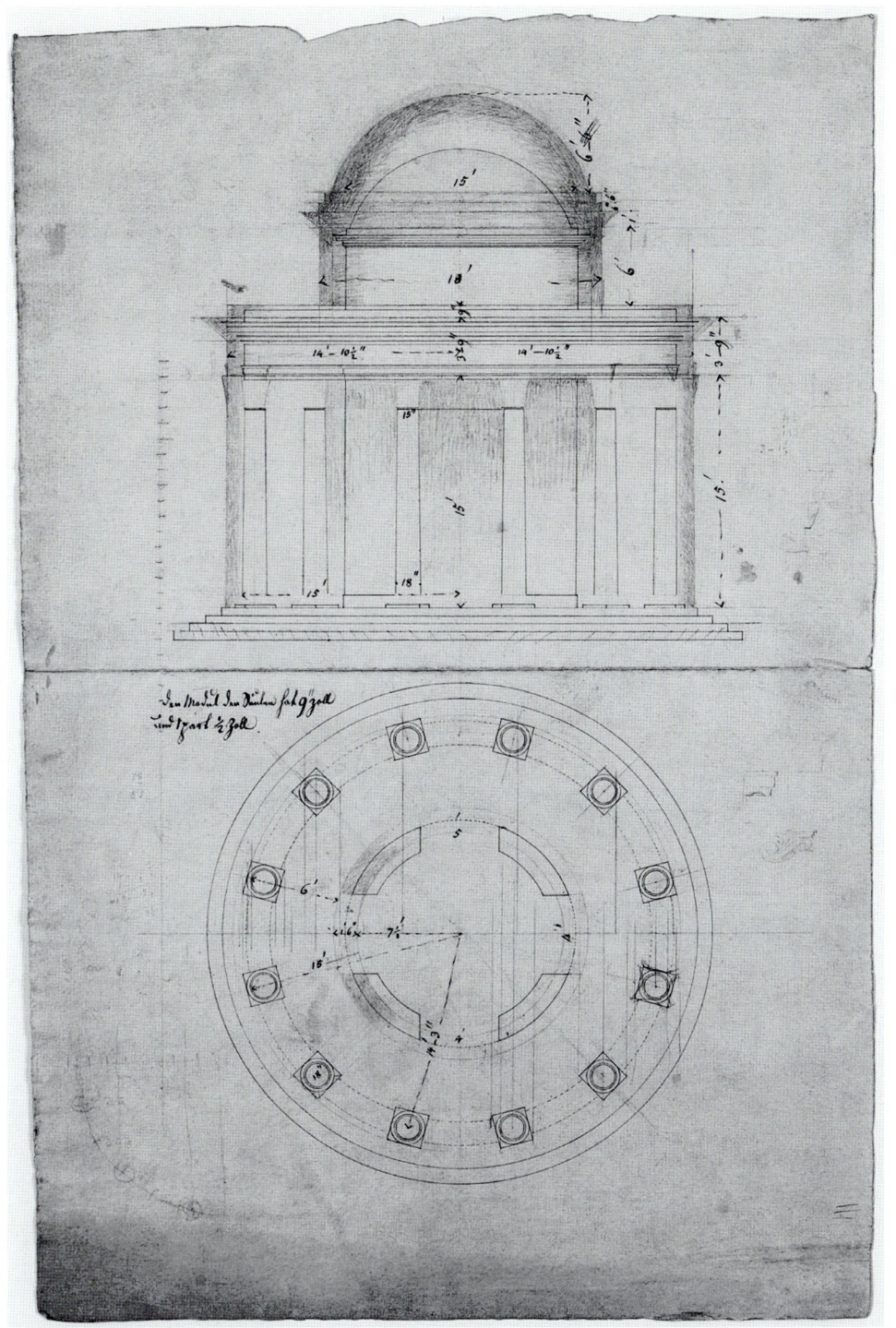

Kassel, Schloßpark Wilhelmshöhe

Illuminierung, 1799

Bereits im Spätmittelalter setzte man Schwarzpulver für Illuminationen und pyrotechnische Effekte bei religiösen Schauspielen und höfischen Festen ein. Im Barock waren Feuerwerke, für die häufig aufwendige ephemere Architekturen als Kulisse geschaffen wurden, ein selbstverständlicher Bestandteil von Festlichkeiten wie fürstlichen Besuchen, Hochzeiten, Geburten oder Taufen. Wie das »Summarische Verzeichnis des zum Bauwesen zu Wilhelmshoehe vom Jahre 1786 an, bis Ende 1801 gnädigst verwilligten und aufgegangenen Kostenbetrags« unter Punkt 20, den »Illuminations und Feuerwercks-Unkosten«, bezeugt, gab auch Landgraf Wilhelm IX. erhebliche Beträge für derartige Inszenierungen aus. Dabei nutzte er das malerische Ambiente des Schloßparks Wilhelmshöhe und bezog die Wasserspiele mit ein.

Entwürfe für Feuerwerke fielen in der Regel in den Aufgabenbereich der Hofarchitekten. So hat auch Jussow mehrfach Illuminationen konzipiert (vgl. Kat. Nr. 43). Bei dem vorliegenden Blatt, einer nächtlichen Beleuchtung des Oktogons, ist aufgrund der Initialen, die unterhalb des Herkules erscheinen, der Anlaß eindeutig, zu dem sie in Auftrag gegeben wurde: Im Juni 1799 besuchte der preußische König Friedrich Wilhelm III. mit seiner Gemahlin Luise Kassel. Die Feierlichkeiten, die anläßlich dieses Besuches veranstaltet wurden, erregten großes Aufsehen. Sowohl das »Journal des Luxus und der Moden« als auch das »Deutsche Magazin« berichteten ausführlich darüber. Nach diesen Schilderungen wurden die einzelnen Stationen der Wasserspiele und die Löwenburg beleuchtet. Auf dem kleinen Winterkasten links des Oktogons hatte man einen feuerspeienden Vulkan inszeniert. »Eine Feuersäule, welche Leuchtkugeln auswarf, stieg in die Höhe, und brennende Lava floß aus der Bocca des Vesuv herab, während des mehrere Kanonenschläge den Donner aus dem Innern des Berges nachahmten.«

Wurden an einigen Stellen des Parks demnach Feuerwerke gezündet, so scheinen am Oktogon nach Jussows Entwurf Flammenfeuersätze eingesetzt worden zu sein, die eine langanhaltende, gleichmäßige Beleuchtung des Oktogons ermöglichten. Wie es schon bei barocken Festen üblich gewesen war, erschienen auch hier die Initialen desjenigen, dem das Fest gewidmet war, an dominanter Stelle. Darüber schwebte eine Fama und zu seiten der Kaskade wurden ein Herkules Farnese und eine Minerva postiert als Sinnbild der fürstlichen Tugenden. Aufgrund der günstigen Gegebenheiten im Bergpark konnte auf weitere kostspielige ephemere Architekturen weitgehend verzichtet werden. *CL*

66

Entwurf zu einer nächtlichen Illuminierung des Oktogons und der Kaskaden, 1799

Graphit, Feder in Braun, koloriert
384 × 272 mm
Staatliche Museen Kassel, Inv. Nr. GS 9733

Literatur: Paetow 1934, S. 15, Abb. 1; Katalog Kassel 1997/1, S. 157, Nr. 59, Abb. 100; Katalog Kassel 1999; zu Feuerwerken im allgemeinen vgl. Berns/Druffner/Schütte/Walbe 1997, S. 438-455
Zitate: 1. StAM Bestand 7b 1, Nr. 321, fol. 30 ff.; 2. Nach Heidelbach 1909, S. 276

Kassel

Synagoge, 1781

Landgraf Friedrich II. gestattete 1771 und 1775 der jüdischen Gemeinde Kassels, am Stadtrand vor dem Holländischen Tor eine neue Synagoge zu errichten. Trotz des Interesses des Landesherrn wurde das Vorhaben nicht verwirklicht. In welchem Maße der auf 1781 datierte Entwurf Jussows in Zusammenhang mit dem von Friedrich II. angeregten Projekt steht, ist unklar.

Die symmetrisch konzipierte Baugruppe sollte den Kornmarkt an der Bremer Straße nach Norden hin abschließen und ein Gegengewicht zur gegenüberliegenden Altstadtfront bilden. Auf diese Weise wäre in der Nähe des stark frequentierten Stadtzugangs des Holländischen Tores eine repräsentative Platzanlage entstanden.

Für die Gestalt des Synagogengebäudes verarbeitete Jussow das Motiv des Pantheons, indem er eine geschlossene übergiebelte Vorhalle mit einem zylindrischen Baukörper verband. Der mit einer Kuppel abgeschlossene Sakralbau war zurückgesetzt, so daß ein umzäunter Hof entstand. Gleichwohl dominierte er die aus drei Gebäuden bestehende Anlage.

Der kreisförmige Grundriß war für Synagogen völlig ungebräuchlich und in der von Jussow entworfenen Anordnung liturgisch ungeeignet. Der einzige vergleichbare und auch tatsächlich realisierte Synagogenbau in dieser Form war der 1765 von Friedrich Wilhelm von Erdmannsdorff in Wörlitz errichtete Rundbau am Rande des Parks.

Die ungewöhnliche Form, die strikt symmetrische Disposition, die selbst die Grundrisse der flankierenden Häuser exakt spiegelverkehrt plant sowie die noch in barocker Darstellungstradition stehende Vordergrundstaffage lassen bei Jussows Entwürfen eher auf ein Idealprojekt als auf ein konkretes Bauvorhaben schließen. Dem entspricht auch die Formensprache, die noch stark an seinem Lehrer Simon Louis Du Ry orientiert ist, wie etwa die spätbarocken Gestaltungselemente an den Seitenbauten zeigen. *GF*

67
Aufrissentwurf, 1781

Graphit, Feder in Grauschwarz, hellbraun, hellrot, grün und hellblau laviert
244 × 397 mm
Staatliche Museen Kassel, Inv. Nr. GS 6003

Literatur: Boehlke 1958, S. 138; Katalog Kassel 1958, S. 4-5, Nr. 1, S. 45; Both/Vogel 1973, S. 61, Abb. 15, S. 204; Katalog Kassel 1979, S. 82, 214, Nr. 284; Hallo 1983, S. 524-525; Katalog Kassel 1986/2, S. 208, Nr. 157; Norten 1986, S. 11, 109-110, Abb. 122; Dittscheid 1987, S. 20; Katalog Frankfurt 1988, S. 162-163, Abb. 206a; Katalog Kassel 1999; allgemein zu Synagogen vgl. Hammer-Schenk 1981

68
Situationsplan, 1781

Feder in Grau, grau und rot laviert
246 × 395 mm
Staatliche Museen Kassel, Inv. Nr. GS 6006

Literatur: Dittscheid 1987, S. 20; Katalog Frankfurt 1988, S. 163, Abb. 206b; Katalog Kassel 1999

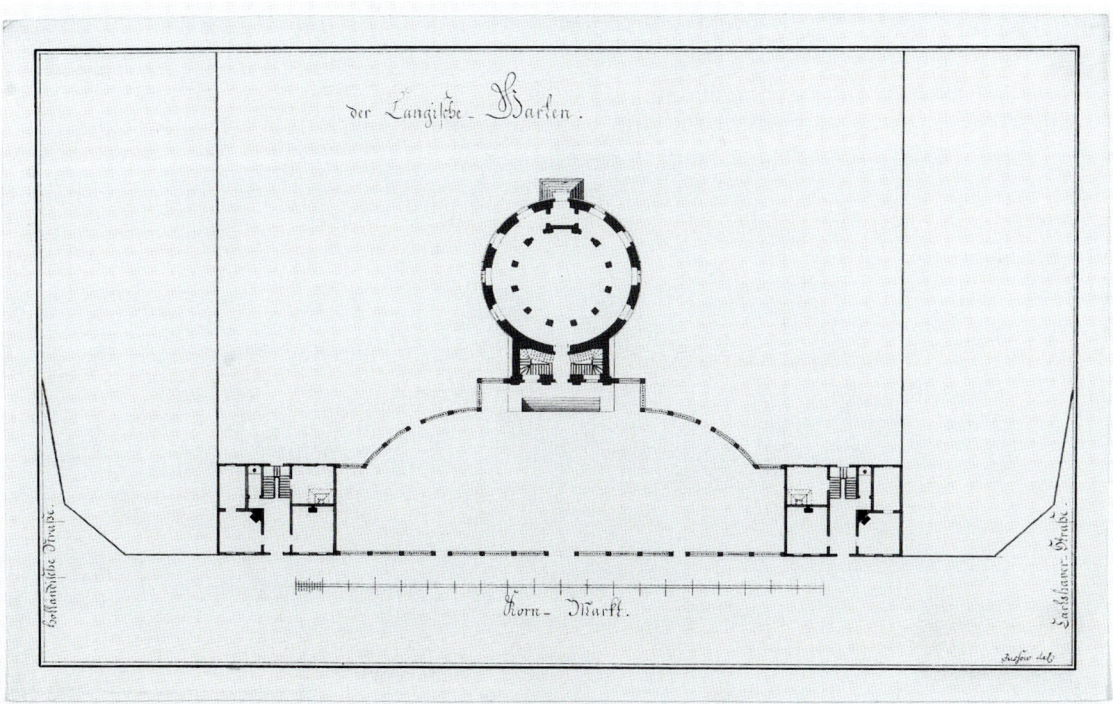

der Langische Marlen.

Korn-Markt.

Kassel

Wilhelmsbrücke, 1788

1788 bis1793 entstand in Kassel eine neue Brücke über die Fulda, um die alte und baufällig gewordene des Mittelalters zu ersetzen. Sie wurde unter der Aufsicht des Baudirektors Simon Louis Du Ry nach Plänen von Baumeister Johann Andreas Engelhard errichtet und erhielt den Namen Wilhelmsbrücke. Um eine kürzere, geradlinige Straßenverbindung zwischen dem Altmarkt in der Altstadt und dem Holzmarkt in der Unterneustadt herzustellen, erfolgte der Bau der neuen Brücke etwas weiter flußabwärts. Der neuen Straßenführung mußten mehrere ältere Häuser weichen. Deshalb war eine neue Randbebauung erforderlich. Mit der Aufgabe, »wie die Häußer in der Gegend, wo die neue Brücke hingelegt werden soll, zu decoriren seyn möchten«, beauftragte Wilhelm IX. Jussow.

Dieser schlug halbkreisförmig ausgeweitete Brückenköpfe mit einer markanten Bebauung vor. Dreigeschossige Eckbauten sollten die etwas niedrigeren Fassaden der Zwischentrakte rahmen. Für die anschließenden Bauten auf der Altstädter Seite und am Holzmarkt sah Jussow eine einheitliche Gestaltung der Häuser mit rustizierten Erdgeschossen und glatten Obergeschoßwänden sowie flachen Walmdächern vor. Der geplante Kirchenneubau auf dem Holzmarkt bildet einen besonderen städtebaulichen Akzent. Der Sakralbau, den ein sechssäuliger dorischer Portikus auszeichnet, gehört zu den frühen Entwürfen dieser Art in Deutschland.

Auf dem Situationsplan wird auf einer Klappe die Mittelachse des Platzes als Standortalternative für die Kirche in Erwägung gezogen, während eine dritte Variante die Beibehaltung der mittelalterlichen Magdalenenkirche auf dem achteckig umgeformten Marktplatz vorsieht. Keiner der Entwürfe wurde umgesetzt; die neue Randbebauung erfolgte in einer weniger anspruchsvollen Formensprache.

Obwohl am Brückenbau selbst nicht beteiligt, entwarf Jussow ein Brückengeländer, wobei er die Mitte durch drei kräftige Keilsteine und einen Segmentgiebel betonte. An der Zeichnung des Situationsplans war Jussow wohl nur mit der Eintragung der geplanten Baufluchten beteiligt. Von der nicht sehr sorgfältig ausgeführten Ansicht der neuen Randbebauung existieren noch zwei Wiederholungen.   *GF*

69
Ansicht der Brücke, 1788
Graphit, Feder in Schwarz, grau, hellocker und rosa laviert
326 × 1360 mm
Landesbibliothek und Murhardsche Bibliothek der Stadt Kassel, Inv. Nr. HA 2
Literatur: Holtmeyer 1923, S. 774; Katalog Kassel 1958, S. 32, Nr. 84; Dittscheid 1983, S. 55-57

70
Heinrich Christoph Jussow und Baubüro
Situationsplan, 1788
Graphit, Feder in Schwarz, hellgrau, dunkelgrau und rosa laviert;
2 Deckblätter
405 × 586 mm
Landesbibliothek und Murhardsche Bibliothek der Stadt Kassel,
Inv. Nr. HP 29/1
Literatur: Holtmeyer 1923, S. 39, Taf. 20,1
Zitat: StAM Bestand 17e, Nr. 713, fol. 365

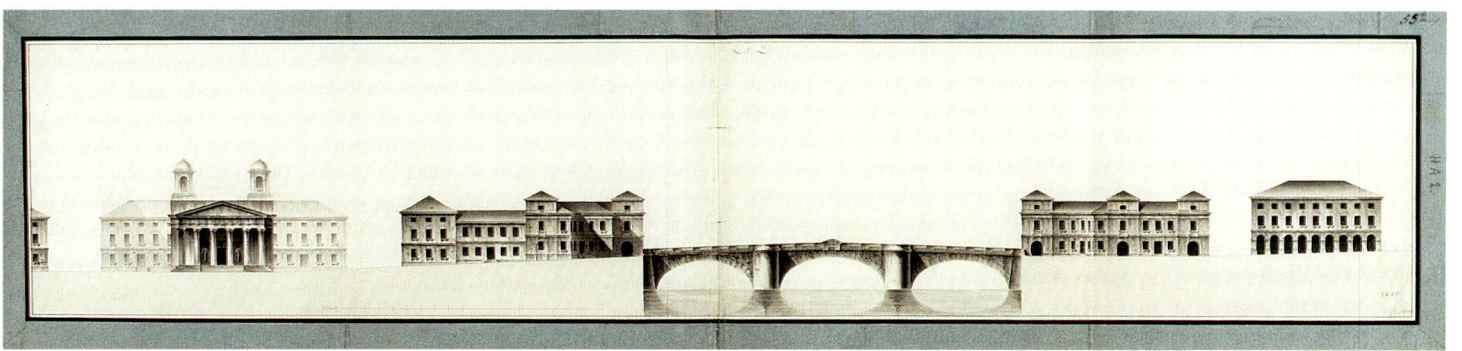

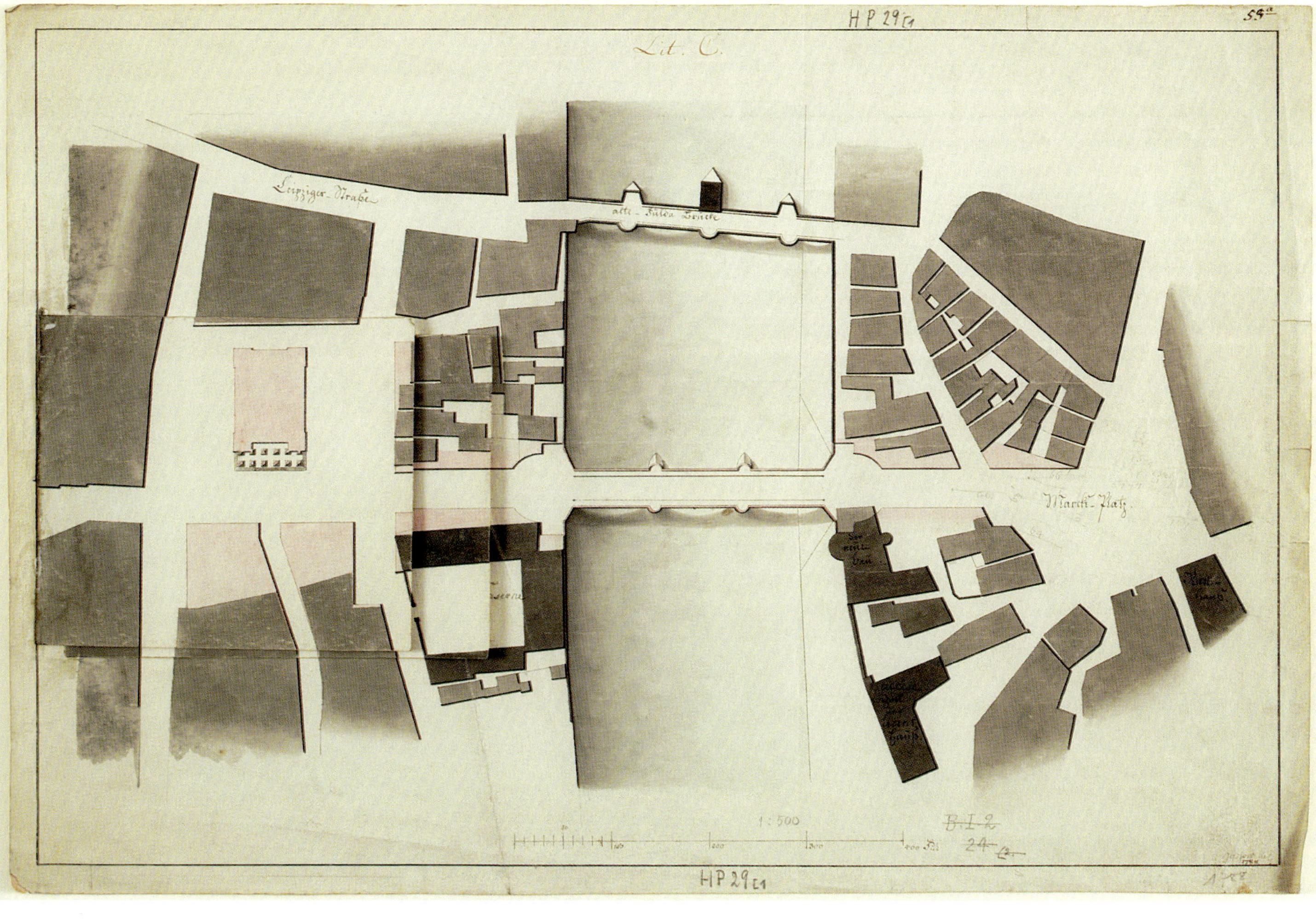

Lit. C.

Leipziger Straße

alt- Fulda Brücke

Marckt Platz

1 : 500

B. L 2.
24 C2

Kassel

EXERZIERHAUS AUF DEN »ELYSÄISCHEN FELDERN«, 1800

Im Jahr 1800 beauftragte Wilhelm IX. Jussow mit Planungen für ein großes Exerzierhaus von 300 Fuß Länge und 150 Fuß Breite, was etwa 86 × 43 Metern entspricht. Als Standort war der Bereich der »Elysäischen Felder« am nordwestlichen Rande der Oberneustadt vorgesehen, wo die Kaserne der Garde du Corps lag, des vornehmsten Regiments der hessischen Armee. Jussow präsentierte dem Landgrafen drei Varianten. Wie aus der nachträglich eingetragenen Notiz hervorgeht, wurde das Projekt jedoch nicht verwirklicht und das Gelände mit Privathäusern bebaut.

Bei allen drei Versionen beabsichtigte Jussow, die Räume mit Bohlendächern zu überspannen. Offensichtlich war ihm diese neue technische Konstruktionsweise bekannt, die seit den 90er Jahren des 18. Jahrhunderts besonders in Berlin von David Gilly und Carl Gotthard Langhans propagiert und praktiziert wurde. Wie bei dem Kasseler Projekt wurden Bohlendächer auch in Preußen mehrfach bei Reit- und Exerzierhäusern des Militärs verwendet.

Jussow verlieh dem Bauwerk, das frei im Gelände stehen sollte, durch eine sparsame plastische Gliederung des Baukörpers und durch große schmucklose Wandflächen einen monumentalen Charakter, der auf die militärische Zweckbestimmung bezogen war. Die Schmalseite wird von einem wuchtigen Mittelbau mit großem rundbogigem Tor, kräftigem dorischem Gebälk und einer Sitzfigur der Minerva beherrscht. An der Längsseite kommt das Schwere und das Lastende der Architektur durch die Betonung der Horizontalen und die Beschränkung der gliedernden Elemente auf Eckpylone und einen in der Mitte plazierten Portikus besonders zur Geltung. Dieser Eindruck wird von dem mächtigen tonnenförmigen Dach mit Abwalmungen noch gesteigert. Die Entwürfe für das Exerzierhaus gehören somit zu denjenigen, in denen die Einflüsse der Revoluionsarchitektur bei Jussow am stärksten sichtbar werden.

Bei der Bewertung der Monumentalität ist von Interesse, daß die Konstruktionsweise des Bohlendaches lediglich massive Mauern bis in die Höhe des Gesimses unter den Fenstern erfordert hätte. Die Wände darüber waren bautechnisch nicht notwendig und sollten deshalb auch nur in Fachwerk ausgeführt und dann mit Putz überzogen werden.

In Kassel entstand ab 1806 an der unteren Königsstraße ein Exerzierhaus unter Verwendung eines »Bohlengewölbes« zusammen mit einer Infanteriekaserne. Ob Jussow an dem Bau beteiligt war, ist jedoch unbekannt.   *GF*

71
ENTWURF ZUM EXERZIERHAUS, AUFRISSE, 1800
Graphit, Feder in Braun, graubraun und schwarz laviert
468 × 639 mm
Staatliche Museen Kassel, Inv. Nr. GS 5890
LITERATUR: Katalog Kassel 1958, S. 33, Nr. 85; Reuther 1959, S. 52; Bangert 1969, S. 116, Anm. 18; Katalog Kassel 1999; zu Bohlendächern vgl. Rüsch 1998

72
ENTWURF ZUM EXERZIERHAUS, QUERSCHNITT UND GRUNDRISS, 1800
Feder in Grau, grau, schwarz und rosa laviert
483 × 643 mm
Staatliche Museen Kassel, Inv. Nr. GS 5891
LITERATUR: Katalog Kassel 1958, S. 33, Nr. 86; Reuther 1959, S. 52; Bangert 1969, S. 116; Katalog Kassel 1999
Zitat: StAM Bestand 75, 29 Nr. 12

Entwurf zu einem zu erbauenden Exercier Hause
von 300 [...] Länge und 180 [...] Breit.

Aufsicht nach der [...] Nord.

Ansicht von der langen Seite des Gebäude.

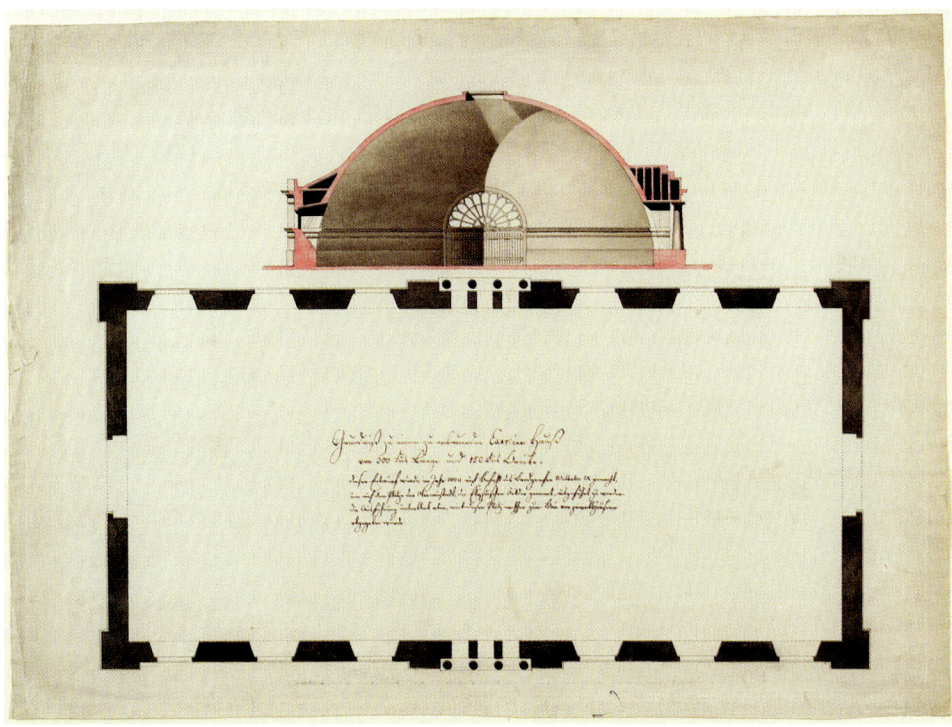

Grundriß zu einem zu erbauenden Exercier Hause
von 300 [...] Länge und 180 [...] Breit.

Kassel

Unterneustädter Kirche, 1802

Nachdem im Zusammenhang mit dem Bau der neuen Fuldabrücke auf Veranlassung des Landgrafen die mittelalterliche Magdalenenkirche auf dem Holzmarkt abgebrochen worden war, fühlte sich Wilhelm IX. verpflichtet, für einen Neubau zu sorgen. Bereits 1794 wurde Jussow mit der Erarbeitung von Vorschlägen beauftragt, über die bisher nichts bekannt geworden ist. Erst 1800 wandte sich Wilhelm nach wiederholten Bitten der Unterneustädter Kirchengemeinde dem Vorhaben wieder zu. Jussow sollte allerdings »nunmehr einen Plan mit möglichsten Kosten Ersparnis unterthänigst « vorlegen.

Eine kleine Serie von drei Aufrissen mit zugehörigen Grundrissen kann als Ausgangspunkt der Planungen gelten. Sie sind ihrer vorgesehenen Größenordnung und ihrem architektonischem Aufwand nach zu einem Zeitpunkt entstanden, als die Forderung des Fürsten nach äußerster Sparsamkeit noch nicht die entscheidende Maxime für die Ausführung des Projektes war. Demnach ist nicht ganz sicher, ob die von Jussow nachträglich hinzugefügten Datierungen in das Jahr 1802 so zutreffen. Einer der Entwürfe setzt das Pantheonmotiv um. Die Vorhalle des dominanten Rundbaus hat geschlossene Wände und ist durch einen viersäuligen übergiebelten Portikus zugänglich. Über der hohen Attika sitzen zwei Turmaufsätze, die Berninis Glockentürme am antiken Vorbild zitieren. Das Projekt knüpft im Aufriß und auch in der Grundrißlösung teilweise an Jussows Synagogenentwurf von 1781 an (vgl. Kat. Nr. 67-68), wobei die unterschiedliche Behandlung der Bauten die Entwicklung des Architekten zu einer reduzierten Formensprache, die isolierte Bauteile aneinanderfügt, anschaulich macht.

Ein zweites Blatt stellt vor die breitgelagerte Kirchenfront mit seitlich angeordneten Türmen eine achtsäulige dorische Tempelfront mit auffällig hohem Giebel. Zusammen mit der Kuppel entsteht eine Assoziation an das Pantheon, jedoch folgt hinter der Vorhalle kein runder, sondern ein rechteckiger Innenraum.

Mit der Verwendung des Pantheonmotivs bei Sakralbauten nahm Jussow ein Thema auf, das im deutschen Klassizismus häufig anzutreffen ist. Einen besonderen Stellenwert haben darunter Friedrich Weinbrenners Entwürfe für eine evangelische Stadtkirche in Karlsruhe, die während seines Aufenthalts in Berlin 1791/1792 entstanden und durch den Künstlerkreis um Genelli, Gilly oder Langhans angeregt wurden. Auch diese Zeichnungen beschäftigen sich mit dem Thema des römischen Rundbaus in Verbindung mit griechisch-dorischen Tempelfronten.

Als Grundlage für das 1802 begonnene Kasseler Kirchenprojekt wurde jedoch nicht die Pantheonversion, sondern die dritte Variante Jussows verwendet, ein Rechteckbau mit rundem Turm an einer Schmalseite (GS 6254). Das blockhafte Äußere dominierte der Turmaufsatz in Form eines Tempietto.   *GF*

73
Aufriss mit dorischer Tempelfront, 1802
Graphit, Feder in Schwarz, rot, blau, schwarz und braun laviert
439 × 293 mm
Landesbibliothek und Murhardsche Bibliothek der Stadt Kassel, Inv. Nr. HA 3, 3a/1
Literatur: Mellinghoff/Watkin 1989, S. 242-243

74
Aufriss nach dem Vorbild des Pantheon, 1802
Graphit, Feder in Schwarz, rot, blau, schwarz und braun laviert
439 × 301 mm
Landesbibliothek und Murhardsche Bibliothek der Stadt Kassel, Inv. Nr. HA 3, 3c/1
Literatur: Mellinghoff/Watkin 1989, S. 242-243
Zitat: StAM Bestand 5, Nr. 10118, fol. 29v

Kassel

Unterneustädter Kirche, 1802

Auf Anordnung Wilhelms IX. hatte Jussow 1802 bei der Ausführungsplanung für die Unterneustädter Kirche auf dem Leipziger Platz »[...] blos das nothwendige zum Zweck gemacht, alle innere und äußere Verzierung vermieden und ihre Größe möglichst beschränkt.« Damit waren frühere Überlegungen zur Errichtung eines großen Kirchenbaus (vgl. Kat. Nr. 73), der Teil einer städtebaulichen Umgestaltung des Leipziger Platzes und eines Bereiches der Unterneustadt hätte werden sollen, hinfällig.

Der Aufriß der Längsseite und der Schnitt gelten einem Zwischenstadium der Planung, die auf Jussows früheren Entwurf eines Rechteckbaus zurückgreift (GS 6254). Demgegenüber ist das äußere Erscheinungsbild hier bereits erheblich reduziert. Der Turmaufbau in Tempiettoform ist zu einem laternenartigen Bauteil verkleinert, der Portikus der Schmalseite durch einen Risalit mit Giebel ersetzt und die Höhe der Attika verringert worden. Gleichwohl geht von dem Bauwerk mit seinen kantig aneinandergesetzten Teilen und glatten Wandflächen noch immer eine blockhafte und massige Wirkung aus, die den im Sinne der Revolutionsarchitektur angestrebten Charakter des Erhabenen für einen Sakralbau unterstützt. Es gelang Jussow, diesen Eindruck auch bei dem ausgeführten Bau zu erzielen, obwohl bis zur Fertigstellung 1808 noch weitere Abstriche an der Größe und der Gestalt gemacht werden mußten.

Im Innern behielt Jussow die in Hessen übliche Form der dreiseitigen Emporenanordnung bei, setzte sie jedoch in eine sonst eher ungebräuchliche, strenge dorische Säulenordnung um, wodurch der Kirchenraum ernst und feierlich wirken sollte.

Das Blatt fällt wegen der intensiven und unruhig wirkenden Art der Lavierung auf, die sich so ausgeprägt in Jussows Oeuvre kaum noch einmal findet.   *GF*

75
Entwurf zur Fassade einer Längsseite, Aufriss, 1802

Graphit, Feder in Grau, grau, braun und schwarz laviert
316 × 482 mm
Staatliche Museen Kassel, Inv. Nr. GS 5978
Literatur: Katalog Kassel 1958, S. 33-34, Nr. 89; Katalog Kassel 1999
Zitat: StAM Bestand 5, Nr. 10118, fol. 20r-20v

76
Entwurf des Inneren, Längsschnitt, 1802

Graphit, Feder in Grau, rosa, grau und hellblau laviert
317 × 481 mm
Staatliche Museen Kassel, Inv. Nr. GS 5980
Literatur: Katalog Kassel 1958, S. 33-34, Nr. 90; Katalog Kassel 1999

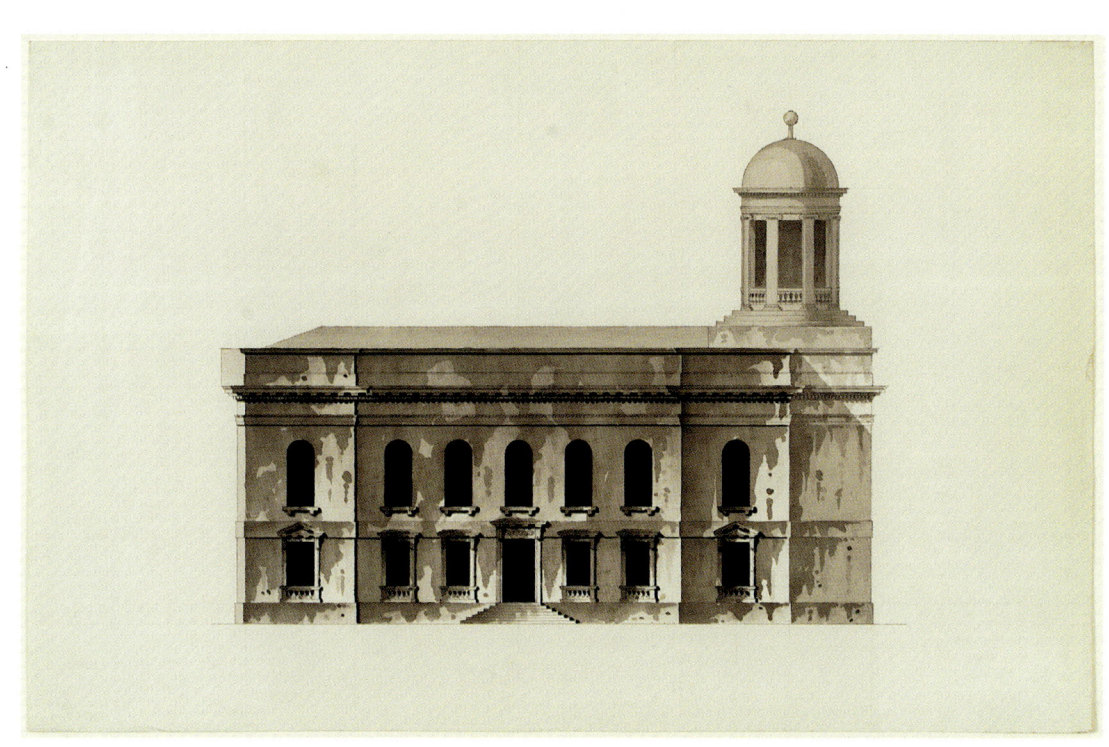

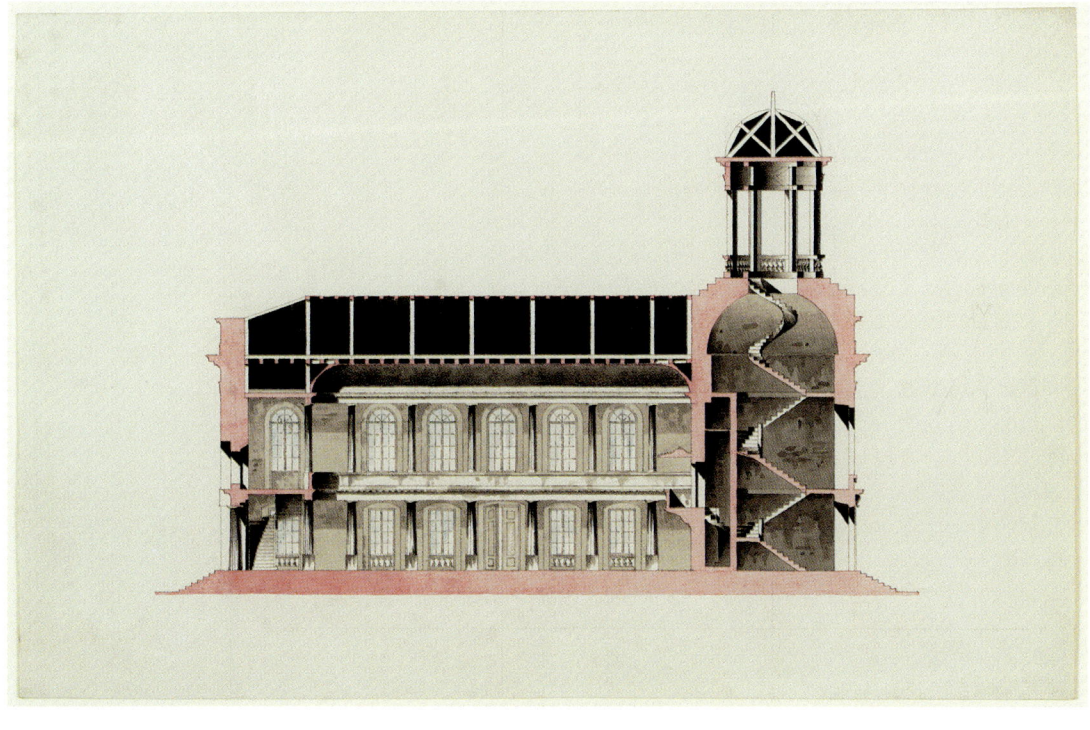

Kassel

Wilhelmshöher Tor, um 1805

Der außerhalb der Zollmauer Kassels gelegene runde Platz und der Stadtzugang sollten schon zur Zeit Friedrichs II. eine repräsentative Gestaltung erhalten, nachdem 1777 die Weißensteiner Allee angelegt worden war und hier die Stadt erreichte. Simon Louis Du Ry hatte 1780 ein Torgebäude in Anlehnung an einen römischen Triumphbogen entworfen, das in der Achse der Königsstraße plaziert werden sollte. Dieses Projekt wurde ebensowenig wie verschiedene andere verwirklicht. Erst 1805 ordnete Kurfürst Wilhelm I. die Neuordnung des Geländes an, das 1798 in Wilhelmshöher Platz umbenannt worden war, und beauftragte Jussow mit den Planungen. Für den Platz wurde eine sechseckige Form gewählt und als Standort der Toranlage der Beginn der Wilhelmshöher Allee bestimmt.

Jussow behielt die bestehende Kreisform des Platzes bei und plante eine entsprechende Randbebauung. Der Architektur der flach überkuppelten Wachhäuser und der gleich hohen Torwand verlieh er durch ein umlaufendes schweres Gebälk auf gedrungenen Pilastern einen massiven Eindruck. Auf den militärisch-wehrhaften Charakter des Stadttores verwiesen zusätzlich der aus Trophäen bestehende Skulpturenschmuck an den Säulen und auf dem Gebälk. Als beherrschendes Motiv erschienen zwei kräftige Säulen mit bekrönenden Viktorien seitlich der mittleren Durchfahrt. Zu den schweren Formen der Architektur stand das schlichte und dünne Gitter in starkem Kontrast.

Der Symbolgehalt der Toranlage erfuhr eine Steigerung durch die nur leicht mit Graphit einskizzierten Umrisse eines Torbogens über der Durchfahrt sowie besonders durch die Andeutung des Mausoleums von Halikarnassos.

In der vereinfachenden Formensprache, die den Charakter des Bauwerks betonte, bezog sich Jussow bei diesem Entwurf deutlich auf die Revolutionsarchitektur und wahrscheinlich sogar auf einen der bedeutendsten Künstler dieser Richtung. Das Motiv der beherrschenden Säulen in Verbindung mit einem Stadttor findet sich jedenfalls bei den Bureaux du Trône, einem der Zollbauten, die Claude-Nicolas Ledoux um Paris erbaute.

Unter den Entwürfen Jussows aus der Zeit um 1800 fällt dieser wegen seiner besonderen Nähe zur Revolutionsarchitektur und deren phantasievoller Umsetzung auf. Die Zeichnung dürfte demnach noch der Zeit vor konkreten Festlegungen zuzuordnen sein, was auch ihren Charakter einer etwas genauer ausgeführten Ideenskizze erklären würde. Im weiteren Planungsprozeß kam es dann zu zurückhalterenden Formulierungen, die auch auf konkretere Vorgaben zur Gesamtgestaltung des Platzes Rücksicht nehmen mußten. *GF*

77

Entwurf zum Wilhelmshöher Platz und der Toranlage, Aufriss von Osten und Situationsplan, um 1805

Graphit, Feder in Grau, grau und braun laviert
486 × 346 mm
Staatliche Museen Kassel, Inv. Nr. GS 6300
Literatur: Katalog Kassel 1999

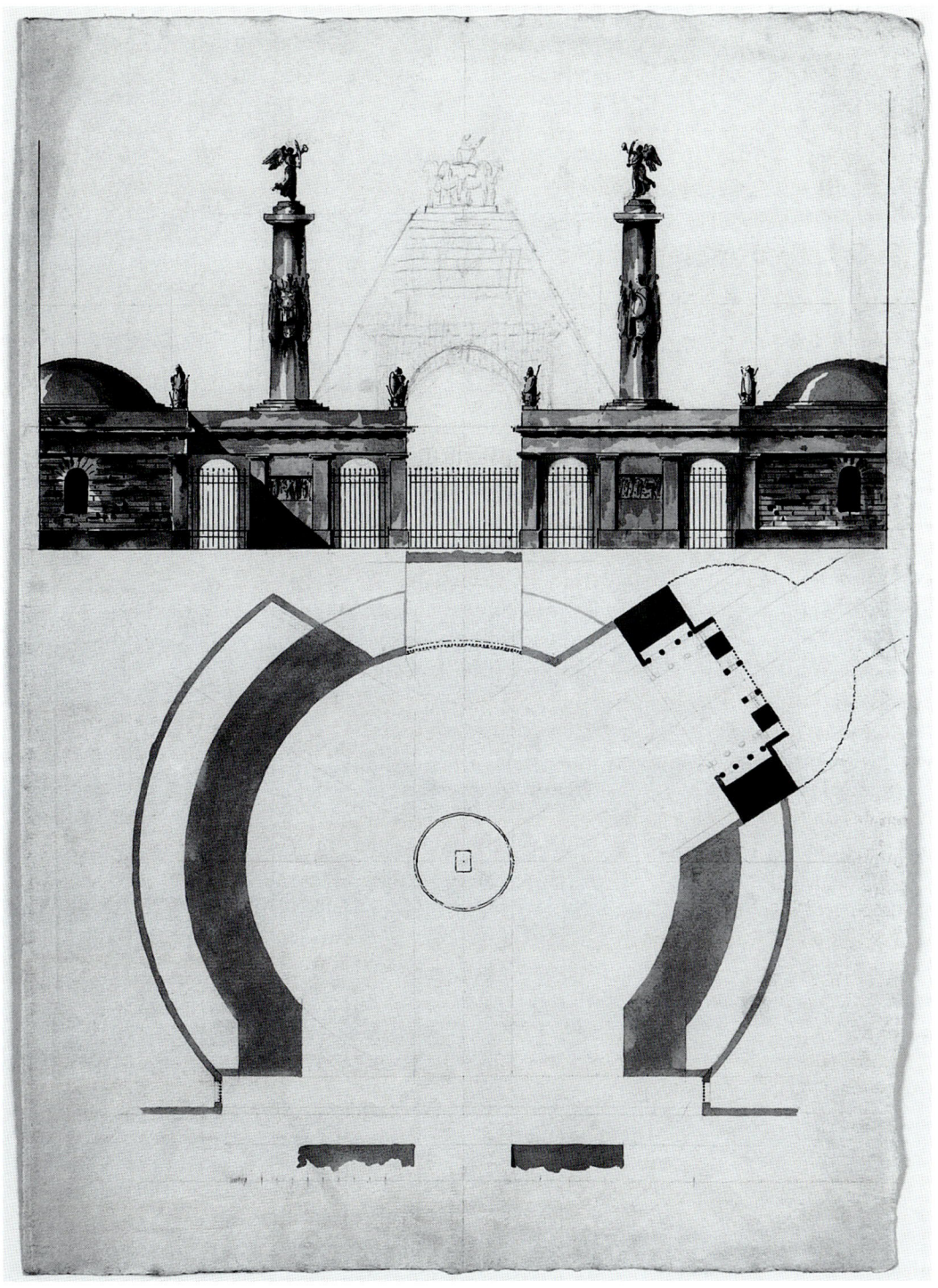

Kassel

Wilhelmshöher Tor, um 1805

Die drei Zeichnungen entstammen einem fortgeschritteneren Planungsstadium für das Wilhelmshöher Tor, mit dessen Erbauung Jussow 1805 von Wilhelm I. beauftragt wurde. Die Entwurfsvarianten dienten als Vorschläge für den Kurfürsten, der sich in der Regel verschiedene Lösungen präsentieren ließ, ehe er eine Entscheidung traf.

Jussow schlug Triumphbögen römischer Provenienz sowie eine griechisch-dorische Version vor. Bei allen Projekten weisen die seitlichen Wachhäuser die gleiche Gestalt auf und sind durch das Gebälk mit den Zwischenbauten verbunden. Skulpturaler Schmuck sollte die Architektur ergänzen.

Bereits 1790/1791 hatte Jussow verschiedene Versionen von Triumphbögen für das Corps de logis von Schloß Wilhelmshöhe entworfen, an die er hier formal anknüpfen konnte. Der einachsige Torbogen für den Platz weist in seinem Aufbau, dem Verzicht auf Säulen und den glatten Wandflächen einige Ähnlichkeiten mit diesen älteren Projekten auf.

Ein dreibogiges Tor nach dem Vorbild des Konstantinsbogens in Rom war schon 1780 von Simon Louis Du Ry für den Torplatz konzipiert worden. Jussow entfernte sich stärker von konkreten Bauten der Antike und verband die Bogenstellung in individueller Ausformung mit dorischen Säulen. Eine allegorische Figur mit zwei liegenden Löwen verleiht dem Tor einen besonderen Akzent.

Die dritte Variante, eine eher spannungslose, dorische Säulen-Architrav-Architektur, ebenfalls mit bekrönender Figur in der Mitte, wurde der Ausgangspunkt des Ausführungsentwurfs, der einen erhöhten viersäuligen Mittelbau mit vollständig ausgebildetem Gebälk und Attika vorsah (GS 5865). Bereits die Zeitgenossen sahen hierin eine »Nachahmung des Brandenburger Tores zu Berlin«, zu dem in Einzelheiten, jedoch nicht in der Gesamterscheinung Parallelen bestehen. Entsprechendes gilt für Friedrich Weinbrenners Ettlinger Tor von 1803, dessen monumentale Wirkung allerdings durch den großen Giebel erzielt wurde.

Die drei Zeichnungen geben die Varianten im gleichen Maßstab wieder. In der bei Jussow üblichen Weise ist zwischen Bauteilen im Vordergrund und zurückliegenden Bereichen differenziert. Die Wachgebäude sind gleichmäßig hellbraun, die Tore grau laviert. Auf die unruhig-fleckige Lavierung, die Jussow bei Darstellungen in dieser Zeit meist verwandte, hat er hier verzichtet. *GF*

78

Entwurf mit sechssäuligem Mittelbau, Aufriss von Osten, um 1805

Graphit, Feder in Grauschwarz, grau und hellbraun laviert
266 × 422 mm
Staatliche Museen Kassel, Inv. Nr. GS 5864
Literatur: Katalog Kassel 1958, S. 34-35, Nr. 92; Katalog Kassel 1999

79

Entwurf mit Triumphbogen, Aufriss von Osten, um 1805

Graphit, Feder in Grauschwarz, grau und hellbraun laviert
263 × 420 mm
Staatliche Museen Kassel, Inv. Nr. GS 5863
Literatur: Katalog Kassel 1958, S. 34-35, Nr. 91; Bangert 1969, S. 116; Katalog Kassel 1999

80

Entwurf mit Triumphbogen, Aufriss von Osten, um 1805

Graphit, Feder in Grauschwarz, grau und hellbraun laviert
265 × 423 mm
Staatliche Museen Kassel, Inv. Nr. GS 9556
Literatur: Katalog Kassel 1958, S. 34-35, Nr. 94; Katalog Kassel 1999
Zitat: Lobe 1837, S. 65

Kassel

ECKHAUS AN DER KÖNIGSSTRASSE, UM 1806

Das Gebäude, das wahrscheinlich im Zusammenhang mit der 1805 begonnenen Anlage des Wilhelmshöher Platzes entstand, ist einer der wenigen nachweisbaren Bauten Jussows für einen privaten Auftraggeber. Aufgrund seiner Lage an der Ecke der Königsstraße und des neuen Platzes wurde das Haus in die Gesamtplanung für den Platz einbezogen, wodurch es in seiner Größe und Gestalt weitgehend festgelegt war. Die Entwürfe für alle Bauten am Platzrand lieferte Jussow.

Das blockhaft wirkende Gebäude besitzt eine stark horizontale Schichtung, die durch das kräftig ausgebildete Kranzgesims zusätzlich betont wird. Schmückende Ornamente sind auf die Zone über dem rustizierten Erdgeschoß und die Beletage konzentriert. Die Verdachung eines Fensters akzentuiert dort die Mittelachse. An der Fassade zum Platz wird die Gliederung wiederholt, dabei aber auf die leichte Gruppierung der Fenster verzichtet.

Die zurückhaltende Architektur unterscheidet sich von derjenigen des größeren Hauses, das an der Nordseite des Platzes für den Maurermeister Seidler geplant und für das mit einer Kolossalordnung und einer mächtigen Attika ein palaisartiger Charakter vorgesehen war (Abb. 11). Der große Bau sollte seitlich von zwei kleineren flankiert werden, von denen einer, wiederum für einen Privatmann, um 1806 nach Jussows Plan ausgeführt wurde. Die Fassade dieses dreistöckigen Hauses besaß die gleiche Gliederung wie die des Eckhauses.

Die gebauten und die geplanten Häuser erlauben den Rückschluß auf die Gesamtkonzeption der Platzanlage, die wegen der französischen Besetzung 1806 unvollendet blieb. Demnach hatte Jussow eine Differenzierung nach Gebäudegröße und -charakter vorgesehen, um eine monotone Wirkung der Platzwände zu vermeiden. In den mit einer doppelten Randlinie versehenen Präsentationsriß hat Jussow nachträglich Maße eingetragen. Die Bezeichnung stammt von anderer Hand und bezieht sich auf den wahrscheinlichen Bauherrn, den Bibliothekar und Hofrat Völkel sowie auf die späteren Hausbesitzer, die Künstlerfamilie Ruhl.   *GF*

81

ENTWURF ZUM ECKHAUS, AUFRISS VON SÜDOSTEN, UM 1806

Graphit, Feder in Grau und Schwarz, braun laviert
265 × 330 mm
Staatliche Museen Kassel, Inv. Nr. GS 5884
LITERATUR: Katalog Kassel 1999

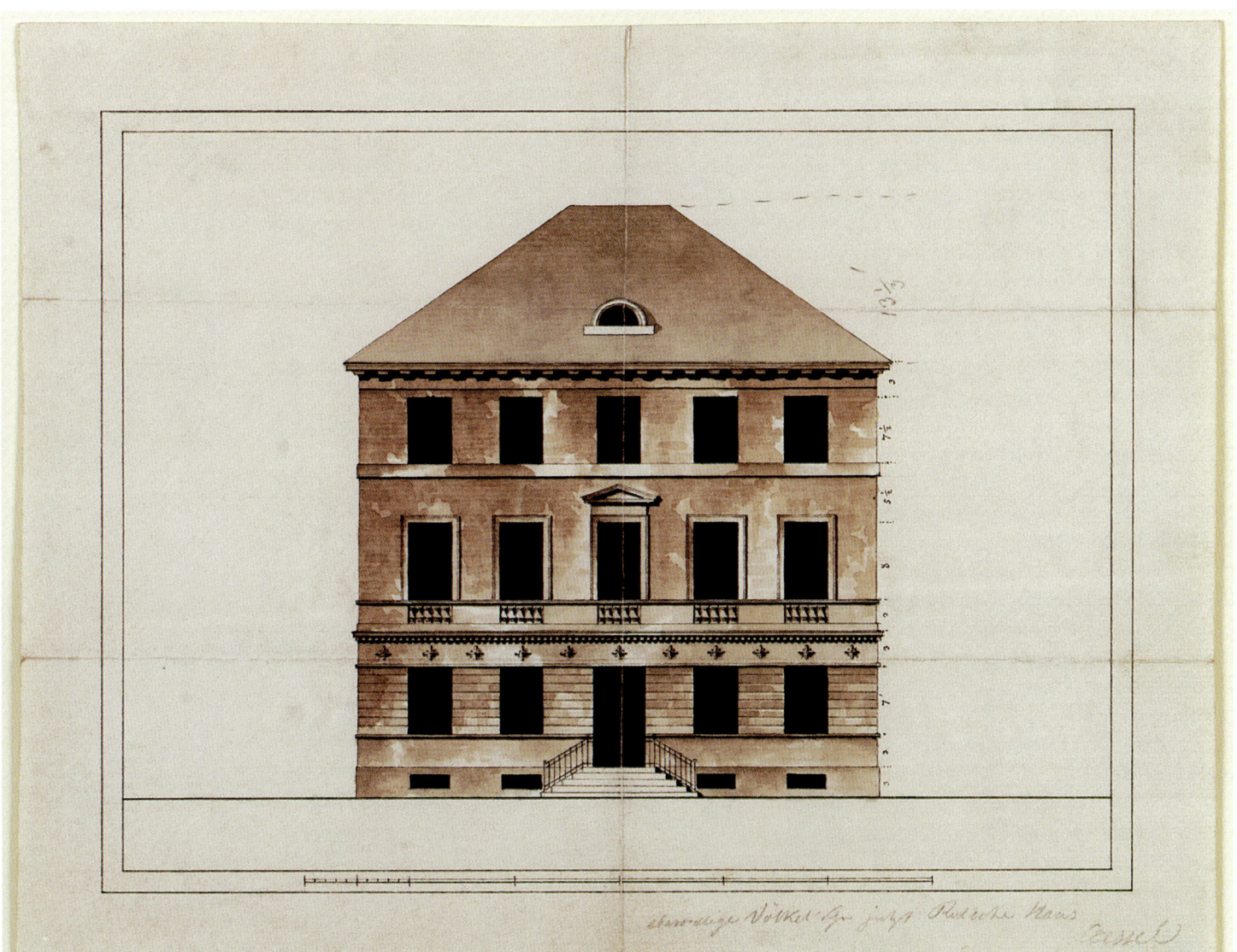

ehemalige Völkel'sche jetzt Rudeckē Haus

Cassel

Kassel

»Fürstenhaus«, um 1808

Das Gebäude an der Nordwestseite des Wilhelmshöher Platzes entstand an einer Stelle, für die Jussow 1805 zwei Häuser geplant hatte. Hier war eine symmetrisch gestaltete Platzfront vorgesehen, die aus einem großen palaisartigen Mittelteil (Abb. 11) und zwei kleineren Seitenbauten gebildet werden sollte. Während das direkt an das nördliche Wachhaus des Wilhelmshöher Tores anschließende fünfachsige Wohnhaus nach den ursprünglichen Plänen Jussows ausgeführt werden konnte, verhinderte der Einmarsch der Franzosen 1806 den Bau der beiden anderen.

Die ungenutzten Bauplätze wurden um 1808 von der westphälischen Verwaltung zusammengelegt und mit dem Verwaltungsgebäude der Amortisationskasse bebaut. Der Architekt war Jussow, in dessen Tätigkeitsgebiet als Generalinspektor der Brücken, Straßen und öffentlichen Bauten die Betreuung dieses Dienstgebäudes gehörte.

Nach dem Ende des Königreichs Westphalen wohnten hier zeitweilig Angehörige der kurfürstlichen Familie, was zur Benennung des Gebäudes als »Fürstenhaus« führte. Diese irrtümlich auch für die Zeit vor 1806 angenommene Nutzung hat in der Forschung zu Fehlinterpretationen des vermeintlichen Gegensatzes von schlichtem Äußeren und höfischer Verwendung geführt.

Der dreigeschossige Bau zu elf Achsen zeichnet sich durch eine zurückhaltende und ausgewogene Fassadengestaltung aus. Über dem rustizierten Erdgeschoß folgt eine glatte Wandfläche, in der die Fenster gleichmäßig verteilt sind. Zusammen mit den Gesimsen und dem stärker ausgebildeten Kranzgesims ergibt sich eine Betonung der Horizontalen. Als Gegengewicht ist der Balkon eingesetzt, durch den die Fassadenmitte einen plastischen Akzent erhält. Bezeichnenderweise fehlt er bei einem anderen Entwurf Jussows, der sonst völlige formale Übereinstimmung zeigt (GS 12642).

In dieser Art der Fassadenbehandlung, die sich sehr deutlich von der plastischen und schweren des ursprünglich für diesen Platz geplanten Gebäudes unterscheidet, zeigt sich die Jussows Anpassung an die Gestaltungselemente des Empirestils, den die neuen Herren in Kassel favorisierten.

Auch der andere von Jussow in der Zeit des Königreichs Westphalen errichtete Großbau, das Meßhaus von 1809 (GS 5893), war von dieser stilistischen Angleichnug geprägt.   *GF*

82

Entwurf zum »Fürstenhaus«, Aufriss der Vorderfront, um 1808

Feder in Grau und Schwarz, grau laviert
421 × 587 mm
Staatliche Museen Kassel, Inv. Nr. GS 5882

Literatur: Dittscheid 1983, S. 63; Wolter 1991, S. 57, Abb. 23; Katalog Kassel 1999; zum »Fürstenhaus« allgemein vgl. Fenner 1998

Kassel

Mausoleum der Kurfürstin auf dem Altstädter Friedhof, 1820

Die Grabstätte für die am 14. Januar 1820 verstorbene Kurfürstin Wilhelmine Caroline, geborene Prinzessin von Dänemark (1747-1820), Gemahlin von Kurfürst Wilhelm I., entstand 1820 am Rande des Altstädter Friedhofes. Der Kurfürst drängte auf Fertigstellung des Bauvorhabens noch im gleichen Jahr. Am 19. Februar 1821 wurde der Leichnam in die Grabstätte überführt.

Der Bau erhielt »die Form eines antiken Tempels in antis« mit vorgelegter dreistufiger Treppe. Vorhalle und Cella nehmen jeweils die Hälfte des genau quadratischen Grundrisses ein. Der Sarkophag sollte in einem nicht zugänglichen Raum mit Tonnengewölbe unter der Cella aufgestellt werden.

Die Fassade folgt in Proportionierung und Detailausbildung mit kleinen Abweichungen dem Formenkanon der griechisch-klassischen Architektur. Die schlanken dorischen Säulen haben keine Basen und sind kanneliert. Die Metopen des Frieses sollten alternierend kranz- und kreuzförmige Palmzweige sowie in der Mitte einen Sternenkranz erhalten. Im Giebelfeld war eine Inschrift mit dem Namen der Toten vorgesehen. Das für die Cella geplante Tonnengewölbe mit gemaltem Velum über einem Kranzgesims wurde beim Bau durch ein quergespanntes Segmenttonnengewölbe mit Kassetten und Oberlicht ersetzt. Für die Ausstattung der Cella waren zwei Kandelaber, eine Lampe in einer kleinen halbrunden Wandnische sowie ein »aufzustellender Cippus, oder ein Altar oder eine allegorische Gruppe von Marmor« vorgesehen.

Das Grabgebäude wurde in rötlichem Sandstein ausgeführt, blieb aber ohne Inschrift und den metallenen Metopenschmuck, so daß den Zeitgenosen »alles noch unvollendet« erschien.

Der Typus des klassizistischen Grabtempels war zum Zeitpunkt der Entstehung des Kasseler Bauwerks in der Sepulkralarchitektur bereits etabliert. So hatte schon 1786 Hans Christian Genelli ein Mausoleum in Gestalt eines dorischen Tempels entworfen. Tempelförmige Grabbauten entstanden 1786-90 in Oldenburg und um 1800 durch Friedrich Gilly in Dyhernfurth in Schlesien. Der bekannteste Bau ist das 1810 von Gentz und Schinkel errichtete Mausoleum der Königin Luise im Park von Charlottenburg.

Auch Georg Ludwig Friedrich Laves, der Neffe und Schüler Jussows, setzte bei dem Mausoleum im Berggarten bei Schloß Herrenhausen 1842 bis 1847 das Motiv des dorischen Portikus ein. *GF*

83

Entwurf zum Mausoleum, Aufriss von Norden, 1820

Graphit, Feder in Schwarz, dunkelgrau, dunkel- und hellbraun und hellrosa laviert
297 × 395 mm
Staatliche Museen Kassel, Inv. Nr. GS 5992
Literatur: Katalog Kassel 1958, S. 38, Nr. 100; Katalog Bonn 1979, S.78; Katalog Kassel 1981, Nr. 39; Katalog Kassel 1999

84

Entwurf zum Mausoleum, Längsschnitt, 1820

Feder in Schwarz, dunkelgrau, braun, hellrosa, hellgrün und gelb laviert
297 × 398 mm
Staatliche Museen Kassel, Inv. Nr. GS 5993
Literatur: Katalog Kassel 1958, S. 38, Nr. 100; Katalog Kassel 1999
Zitate: 1. StAM Bestand 4a, 94 Nr. 28; 2. ebd.; 3. Lobe 1837, S. 88

Kassel

SCHLOSS SCHÖNFELD, 1823

Das 1777 von Oberst Nikolaus Heinrich von Schönfeld weit vor der Stadt erbaute Landhaus bestand ursprünglich aus zwei gleich großen, einander gegenüberstehenden Einzelbauten. In der Zeit des Königreichs Westphalen hatte Jérôme durch Leo von Klenze eine brückenartige Verbindungsgalerie errichten lassen, die das einstige Herrenhaus mit dem Gärtnerhaus verband. Nachdem Kurfürstin Auguste von Hessen (1780-1841) das Anwesen 1821 als Sommersitz erhalten hatte, wurde Jussow beauftragt, einen neuen Verbindungstrakt zu planen.

Jussow entwarf zunächst einen architektonisch aufwendigen Bau, dem er durch eine Flachkuppel und eine Fassadengliederung mit toskanischen und ionischen Pilastern die Würde verleihen wollte, die einem fürstlichen Haus angemessen erschien. Die Kurfürstin wünschte jedoch eine bescheidenere Lösung, bei der »das mittelste Dach spitz zulaufend« sein sollte. Von ihrer Vorstellung fertigte sie für den Architekten eine Ideenskizze an. Auf dieser Grundlage entstand der vorliegende Ausführungsentwurf mit achteckigem Mittelbau und schmalen seitlichen Zwischenstücken. Der Neubau war so den älteren Bauten formal besser angeglichen und entsprach mit seinen großen Fenstern, die sich zum Park hin öffneten, der Zweckbestimmung eines ländlichen Schlößchens.

Die Zeichnung zeigt den Aufriß mit dem geplanten Zwischenflügel von Norden her. Für die Fenstertüren des Obergeschosses sowie den bereits bestehenden Balkon am linken Gebäude entwarf Jussow eiserne Brüstungsgitter.

Die Ausführung des Baues erfolgte 1823/1824 zu einem Zeitpunkt, als Augustes Bruder König Friedrich Wilhelm III. von Preußen beim Schloß Charlottenburg ein Sommerhaus von vergleichbarem privatem Charakter plante. Möglicherweise tauschten sich die Geschwister zu diesem Thema aus und holten vielleicht auch den Rat von dem Architekten des Königs, Karl Friedrich Schinkel, ein.   *GF*

85

HEINRICH CHRISTOPH JUSSOW UND BAUBÜRO
ENTWURF ZU SCHLOSS SCHÖNFELD, AUFRISS VON NORDEN, 1823

Graphit, Feder in Grau, hellgrau, dunkelgrau und hellgrün laviert
305 × 454 mm
Staatliche Museen Kassel, Inv. Nr. GS 6017

LITERATUR: Katalog Kassel 1958, S. 39, Nr. 105; Fenner 1995, S. 126, Abb. 84; Katalog Kassel 1999
Zitat: Staatliche Museen Kassel, Nachlaß Jussow

224

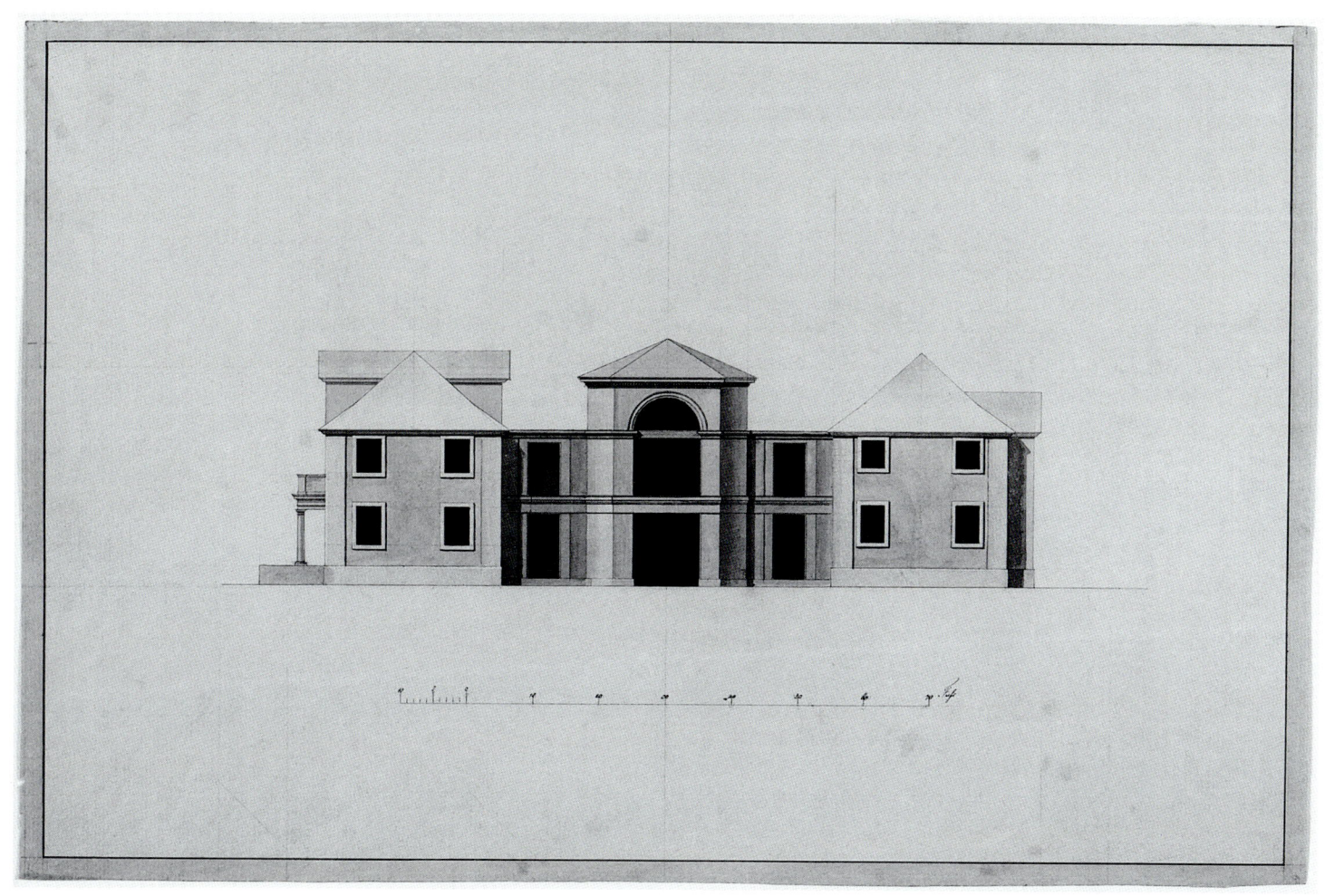

Kassel, Schloß Chattenburg

Situationsplan, Grundrisse, Aufrisse und Schnitte, 1816/17 und 1820/21

Gegen Ende des 18. Jahrhunderts galt das alte Kasseler Residenzschloß, das in wesentlichen Teilen bis in die Zeit Landgraf Philipps des Großmütigen zurückging, gemeinhin als veraltet und unbequem. Pläne zu einem Umbau oder Neubau waren deshalb bereits vorgelegt worden, so von Charles De Wailly im Jahr 1782 und Claude Nicolas Ledoux 1785. König Jérôme von Westphalen logierte während der französischen Besatzung 1807 bis 1813 nur ungern im Winter im »Stadtschloß«, während er im Sommer das in »Napoleonshöhe « umbenannte Schloß Wilhelmshöhe vorzog. Ein bisher unbekannter Entwurf Jussows von ca. 1810 (GS 6307) belegt, daß zumindest eine zeitgemäße Veränderung der Westfassade geplant war, nachdem die altertümlichen Renaissancegiebel entfernt worden waren. Der große Brand vom 23. zum 24. November 1811 zerstörte das alte Schloß so weitgehend, daß Überlegungen zu einem Wiederaufbau bald ad acta gelegt wurden. Der triumphal zurückgekehrte Kurfürst Wilhelm I. nutzte vielmehr die Gelegenheit, »[...] den Bau eines neuen ResidenzSchlosses unter dem Namen der Kattenburg auf demselben zu beginnen, da derselbe vortreffliches Licht und eine gesunde Luft bot, Wasser durch mehrere Zuleitungen hatte und man von ihm einer reizenden Aussicht über den Auegarten, den schönen Fuldastrom und das wohlangebaute Thal, das derselbe durchzieht, genoß, auch noch die Annehmlichkeiten hatte, daß das Marstallgebäude, ferner ein Gebäude für die Hofverwaltung und ein anderes für die obern Staatsbehörden in unmittelbarer Nähe des Schlosses lagen [...]«, wie es Oberbaumeister Johann Daniel Engelhard in einem 1845 veröffentlichten Aufsatz schildert.

Der genaue Beginn der Planungen Jussows für einen Neubau des Residenzschlosses ist nicht belegt, spätestens zu Beginn der Abbrucharbeiten des alten Schlosses im Jahre 1816 dürften aber die ersten Pläne vorgelegen haben. Insgesamt werden in der Graphischen Sammlung der Staatlichen Museen Kassel gut 100 Zeichnungen zur Chattenburg – Grundrisse, Aufrisse und Detailaufnahmen – aufbewahrt.

Ein um 1816/1817 entstandener Situationsplan zeigt die spezifische Lage des Schloßgeländes und erfaßt die nähere Umgebung des geplanten Baues zwischen Altstadt und Fuldaaue. Die zum Fluß ausgerichtete Anlage öffnet sich zur Rennbahn, die Du Ry entworfen hatte. Die Platzanlage sollte ihren von den Franzosen zerstörten halbrunden Kolonnadenabschluß zurückerhalten. Der exponierten Lage über der Fuldaaue steht auf der anderen Seite die einengende Bebauung der Altstadt gegenüber, die die Wirkung eines derartig umfangreichen Baues zwangsläufig schmälern mußte. Die gesamte Anlage, ein ausgedehnter Gebäudekomplex um zwei große Höfe, sollte etwa die vierfache Fläche des Vorgängerbaus einnehmen. Die ersten Pläne Jussows für einen konventionellen Dreiflügel- bzw. Vierflügelbau (StAM Karten P II 9575 und 9578/9+10) waren vom Kurfürsten für unzureichend erachtet worden, weshalb eine ausgedehntere Anlage geplant werden mußte, die beide Möglichkeiten

86

Entwurfsskizze zum Situationsplan, um 1816/17

Graphit, Feder in Braun und Hellbraun
385 × 472 mm
Staatliche Museen Kassel, Inv. Nr. GS 5895

Literatur: Katalog Kassel 1999; zur Chattenburg allgemein vgl. Engelhard 1845; Holtmeyer 1923, S. 315-320; Katalog Kassel 1958, S. 38-39; Dittscheid 1983, S. 65-66; Heppe 1995
Zitate: 1. Engelhard 1845, S. 53; 2. Staatliche Museen Kassel, Nachlaß Jussow; 3. Engelhard 1845, S.59-60; 4. Vehse 1853 (1991), S. 104; 5. Engelhard 1845, S. 58; 6. ebd. S. 57

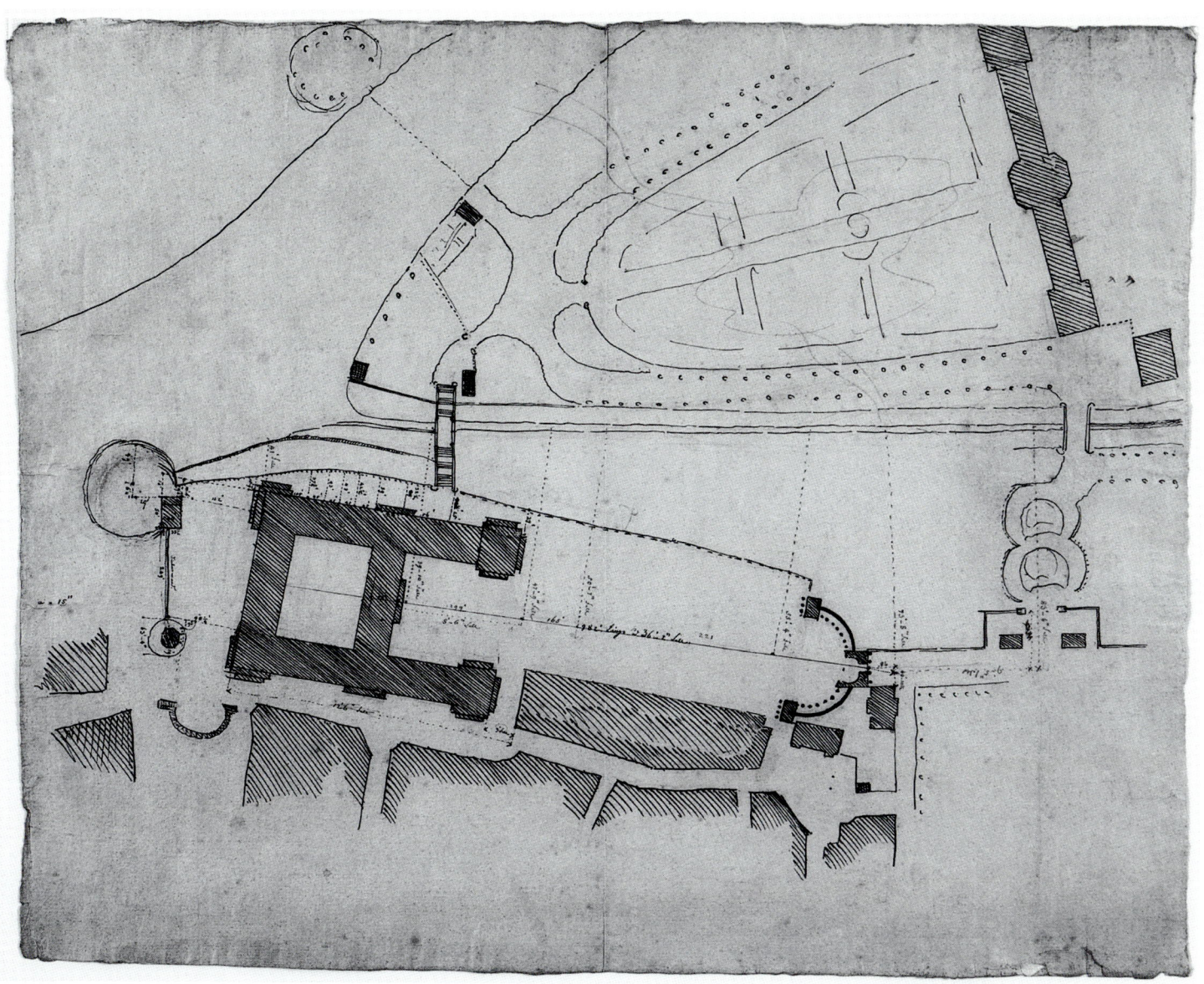

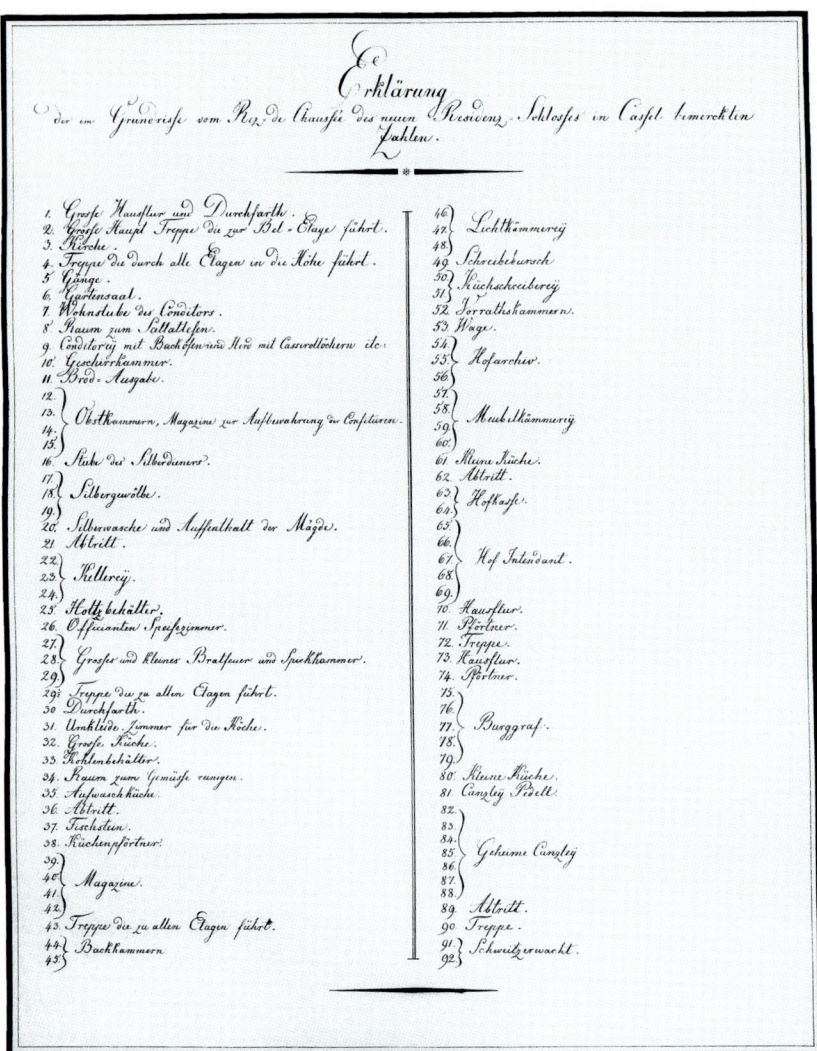

87

GRUNDRISS DES ERDGESCHOSSES MIT ERLÄUTERUNGEN,
UM 1820/21

Feder in Schwarz
674 × 561 mm
Hessisches Staatsarchiv Marburg, Karten P II 13.614/1-2

LITERATUR: unpubliziert

miteinander kombinierte. Möglicherweise gab hierzu die Anlage des 1816 in kurhessischen Besitz gekommenen Schlosses Fasanerie bei Fulda Anregung, die in kleinerem Format ebenfalls einen geschlossenen Vierflügelbau, kombiniert mit einem Ehrenhof von gleichem Umfang, aufweist.

In einem im Nachlaß Jussows befindlichen Manuskript sind die Anforderungen an das neue Schloß wie folgt dargestellt: »Bei der Anlage des neuen Kurf. Residenz-Schlosses allhier wurde, nachdem verschiedene Projecte von kleinerm Umfange die allerhöchste Genehmigung nicht erhalten hatten, es als Bedingung vorgeschrieben, den Entwurf so einzurichten, daß vier Fürstliche Wohnappartements in der BelEtage und eine Kirche vorhanden seyen.« Im unteren Stockwerk sollten zudem alle Räumlichkeiten der Hofverwaltung und des Hofhaushalts enthalten sein, ein

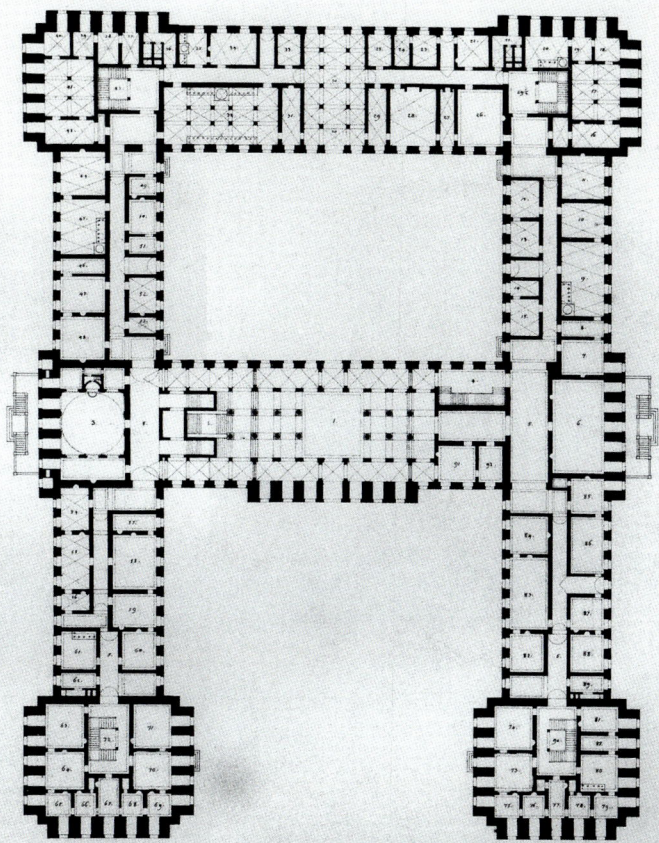

Grundriß vom Rez-de-chaussée des neuen Residenz Schlosses in Cassel.

Umstand, der laut Bericht des Oberbaumeisters Engelhard von 1845 wesentlich zur Größe des Gebäudes beitrug: »[...] denn um dieser Bestimmung vollkommen genügend und gründlich zu entsprechen, hatte Jussow veranlaßt, daß von sämmtlichen Hofbehörden Verzeichnisse der Lokalitäten, die sie bedurften, eingezogen wurden, und wenn dieses auch ganz sachgemäß und zweckmäßig erscheint, so hatte es doch auch die nicht ganz günstige Folge, daß die erwähnten Behörden angenommen hatten, bei einem neuen Schlosse müsse man alle Räumlichkeiten möglichst vollkommen vollständig und ausgedehnt haben, da es bei einem solchen großen neuen Gebäude auf einige Zimmer mehr nicht ankommen könne; wenn aber jede der einzelnen Behörden nach diesem Grundsatz verfuhr, so ist es einleuchtend, daß im Ganzen mehr als nur einige Zimmer über die Nothwendigkeit gefordert wurden, und so gelangte das ganze Schloß zu einer Ausdehnung, welche nur wenige Schlösser in der Welt übertreffen.« Nicht ganz zu Unrecht hat deshalb Carl Eduard Vehse diese Anlage »eine Art pharaonischer Königsbau« genannt.

Das dritte Stockwerk sollte Wohnungen für apanagierte Prinzen erhalten, seine genaue Ausgestaltung stand aber bis zum Abbruch der Bauarbeiten offensichtlich noch nicht fest; zumindest haben sich hierzu keinerlei Grundrisse erhalten.

Der vorliegende komplette Satz von sorgfältigen Repräsentationszeichnungen des endgültigen Entwurfes enthält einen Grundriß des Erdgeschosses nebst detaillierten Erläuterungen, einen Plan der Beletage sowie Aufrisse von Ehrenhof- und Längsfront. Die Grundform der Anlage blieb demnach unverändert; Änderungen erfolgten nur noch bei der Aufteilung des Innenraums und bei der Fassadengestaltung. Wesentliche Modifizierungen betrafen vor allem das Treppenhaus auf der linken Seite des Vestibüls. Die zunächst vorgesehene einfache Treppe wurde später durch einen repräsentativen zweiläufigen Aufgang nach dem Vorbild der Würzburger Residenz ersetzt. Direkt daneben befand sich im nördlichen Längsflügel die zweistöckige Schloßkirche. Jussow berichtet in dem Manuskript aus seinem Nachlaß, daß der Erbprinz erwogen habe, die Treppe auf die rechte Seite zu versetzen und die Schloßkirche ihres oberen Stockwerks zu berauben, um dort ein größeres fürstliches Appartement anzulegen. Dieser Plan fand allerdings nicht die Billigung des Kurfürsten.

Nach dem endgültigen Entwurf gelangte man von der großen Treppe aus in der Beletage über den Saal der Leibwache und zwei weitere Vorsäle in den Audienzsaal und den Thronsaal im südlichen Längsflügel. Eine langgestreckte Galerie und das Appartement des Kurfürsten schlossen sich nach Osten an, während auf der westlichen Ehrenhofseite Wohnräume für einen männlichen fürstlichen Gast vorgesehen waren. Die Anordnung im nördlichen Längsflügel war spiegelbildlich geplant, die Kapelle trennte das Appartement der Kurfürstin von Wohnräumen für einen

88

GRUNDRISS DER BELETAGE, UM 1820/21

Feder in Schwarz
676 × 560 mm
Hessisches Staatsarchiv Marburg, Karten P II 13.614/3
LITERATUR: unpubliziert

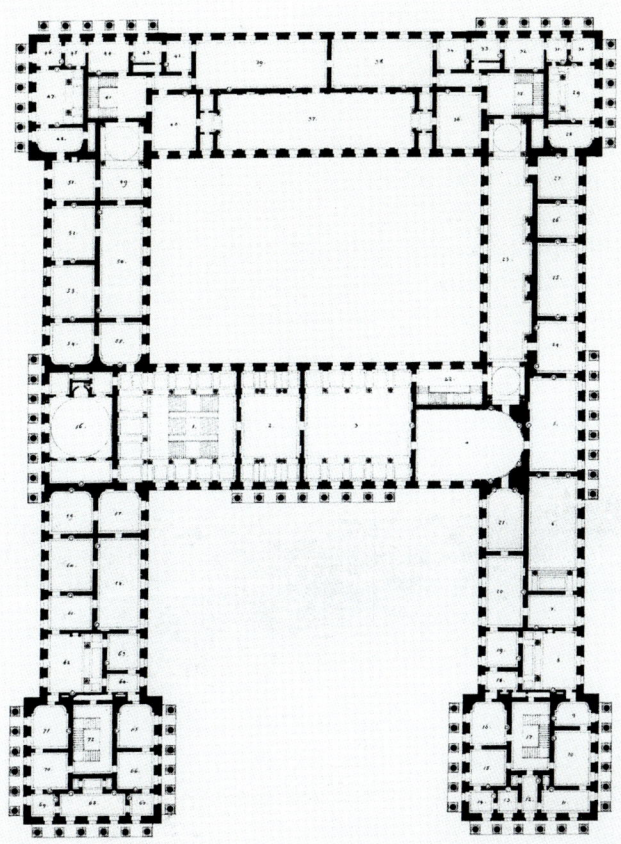

Grundriß
von der Bel-Etage des neuen Residenz-Schlosses in Cassel.

weiblichen fürstlichen Gast. Der hintere Querflügel sollte als verbindendes Element Speisesäle und Festsaal aufnehmen. Geschickt plazierte Jussow die Schlaf- und Ankleideräume des kurfürstlichen Paares in die hinteren Eckpavillons, wo sie über ein separates Treppenhaus von den Küchenräumen im Erdgeschoß aus zu erreichen waren.

Die Aufrisse zeigen einen monumentalen Bau, der sich über einem rustizierten Sockelgeschoß und zwei Stockwerken zu einer Höhe erheben sollte, die weit über die Altstadtbebauung herausgeragt hätte. Eckpavillons und Eingangsrisalite werden durch insgesamt 84 zwei Geschosse überspannende Säulen besonders hervorgehoben. Engelhard vermerkt dazu: »Ihm [Jussow] galt dabei vor allem der Eindruck des Kolossalen als höchst bedeutend und er suchte ihn besonders durch die Verwendung kolossaler Säulenordnungen hervorzurufen.« Über dem Kranzgesims erhebt sich eine Attika, die die Dachflächen verdeckt. Davor befinden sich kleine Statuen in der Fluchtung der Säulen im Bereich der Eckpavillons. Der Dreiecksgiebel über dem Eingangsrisalit ist mit einer antiken Szene, möglicherweise einer Darstellung des Olymp, gefüllt. Wie die Figurenfriese auf den Wandflächen im Bereich der Säulenstellungen und die Tempietti über den Seiteneingängen in der Mitte der Längsseite stellen diese Elemente einen deutlichen Bezug zur klassischen Antike her. Die Quadriga mit einer Siegesgöttin über dem kurfürstlichen Wappen im Zentrum des Eingangsflügels betont diesen Aspekt zusätzlich und hat natürlich auch programmatischen Charakter in bezug auf die erfolgreiche Vertreibung der Franzosen aus Kassel. Sie hat sich im Holzmodell der Chattenburg von Friedrich Blaue nicht erhalten. Freitreppen mit vasenbekrönten Balustraden betonen die Eckpavillons sowie den Eingangsrisalit an der Längsseite. Die bewegten und mit Lorbeerkränze haltenden Frauenfiguren dekorierten Pferdestatuen als Einfassung des Ehrenhofs sind ebenfalls ein triumphales Motiv. Sie erinnern an einen Entwurf De Waillys für eine Palastanlage. Der Entwurf wurde im Jahre 1752 mit dem »Prix de Rome« ausgezeichnet und war für viele ähnliche Entwürfe für die »Concours« der Akademie in Paris prägend.

Ein großes Blatt mit einem Längsschnitt durch den Eingangsflügel und einem Querschnitt durch die beiden Querflügel mit einem Aufriß des südlichen Längsflügels gibt einen Einblick ins Innere der Chattenburg. Der Eingangsflügel wird im Schnitt gekennzeichnet durch die klassische Abfolge der Säulenordnungen — dorisch, ionisch und korinthisch — in den drei Stockwerken. Auf der linken Seite befindet sich das offene Treppenhaus mit den Podesten und einem filigranen, girlandenverzierten Geländer. Deutlich erkennbar ist die anschließende zweistöckige Kapelle mit der Predigerkanzel im linken Längsflügel. Das als Säulenhalle konzipierte Vestibül ist an den Pfeilerwänden mit einer Marmorierung versehen.

232

89

AUFRISS DER EHRENHOFFRONT, UM 1820/21

Feder in Schwarz, braungrau, lachsfarben und rosa laviert
468 × 946 mm
Hessisches Staatsarchiv Marburg, Karten P II 13.614/4
LITERATUR: unpubliziert

90

AUFRISS DER LANGSEITE, UM 1820/21

Feder in Schwarz, braungrau, lachsfarben und rosa laviert
490 × 948 mm
Hessisches Staatsarchiv Marburg, Karten P II 13.614/5
LITERATUR: unpubliziert

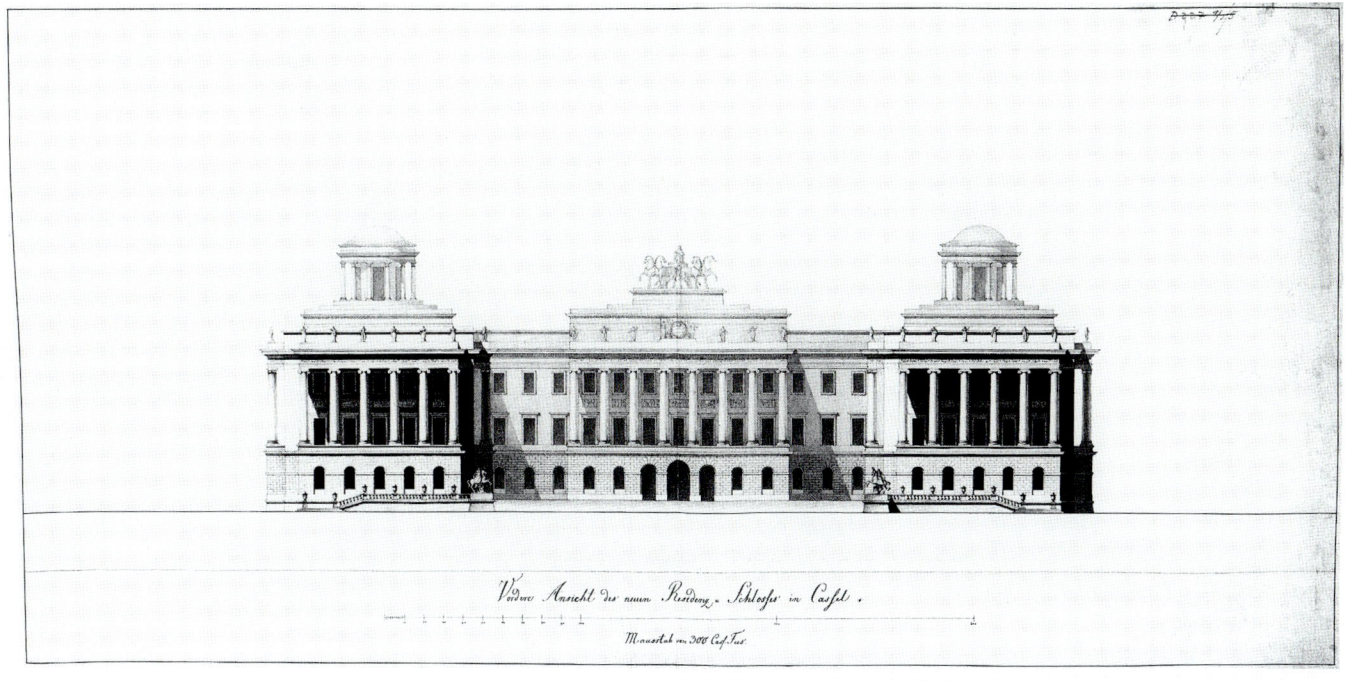

Vordere Ansicht des neuen Residenz-Schlosses in Cassel.

Maasstab von 300 Cassel Fuss.

Seiten Ansicht des neuen Residenz-Schlosses in Cassel.

Maasstab von 300 Cassel Fuss.

Detailliert ist der aufwendige Dachstuhl wiedergegeben, der vor allem unter den kleinen Rundtempeln spezielle Konstruktionen erforderte. Die Querschnitte zeigen im Eingangsflügel dekorierte Wände in der Beletage und darüber eine Bildergalerie. Der hintere Querflügel enthält unter den Küchenräumen einen Keller, der der Vorratshaltung dienen sollte. Im ersten Stock liegt darüber neben dem Speisesaal der Festsaal mit aufwendiger Wanddekoration.

Nach diesen Plänen wurde über den vorher sorgfältig untersuchten alten Fundamenten 1817 mit den Gründungsarbeiten für die neue Stadtresidenz begonnen, die sich allerdings sehr schwierig gestalteten, wie Engelhard berichtet: »[...] das Uebelste war die Beschaffenheit des Grund und Bodens, der ausgegraben werden mußte und der in einiger Tiefe aus einem morastigen, aufgefüllten Schutte bestand, welcher weder Wasser noch Erde, sondern oft nur ein halbflüssiger Schlamm war, der nicht geschaufelt und auch nicht gepumpt werden konnte, sondern mit Mühe ausgeschöpft werden mußte, wobei die Arbeiter manchmal bis an die Hüfte im Schlamm standen.« 1819 konnte schließlich mit der Anlage der Grundmauern begonnen werden. Am 27. Juni 1820 war die feierliche Grundsteinlegung, Jussow erhielt aus diesem Anlaß die Würde eines »Ritters des Goldenen Löwenordens«. Die sinnfällige Namensgebung der Residenz erfolgte am selben Tag durch den Kurfürsten Wilhelm I. höchstpersönlich. Der hohe Stellenwert, den dieses Bauprojekt für den alternden Fürsten besaß, spiegelt sich nicht nur in den immensen Summen, die er dafür zur Verfügung stellte, sondern auch in einem Portrait von Sebastian Weygandt (Abb. 2), das ihn als fürstlicher Bauherrn mit Entwürfen für die Chattenburg zeigt. Obwohl die Arbeiten unter großem Aufwand mit zusätzlichen soldatischen Arbeitskräften fortgesetzt wurden, war das Erdgeschoß nur bis zu den Fensterlaibungen gediehen, als der Kurfürst am 21. Februar 1821 starb und alle Arbeiten zum Erliegen kamen. Seine Nachfolger wollten bzw. konnten die aufwendigen Bauarbeiten nicht fortsetzen. Pläne für eine Umnutzung, etwa als Verwaltungsgebäude, scheiterten ebenfalls. Die Ruine wurde zunehmend zum Stein des Anstoßes für die Anwohner. 1870 wurden deshalb die großen Steine aus rotem Sandstein abgetragen und zum Bau der Gemäldegalerie benutzt. 1880 entstand an der Stelle der Chattenburg das Regierungs- und Justizgebäude. Die unter großem Aufwand angelegten massiven Fundamente und Kellerräume des ehrgeizigen Bauprojekts liegen heute noch im Boden verborgen.

Neubauten von Residenzen diesen Ausmaßes waren am Anfang des 19. Jahrhunderts in Deutschland eine Rarität. Vergleichbar ist das Projekt für das »Palais du Roi de Rome« (1810-1813) auf dem Hügel von Chaillot durch die Architekten Napoléons, Percier und Fontaine, die zur Planung genaue Pläne aller vorbildlichen europäischen Residenzen einholten, um Funktionsstudien im Vergleich der Dispositionen anstellen zu können. Manuskripte im Nachlaß Jussows belegen eine ähnliche

91
LÄNGSSCHNITT DURCH DEN EINGANGSFLÜGEL, QUERSCHNITT DURCH DIE MITTE DER BEIDEN QUERFLÜGEL MIT AUFRISS DES SÜDLICHEN LÄNGSFLÜGELS, UM 1820/21

Feder in Schwarz, hellbraun laviert
620 × 960 mm
Hessisches Staatsarchiv Marburg, Karten P II 9579/1
LITERATUR: unpubliziert

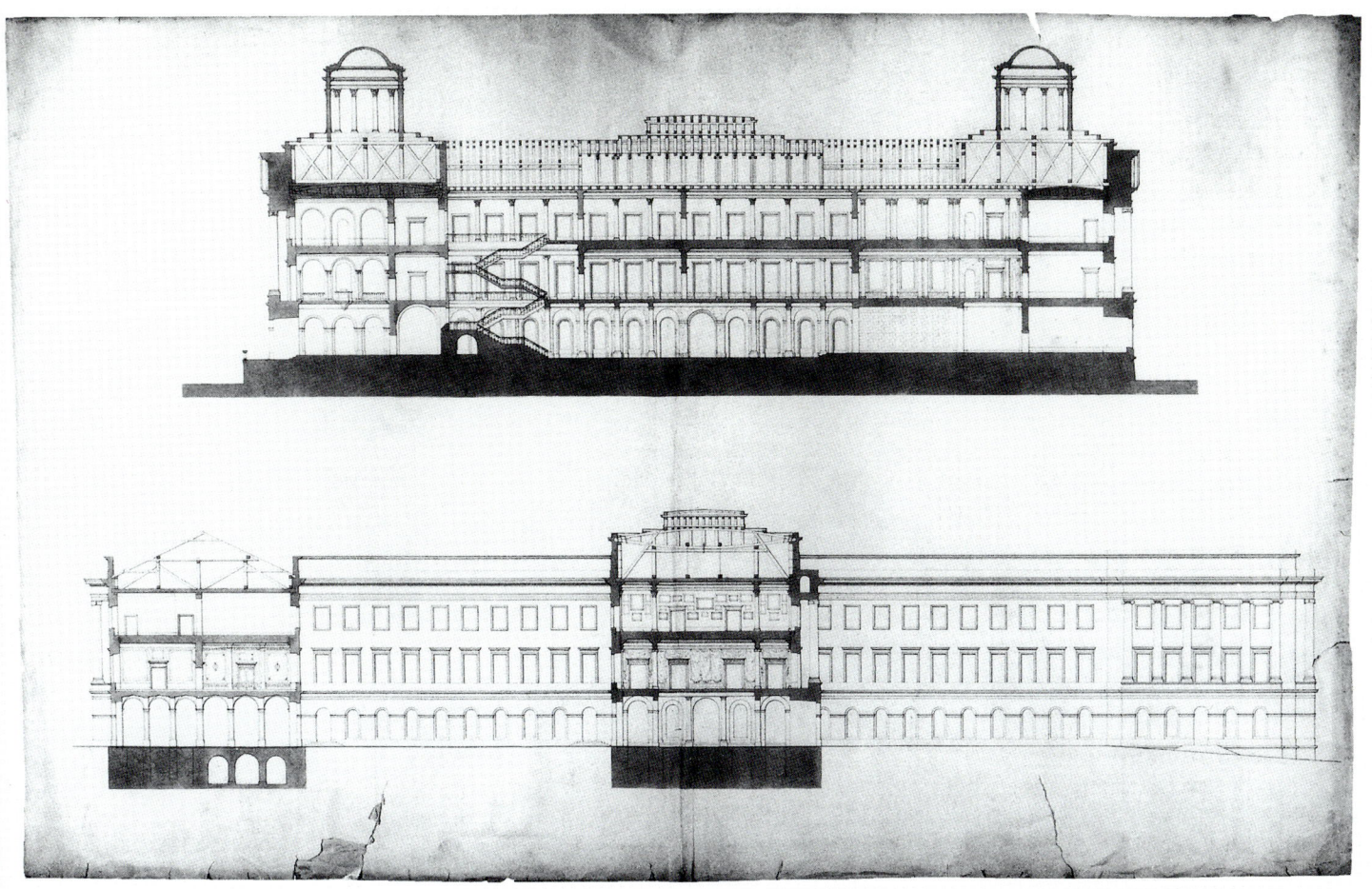

Auseinandersetzung mit barocken Schloßbauten von gleichfalls beachtlicher Ausdehnung, wie Würzburg, Versailles und Caserta bei Neapel. Zur Würzburger Residenz verfaßte Jussow eine ausführliche zweiseitige Abhandlung, die alle wichtigen Maße enthält. Am Schluß notierte er die Vergleichszahlen für das Kasseler Schloß, das ungefähr die gleiche Grundfläche einnehmen sollte. Die anderen Bauten waren ihm von seinen Reisen aus eigener Anschauung bekannt. Vor allem das erst 1774 fertiggestellte Schloß Caserta galt mit seiner langgestreckten Fassade damals als beeindruckende Sehenswürdigkeit.

Jussow knüpfte an diese Bauten an und konzipierte, ganz im Sinne seines Auftraggebers, unter Einbindung klassischer antiker Elemente eine fürstliche Residenz als monumentales Denkmal der Restauration. *UH*

Braunschweig

Palais Veltheim, 1800

Die Entwürfe zum Palais des Freiherrn Friedrich Wilhelm von Veltheim in Braunschweig gehören zu den qualitätvollsten und repräsentativsten Zeichnungen von Jussow überhaupt. Insgesamt haben sich sechs Präsentationsrisse zu diesem Projekt erhalten sowie zwei Skizzen. Während die Skizzen aus dem Besitz von Jussow stammen, konnten die Präsentationsrisse 1954 aus dem Nachlaß des Braunschweiger Architekten Peter Joseph Krahe erworben werden. Krahe, der Jussow möglicherweise bei seinem Romaufenthalt kennengelernt hatte, könnte die Blätter 1805 auf der Nachlaßauktion von Veltheim in Lucklum ersteigert haben.

Friedrich Wilhelm von Veltheim (1743-1803), der Auftraggeber des aufwendigen Stadtpalais, stand seit 1763 in hessischen Diensten. 1786 wurde er von Landgraf Wilhelm IX. zum Oberschenk und Geheimen Rat ernannt. Über das Amt des Hof- und Oberhofmarschalls stieg er bis 1799 zum Staatsminister auf. Als Direktor der Kasseler Museen und als Präsident der Kunstakademie hatte er vielfältige Beziehungen zu den zeitgenössischen Künstlern in Kassel. Auch mit Jussow wird er häufig in Kontakt gekommen sein, da dieser nach dem Tod von Simon Louis Du Ry Präsident der Bauakademie geworden war. Von daher lag es nahe, daß Veltheim sich an Jussow wandte, als er den Plan zu einem Neubau gefaßt hatte.

Die Beschriftungen von Jussow auf den beiden Skizzen geben Auskunft darüber, für wen und für welchen Ort die Zeichnungen entstanden: »dieser Entwurf ist zu einem Wohnhause des Hw Grafen von Veltheim in Braunschweig im Jahr 1800 gemacht worden«. Weiter erwähnt Jussow, daß die Ausführung des Projektes unterblieb.

1800 war Veltheim zum Landkomtur der deutschen Ordens-Ballei Sachsen gewählt worden, drei Jahre später schied er aus hessischen Diensten aus und zog sich nach Lucklum, dem Sitz der Ballei, zurück. Möglicherweise entstanden die Entwürfe von Jussow im Zusammenhang mit diesem Ortswechsel. Sie wurden vermutlich wegen des bald darauf erfolgten Todes des Auftraggebers nicht ausgeführt.

Veltheim besaß enge Bindungen nach Braunschweig, wo zu dieser Zeit ein anderes Mitglied der Familie, Röttger von Veltheim, ein repräsentatives Bauvorhaben plante. Er hatte 1805 Krahe mit dem Entwurf eines Stadtpalais am Burgplatz beauftragt, das aufgrund seines Todes nicht ausgeführt werden konnte. Nicht auszuschließen ist, daß die Zeichnungen von Jussow als Geschenk Röttger von Veltheims in den Besitz Krahes gelangten und nicht auf der Nachlaßauktion erworben wurden.

Friedrich Wilhelm von Veltheim ist in Braunschweig nicht als Grundbesitzer nachweisbar. Deshalb muß unklar bleiben, für welchen Standort die Entwürfe gedacht waren. Sein Nachlaß, der im Niedersächsischen Staatsarchiv in Wolfenbüttel verwahrt wird, enthält gleichfalls keinerlei Hinweise zu diesem Bauprojekt.

Die dreizehnachsige Hauptschauseite des Baues besitzt, wie die beiden Fassadenentwürfe zeigen, ausgesprochen repräsentative Züge. Über einem rustizierten

92

Entwurfsskizze zur Fassade, Aufriss, 1800

Graphit, Feder in Braun, braun laviert
219 × 365 mm
Staatliche Museen Kassel, Inv. Nr. GS 6055
Literatur: Katalog Kassel 1958, S. 44, Nr. 115; Bangert 1969, S. 31; Dorn 1971, S. 245; Wolter 1991, S. 49; Katalog Kassel 1999

93

Entwurfsskizze zum ersten Obergeschoss, Grundriss, 1800

Graphit, Feder in Braun
216 × 358 mm
Staatliche Museen Kassel, Inv. Nr. GS 6054
Literatur: Katalog Kassel 1958, S. 44; Dorn 1971, S. 245; Wolter 1991, S. 49-59, bes. S. 55, Abb. 19; Katalog Kassel 1999

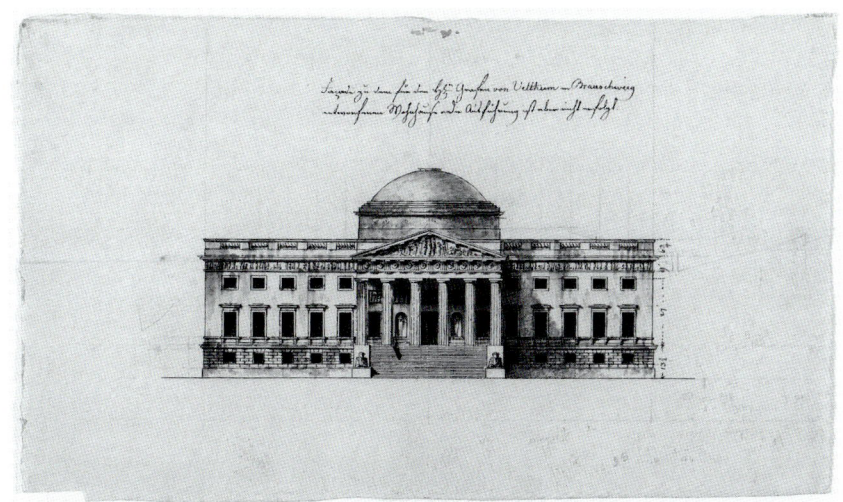

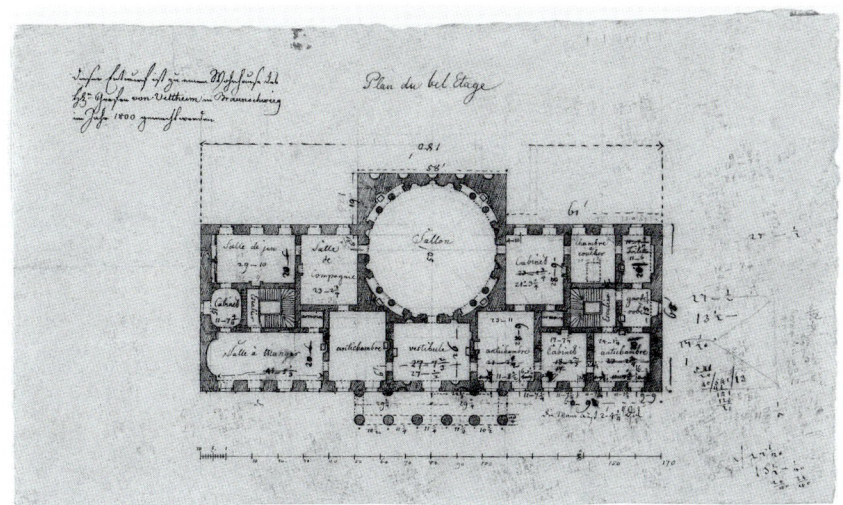

Sockelgeschoß mit nahezu quadratischen Fenstern erheben sich das glattverputzte piano nobile und ein Mezzaningeschoß. Ein Fries mit figürlichen Szenen und ein ausladendes Kranzgesims schließen das Gebäude nach oben hin ab. Der sechssäulige Portikus trägt ein Giebelfeld mit skulpturalem Schmuck und wird von einer flachen, an das Pantheon erinnernden Kuppel auf einem fensterlosen Tambour akzentuiert. Eine breite, von Sphingen flankierte Treppe erschließt den Eingangsbereich.

Die beiden Aufrißentwürfe, die Skizze und der Präsentationsriß, weichen nur in Details voneinander ab, etwa in der Gestaltung der Fensterbrüstungen. Größere Unterschiede zeigen dagegen die beiden Grundrisse des piano nobile. Besonders aufschlußreich ist in diesem Zusammenhang die Skizze. Jussow hat hier die Funktionen der Räume vermerkt, die weitgehend symmetrisch angeordnet waren.

Vom Vestibül aus gelangte der Besucher links über ein Vorzimmer in den Speisesaal und über ein kleines Kabinett in den »Salle de jeu« und den »Salle de Compagnie«, die zur Gartenseite hinaus lagen. Der große, zentrale, runde »Sallon«, der sich über alle Stockwerke zog und von der Kuppel überfangen wurde, war von dort aus zugänglich. Mit den Säulenpaaren in den Nischen nahm er wiederum ein Motiv des Pantheons auf.

Zur Rechten folgten auf das Vestibül mehrere Vorzimmer, ein Kabinett und die »garderobe«, zum Garten hin die »chambre à coucher« und ein weiteres Vorzimmer vor dem Salon. Wie Wolter dargestellt hat, entsprach diese repräsentative Raumabfolge im piano nobile des Palais Veltheim weitgehend der Distribution im Corps de logis des Schlosses Wilhelmshöhe.

Vergleicht man Skizze und Präsentationsriß miteinander, so ergeben sich vor allem bei dem runden Salon Veränderungen. So ersetzte Jussow die Nischen mit den eingestellten Säulen durch einen Wechsel von runden und rechteckigen Nischen. Auch im Außenbau verzichtete Jussow an dem risalitartig vorspringenden Kuppeltrakt auf die Nischen und ließ die Wand schmucklos.

Die einzelnen Stockwerke des Gebäudes wurden über zwei Treppen erschlossen. Im Souterrain befanden sich Wirtschaftsräume, Keller sowie Zimmer für die Bediensteten. Im Mezzanin hatte der Hausherr seinen Wohn- und Arbeitsbereich. Dazu gehörte auch eine Bibliothek für die Buch- und Stichwerke, die der leidenschaftliche Sammler Veltheim zusammengetragen hatte. Die Bestände seiner Bibliothek sind durch einen eigenhändigen »Catalogus« in seinem Nachlaß überliefert. Wie anhand der Dachaufsicht zu erkennen ist, wurde die Bibliothek durch ein Oberlicht beleuchtet. Auch die beiden Treppenhäuser waren mit Oberlichtern versehen.

Einen Blick in die Räumlichkeiten erlauben die beiden Schnitte durch das Palais. Am aufwendigsten war der runde Salon ausgestattet, dessen Kuppel, anders als beim

94

Entwurf zur Hauptfassade, Aufriss, 1800

Graphit, Feder in Grau und Schwarz, koloriert
475 × 630 mm
Staatliche Museen Kassel, Inv. Nr. GS 6056
Literatur: Bangert 1969, S. 31, Fig. 22; Dorn 1971, S. 110, 322, Anm. 500; Wolter 1991, S. 52, Abb. 15; Katalog Kassel 1999

95

Entwurf zur Seitenfront, Aufriss, 1800

Graphit, Feder in Grau und Schwarz, koloriert
292 × 459 mm
Staatliche Museen Kassel, Inv. Nr. GS 6058
Literatur: Dorn 1971, S. 110, 322, Anm. 500; Wolter 1991, S. 52, Abb. 16; Katalog Kassel 1999

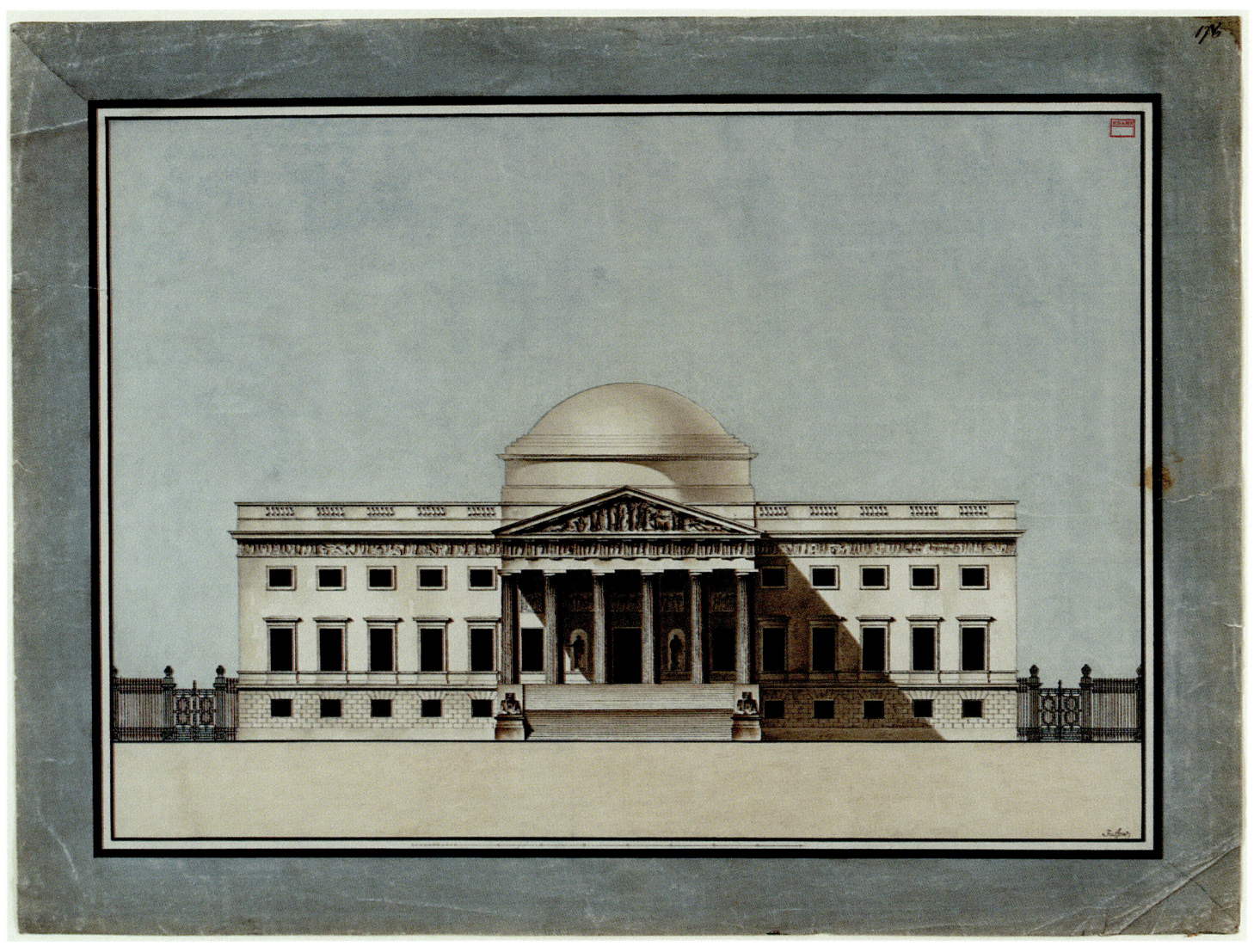

Schloß Wilhelmshöhe, vom Grundriß her entwickelt war. Der mächtige Raum, der
sich über alle Etagen zog, war im unteren Bereich durch Pilaster gegliedert. Dazwi-
schen war eine Blendarkatur vorgesehen, die alternierend halbrunde Nischen mit
Skulpturen, rechteckige flache Nischen für Konsoltische oder Türen umfaßte.
Darüber erhoben sich ein ausladendes mit einem Rankenornament verziertes
Kranzgesims sowie ein figürlicher Fries. Der fensterlose Saal wurde ausschließlich
durch ein Opaion in der kassettierten Kuppel erleuchtet.
Das Vestibül war mit einem Relieffeld oberhalb der Türen geschmückt und die
Bibliothek darüber besaß eingebaute Glasschränke. Der Querschnitt durch den

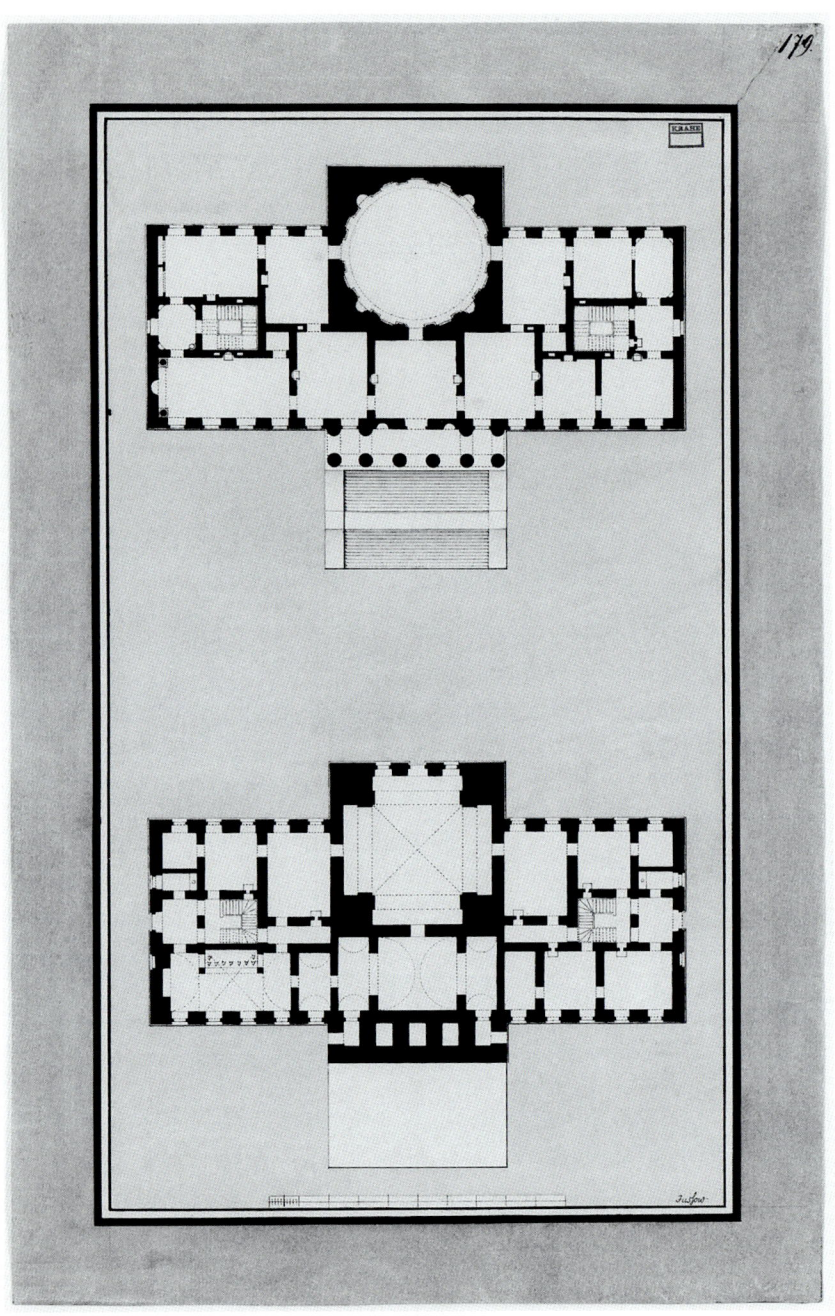

96
ENTWURF ZUM KELLER- UND ERDGESCHOSS, GRUNDRISSE, 1800

Graphit, Feder in Grau und Schwarz, schwarz und blaugrau laviert
476 × 300 mm
Staatliche Museen Kassel, Inv. Nr. GS 6059

LITERATUR: Dorn 1971, S. 110, 322, Anm. 500; Wolter 1991, S. 52, Abb. 17; Katalog Kassel 1999

linken Trakt zeigt ähnlich klassizistisch dekorierte Räume im Erdgeschoß. Die Zimmer im Mezzanin waren dagegen einfacher ausgestattet.
Die Entwürfe zum Palais Veltheim bezeugen Jussows Nähe zu wichtigen architektonischen Strömungen seiner Zeit: zum englischen Neopalladianismus und zur

97

Entwurf zum Mezzaningeschoss und zum Dach,
Grundriss und Draufsicht, 1800

Graphit, Feder in Grau und Schwarz, schwarz, grau und
blau laviert
456 × 293 mm
Staatliche Museen Kassel, Inv. Nr. GS 6060

Literatur: Katalog Kassel 1999

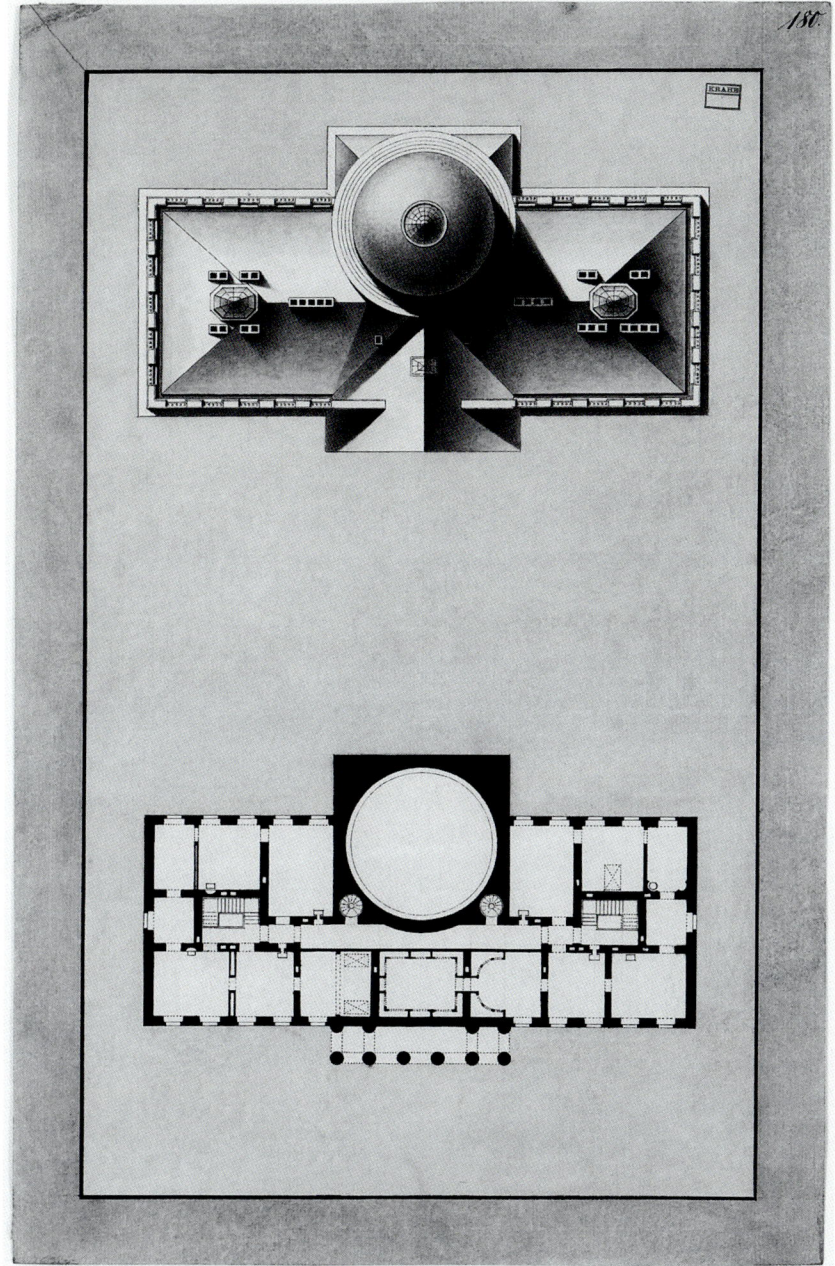

französischen Revolutionsarchitektur mit ihrer Konzentration auf stereometrische
Formen, die vor allem in der Seitenansicht anschaulich wird. Die Antikenrezeption
zeigt sich etwa bei der Pantheonreminiszenz oder beim Portikus dorischer Ordnung.
Die Forschung hat die Nähe der Entwürfe zum Corps de logis des Schlosses

Wilhelmshöhe hervorgehoben. Beide Bauten sind denselben englischen Vorbildern verpflichtet, Schloß Wanstead von Colen Campbell und Prior Park von John Wood. Ihr Fassadenschema mit der Freitreppe, dem Giebelportikus und der Kuppel steht der englischen Landhausarchitektur nahe, die sich wiederum auf den palladianischen Villenbau bezog. Auch in der Raumabfolge entsprechen sich beide Gebäude weitgehend. Jussow differenziert nicht mehr strikt zwischen den Funktionstypen und gleicht so unterschiedliche Bauaufgaben wie die eines fürstlichen Schlosses als öffentlichem Repräsentationsbau und eines privaten städtischen Wohnhaus für einen hochstehenden landgräflichen Bediensteten einander an. Nach der in Europa verbindlichen französischen Architekturtheorie wäre eine deutliche Unterscheidung in der Instrumentierung bei so verschiedenen Aufgaben noch in der ersten Hälfte des 18. Jahrhunderts selbstverständlich gewesen. An die Stelle einer hierarchischen Behandlung verschiedenwertiger Bauaufgaben tritt eine Nivellierung, die dafür

98

QUERSCHNITT DURCH DIE MITTELACHSE, 1800

Graphit, Feder in Grau und Schwarz, schwarz, grau und blaugrau laviert
300 × 478 mm
Staatliche Museen Kassel, Inv. Nr. GS 6061

LITERATUR: Dorn 1971, S. 110, 322, Anm. 500; Wolter 1991, S. 55, Abb. 21-22; Katalog Kassel 1999

99

QUERSCHNITT IN HÖHE DER ZWEITEN ODER DRITTEN
FENSTERACHSE VON LINKS, 1800

Graphit, Feder in Grau und Schwarz, grau, braun und blau
laviert
292 × 457 mm
Staatliche Museen Kassel, Inv. Nr. GS 6057

LITERATUR: Dorn 1971, S. 110, 322, Anm. 500; Wolter 1991, S. 55,
Abb. 20; Katalog Kassel 1999

spricht, daß ästhetische Kriterien in den Vordergrund des Interesses gerückt sind. Deutlich wird aber auch der Anspruch, den Veltheim mit diesem Auftrag verband. Dieser Anspruch wird auch in der sorgfältigen Ausführung der Blätter deutlich. Ungewöhnlich ist schon, daß Jussow die Entwürfe vor blauen Grund setzt. Differenziert arbeitet er die Räumlichkeit des Baukörpers durch eine feinabgestufte Lavierung und harte Schattenbildung heraus. Abgesehen von dem Blau des Hintergrundes ist die Palette auf Grau- und Brauntöne beschränkt. Während Jussow bei den Aufrissen zur neogotischen Löwenburg durch die ungewöhnliche Kolorierung eine pittoreske Wirkung und illusionistische Effekte angestrebt hatte, dominiert hier, dem klassizistischen Stil entsprechend, nüchterne Strenge. Je nach Stil des zu entwerfenden Gebäudes scheint Jussow den Stil seiner Zeichnungen variiert zu haben. *CL*

243

Frankfurt am Main

HESSENDENKMAL, 1793

Am 2. Dezember 1792 hatte hessisches Militär das von französischen Revolutions-truppen besetzte Frankfurt eingenommen und beim Sturm auf das Friedberger Tor größere Verluste erlitten. König Friedrich Wilhelm II. von Preußen, einer der Führer der Koalitionsarmee, stiftete den Gefallenen ein Denkmal, das 1793 vor dem erstürmten Tor errichtet wurde. Neben der Anerkennung der Verdienste Hessens beim Kampf gegen das revolutionäre Frankreich ging es dem Auftraggeber auch um die nötige moralische Stärkung der alliierten Armeen nach dem gescheiterten Vormarsch in Frankreich.

Die Ausführung sollte durch hessische Künstler erfolgen. Landgraf Wilhelm IX. übertrug die Arbeiten seinem Bauinspektor Jussow und dem Bildhauer Johann Christian Ruhl, die bei dieser Gelegenheit erstmals zusammenarbeiteten. Die Inschriftentafeln und die Darstellungen der Waffen entstanden in Kassel aus dem Metall erbeuteter französischer Kanonen.

Jussow entwarf einen würfelförmigen Kubus, der auf einem Unterbau aus Basalt-felsen ruht. Auf dem Block liegen antike Waffen, die von einem großen Rundschild bedeckt sind und unter denen sich in Erinnerung an den entscheidenden Angriff auf das Tor ein Rammbock in Form eines Widderkopfes befindet. An den Seiten des Blocks sind große Inschriftentafeln angebracht, die, ein Novum für Denkmäler dieser Art, auch die Namen der gemeinen Soldaten nennen.

Für die Ableitung der Gestalt des Denkmals ist auf Grabaltäre der römischen Antike hingewiesen worden. Bei Offiziersgräbern der Zeit um 1800 wurde die auf den Würfel reduzierte Form verwendet und mit militärischen Attributen versehen. Diesen Denkmaltypus übertrug man in Frankfurt auf eine Gruppe von gefallenen Soldaten. Neben dem Memorialcharakter erhielt das Monument durch die in den Inschriften betonte Vorbildlichkeit des Todes für das Vaterland eine appellative und somit politische Sinngebung.

Das Denkmal wurde mehrfach in graphischen Darstellungen wiedergegeben und erreichte dadurch einen größeren Bekanntheitsgrad in Deutschland. Einer 1793 erschienenen Schrift von Johann Friedrich vom und zum Stein, dem preußischen Gesandten in Mainz und Bruder des bekannten Freiherrn Karl vom und zum Stein, in der die Umstände der Denkmalsentstehung beschrieben sind, war eine Aquatinta beigefügt, die unter Verwendung der Zeichnung von Jussow entstand. Auch für den 1794 von Anton Karcher geschaffenen Kupferstich wurde diese verwendet. *GF*

100

ENTWURF ZUM HESSENDENKMAL, ANSICHT, 1793

Graphit, Feder in Grau und Braun; auf ein größeres Papier montiert
284 × 385 mm (Blatt)
Staatliche Museen Kassel, Inv. Nr. GS 6051

LITERATUR: Katalog Kassel 1958, S. 40, Nr. 106; Katalog Bonn 1979, S. 190; Riedl 1993, S. 40, Anm. 112; Katalog Kassel 1999; allgemein zum Hessendenkmal und zu den graphischen Darstellungen vgl. Lurz 1993

Hannover, Leineschloss

ERSTER ENTWURF FÜR DIE UMGESTALTUNG, 1816

Laves hatte von Dezember 1815 bis März 1816 in Zusammenhang mit dem Umbau des in den Kriegsjahren stark in Mitleidenschaft gezogenen Leineschlosses drei Projekte vorgelegt. In diesem Stadium berief der Leiter des Hannoverschen Hofbaudepartements nach Zustimmung durch den Prinzregenten Laves' Onkel, Jussow, als Gutachter. Mehr noch: Jussow sollte Pläne entwerfen, die Laves auszuführen hatte. Jussow hielt sich im April 1816 für mehrere Wochen in Hannover auf, untersuchte und vermaß das Schloßareal. Bald legte er zwei Pläne vor, die sich aber deutlich auf Lavessche Konzepte beziehen, nämlich auf die kleine und die große Lösung für einen Schloßumbau mit der Hauptfassadenausrichtung zur Leinstraße. Es ist wahrscheinlich, daß die durch Laves in London vorgelegten Pläne von Jussow in Hannover nur in Vorzeichnungen angelegt und von seinem Neffen schließlich in präzise gezeichnete und aquarellierte Präsentationsblätter umgewandelt wurden. In London wurden beide Pläne geringschätzig beurteilt und Laves aufgefordert, neue Pläne vor Ort zu entwerfen.

Über seine Tätigkeit in Hannover verfaßte Jussow einen undatierten Bericht mit folgenden wichtigen Punkten: »Das Königliche Residenz=Schloß in Hannover ist ein im innern und äußern so irregulaires, auch theilweise schon baufälliges Gebäude, daß es nur durch eine Hauptveränderung in den Stand gesetzt werden kann, zur Residenz der Allerhöchsten Landesherrschaft dienen zu können. Nur bleibt seine Lage etwas beschränkt, in dem sie theils durch den Leine Fluß, theils durch Straßen und Privathäuser begrenzt ist, so daß ihm ein großer Vorplatz und eine Garten-Anlage [...] nicht wohl verschafft werden können.«

Das erste Projekt, die sogenannte kleine Lösung, ist charakterisiert durch die Beibehaltung der gotischen Schloßkirche. Nach Westen in Richtung auf die Schloßstraße hin sollte ein neunachsiger, dreigeschossiger Baukörper entstehen. Dessen Fassade mit rechteckigen und Rundbogenöffnungen, kleinteiligem Abschlußgesims und Attika war ein sechssäuliger Portikus mit Figurenschmuck vorgeblendet.

Von der Leinstraße vermittelt eine einschiffige Durchfahrt zum ersten Schloßhof und eine Treppenhausanlage zu den beiden Thronappartements der Beletage. Das Appartement des Königs erinnert mit seiner um 90° abknickenden Raumfolge deutlich an Laves' zweiten Entwurf. Dagegen ist die Dimensionierung der Räume und die Art der Wandgestaltung bei Jussow wesentlich aufwendiger ausgefallen. Kleinere und größere Nischen und Säulenstellungen im Thronsaal und in dem Raum davor steigern Laves' Konzept ins Monumentale. Die Privaträume des Königs grenzen im Kammerflügel direkt an den Thronsaal, um die Wegstrecken kurz zu halten. Das Thronappartement der Königin ist weitab in den Leineflügel gelegt und setzt sich aus deutlich kleineren, eingeschossigen Räumen zusammen. Die Privaträume der Königin befinden sich im Küchen- und Theaterpavillon. *TD*

101
HEINRICH CHRISTOPH JUSSOW
UND GEORG LUDWIG FRIEDRICH LAVES (?)
ERSTER ENTWURF FÜR EINE UMGESTALTUNG DER
LEINSTRASSENFASSADE, AUFRISS, 1816
Feder in Schwarz, koloriert
316 × 905 mm
Niedersächsisches Hauptstaatsarchiv Hannover, Inv. Nr.
13c Hann 11, 33 pm
LITERATUR: Schnath 1956, S. 182-183; Hoeltje 1964/1, S. 42, Abb. 37 und 38; Hoeltje 1964/2, Abb. 121d und 123; Hammer-Schenk 1988, Nr. 18.7

102
ERSTER ENTWURF FÜR EINE UMGESTALTUNG DES LEINE-
SCHLOSSES, GRUNDRISS DES ERSTEN OBERGESCHOSSES,
1816
Feder in Schwarz, koloriert
413 × 533 mm
Niedersächsisches Hauptstaatsarchiv Hannover, Inv. Nr.
13c Hann 11, 150 pm
LITERATUR: Schnath 1956, S. 180-181; Hoeltje 1964/2, S. 166, Abb. 122b; Hammer-Schenk 1988, S. 150
Zitat: Gutachten-NHStA Hannover, Hann. 92 VII IV, Nr. 1, S. 20-21

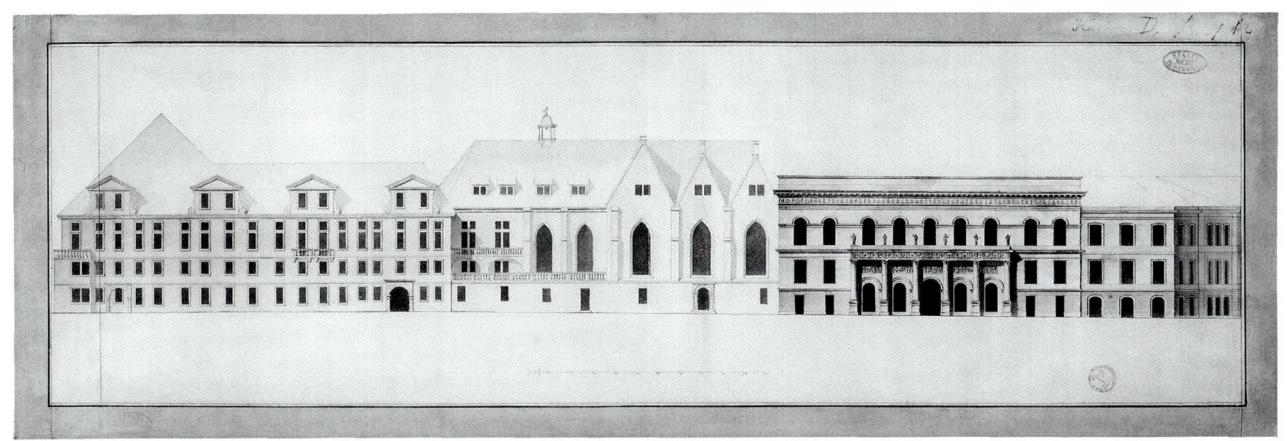

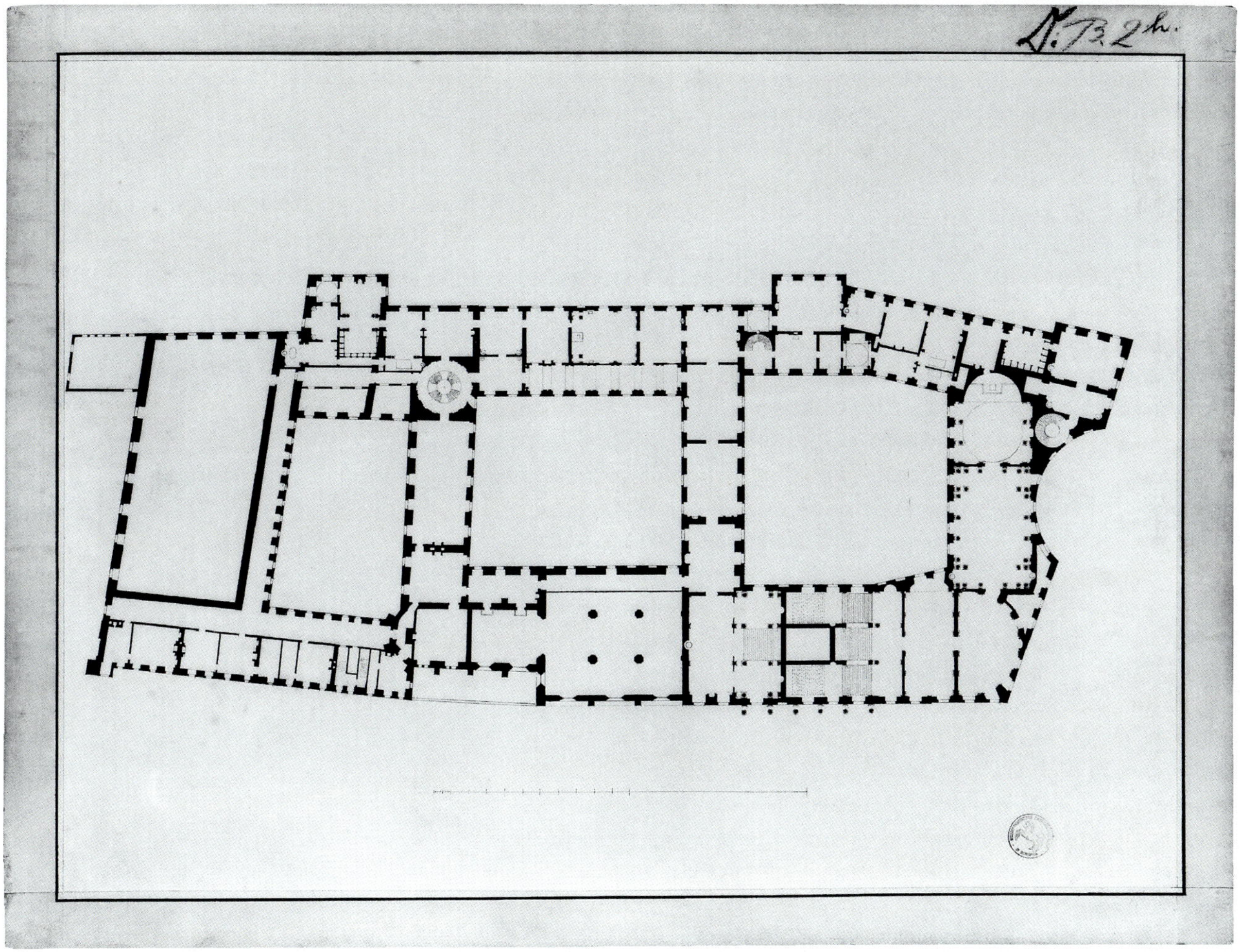

Hannover, Leineschloß

Zweiter Entwurf für die Umgestaltung, 1816

Zu dem zweiten von ihm vorgelegten Projekt zum Leineschloßumbau schrieb Jussow: »In dem zweiten Entwurf wird die alte Kirche beseitigt, der hinter derselben mittlere Hof zum Haupthofe gewählt, und die Haupteinfahrt [ist ...] hierhin verlegt worden.« Bestimmend für den Entwurf war die Beseitigung der mittelalterlichen Schloßkirche und die Errichtung eines mächtigen Baukörpers an derselben Stelle. Elf Achsen breit, mit vorgelegtem sechssäuligem, über zwei Geschosse greifendem Portikus und hohem Dreiecksgiebel mit figürlichem Relieffeld geschmückt, markiert die Fassadenachse zugleich die dreischiffige Durchfahrt in den mittleren Schloßhof. Den Giebel hinterfängt eine hohe, seitlich abgetreppte Attika, welche das dahinterliegende Dach verdeckt. Bis zur Ecke an der Schloßstraße erstreckt sich eine durch glatt in die Wand einschneidende Rechteck- und Rundbogenöffnungen gegliederte, ebenfalls dreigeschossige Straßenfront mit Eckrisalit. Obwohl der Leinstraßenflügel mit seinem kleinteiligen Fensterraster und den vier Zwerchgiebeln erhalten bleibt, erzielt Jussow optisch eine Symmetrie zwischem dem projektierten Baukörper und dem älteren Bestand und kommt damit sehr dicht an Laves' dritten Umbauentwurf, die sogenannte große Lösung, heran. In ihr war auch die Schloßkirche beseitigt, der Haupteingang mit Durchfahrt zum mittleren Schloßhof hin angelegt und damit die ganze Struktur des Schlosses auf diese neue Zentralachse hin ausgerichtet. Im Grundriß unterscheidet sich das zweite Jussowsche Projekt deutlich vom ersten. Markante Punkte sind die Eingangssituation mit dem deutlich großzügiger angelegten Haupttreppenhaus und die Anlage der neuen Schloßkirche. Als aufwendiger Sakralbau greift sie durch drei Geschosse und wird durch den gerundeten Chorraum charakterisiert. Ihre Lage entspricht derjenigen der alten Torsituation und des Regierungsgebäudes. An derselben Stelle hatte bereits Laves in seinem dritten Projekt einen Kirchenbau in etwas bescheideneren Dimensionen und in Basilikaform geplant.

Für die Anlage des königlichen Thronappartements wollte Jussow den westlichen Querflügel um mehr als die ursprüngliche Breite verdoppeln. So erhielt er eine Folge von vier großen, jeweils zwei Geschosse umfassenden, en enfilade angelegten Räumen, wobei der Thronsaal mit einer Kuppel geschmückt werden sollte. Die Privaträume des Königs bleiben weiterhin im Kammerflügel untergebracht. Auch die Lage des Empfangsappartements und der Privaträume der Königin hat sich gegenüber dem ersten Jussowschen Projekt nicht gewandelt. Dagegen sah Laves in seinem dritten Projekt eine vollkommen symmetrische Anordnung der beiden Thronappartements im östlichen und im westlichen Querflügel vor. Bereits in der Ausrichtung der Treppenhausläufe ist die Verteilung zu erkennen. Jussows Anordnung der Prunkappartements im Gebäudegrundriß erscheint dagegen wenig überzeugend. Zudem verzichtet er in der Raumgestaltung auf die noch in barocken Traditionen stehenden Nischen und Säulenstellungen des ersten Projektes. *TD*

103

HEINRICH CHRISTOPH JUSSOW
UND GEORG LUDWIG FRIEDRICH LAVES (?)
ZWEITER ENTWURF FÜR EINE UMGESTALTUNG DER
LEINSTRASSENFASSADE, AUFRISS, 1816

Feder in Schwarz, koloriert
316 × 905 mm
Niedersächsisches Hauptstaatsarchiv Hannover, Inv. Nr. 13c Hann 11, 31 pm
LITERATUR: Schnath 1956, S. 182-183; Hoeltje 1964/1, S. 42, Abb. 40; Hoeltje 1964/2, Abb. 121b und 125; Hammer-Schenk 1988, Nr. 18.8

104

ZWEITER ENTWURF FÜR EINE UMGESTALTUNG DES LEINESCHLOSSES, GRUNDRISS DES ERSTEN OBERGESCHOSSES, 1816

Feder in Schwarz, koloriert
413 × 533 mm
Niedersächsisches Hauptstaatsarchiv Hannover, Inv. Nr. 13c Hann 11, 153 pm
LITERATUR: Schnath 1956, S. 180-181; Hoeltje 1964/2, Abb. 124 b
Zitat: Gutachten-NHStA Hannover, Hann. 92 VII IV, Nr. 1, S. 20-21

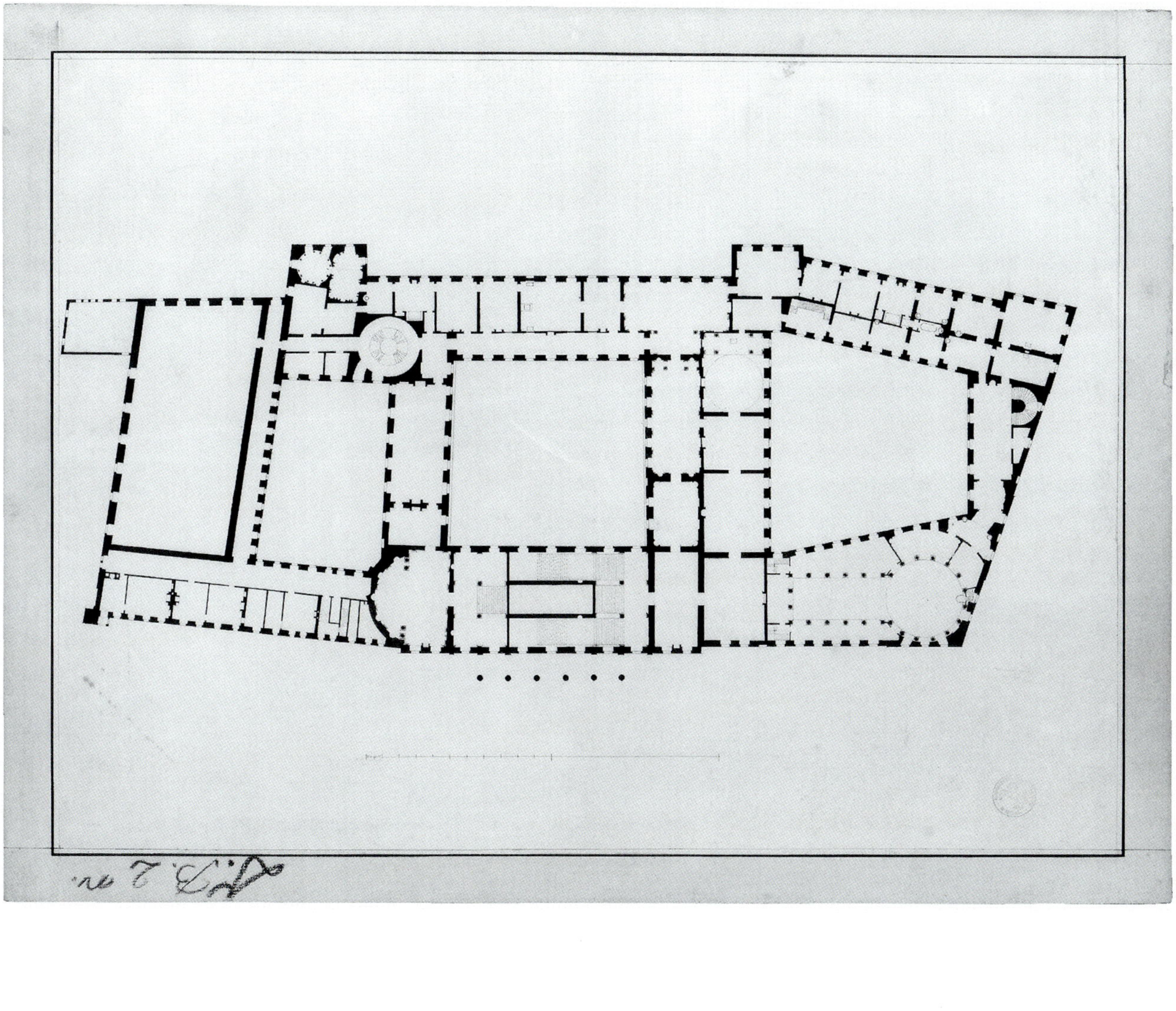

Mecklenburg

GARTENPAVILLON, 1798

Der von Jussow als »Gartenpavillon« bezeichnete zwei-, im Bereich des zentralen Turmes sogar dreigeschossige Bau hat die Ausmaße eines kleinen Nebenwohnsitzes. Der symmetrisch angelegte Grundriß erinnert an zeitgenössische Entwürfe für Villengebäude und läßt zunächst nicht erahnen, daß das Gebäude im Stil der Gotik erbaut werden sollte.

Vergleichbare ruinöse Gebäude hat Jussow auch für andere Parkanlagen geschaffen (vgl. Kat. Nr. 109). Dieser Entwurf nimmt mit seinem wehrhaften Mittelturm und den mit Zinnen versehenen Ecktürmen Motive der Löwenburg auf, die sich ab 1793 im Bau befand (vgl. etwa Kat. Nr. 41-42). Während der Hauptturm im Obergeschoß mit seiner sparsamen Durchfensterung und den erkerartigen runden Ausbauten an mittelalterliche Befestigungsanlagen erinnert, ist der Wohnbereich mit Maßwerkfenstern versehen, die bei Wehrbauten unüblich waren. Die ausschließlich ästhetischen Kriterien folgende Zusammenstellung von Bau- und Dekorationselementen ist typisch für die Rezeption der Gotik in der zeitgenössischen Architektur.

Die rückseitige Beschriftung »Die umstehende Skizze ist von mir zu einem Gartenpavillon für eine adelige Herrschaft im Mecklenburgischen im Jahre 1798 entworfen worden. Ob sie ausgeführt ist, darüber habe ich keine Nachricht erhalten. Jussow« wird Jussow bei der Durchsicht seines Nachlasses nachträglich hinzugefügt haben. Leider nennt er den Auftraggeber nicht. Jutta Schuchard hat in einer handschriftlichen Notiz als Bauherrn den hessischen Minister Martin Ernst von Schlieffen (1732-1825) vorgeschlagen, der in der Umgebung von Schwerin Güter besaß und in preußischen Diensten stand. Nachdem Schlieffen 1792 seinen Abschied genommen hatte, hielt er sich vor allem in Mecklenburg sowie auf seinem hessischen Gut Windhausen auf, wo er sich in einer künstlichen ruinösen Kapelle beisetzen ließ. Die Anfertigung des Entwurfes für Schlieffen konnte archivalisch bisher jedoch nicht bestätigt werden. Das Blatt könnte möglicherweise auch in Beziehung zur Familie Waitz von Eschen stehen, die gleichfalls Grundbesitz in Mecklenburg besaß und für deren Gut Winterbüren Jussow ebenfalls einen Entwurf geliefert hat (vgl. Kat. Nr. 109). *CL*

105

ENTWURF ZU EINEM GARTENPAVILLON, GRUND- UND AUFRISS, 1798

Graphit, Feder in Braun, grau und braun laviert
319 × 199 mm
Staatliche Museen Kassel, Inv. Nr. GS 6064
LITERATUR: Katalog Kassel 1958, S. 42; Bangert 1969, S. 86, 152; Katalog Kassel 1999

Meiningen

Reithaus und Marstall, 1796

An den Höfen des Barock spielte das Pferd als Status- und Herrschersymbol eine bedeutende Rolle. Zur Praktizierung der Reitkunst und zur Unterbringung der kostbaren Zuchttiere wurden bis ins 19. Jahrhundert hinein aufwendige und architektonisch anspruchsvolle Marställe und Reithäuser realisiert. Die vorliegenden Pläne zu einem Marstall mit Reithaus für die Residenzstadt Meiningen entwarf Jussow im Jahr 1796 im Auftrag des Herzogs von Sachsen-Meiningen, Georg I. (1761-1803). Zu der um zwei Höfe angelegten Vierflügelanlage haben sich insgesamt vier Entwürfe – zwei Aufrisse, ein Situationsplan sowie eine Grundrißskizze – im Nachlaß von Jussow erhalten, ferner Briefe des Meininger Bauconducteurs Johann Andreas Schaubach. Danach schickte Jussow seinen ersten Aufrißentwurf nach Meiningen und erhielt ihn von Schaubach mit den Veränderungswünschen des Herzogs zurück. Der zweite Aufrißentwurf berücksichtigt etliche der Kritikpunkte. Da er keine Faltspuren aufweist und nicht koloriert wurde, wird es sich jedoch um eine Vorzeichnung oder um eine Kopie des Blattes handeln, das Jussow nach Meiningen schickte.

Nach Jussows erstem Aufrißentwurf sollte der Marstall aufwendiger gestaltet werden als das Reithaus. Er nimmt eine Längsseite der Vierflügelanlage ein. Die dreiachsigen Seitenteile des dreigeschossigen, langgestreckten Baukörpers springen risalitförmig vor, der Hauptakzent liegt aber auf dem Mittelteil, der durch eine flache Kuppel ausgezeichnet wird. Zwei freistehende Säulenpaare, die ein Gebälk mit einer weiblichen Sitzfigur tragen, flankieren den Eingang. Jussow verarbeitet hier Motive der französischen Revolutionsarchitektur, deren Einfluß beim Fassadenentwurf für das Reithaus noch deutlicher wird. Dessen schlichte Fassade wird durch ein Friesband in der Horizontalen unterteilt und durch zwei Lünettenfenster mit Nischen darunter sparsam gegliedert. Das rundbogig geschlossene Portal besitzt eingestellte dorische Säulen, die ein Gebälk tragen, das mit einer Trophäe geschmückt ist. Rechts und links betont jeweils eine Reitergruppe die Rampe, die zum Portal emporführt.

In seinem Schreiben an Jussow übermittelt Schaubach vor allem Kritikpunkte an der Fassade des Reithauses. »Und ob nicht nicht die Facade des Reithaußes, da sie eine Hauptfacade mit ausmacht, vielleicht zu einfach würde? Nach der Meinung Seiner Durchlaucht würde das Stück vom Reithauße, daß Höchstdieselben mit Bleistift angestrichen haben, sich mit einer Kuppel recht gut an der Mitte der Facade vom Marstall ausnehmen.« Zwar hat Jussow die Forderung nach einer Kuppel für das Reithaus nicht berücksichtigt, sein zweiter Entwurf zeigt aber deutlich sein Bestreben, beide Gebäudetrakte zu vereinheitlichen.

Offensichtlich fand jedoch auch die korrigierte Fassung nicht die Zustimmung des Herzogs. Denn das Reithaus, das vermutlich 1797 begonnen wurde, entstand nicht nach Jussows Plänen, sondern nach den Entwürfen eines italienischen Architekten. Die in Teilen noch bestehende Anlage blieb unvollendet. *CL*

106
Erster Entwurf, Aufrisse, 1796
Graphit, Feder in Grau, grau laviert
294 × 484 mm
Staatliche Museen Kassel, Inv. Nr. GS 5887
Literatur: Katalog Kassel 1958, S. 41, Nr. 108; Berckenhagen 1979, S. 176; Skalecki 1992, S. 198-199, Abb. 57; Katalog Kassel 1999

107
Zweiter Entwurf, Aufrisse, 1796
Graphit, Feder in Grau, grau laviert
382 x 545 mm
Staatliche Museen Kassel, Inv. Nr. GS 6063
Literatur: Katalog Kassel 1958, S. 41, Nr. 109; Berckenhagen 1979, S. 176; Skalecki 1992, S. 198-199; Katalog Kassel 1999

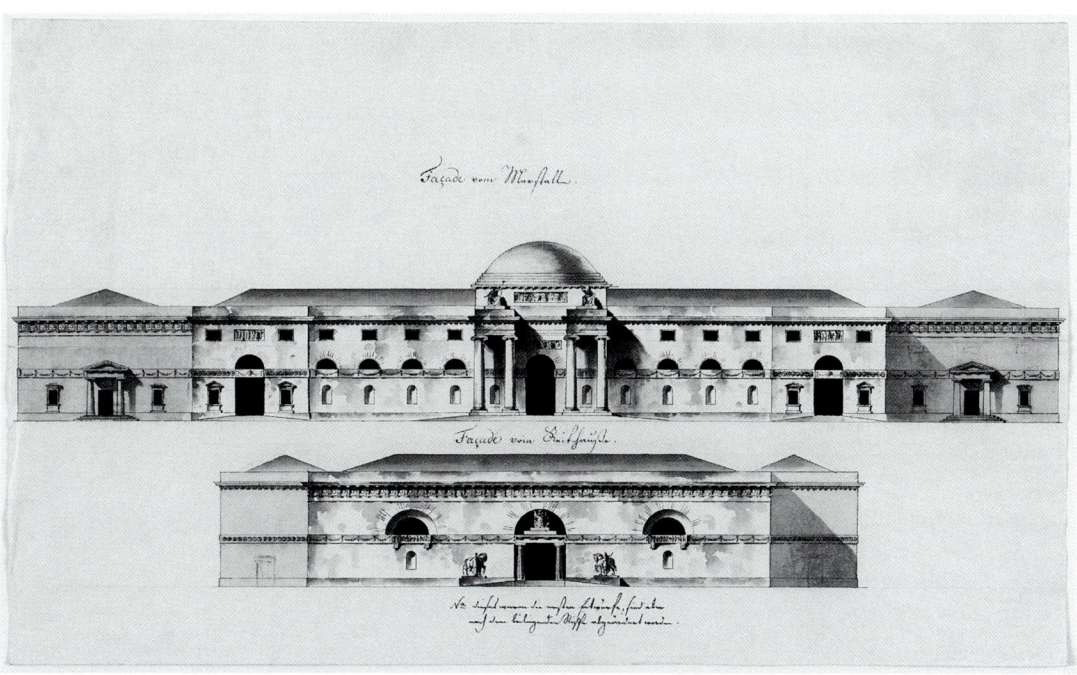

Façade vom Marstall.

Façade vom Reithäusle.

*Wo dieselben unter den weißen Schäucke, sind aber
auf dem bezeichnete Bläße abzuwenden werden.*

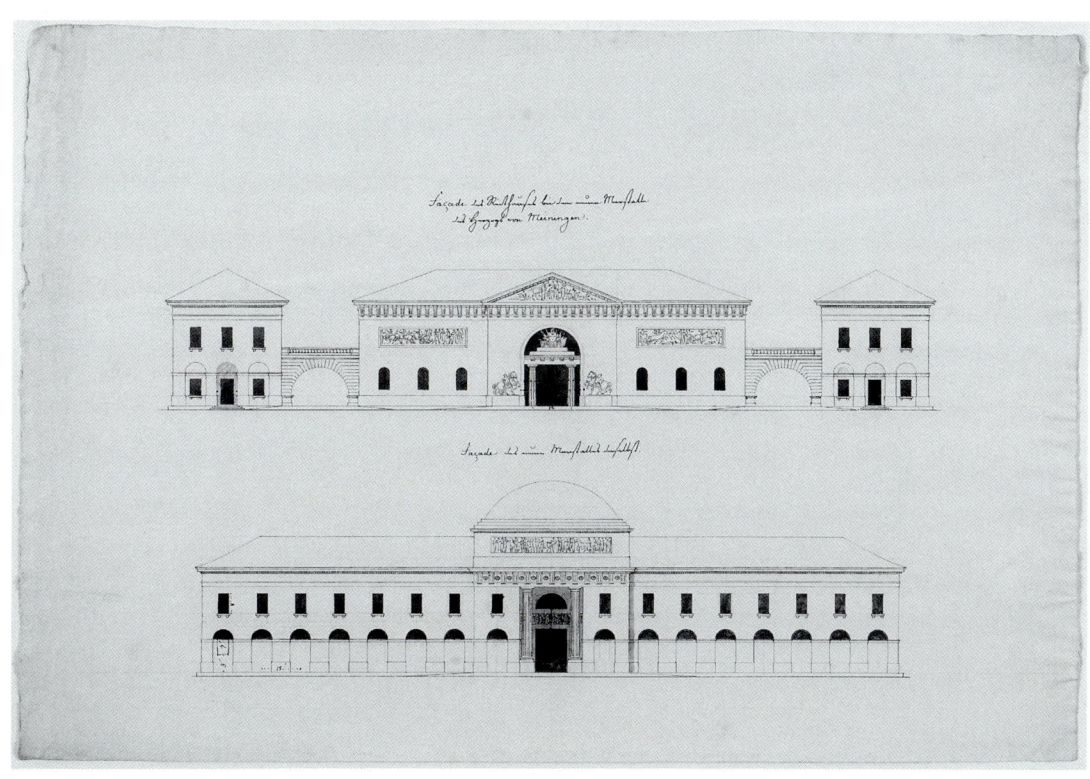

Façade des Reithäusels bei dem neuen Marstall
des Herzogl von Meiningen.

Façade des neuen Marstalles Ansfelds.

Riede

Parkgebäude, wahrscheinlich 1798

Der Entwurf zeigt eine neogotische Kapelle, die 1798 als Parkgebäude in dem frühromantisch-sentimentalen Landschaftsgarten des Heinrich von Meysenbug (1741-1810) in Riede, einem kleinen Ort südwestlich von Kassel, errichtet wurde.

Im Kasseler Ausstellungskatalog von 1958 hat Hans Vogel diese Zeichnung als Entwurf für die Eremitage des Parks interpretiert, die vermutlich in den dreißiger Jahren unseres Jahrhunderts wegen Baufälligkeit abgerissen wurde. Vogel hat dabei übersehen, daß auch heute noch ein Kapellengebäude in Riede steht, das dem hier vorgestellten ähnelt, allerdings in späteren Jahren stark umgebaut wurde.

Das Gebäude, wie auch die Gestaltung des Rieder Parks insgesamt, orientieren sich an Vorschlägen von Hirschfeld, der Riede wahrscheinlich 1783 besucht hat. Hirschfeld beschreibt in seiner »Theorie der Gartenkunst«, was »einer Capelle am meisten angemessen« scheint: »Der Charakter einer Capelle muß aus hoher Einfalt und stiller Würde bestehen. Alle Pracht, alle Üppigkeit der Verzierung muß hier entfernt sein. Ein hohes Gewölbe mit wenigen allegorischen Bildern, ein Altar mit einem Gemälde, das die Anbetung unterstützt, an der Wand eine Inschrift, welche die Heiligkeit des Ortes empfinden lehrt, eine gemäßigte Erleuchtung des ganzen innern Bezirks, simples und ehrwürdiges äußeres Ansehen, eine schattenreiche Lage, umschlossen von emporsteigenden Bäumen [...].«

Die Heinrich von Meysenbug nachgesagten spiritistischen Neigungen und die Ausstattung des Gebäudes im Innern mit einem Basrelief für Professor Tiedemann, der Gold- und Rosenkreuzerkreisen vorstand, lassen darauf schließen, daß die Rieder Kapelle wahrscheinlich einem Rosenkreuzerzirkel als Versammlungsort diente.

Erste Schäden an der Meysenbugschen Kapelle sind für 1848 bezeugt. 1883 wurden große Teile der Innenausstattung für eine Kunstgewerbeausstellung nach Kassel gebracht und kehrten nicht wieder zurück. In der folgenden Zeit verfiel die Kapelle immer mehr. Durch die Umwidmung und den dazu notwendigen Umbau des Gebäudes im Jahre 1928 zu einer Grablege der Familie von Buttlar, die seit 1825 im Besitz von Riede ist, wurde sie ihrem heutigen Zustand entsprechend verändert.

Die Kapelle erhielt im Zuge der Umbaumaßnahmen ein einfaches Sattel- anstelle des pyramidenförmigen Zeltdaches und die Form des Glockenturmes wurde vereinfacht. Die beiden Seitentüren des Gebäudes sind zwar zu Fenstern umgebaut worden, durch die erhaltenen Werksteineinfassungen ist die ursprüngliche Gestaltung der Türen aber noch deutlich ablesbar.   *HS*

108

Entwurf zu einem Parkgebäude, Aufriss, wahrscheinlich 1798

Graphit, Feder in Braun, braun laviert
336 × 253 mm
Staatliche Museen Kassel, Inv. Nr. GS 6041

Literatur: Katalog Kassel 1958, S. 43, Nr. 113; Katalog Kassel 1999; zur Anlage insgesamt vgl. Schulz 1998
Zitat: Hirschfeld 1779-85, Bd. III, S. 109

Skizze zu einem kleinen Gebäude, in der Gestalt
einer alten Capelle, welche in einer Waldwiese
auf dem Gütte des Landraths von Meysenbug
zu Riede im Jahr 1898 aufgeführt werden.
1798

Winterbüren

Der fein kolorierte Präsentationsriß zeigt den Schnitt durch ein reich ausgestattetes Gebäude, das auf einer Anhöhe in einiger Entfernung vom Wohnsitz des Kriegsrats Friedrich Sigmund Waitz von Eschen (1745-1808) in Winterbüren errichtet werden sollte. Waitz von Eschen, der 1796 von Wilhelm IX. zum Wirklichen Geheimen Staatsminister und zum Curator der Universitäten ernannt wurde, hatte 1780 im nördlich von Kassel gelegenen Winterbüren ein Gut mit einem Herrenhaus aus der ersten Hälfte des 18. Jahrhunderts erworben. Der Häuschensberg im Süden des Gutshauses bot als höchste Erhebung in der näheren Umgebung einen reizvollen Ausblick auf die Umgebung und eine isolierte, für eine Eremitage besonders geeignete Lage. Ob Jussow noch weitere Entwürfe für diese Eremitage geliefert hat, ist heute nicht mehr feststellbar, da das Archiv der Familie Waitz von Eschen mit ihrem Stadtpalais am Opernplatz in Kassel während des Zweiten Weltkrieges zerstört wurde.

Der Schnitt durch das geplante zweistöckige Gebäude zeigt einen Blick in ein Schlafgemach mit einem Bett in einem Alkoven sowie den für ein Nebengebäude aufwendig geschmückten Salon. Im Untergeschoß darunter befand sich die Küche mit einer Herdstelle. Sie deutet darauf hin, daß der Bau als kleiner Nebenwohnsitz geplant war, in den sich der Bauherr von Zeit zu Zeit zurückziehen konnte. Wie die Pflanzen zeigen, die seitlich aus dem Gemäuer wachsen, war die Eremitage als künstliche Ruine geplant.

Jussow hat mehrfach für hochstehende Bedienstete des Landgrafen Entwürfe für Gartenarchitekturen und Nebenwohnsitze geliefert (vgl. Kat. Nr. 92-99, 108). Nur wenige dieser Entwürfe sind ausgeführt worden.

Auf dem Häuschensberg stand bis etwa 1912 ein steinerner Aussichtsturm, der aufgrund seiner Baufälligkeit abgetragen werden mußte. Wann dieser Turm errichtet wurde, ist nicht mehr zu bestimmen. Heute wird die erhöhte Lage als Standort für eine Sternwarte genutzt. *CL*

109

Entwurf zu einer Eremitage auf dem Häuschensberg bei Winterbüren, Querschnitt, nach 1780

Graphit, Feder und Pinsel in Grau, grau, braun, rosa und blau laviert
550 × 423 mm
Staatliche Museen Kassel, Inv. Nr. GS 6050
Literatur: Katalog Kassel 1999

Kunsthandwerk

MEDAILLENAUFSATZ, 1803

Die durch den klaren Aufbau wie durch die anschauliche Darstellung der plastischen und der architektonischen Elemente charakterisierte Zeichnung zeigt den Entwurf zu einem silbernen Medaillenaufsatz, der sogenannten »Trophäe«, die Kurfürst Wilhelm I. von Hessen 1805 seinem in Schleswig residierenden Bruder Carl schenkte und die sich heute in Schloß Glücksburg bei Flensburg befindet. Die Ausführung der Silberarbeit erfolgte durch den Kasseler Goldschmied Heinrich Wilhelm Kompff in den Jahren 1803 bis 1805; das vorausgehende Holzmodell fertigte der Bildhauer Johann Christian Ruhl. Im Verhältnis zur realisierten Silberfassung erscheint der durch den strengen Klassizismus Jussows bestimmte Entwurf insgesamt weit konsequenter in der Ausbildung der einzelnen Partien: dem ausgeprägten Sockel, dem vergleichsweise knappen Schaft mit der stehenden Figur der Viktoria und der vom Kurhut bekrönten Scheibe, welche die Medaillen des Hauses Hessen-Kassel trägt.

Die »Trophäe« gehört zu jenen Zeugnissen der Kasseler Hofkunst, die ihre Entstehung der Erlangung der Kurwürde im Jahr 1803 verdanken. Seiner Motivik nach ist Kompffs Medaillenaufsatz verschiedenen Ausstattungsstücken zur Seite zu stellen, die Wilhelm I. 1803 für den neu eingerichteten Audienzsaal des Kasseler Residenzschlosses in Auftrag gab. Hier fertigte Ruhl nach Jussows Entwürfen 1804 den Thronsessel, dessen aufwendig geschnitzte Bekrönung unmittelbar mit den kriegerischen Attributen der »Trophäe« zu vergleichen ist. Ähnliches gilt für den ebenfalls von Ruhl nach Jussows Angaben gefertigten Rahmen für das von Wilhelm Böttner ausgeführte Gemälde der Huldigung der Generäle vor Wilhelm I.

Für die Kasseler »Trophäe« lassen sich keine direkten Vorbilder benennen. Vielmehr sind hier verschiedenartige Anregungen aus dem Bereich der profanen wie wohl auch der sakralen Kunst zu einem durchaus selbständigen Gebilde von eigenwilliger Form verschmolzen. Daraus resultiert die außerordentliche Originalität der von Jussow entworfenen »Trophäe«, die eine vermittelnde Stellung zwischen der Plastik einerseits sowie der Goldschmiede- und der Medaillenkunst andererseits einnimmt. *LS*

110
ENTWURF FÜR EINEN MEDAILLENAUFSATZ, 1803
Graphit, Feder in Graubraun, braun laviert
340 × 244 mm
Staatliche Museen Kassel, Inv. Nr. GS 6144
LITERATUR: Seelig 1998, S. 166; Katalog Kassel 1999

8 zoll   16 zoll

Nicht identifizierte Entwürfe

REITHALLE, UM 1800

Das Blatt zeigt im Querschnitt ein über zwei Stockwerke reichendes Reithaus. Im unteren Geschoß betonen Lisenen die Ecken und flankieren das Eingangsportal, während die Wand als glatte Fläche marmoriert erscheint. Hinter einer Balusterreihe ist der Platz für die Zuschauer ausgewiesen.

Über einem mit Palmettenfries verzierten Gesims verhängen Draperien die Wand, welche durch sechs ionische Pilaster gegliedert ist. Die sechsachsige Aufteilung wird in der flach gewölbten, kassettierten Decke weitergeführt, die sich für ein weites Oberlicht öffnet.

Die Reithausarchitektur war im 17. und 18. Jahrhundert eine repräsentative Bauaufgabe. Es galt, dem Pferd als edelstem und kostbarstem Tier, das dem Herrscher zugeordnet war, einen adäquaten Rahmen zu verschaffen. Dementsprechend wurden Marstall und Reithaus häufig mit großer Prachtentfaltung ausgestattet. Das Reithaus, das zwar in erster Linie dazu diente, die Reitübungen im Trockenen zu exerzieren, war ebenso ein »theatrum equestrum«, in dem die Reitkunst vorgeführt wurde. Des weiteren wurden die Hallen wegen ihrer Größe, ihrer Ausstattung und nicht zuletzt wegen der Möglichkeit, Zuschauern Platz zu bieten, für Festumzüge oder auch szenische Aufführungen genutzt.

Für einen Reithausbau erscheint die Draperie zunächst als außergewöhnliche Dekoration. Das Draperiemotiv, das auf antike griechische und römische Vorbilder zurückgeht, war in der klassizistischen Innendekoration der späten 1770er und frühen 1780er Jahre in Frankreich en vogue. Hier scheint sich Jussow auf Charles Percier zu beziehen, der bei seinen Ausstattungen immer wieder Draperien einsetzte, aber auch die in Giallo antico stuckierten Wandflächen, welche in komplementärem Gegensatz zu den blauen Stoffbahnen stehen. Beispielsweise hatte der französische Architekt die Chambre des Deputés 1795 bis 1797 in Paris so ausgestattet. Aber die Draperien verfolgten zusammen mit den entlang der unteren Wandzone gespannten Textilien noch einen praktischen Zweck. Gemeinsam mit dem breiten Gesims, das die Wände umläuft und gliedert, sind sie als Versuch einer akustischen Verbesserung zu verstehen und waren von Percier auch im Sitzungssaal für die Convention nationale (1792-1793) eingesetzt worden. Schon Vitruv hatte für Versammlungsräume jene stark herausgearbeiteten, umlaufenden Gesimse zur Ableitung des Schalles nach unten gefordert.

Bei der Verwendung des Oberlichts bezieht sich Jussow auf Galerielösungen französischer Provenienz, wie sie 1785 Jean-Arnaud Raymond für das Hôtel Lebrun in Paris entworfen hatte und gleichzeitig auch für die erst später erbaute Grande Galerie du Louvre diskutiert worden war.   *ST*

111
QUERSCHNITT DURCH EIN UNBEKANNTES GEBÄUDE, UM 1800

Graphit, Feder in Schwarz und Grau, koloriert
321 × 508 mm
Staatliche Museen Kassel, Inv. Nr. GS 6093

LITERATUR: Katalog Kassel 1999; zu Percier vgl. Ottomeyer 1981, S. 133, 137

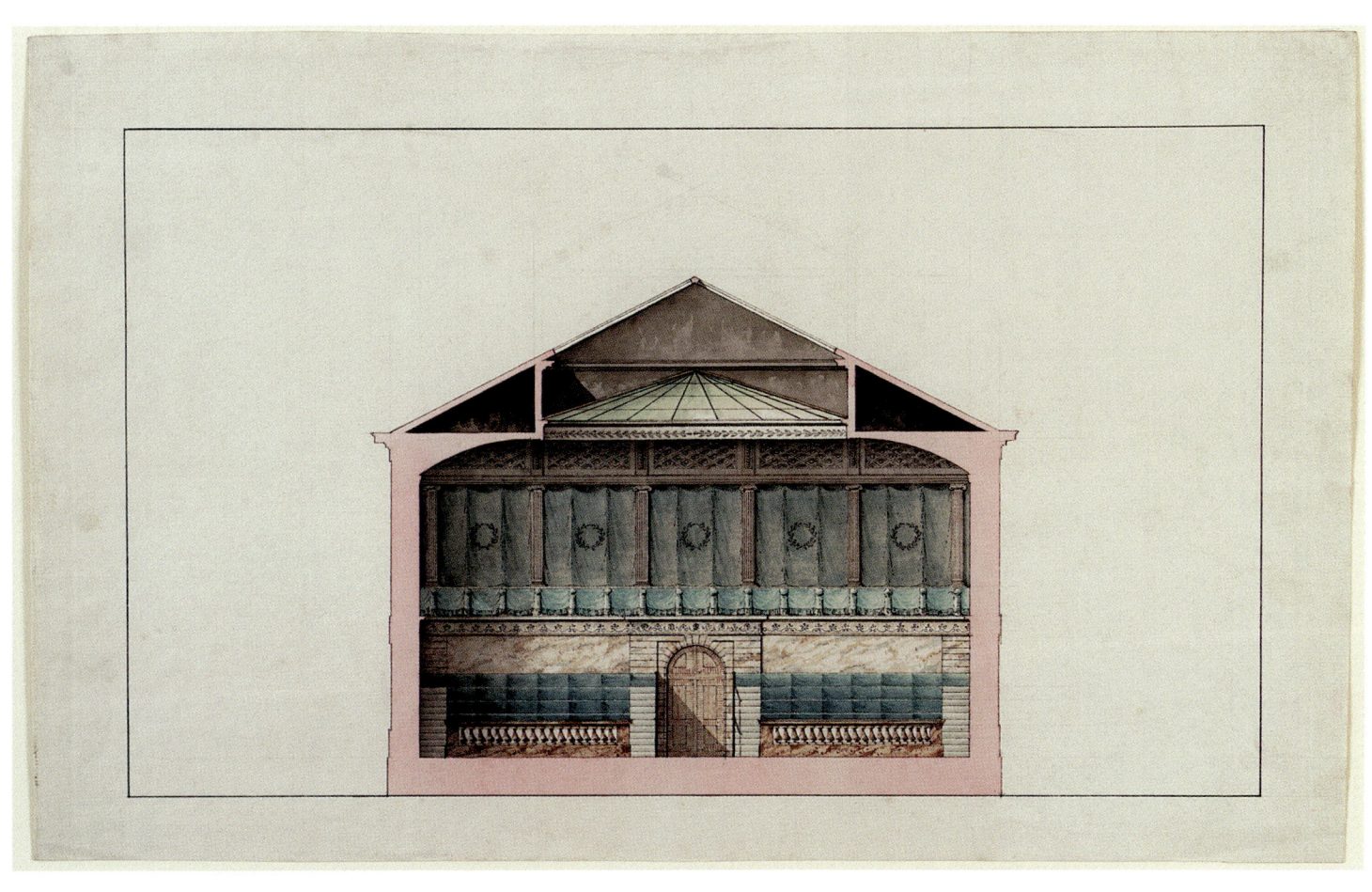

Nicht identifizierte Entwürfe

PARKGEBÄUDE, UM 1800

Das im neogotischen Stil dargestellte Gebäude besteht aus einem zweigeschossigen, dreiachsigen Mittelrisalit, der von zwei Seitenteilen flankiert wird. Diese enden im Bereich des zweiten Geschosses in ruinös angelegtem, pittoresk ausgebrochenem und von Gehölzen bewachsenem Mauerwerk. Über dem rechten Gebäudetrakt erhebt sich ein filigraner, vermutlich aus Holz geplanter Turmaufbau.

Eingefügt ist dieses Gebäude in einen durch Felsformationen und differenziert dargestellte Baumgruppen gegliederten, romantisierenden Landschaftsausschnitt. Das Blatt zeigt auffällige Übereinstimmungen mit den »Gotischen Ruinen von Herrn Schurichts Zeichnung«, die als Teil von Hirschfelds »Theorie der Gartenkunst« Verbreitung fand und auch entscheidenden Einfluß auf die Gestaltung der von Jussow entworfenen Löwenburg im Park Wilhelmshöhe hatte. Beiden gemeinsam ist neben der naturräumlichen Inszenierung und einzelnen architektonischen Elementen das Fehlen einer Zuwegung, bei der nach Hartmann der »von der ruinösen Architektur veranschaulichten historischen Distanz eine räumliche Distanzierung hinzuzufügen ist«.

Diese Unzugänglichkeit wird innerhalb des Gebäudes durch die an Renaissancevillen erinnernde Loggia des Mittelrisalits und den turmartigen Aufbau umgekehrt. Beide dienten wahrscheinlich als Belvedere und ermöglichten den Blick von innen nach außen. Das voll ausgebaute Untergeschoß läßt an eine Nutzung als Eremitage denken, wie sie in zeitgenössischen Parks beliebt war. Vergleichbar ist etwa die neogotische Ritterburg des Parks in Machern, die ein Privatmuseum, mehrere Wohnräume und eine Aussichtswarte enthielt.

Eine besondere Bedeutung erhält das Gebäude durch die religiösen Motive, wie das Kreuz auf dem Turm oder die Engelskulpturen am Mittelrisalit. Die Verbindung eines ruinös gestalteten, neogotischen Gebäudes mit derartigen Motiven ist in zeitgenössischen Parkanlagen nur selten anzutreffen.

Die Zeichnung wurde sehr wahrscheinlich nicht umgesetzt und hat eher den Charakter einer künstlerischen Studie im freien Experimentieren. *HS*

112
ENTWURF ZU EINEM NEOGOTISCHEN, RUINÖSEN
PARKGEBÄUDE, UM 1800

Graphit, Feder in Braun, grau und braun laviert
247 × 305 mm
Staatliche Museen Kassel, Inv. Nr. GS 6042
LITERATUR: Katalog Kassel 1958, S. 43, Nr. 114; Katalog Kassel 1999; zu »Herrn Schurichts Zeichnung« vgl. Hirschfeld 1779-85, Bd. IV, S. 127; zu Machern vgl. Buttlar 1989, S. 158
Zitat: Hartmann 1981, S. 203

Nicht identifizierte Entwürfe

Polygonales Zelt, um 1810

Leicht auf- und abbaubare Zelte aus Tuch wurden von jeher im militärischen Bereich sowie als Wetterschutz für Feste und Veranstaltungen genutzt. Gegen Ende des 18. Jahrhunderts kleidete man im Zuge der Türkenmode auch Innenräume und Gartengebäude in Zeltform aus. Im Gegensatz zu ihren textilen Vorgängern wurden diese Gartengebäude aus festen Materialien errichtet und waren auf Dauer angelegt. Eines der bekanntesten Beispiele ist das große Zelt für die Garde du Corps im Park von Drottningholm in Schweden, das aus bemalten Kupferplatten besteht.

Auch für den Park von Weißenstein sind Gartengebäude in Zeltform nachweisbar. So ließ Friedrich II. im Rosengarten ein offenes Zelt sowie zwei Vogelhäuser errichten, die Wilhelm IX. nach seinem Regierungsantritt 1786 abreißen ließ. Auf späteren Gartenplänen sind Zelte nicht mehr verzeichnet. Nur für König Jérôme ist ein textiles Badezelt bezeugt, das bei Bedarf am Lac postiert wurde.

Im Nachlaß von Jussow haben sich mehrere Zeichnungen zu Zelten unterschiedlicher Größe erhalten. Der Auftraggeber und der genaue Standort ist für keines der Projekte bekannt. Bei diesem besonders repräsentativen Entwurf ist jedoch zu vermuten, daß er für den Schloßpark Wilhelmshöhe gedacht war. Auftraggeber des Entwurfes könnte Jérôme gewesen sein. Im Umkreis von Napoleon wurden Dekorationen in Zeltform, etwa im Bereich der Innenausstattung, sehr geschätzt. So hatte sich Napoleon um 1800 von Charles Percier die »Salle du conseil« in Malmaison als blauweißgestreiftes Zelt herrichten lassen.

Für eine Datierung in die westphälische Zeit sprechen auch die Dekorationsformen des hier projektierten polygonalen Zeltes, das aufgrund seiner Größe für Veranstaltungen oder Feste gedacht gewesen sein wird. Faszienbündel trennen die einzelnen Kompartimente voneinander. Wie die Trophäe auf der Kuppel spielen sie auf den militärischen Bereich an, aus dem das Zelt ursprünglich stammt. Den illusionistischen Effekt erhöhen die gemalten Schnüre und Vorhänge, die eine Ausführung in Stoff vortäuschen sollen.

CL

113
ENTWURF ZU EINEM POLYGONALEN GARTENZELT MIT KUPPEL, AUFRISS, um 1810

Graphit, Feder in Grau, grau laviert
312 × 441 mm
Staatliche Museen Kassel, Inv. Nr. GS 5818

LITERATUR: Katalog Kassel 1958, S. 31-32, Nr. 83; Katalog Kassel 1999; zu Zelten im allgemeinen vgl. Hautecœur 1953, S. 34-36

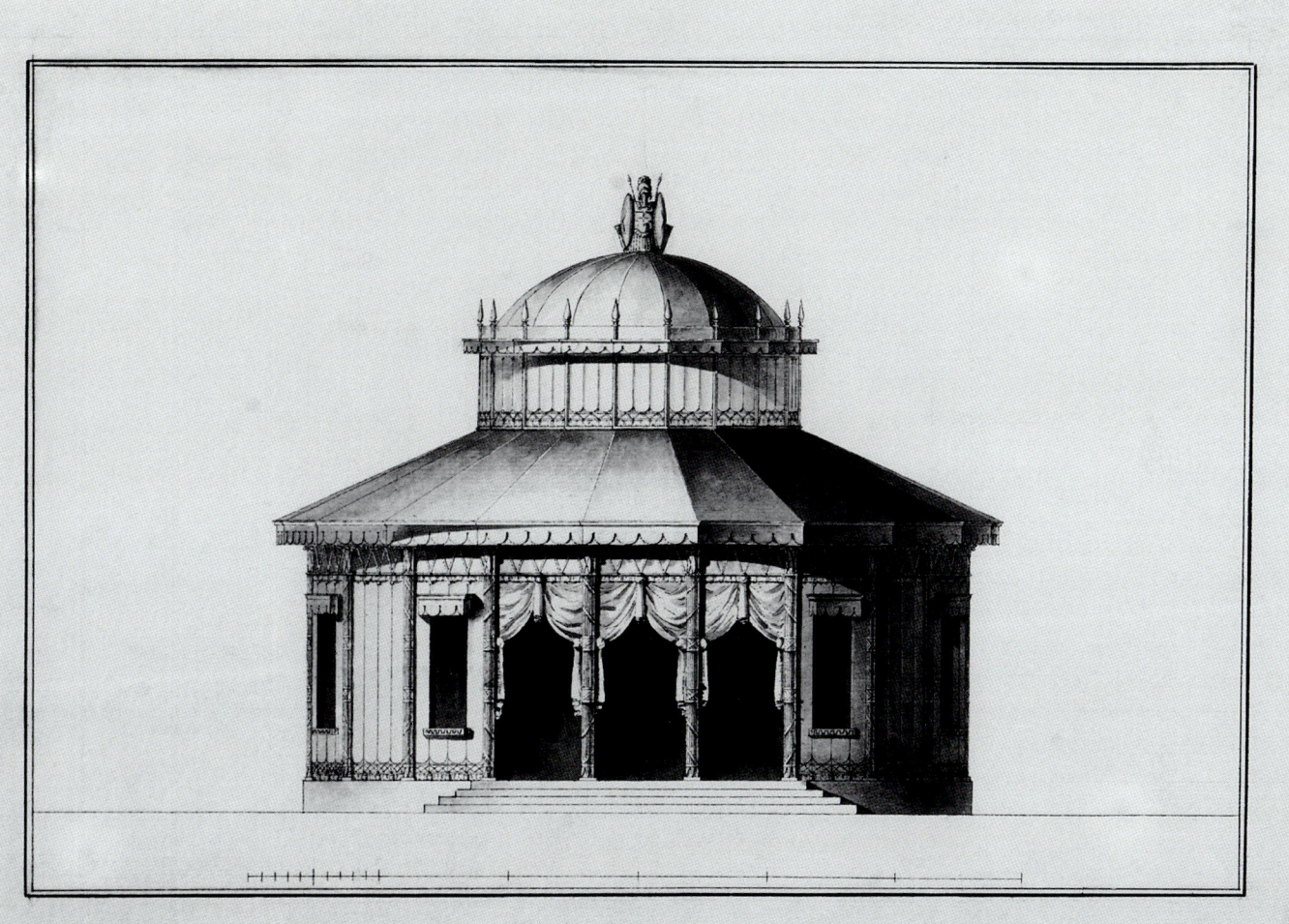

Nicht identifizierte Entwürfe

Innenausstattung, 1792

Den Entwurf zu einer Seidenwandbespannung zeichnete Jussows im sogenannten »Arabeskenstil«. Inspirationsquelle für die Entwicklung der »Arabeske« war im Zuge des verstärkten Interesses an antiker Kunst um die Mitte des 18. Jahrhunderts die wiederentdeckte römische Groteskenmalerei. Bereits gegen Ende des 15. Jahrhunderts waren antike Malereien bei Ausgrabungen in und um Rom gefunden worden und hatten Künstler angeregt, so Raffael, der mit Giovanni da Udine die vatikanischen Loggien von 1515 bis 1519 mit einem Groteskendekor ausmalte. Als erste griffen diese Form der Wandgestaltung in den 1750er Jahren englische Architekten, wie James Stuart oder Robert Adam, wieder auf, bevor sie sich in Frankreich ab 1775 größter Beliebtheit erfreute und danach auch in Deutschland Verbreitung finden sollte.

Künstler entwarfen in großer Variationsbreite aus Blattwerk wachsende phantastische Tiere, hybride Mischwesen oder menschliche Gestalten, zarte Ranken, die jeder Statik zum Trotz Figuren oder verschiedenste Gegenstände trugen. Sie wurden, raffiniert zusammengefügt, um eine Mittelachse streng symmetrisch aufgebaut und stark farbig koloriert. Als unerschöpfliche Motivquelle diente das Stichwerk nach Raffaels Loggien von Volpato und Ottaviani, das in den Jahren 1772 bis 1777 erschienen war, sowie zahlreiche druckgraphische Reproduktionen nach antiken Dekorationen und Skulpturen, die ebenso in die Arabeskendekore eingeflochten wurden. Zeitgenossen wie Etienne Lavallée-Poussin, Louis Prieur oder Michel Angelo Pergolesi veröffentlichten zudem eigene Kompositionen, so daß eine Fülle von Material zu diesem Thema zur Verfügung stand.

Im Aufbau behielt Jussow gleich den französischen Beispielen die Aufteilung in Wandfelder bei, die er durch eine Art feines Gitterwerk gestaltete, und komponierte symmetrisch geordnete, zurückhaltend dekorierte Felder mit großen tanzenden Figuren bzw. einem gerahmten Bild im Zentrum, welches eine siegreiche Athena vor einer Trophäe zeigt. Die Wandfläche wird umrahmt von Bordüren mit Groteskenformen und ist oberhalb eines Lambris angebracht zu denken. In der lockeren und sparsamen Verteilung der Motive auf der Fläche und insbesondere mit den dominanten, freigestellten Figuren, die nicht in das symmetrische Rankensystem eingebunden sind, kombinierte Jussow Elemente des Arabeskendekors mit denen des pompejanischen Stils.

Die nicht realisierte Wandbespannung von 1792 sollte höchstwahrscheinlich bei französischen Seidenwebereien oder -stickereien ausgeführt werden, deren Produktionen jedoch ein Jahr später infolge der Französischen Revolution zusammenbrachen. *ST*

114
Entwurf für eine Seidentapete, 1792
Graphit, Feder in Schwarz, koloriert
586 × 876 mm
Potsdam, Stiftung Preußische Schlösser und Gärten Berlin-Brandenburg, Plankammer, Bestand Kassel XV, Nr. XXIX/70
Literatur: Katalog Kassel 1999 (zitiert als BK 38)

Nicht identifizierte Entwürfe

Ofen, um 1800

Unter Jussows Entwürfen zu Innendekorationen befinden sich auch solche zu Öfen, denen für die Raumkonzeption eine nicht unwesentliche Bedeutung zukam. Meist wurden sie in Nischen plaziert und korrespondierten mit der weiteren Wandaufteilung und Raumdisposition. Dementsprechend folgen die Entwürfe der Tendenz der Zeit, die Funktion des Ofens soweit wie möglich zu kaschieren und ihn in Anlehnung an die Raumdekoration immer prächtiger und kunstvoller zu gestalten. Öfen wurden als Sockel für Statuen ausgebildet, ja man ging sogar soweit, sie als Denk-oder gar Grabmäler zu gestalten.

Der vorliegende Entwurf des Ofens zeigt, wie auf dem Grundriß links unten zu erkennen ist, einen rechteckigen Unterbau mit einem ovalen Aufsatz. Das Unterteil ist recht schlicht als glatter Kubus gearbeitet, der allein von einem Rosettenornament auf der Mantelfläche verziert und nach oben von einem hohen Blattstab abgeschlossen wird. Über einer Deckplatte ruht ein mit einem Lotus-Rosettenband reliefierter Quader, auf dem die kannelierte Trommel des Aufsatzes steht. Vier Sphingen flankieren den Sockel des Oberteils, das im unteren Drittel von einem antikisierenden Opferfries gegliedert ist. Den Oberofen bekrönt in einer überaus gängigen Lösung jener Zeit eine reich skulptierte Deckelvase.

Der frühklassizistische Ofen nimmt neben dem antiken Formenvokabular mit der Gestaltung der Sphingen Elemente des »ägyptischen Geschmacks« auf. Ägyptische Motive waren seit den 1780er Jahren beliebt und hatten mit dem Ägyptenfeldzug Napoleons 1798 eine erneute Popularität bekommen. Um 1800 gehörten ägyptische Innenraumentwürfe wie neogotische, »hetrurische« oder etwa türkische zum gängigen Repertoire des damaligen Stilpluralismus. Entsprechend den Dekorationsregeln werden sich die ägyptischen Elemente an anderer Stelle in dem Raum, für den der Ofen gezeichnet worden ist, wiederholt haben.

In seiner nicht kanonischen Verwendung antiker Bauskulptur, der freien Verwendung unterschiedlicher dekorativer Elemente und der additiven Zusammenfügung der einzelnen Bauteile ist der Heizkörper noch ganz dem »goût grec« verhaftet, der in Frankreich zwischen 1755 und 1770 ausgebildet wurde und durch Vorlagenwerke, etwa von Jean-Charles Delafosse oder Jean-François Neufforge, weite Verbreitung fand.

Wahrscheinlich war der Ofen für eine Ausführung in Fayence vorgesehen; leider finden sich jedoch keinerlei Hinweise auf seine Verwirklichung.   *ST*

115

Entwurf für einen Aufsatzofen, Auf- und Grundriss, um 1800

Graphit, Feder in Schwarz, braun laviert
328 × 245 mm
Staatliche Museen Kassel, Inv. Nr. GS 6103
Literatur: Katalog Kassel 1999

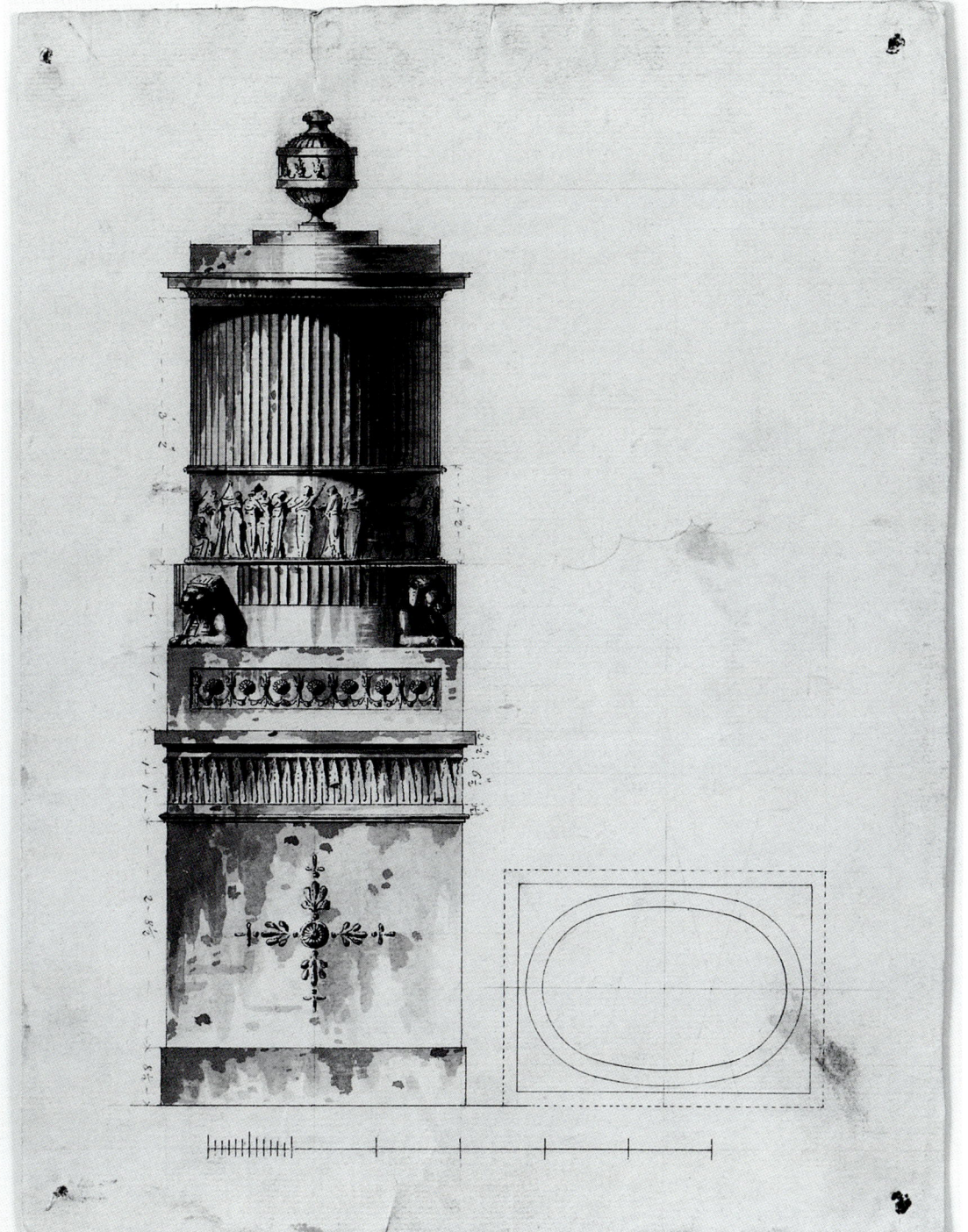

Adam 1773-78
James Adam: The Works in Architecture of Robert and James Adam. 2 Bde. London 1773-1778

Alloisi 1994
Sivigliano Alloisi: Das Pittoreske und das Sublime – Roms Ruinen zwischen Geschichte und Erinnerung. In: Roma antica. Römische Ruinen in der italienischen Kunst des 18. Jahrhunderts. Hrsg. von Brigitte Buberl. Ausstellungskatalog. Museum für Kunst und Kulturgeschichte der Stadt Dortmund. München 1994, S. 52-60

Andrieux 1799
Andrieux: Notice sur la vie et les travaux de Charles Dewailly. In: Les Mémoires de l'Institut Nationale des Sciences et des Arts – Litterature et Beaux-arts. Bd. III. Paris an IX (1799), S. 36-42

Apell 1805
David August von Apell: Cassel in historisch-topographischer Hinsicht. Nebst einer Geschichte und Beschreibung von Wilhelmshöhe und seinen Anlagen. Marburg 1805

Apell 1823
[David August von Apell]: Cassel und die umliegende Gegend. Eine Skizze für Reisende. Kassel 1823

Bätjer 1941
Friedrich Wilhelm Bätjer: Das Landschloß Hüffe und Simon Louis Du Ry. Westfalen. 8. Sonderheft. Münster 1941

Bangert 1969
Albrecht Bangert: Architektur von H. Chr. Jussow in Kassel um 1800. Diss. München 1969

Berckenhagen 1962
Ekhart Berckenhagen: Deutsche Gärten vor 1800. Hannover 1962

Berckenhagen 1979
Ekhart Berckenhagen: Architektenzeichnungen 1479-1979 von 400 europäischen und amerikanischen Architekten aus dem Bestand der Kunstbibliothek Berlin. Berlin 1979

Berns/Druffner/Schütte/Walbe 1997
Jörg Jochen Berns, Frank Druffner, Ulrich Schütte und Brigitte Walbe (Hrsg.): Erdengötter. Fürst und Hofstaat in der Frühen Neuzeit im Spiegel von Marburger Bibliotheks- und Archivbeständen. Marburg 1997

Bideau 1986
Heide Bideau: Trügerische Räume – das Architekturcapriccio. In: Der Traum vom Raum. Gemalte Architektur aus 7 Jahrhunderten. Hrsg. von der Albrecht Dürer Gesellschaft. Ausstellungskatalog. Kunsthalle Nürnberg. Marburg 1986, S. 83-92

Biehn 1965
Heinz Biehn: Die Löwenburg im Schloßpark Wilhelmshöhe. Amtlicher Führer. München 1965

Biehn 1970
Heinz Biehn: Residenzen der Romantik. München 1970

Black 1985
Jeremy Black. The British and the Grand Tour. London/Sydney u. a. 1985

Bleibaum 1926
Friedrich Bleibaum: Die Bau- und Kunstdenkmäler im Regierungsbezirk Cassel. Bd. VII. Kreis Hofgeismar. Erster Teil. Schloß Wilhelmsthal. Kassel 1926

Blondel 1752-56
Jacques-François Blondel: Architecture françoise, ou Recueil des plans, élévations, coupes et profils des églises, maisons royales, palais, hôtels et édifices les plus considérables de Paris. 4 Bde. Paris 1752-1756

Boehlke 1958
Hans-Kurt Boehlke: Simon-Louis du Ry als Stadtbaumeister Landgraf Friedrichs II. von Hessen-Kassel. Kassel 1958

Boehlke 1980
Hans-Kurt Boehlke: Simon Louis Du Ry. Ein Wegbereiter klassizistischer Architektur in Deutschland. Kassel 1980

Both/Vogel 1973
Wolf von Both und Hans Vogel: Landgraf Friedrich II. von Hessen-Kassel. Ein Fürst der Zopfzeit (Schriften zur hessischen Kulturgeschichte. Veröffentlichungen der Historischen Kommission für Hessen, Bd. 27,2). o. O. 1973

Bott 1966
Gerhard Bott: Die Burg auf der Insel in Wilhelmsbad, ein frühes Zeugnis romantischer Baukunst in Deutschland. In: Hanauer Geschichtsblätter 21, 1966, S. 317-340

Bott 1975
Gerhard Bott: Der Gesundbrunnen zu Hofgeismar (Große Baudenkmäler, Heft 213). München/Berlin 1975

Boucher 1994
Bruce Boucher: Palladio: Der Architekt in seiner Zeit. München 1994

Braham 1980
Allan Braham: The Architecture of the French Enlightenment. London 1980

Brilli 1989
Attilio Brilli: Reisen in Italien. Die Kulturgeschichte der klassischen Italienreise vom 16. bis 19. Jahrhundert. Köln 1989

Brunner 1913
Hugo Brunner: Geschichte der Residenzstadt Cassel. 913 –

1913. Zur Feier des tausendjährigen Bestehens der Stadt. Kassel 1913

Brunner 1925
Hugo Brunner: Wilhelmsthal. Marburg 1925

Burda 1970
Hubert Burda: Die Ruine in den Bildern Hubert Roberts. München 1967

Busch 1998
Werner Busch: Das Einfigurenhistorienbild und der Sensibilitätskult des 18. Jahrhunderts. In: Angelika Kauffmann. Hrsg. von Bettina Baumgärtel. Ausstellungskatalog. Kunstmuseum Düsseldorf. Ostfildern-Ruit 1998, S. 40-46

Buttlar 1986
Adrian von Buttlar: Leo von Klenze in Kassel 1808-1813. In: Münchner Jahrbuch der bildenden Kunst 37, 1986, S. 177-211

Buttlar 1989
Adrian von Buttlar: Der Landschaftsgarten. Gartenkunst des Klassizismus und der Romantik. Köln 1989

Buttlar 1990
Adrian von Buttlar: Gedanken zur Bildproblematik und zum Realitätscharakter des Landschaftsgartens. In: Die Gartenkunst 2, 1990, Heft 1, S. 7-19

Buttlar 1993
Adrian von Buttlar: Vom Carlsberg zur Wilhelmshöhe. Kunstgeschichtliche Anmerkungen zur Entwicklung des Kasseler Bergparks. In: Der Schloßpark Wilhelmshöhe in Ansichten der Romantik. Hrsg. von Ulrich Schmidt. Ausstellungskatalog. Staatliche Museen Kassel und Verwaltung der Staatlichen Schlösser und Gärten Hessen, Bad Homburg v. d. H. Kassel 1993, S. 11-20

Buttlar 1997
Adrian von Buttlar: Chinoiserien in deutschen Gärten des 18. Jahrhunderts. In: Sir William Chambers und der Englisch-chinesische Garten in Europa. Hrsg. von Thomas Weiss (Kataloge und Schriften der Staatlichen Schlösser und Gärten Wörlitz, Oranienbaum, Luisium, Bd. 2). Ostfildern-Ruit 1997, S. 65-76

Buttlar/Weber/Schmid 1986
Adrian von Buttlar, Klaus Weber und Klaus-Peter Schmid: Kassel. Ballhaus im Schloßpark Wilhelmshöhe. Amtlicher Führer. Bad Homburg v. d. H. 1986

Carl 1956
Frank Erich Carl: Kleinarchitekturen in der deutschen Gartenkunst. Eine entwicklungsgeschichtliche Studie. Berlin 1956

CAYEUX 1963/64
Jean de Cayeux: Introduction au catalogue critique des »Griffonis« de Saint-Non et Catalogue des »Griffonis«. In: Bulletin de la Société de l'Histoire de l'Art Français 1963/64, S. 297-388

COFFIN 1991
David R. Coffin: Gardens and Gardenings in Papal Rome. Princeton 1991

CUSZIN/ROSENBERG 1990
Jean-Pierre Cuszin und Pierre Rosenberg (Bearb.): J. H. Fragonard e H. Robert a Roma. Hrsg. von der Accademia di Francia a Roma. Rom 1990

D'AVILER 1691
Augustin Charles D'Aviler: Cours d'architecture qui comprend les ordres de Vignole [...]. Paris 1691

DIDEROT/D'ALEMBERT 1751-80
Denis Diderot und Jean le Ronde D'Alembert (Hrsg.): Encyclopédie ou Dictionnaire raisonné des Sciences, des Arts et des Métiers. 35 Bde. Paris 1751-1780

DITTMER 1827
Dittmer nach Georg Ludwig Friedrich Laves: Heinrich Christoph Jussow. In: Neuer Nekrolog der Deutschen 3, 1825, Heft 2, Ilmenau 1827, S. 841-851

DITTSCHEID 1980
Hans-Christoph Dittscheid: Charles de Wailly in den Diensten des Landgrafen Friedrich II. von Hessen-Kassel. Drei wieder- und neuentdeckte Idealprojekte für Schloß Weißenstein (Wilhelmshöhe) aus dem Jahr 1785. In: Kunst in Hessen und am Mittelrhein 20, 1980, S. 21-77

DITTSCHEID 1983
Hans-Christoph Dittscheid: Stadtbaukunst in Kassel unter Landgraf Wilhelm IX./Kurfürst Wilhelm I. (1785-1821). In: Stadtplanung und Stadtentwicklung in Kassel im 18. Jahrhundert. Hrsg. von Gunter Schweikhart (Kasseler Hefte für Kunstwissenschaft und Kunstpädagogik, Heft 5). Kassel 1983, S. 53-67

DITTSCHEID 1987
Hans-Christoph Dittscheid: Kassel-Wilhelmshöhe und die Krise des Schloßbaues am Ende des Ancien Régime. Charles De Wailly, Simon Louis Du Ry und Heinrich Christoph Jussow als Architekten von Schloß und Löwenburg in Wilhelmshöhe (1785-1800). Worms 1987

DITTSCHEID 1997/1
Hans-Christoph Dittscheid: Sanierung im Interessenkonflikt zwischen Denkmalpflege und Museum: Schloß Wilhelmshöhe in Kassel. In: Burgen und Schlösser. Zeitschrift der Deutschen Burgenvereinigung e. V. für Burgenkunde und Denkmalpflege 1997, S. 4-16

DITTSCHEID 1997/2
Hans-Christoph Dittscheid: Problemfall Schloß Wilhelmshöhe in Kassel. Sanierung im Interessenkonflikt zwischen Denkmalpflege und Museum. In: Denkmalpflege in Hessen 2, 1997, S. 7-14

DITTSCHEID/EINSINGBACH/FINK 1976
Hans-Christoph Dittscheid, Wolfgang Einsingbach und Adolf Fink: Kassel. Löwenburg im Bergpark Wilhelmshöhe. Amtlicher Führer. Bad Homburg v. d. H. 1976

DÖRING 1799
Wilhelm Döring: Kurze Beschreibung von Wilhelmshöhe bey Cassel. Cassel 1799

DÖRING 1804
Wilhelm Döring: Beschreibung des Kurfürstlichen Landsitzes Wilhelmshöhe bey Cassel. Kassel 1804. Neuabdruck in: Fritz Lometsch (Hrsg.): Wilhelmshöhe. Natur und Formergeist in dem schönsten Bergpark Europas. Kassel 1961, S. 7-23

DÖTSCH 1998
Anja Dötsch: Die Löwenburg im Schloßpark Wilhelmshöhe. Rekonstruktion und Instandsetzung. In: Froschkönige und Dornröschen. Die Pflege der Staatlichen Schlösser und Gärten Hessen. Monographien. Bd. 6 (Edition der Verwaltung der Staatlichen Schlösser und Gärten Hessen). Bad Homburg v. d. H. 1998, S. 139-150

DORN 1969
Reinhard Dorn: Peter Joseph Krahe. Leben und Werk. Bd. I. Die Studienjahre Peter Joseph Krahes in Düsseldorf und Rom 1778-1786. Untersuchung des zeichnerischen Nachlasses und beschreibender Katalog. Braunschweig 1969

DORN 1971
Reinhard Dorn: Peter Joseph Krahe. Leben und Werk. Bd. II. Bauten und Projekte Peter Joseph Krahes in Düsseldorf, Koblenz, Hannover und Braunschweig 1787-1806. Untersuchungen des zeichnerischen Nachlasses und beschreibender Katalog. Braunschweig 1971

DORN 1997
Reinhard Dorn: Peter Joseph Krahe. Leben und Werk. Bd. III. Bauten und Projekte im Königreich Westfalen und im Herzogtum Braunschweig 1808-1837. Untersuchungen des zeichnerischen Nachlasses und beschreibender Katalog. München 1997

DURAND 1809 (1985)
Jean Nicolas Louis Durand: Précis des leçons d'architecture données a l'école royale polytechnique. 2 Bde. Paris 1809 (1985)

DURAND/LEGRAND 1842 (1986)
Jean Nicolas Louis Durand: Recueil et parallele des édifices en tout genre, anciens et modernes, remarquables par leur beauté, par leur grandeur ou par leur singularité. Jacques Guillaume Legrand: Essai sur l'histoire générale de l'architecture pour servir de texte explicatif au recueil et parallele des édifices par J. N. L. Durand. Réimpression des éditions augmentées Bruxelles S. A. et Liège 1842. Reprint Nördlingen 1986

EGE 1986
Konrad Ege: Ausbildung an der Architektur-Akademie in Kassel 1781-1840. In: Antike Bauten in Modell und Zeichnung um 1800. Vollständiger Katalog der Korkmodelle

und der Sonderausstellung 1986. Staatliche Kunstsammlungen Kassel. Kassel 1986, S. 33-46

ENGELHARD 1842
Johann Daniel Engelhard: Versuch einer artistischen Beschreibung des kurfürstlich-hessischen Lustschlosses Wilhelmshöhe bei Cassel. In: Crelles Journal für die Baukunst 16, 1842, S. 49-68, 149-172

ENGELHARD 1845
Johann Daniel Engelhard: Der Bau der Kattenburg zu Kassel. In: Allgemeine Bauzeitung 10, 1845, S. 53-69

ERICHSEN 1980
Johannes Erichsen: Antique und Grec. Studien zur Funktion der Antike in Architektur und Kunsttheorie des Frühklassizismus. Diss. Köln 1980

ERIKSEN 1974
Svend Eriksen: Early Neo-classicism in France. London 1974

FENNER 1995
Gerd Fenner: Augustenruhe – Zur Geschichte von Schloß und Park Schönfeld. In: Kurfürstin Auguste von Hessen (1780-1841) in ihrer Zeit. Hrsg. von Bernhard Lauer. Kassel 1995, S. 114-142

FENNER 1997
Gerd Fenner: Der »Grottenbau« auf dem Karlsberg. Zur Baugeschichte des Oktogons und der Wasserkünste. In: Herkules. Tugendheld und Herrscherideal. Das Herkules-Monument in Kassel-Wilhelmshöhe. Hrsg. von Christiane Lukatis und Hans Ottomeyer. Ausstellungskatalog. Staatliche Museen Kassel. Kassel 1997, S. 99-119

FENNER 1998
Gerd Fenner: »... das mir gnädigst auf Erbleihe überlaßene ehemalige Ordensgebäude.« Das Haus der Arnold'schen Tapetenfabrik am Wilhelmshöher Platz. In: Der Tapetenfabrikant Johann Christian Arnold (1758-1842). Hrsg. von Sabine Thümmler. Kassel 1998, S. 36-48

FRÖLICH/SPERLICH 1959
Marie Frölich und Hans-Günther Sperlich: Georg Moller. Baumeister der Romantik. Darmstadt 1959

GALLET 1983
Michel Gallet: Claude-Nicolas Ledoux. Leben und Werk des französischen »Revolutionsarchitekten«. Stuttgart 1983

GALLET 1995
Michel Gallet: Les architectes parisiens du XVIIIe siècle. Dictionnaire biographique et critique. Paris 1995

GANSSAUGE 1957/58
Gottfried Gansauge: Das Schlieffenschlößchen in Windhausen. In: Hessische Heimat 7, 1957/58, S. 7-11

GARKÜCHE 1814
Die französische Garküche an der Fulde. Erstes Gericht. Oder?? Neuestes Gemählde der Residenzstadt Cassel, wie sie noch im Jahr 1813 war, und wie sie gegenwärtig nicht mehr ist. Erstes Heft. Ein Pendant zur geheimen Geschichte von Westphalen. St. Petersburg 1814

GERCKE 1982
Peter Gercke: Herakles Farnese in Kassel. In: Kunst in
Hessen und am Mittelrhein 22, 1982, S. 29-35

GERCKE 1986
Peter Gercke: Zur Aufnahme griechischer Baukunst in Kassel.
In: Antike Bauten in Modell und Zeichnung um 1800.
Vollständiger Katalog der Korkmodelle und der Sonder-
ausstellung 1986. Staatliche Kunstsammlungen Kassel.
Kassel 1986, S. 47-52

GERLAND 1895
Otto Gerland: Paul, Charles und Simon Louis Du Ry. Eine
Künstlerfamilie der Barockzeit. Stuttgart 1895

GRASSINGER 1991
Dagmar Grassinger: Römische Marmorkratere (Monumenta
Artis Romanae. Hrsg. vom Forschungsarchiv für römische
Plastik am Archäologischen Institut der Universität zu Köln,
Bd. XVIII). Mainz 1991

GRIMM 1996
Wernt und Hedi Grimm u. a.: Die Rosensammlung in
Wilhelmshöhe. 4. Auflage. Kassel 1996

GROHMANN 1802
Johann Gottfried Grohmann (Hrsg.): Ideenmagazin für
Liebhaber von Gärten, Englischen Anlagen und für Besitzer
von Landgütern um Gärten und ländlichen Gegenden [...].
Bd. 4. Leipzig 1802

GRUBEN 1980
Gottfried Gruben: Die Tempel der Griechen. München 1980

GRUBER 1972
Alain Gruber: Les Grandes Fêtes et leurs décors à l'époque de
Louis XVI. Paris 1972

GÜNTHER 1985
Harri Günther: Peter Josef Lenné, Gärten, Parks, Landschaften. Berlin 1985

GÜNTHER/HARKSEN 1993
Harri Günther und Sibylle Harksen: Peter Joseph Lenné,
Katalog der Zeichnungen. Hrsg. von Heinz Schönemann,
Stiftung Schlösser und Gärten Potsdam-Sanssouci.
Tübingen/Berlin 1993

GÜNTHER 1988
Hubertus Günther: Das Studium der antiken Architektur in
den Zeichnungen der Hochrenaissance (Römische
Forschungen der Bibliotheca Hertziana. Bd. XXIV).
Tübingen 1988

GÜNTHER 1996
Hubertus Günther: Anglo-Klassizismus, Antikenrezeption und
Neugotik in Wörlitz. In: Weltbild Wörlitz. Entwurf einer
Kulturlandschaft. Hrsg. von Frank-Andreas Bechtoldt und
Thomas Weiss. Ausstellungskatalog. Deutsches Architektur-
museum Frankfurt a. M. Ostfildern-Ruit 1996, S. 131-161

HÄBERLE 1995
Michael Häberle: Pariser Architektur zwischen 1750 und 1800
– Die Entstehung des Elementarismus. Tübingen/Berlin 1995

HALLO 1983
Rudolf Hallo: Schriften zur Kunstgeschichte in Kassel.
Sammlungen. Denkmäler. Judaica. Hrsg. von Gunter
Schweikhart. Kassel 1983

HAMMER-SCHENK 1981
Harold Hammer-Schenk: Synagogen in Deutschland,
Geschichte einer Baugattung im 19. und 20. Jahrhundert. 2
Bde. Hamburg 1981

HAMMER-SCHENK 1988
Harold Hammer-Schenk: »(...) und der Nachwelt würde zu
auffallend werden, hier konnte der Architekt nicht weiter!
(...)« Das Leineschloß in Hannover. In: Vom Schloß zum
Bahnhof. Bauen in Hannover. Zum 200. Geburtstag des Hof-
architekten G. L. F. Laves 1788 – 1864. Hrsg. von Harold
Hammer-Schenk und Günther Kokkelink. Ausstellungs-
katalog. Institut für Bau- und Kunstgeschichte der Universität
Hannover und Historisches Museum. Hannover 1988,
S. 145-170

HANSCHKE 1997
Ulrike Hanschke: »... uns ein BIBLIOTHECAM ARCHITEC-
TONICAM zu machen« – Die Architekturzeichnungen des
Landgrafen Moritz. In: Moritz der Gelehrte. Ein Renaissance-
fürst in Europa. Hrsg. von Heiner Borggrefe, Vera Lüpkes und
Hans Ottomeyer. Ausstellungskatalog. Weserrenaissance-
Museum Schloß Brake. Eurasburg 1997, S. 265-271

HANNWACKER 1992
Volker Hannwacker: Friedrich Ludwig von Sckell. Der
Begründer des Landschaftsgartens in Deutschland. Stuttgart
1992

HARRIS 1979/2
Eileen Harris: Thomas Wright. Arbours and Grottos. 1979

HARRIS 1990
Eileen Harris: British Architectural Books and Writers, 1556-
1785. Cambridge 1990

HARRIS 1963
John Harris: Sir William Chambers and his Parisian Album.
In: Architectural History of the Society of Architectural
Historians of Great Britain 6, 1963, S. 53-90

HARRIS 1966
John Harris: Le Geay, Piranesi and International Neo-
classicism in Rome 1740-1750. In: Essays Presented to Rudolf
Wittkower on his Sixty-Fifth Birthday. Hrsg. von Douglas
Fraser, Howard Hibbard und Milton J. Lewine. Bd. 1. London
1966, S. 189-196

HARRIS 1970
John Harris: Sir William Chambers, Knight of the Polar Star.
London 1970

HARRIS 1978
John Harris: Gardens of Delight. The Rococo English
Landscape of Thomas Robins the Elder. 1978

HARRIS 1979/1
John Harris: Father of the Gardenesque. In: Country Life,
7.6.1979, S. 1838-1840

HARRIS/SNODIN 1996
John Harris und Michael Snodin (Hrsg.): Sir William
Chambers. Architect to George III. New Haven/London 1996

HARTMANN 1981
Günter Hartmann: Die Ruine im Landschaftsgarten. Ihre
Bedeutung für den frühen Historismus und die Land-
schaftsmalerei der Romantik (Grüne Reihe. Quellen und
Forschungen zur Gartenkunst, Bd. 3). Worms 1981

HAUTECOEUR 1952
Louis Hautecoeur: Histoire de l'Architecture classique en
France. Bd. IV. Seconde moitié du XVIIIe siècle. Le Style Louis
XVI. 1750-1792. Paris 1952

HAUTECOEUR 1953
Louis Hautecoeur: Histoire de l'Architecture classique en
France. Bd. V. Révolution et Empire 1792-1815. Paris 1953

HEIDELBACH 1909
Paul Heidelbach: Die Geschichte der Wilhelmshöhe.
Leipzig 1909

HEIDELBACH 1957
Paul Heidelbach: Kassel. Ein Jahrtausend hessischer
Stadtkultur. Hrsg. von Karl Kaltwasser. Kassel/Basel 1957

HELMBERGER/KOCKEL 1993
Werner Helmberger und Valentin Kockel (Bearb.): Rom über
die Alpen tragen. Fürsten sammeln antike Architektur: Die
Aschaffenburger Korkmodelle. Mit einem Bestandskatalog
(Bayerische Verwaltung der Staatlichen Schlösser, Gärten und
Seen. Kataloge der Kunstsammlungen. Hrsg. von Gerhard
Hojer). Landshut/Ergolding 1993

HENTSCHELL 1969
Walter Hentschell: Die Zentralbauprojekte August des
Starken. Ein Beitrag zur Rolle des Bauherrn im deutschen
Barock. Berlin 1969

HEPPE 1995
Dorothea Heppe: Das Schloß der Landgrafen von Hessen in
Kassel von 1557 bis 1811 (Materialien zur Kunst- und
Kulturgeschichte in Nord- und Westdeutschland, Bd. 17).
Marburg 1995

HERAEUS 1997
Stefanie Heraeus: »Die Wiedergeburt des guten Geschmacks
in Hessen«. Landgraf Karl als Kriegsheld und Kunstmäzen.
In: Herkules. Tugendheld und Herrscherideal. Das Herkules-
Monument in Kassel-Wilhelmshöhe. Hrsg. von Christiane
Lukatis und Hans Ottomeyer. Ausstellungskatalog. Staatliche
Museen Kassel. Kassel 1997, S. 79-98

VON HESSEN 1996
Rainer von Hessen (Hrsg.): Wir Wilhelm von Gottes Gnaden.
Die Lebenserinnerungen Kurfürst Wilhelms I. von Hessen.
1743-1821. Frankfurt a. M./New York 1996

HIMMELHEBER 1973
Georg Himmelheber: Klassizismus/Historismus/Jugendstil
(Heinrich Kreisel: Die Kunst des deutschen Möbels. Bd. 3).
München 1973

HIND 1967
Arthur M. Hind: Giovanni Battista Piranesi. A Critical Study. With a List of his Published Works and Detailed Catalogues of the Prisons and the Views of Rome. 2. Auflage. London 1967

HIRSCHFELD 1779-85
Christian Cay Lorenz Hirschfeld: Theorie der Gartenkunst. 5 Bde. Leipzig 1779-1785

HOELTJE 1964/1
Georg Hoeltje: Georg Ludwig Friedrich Laves. Hannover 1964

HOELTJE 1964/2
Georg Hoeltje: Pläne zum Umbau des hannoverschen Leineschlosses aus dem Jahr 1816 von H. C. Jussow (1754-1825) und G. L. F. Laves (1788-1864). In: Niederdeutsche Beiträge zur Kunstgeschichte 3, 1964, S. 163-194

HOFFMEISTER/PRIOR 1885
Jacob Christoph Carl Hoffmeister: Gesammelte Nachrichten über Künstler und Kunsthandwerker in Hessen seit etwa 300 Jahren. Hrsg. von G. Prior. Hannover 1885

HOFFMANN 1960
Alfred Hoffmann: Park Wilhelmshöhe. Amtlicher Führer. Bad Homburg v. d. H. o. J. [1960]

HOLTMEYER 1910
Alois Holtmeyer: Die Bau- und Kunstdenkmäler im Regierungsbezirk Cassel. Bd. IV. Kreis Cassel-Land. Marburg 1910

HOLTMEYER 1913
Alois Holtmeyer (Hrsg.): W. Strieder's Wilhelmshöhe (Alt Hessen. Beiträge zur kunstgeschichtlichen Heimatkunde. Hrsg. von Alois Holtmeyer, Heft 3). Marburg 1913

HOLTMEYER 1923
Alois Holtmeyer: Die Bau- und Kunstdenkmäler im Regierungsbezirk Cassel. Bd. VI. Kreis Cassel-Stadt. Kassel 1923

HOLTMEYER o. J.
Alois Holtmeyer: Kassel und Wilhelmshöhe. Marburg o.J.

HÜBNER 1927
Paul Gustav Hübner: Wilhelmshöhe. Berlin 1927

HUTH 1930
Hans Huth: Das Residenzpalais in Kassel. Berlin 1930

JUSTI 1803
Karl Wilhelm Justi (Hrsg.): Hessische Denkwürdigkeiten. Teil 4,1. Marburg 1803

JUSTI 1805
Karl Wilhelm Justi (Hrsg.): Hessische Denkwürdigkeiten. Teil 4,2. Marburg 1805

JUSTI 1831
Karl Wilhelm Justi: Grundlage zu einer Hessischen Gelehrten- Schriftsteller- und Künstler-Geschichte vom Jahre 1806 bis zum Jahre 1830. Fortsetzung von Strieder's Hessischer Gelehrten- und Schriftsteller-Geschichte und Nachträge zu diesem Werk. Marburg 1831

KAESE 1937
Willi Kaese: Chronik des Bades Nenndorf. Bad Nenndorf 1937

KATALOG BADEN-BADEN 1970
Revolutionsarchitektur. Boullée, Ledoux, Lequeu. Ausstellungskatalog. Kunsthalle Baden-Baden. Baden-Baden 1970

KATALOG BERLIN 1985
Vedute, architektonisches Capriccio und Landschaft in der venezianischen Graphik des 18. Jahrhunderts. Bearb. von Peter Dreyer. Ausstellungskatalog. Staatliche Museen Preußischer Kulturbesitz, Kupferstichkabinett. Berlin 1985

KATALOG BONN 1979
Wie die Alten den Tod gebildet. Wandlungen der Sepulkralkultur 1750 – 1850 (Kasseler Studien zur Sepulkralkultur. Hrsg. von Hans-Kurt Boehlke, Bd. 1). Ausstellungskatalog. Wissenschaftszentrum Bonn-Bad Godesberg. Mainz 1979

KATALOG BOULOGNE-BILLANCOURT 1988
Grandjean de Montigny (1776-1850). »Un architecte français à Rio«. Ausstellungskatalog. Institut de France. Académie des Beaux-Arts. Bibliothèque Marmotton. Boulogne-Billancourt 1988

KATALOG FRANKFURT 1985
Die Architekturzeichnung. Vom barocken Idealplan zur Axonometrie. Zeichnungen aus der Architektursammlung der Technischen Universität München. Hrsg. von Winfried Nerdinger. Ausstellungskatalog. Deutsches Architekturmuseum Frankfurt a. M. 1985

KATALOG FRANKFURT 1988
Die Architektur der Synagoge. Hrsg. von Hans-Peter Schwarz. Ausstellungskatalog. Deutsches Architekturmuseum Frankfurt a. M. Stuttgart 1988

KATALOG HANNOVER 1988
Vom Schloß zum Bahnhof. Bauen in Hannover. Zum 200. Geburtstag des Hofarchitekten G. L. F. Laves 1788-1864. Hrsg. von Harold Hammer-Schenk und Günther Kokkelink. Ausstellungskatalog. Institut für Bau- und Kunstgeschichte der Universität Hannover und Historisches Museum. Hannover 1988

KATALOG KARLSRUHE 1977
Friedrich Weinbrenner 1766-1826. Eine Ausstellung des Instituts für Baugeschichte an der Universität Karlsruhe. Staatliche Kunsthalle Karlsruhe. Karlsruhe 1977

KATALOG KASSEL 1958
Heinrich Christoph Jussow (1754-1825), Baumeister in Kassel und Wilhelmshöhe. Ausstellung des Nachlasses des Künstlers im Hessischen Landesmuseum zu Kassel. Bearb. von Hans Vogel. Kassel 1958

KATALOG KASSEL 1979
Aufklärung und Klassizismus in Hessen-Kassel unter Landgraf Friedrich II. 1760-1785. Ausstellungskatalog. Staatliche Kunstsammlungen Kassel. Kassel Orangerie. Kassel 1979

KATALOG KASSEL 1981
Wie die Alten den Tod gebildet. Wandlungen der Sepulkralkultur 1750-1850. Ausstellungskatalog. Zentralinstitut für Sepulkralkultur der Arbeitsgemeinschaft Friedhof und Denkmal e. V. Kassel 1981

KATALOG KASSEL 1986/1
Antike Bauten in Modell und Zeichnung um 1800. Vollständiger Katalog der Korkmodelle und der Sonderausstellung 1986. Staatliche Kunstsammlungen Kassel. Kassel 1986

KATALOG KASSEL 1986/2
Juden in Kassel 1808-1933. Eine Dokumentation anläßlich des 100. Geburtstages von Franz Rosenzweig. Ausstellungskatalog. Kulturamt der Stadt Kassel. Kassel 1986

KATALOG KASSEL 1988
Johann Conrad Bromeis. 1788-1855. Ein kurhessischer Architekt. Ausstellung anläßlich der 200. Wiederkehr des Geburtstages von Johann Conrad Bromeis. Staatliche Kunstsammlungen Kassel 1988

KATALOG KASSEL 1993
Der Schloßpark Wilhelmshöhe in Ansichten der Romantik. Hrsg. von Ulrich Schmidt. Ausstellungskatalog. Staatliche Museen Kassel und Verwaltung der Staatlichen Schlösser und Gärten Hessen, Bad Homburg v. d. H. Kassel 1993

KATALOG KASSEL 1997
Herkules. Tugendheld und Herrscherideal. Das Herkules-Monument in Kassel-Wilhelmshöhe. Hrsg. von Christiane Lukatis und Hans Ottomeyer. Ausstellungskatalog. Staatliche Museen Kassel. Kassel 1997

KATALOG KASSEL 1999
Christiane Lukatis, Gerd Fenner und F. Carlo Schmid: Heinrich Christoph Jussow (1754-1825). Architekt. Katalog der Zeichnungen aus dem Besitz der Staatlichen Museen Kassel, der Verwaltung der Staatlichen Schlösser und Gärten Hessen, Bad Homburg v. d. H. und der Stiftung Preußische Schlösser und Gärten Berlin-Brandenburg, Potsdam. Hrsg. von den Staatlichen Museen Kassel und Hans Ottomeyer. CD-Rom. Kassel 1999

KATALOG LONDON 1996/1
Grand Tour. The Lure of Italy in the Eighteenth Century. Hrsg. von Andrew Wilton und Ilaria Bignamini. Ausstellungskatalog. Tate Gallery. London 1996

KATALOG LONDON 1996/2
Vases and Volcanoes. Sir William Hamilton and his Collection. Hrsg. von Ian Jenkins und Kim Sloan. Ausstellungskatalog. British Museum. London 1996

KATALOG MÜNCHEN 1980
Klassizismus in Bayern, Schwaben und Franken. Architekturzeichnungen 1775-1825 (Ausstellungskataloge der Architektursammlung der Technischen Universität München und des Münchner Stadtmuseums 3). Hrsg. von Winfried Nerdinger. München 1980

KATALOG MÜNCHEN 1990
Revolutionsarchitektur. Ein Aspekt der europäischen
Architektur um 1800. Hrsg. von Winfried Nerdinger, Klaus
Jan Philipp und Hans-Peter Schwarz. Ausstellungskatalog.
Deutsches Architekturmuseum Frankfurt a. M. und
Architekturmuseum der Technischen Universität München.
München 1990

KATALOG PARIS 1976
Piranèse et les Français. 1740-1790. Ausstellungskatalog.
Hrsg. von der Académie de France à Rome. Rom, Villa
Medici. Dijon, Palais des États de Bourgogne. Paris, Hôtel de
Sully. Rom/Dijon/Paris 1976

KATALOG PARIS 1979
Charles De Wailly. Peintre architecte dans l'europe des
lumières. Ausstellungskatalog. Caisse nationale des
monuments historiques et des sites. Paris 1979

KATALOG PARIS 1989
Les Architectes de la Liberté. 1789-1799. Ausstellungskatalog.
École nationale supérieure des Beaux-Arts Paris. Paris 1989

KATALOG ROM 1985
Roma antiqua. Envois des architectes français (1788-1924).
Forum, Colisée, Palatin. Ausstellungskatalog. Curie (Forum
romain) – Villa Médicis Rom. École nationale supérieure des
Beaux-Arts Paris. Rom/Paris 1985

KATALOG STUTTGART 1993
Von Bernini bis Piranesi. Römische Architekturzeichnungen
des Barock. Bearb. von Elisabeth Kieven. Ausstellungskatalog.
Stuttgarter Galerieverein e. V. und Graphische Sammlung
Staatsgalerie Stuttgart. Stuttgart 1993

KATALOG WIEN 1994
Ägyptomanie. Ägypten in der europäischen Kunst 1730-1930.
Die Sehnsucht Europas nach dem Land der Pharaonen. Zur
Begegnung von Orient und Okzident am Beispiel des Alten
Ägypten. Ausstellungskatalog. Kunsthistorisches Museum
Wien. Wien 1994

KATALOG WIEN 1997
Der Traum vom Glück. Die Kunst des Historismus in Europa.
Hrsg. von Hermann Fillitz. Ausstellungskatalog. Künstlerhaus
Wien und Akademie der Bildenden Künste in Wien. 2 Bde.
Wien 1997

KATALOG ZÜRICH 1982
Die Vase. Ausstellungskatalog. Kunstgewerbemuseum der
Stadt Zürich und Museum für Gestaltung. Zürich 1982

KEHN 1992
Wolfgang Kehn: Christian Cay Lorenz Hirschfeld 1742-1792.
Eine Biographie. Worms 1992

KEHN 1998
Wolfgang Kehn: Ethik und Ästhetik – Der Landschaftsgarten
um 1800 als Kunstwerk und als Lebensform am Beispiel des
Knyphausenschen Parks zu Lütetsburg in Ostfriesland. In:
Die Gartenkunst 10, 1998, Heft 1, S. 1-58

KEIM 1990
Christiane Keim: Städtebau in der Krise des Absolutismus.

Die Stadtplanungsprogramme der hessischen Residenzstädte
Kassel, Darmstadt und Wiesbaden zwischen 1760 und 1840
(Studien zur Kunst-und Kulturgeschichte, Bd 7. Heraus-
gegeben von Heinrich Klotz und Hans-Joachim Kunst).
Marburg 1990

KIEVEN 1993
Elisabeth Kieven: Römische Architekturzeichnungen des
Barock. In: Von Bernini bis Piranesi. Römische Architektur-
zeichnungen des Barock. Bearb. von Elisabeth Kieven.
Ausstellungskatalog. Stuttgarter Galerieverein e. V. und
Graphische Sammlung Staatsgalerie Stuttgart. Stuttgart 1993,
S. 9-32

KLEIN 1975
Jürgen Klein: Heinrich Christoph Jussow, Erbauer der
»Löwenburg« zu Kassel und die englische Neogotik. In:
architectura 1975, S. 138-169

KLEIN 1983
Jürgen Klein: England zwischen Aufklärung und Romantik.
Tübingen 1983

KNACKFUSS 1908
Hermann Knackfuß: Geschichte der Königlichen Kunstakademie zu Kassel. Aus den Akten der Akademie
zusammengestellt. Kassel 1908

KOPPELKAMM 1988
Stefan Koppelkamm: Künstliche Paradiese. Gewächshäuser
und Wintergärten des 19. Jahrhunderts. Berlin 1988

KORZUS 1998
Bernard Korzus. Neogotik im Altem Reich. Vortrags-
manuskript Münster 1998 (Druck in Vorbereitung)

KRAMM 1940
Helmut Kramm: Heinrich Christoph Jussow (1754-1825) /
Oberbaudirektor. In: Lebensbilder aus Kurhessen und
Waldeck 1830-1930. Hrsg. von Ingeborg Schnack (Veröffent-
lichungen der Historischen Kommission für Hessen und
Waldeck 20). Bd. 2. Marburg 1940, S. 219-235

KRUFT 1991
Hanno-Walter Kruft: Geschichte der Architekturtheorie.
3. Auflage. München 1991

KÜHN 1974
Hermann Kühn: Erhaltung und Pflege von Kunstwerken und
Antiquitäten mit Materialkunde und Einführung in
künstlerische Techniken. München 1974

LANCE 1872
Adolphe Etienne Lance: Dictionnaire des Architectes français.
Paris 1872

LANG 1950
Susanne Lang: The Early Publications of the Temples at
Paestum. In: Journal of the Warburg and Courtauld Institutes
13, 1950, S. 48-64

LANKHEIT 1979
Klaus Lankheit: Friedrich Weinbrenner und der
Denkmalskult um 1800 (Schriftenreihe des Instituts für

Geschichte und Theorie der Architektur an der ETH Zürich).
Basel/Stuttgart 1979

LEDOUX 1804
Claude-Nicolas Ledoux: L'Architecture considérée sous le
rapport de l'art, des mœurs et de la législation. Paris 1804

LEMONNIER 1911-29
Henry Lemonnier (Hrsg.): Procès-verbaux de l'Académie
Royale d'Architecture. Paris 1911-1929

LOBE 1837
G. A. Lobe: Wanderungen durch Cassel und die Umgegend.
Eine Skizze für Einheimische und Fremde. Kassel 1837

LOHR 1984
Siegfried Lohr: Planungen und Bauten des Kasseler Bau-
meisters Julius Eugen Ruhl 1796-1871. Ein Beitrag zur
Baugeschichte Kassels und Kurhessens im 19. Jahrhundert
(Kunst in Hessen und am Mittelrhein, Beiheft 23). Darmstadt
1984

LOSCH 1922
Philipp Losch: Geschichte des Kurfürstentums Hessen. 1803-
1866. Marburg 1922

LOSCH 1923
Philipp Losch: Kurfürst Wilhelm I., Landgraf von Hessen. Ein
Fürstenbild aus der Zopfzeit. Marburg 1923

LURZ 1993
Meinhold Lurz: Das Hessendenkmal. Vorgeschichte –
Entstehung – Wirkung. In: Archiv für Frankfurter Geschichte
und Kunst 62, 1993, S. 119-229

MCCARTHY 1987
Michael McCarthy: The Origins of the Gothic revival. New
Haven/London 1987

MEBES 1908
Paul Mebes: Um 1800. 2 Bde. München

MECK 1996
H. A. Meck: Die Synagoge. München 1996

MEEKS 1966
Carroll L. V. Meeks: Italian Architecture 1750 – 1914. New
Haven/London 1966

MELLINGHOFF/WATKIN 1989
Tilman Mellinghoff und David Watkin: Deutscher
Klassizismus. Architektur 1740-1840. Stuttgart 1989

MEMMESHEIMER 1969
Paul Artur Memmesheimer: Das klassizistische Grabmal. Eine
Typologie. masch. Diss. Bonn 1969

MIDDLETON/WATKIN 1977
Robin Middleton, David J. Watkin: Architektur der Neuzeit.
Mailand/Stuttgart 1977

MILLER 1997
Norbert Miller: Sizilianische Ansichten. In: Norbert Miller
und Claudia Nordhoff: Lehrreiche Nähe. Goethe und
Hackert. München/Wien 1997, S. 164-180

MITTIG 1987
Hans-Ernst Mittig: Das Denkmal. In: Kunst. Die Geschichte

ihrer Funktionen. Hrsg. von Werner Busch und Peter Schmoock. Weinheim/Berlin 1987, S. 457-489

MONTFAUCON 1722
Bernard de Montfaucon: L'Antiquité expliquée et représentée en figures. 10 Bde. Paris 1722

NORTEN 1986
Rainer Norten: Die Pantheonidee um 1800. Untersuchungen über das Auftreten der Rotunde in den alten und neuen Bauaufgaben im Zeitalter des Klassizismus in Deutschland. Diss. Berlin 1986

OSWALD 1988
Stefan Oswald: Deutsche Künstler in Rom: Künstlerrepublik und christlicher Kunstverein. In: Conrad Wiedemann (Hrsg.): Rom – Paris – London. Erfahrung und Selbsterfahrung deutscher Schriftsteller in fremden Metropolen. Ein Symposium (Germanistische Symposien. Berichtbände, Bd. 8). Stuttgart 1988, S. 260-273

OTTOMEYER 1981
Hans Ottomeyer: Das frühe Oeuvre Charles Perciers (1782-1800). Zu den Anfängen des Historismus in Frankreich. Altendorf 1981

PAETOW 1929
Karl Paetow: Klassizismus und Romantik auf Wilhelmshöhe. Kassel 1929

PALLADIO 1570
Andrea Palladio: I quattro libri dell'architettura. Venedig 1570

PAOLI 1784
Paolo Antonio Paoli: Paesti quod Posidoniam etiam dixere rudera/Rovine della Città de Pesto detta ancora Posidonia. Rom 1784

PARK WILHELMSHÖHE 1939
Der Park von Wilhelmshöhe. Hrsg. von den Staatlichen Schlössern und Gärten. 3. Auflage. Berlin 1939

PÉROUSE DE MONTCLOS 1984
Jean-Marie Pérouse de Montclos: »Le Prix de Rome«. Concours de l'Académie royale d'architecture au XVIIIe siècle. Paris 1984

PEYRE 1765
Marie-Joseph Peyre: Oeuvres d'Architecture. Paris 1765

PEYRE 1795
Marie-Joseph Peyre: Oeuvres d'Architecture. Supplément, composé d'un Discours sur les monuments des anciens. 2. Ausgabe. Paris 1795

PHILIPP 1990
Klaus Jan Philipp (Hrsg.): Revolutionsarchitektur. Klassische Beiträge zu einer unklassischen Architektur. Braunschweig/Wiesbaden 1990

PHILIPP 1997
Klaus Jan Philipp: Um 1800. Architekturtheorie und Architekturkritik in Deutschland zwischen 1790 und 1810. Stuttgart/London 1997

PIERCE 1967
James Smith Pierce: Architectural Drawings and the Intent of the Architect. In: Art Journal 27, 1967, S. 48-59

PIRANESI 1778
Giovanni Battista Piranesi: Vasi, candelabri, cippi, sarcophagi, tripodi ed ornamenti antichi [...]. 2 Bde. Rom 1778

QUATREMÈRE DE QUINCY 1836
Quatremère de Quincy: Eloge de l'architecte Chalgrulue [...] 5. octobre 1816. In: Recueil des notices historiques. Bd. 1. Paris 1836, S. 1-22

RÉAU 1928
Louis Réau: Histoire de l'expansion de l'art français. 4 Bde. Paris 1928

REUSS 1996
Jürgen von Reuß: Landschaftswahrnehmung außerhalb des Rahmens. In: 0 m – Der Beginn der Landschaft. Hrsg. von der Universität Gh Kassel, Fachbereiche Architektur, Stadt- und Landschaftsplanung. Kassel 1996, S. 24-28

REUTHER 1959
Hans Reuther: Heinrich Christoph Jussow (1754-1825). Ausstellung des Nachlasses des Künstlers im Hessischen Landesmuseum zu Kassel. In: Kunstchronik 12, 1959, S. 49-52

REUTHER/BERCKENHAGEN 1994
Hans Reuther und Ekhart Berckenhagen: Deutsche Architekturmodelle. Projekthilfe zwischen 1500 und 1900. Berlin 1994

RIEDL 1993
Wolfgang Riedl: Johann Christian Ruhl (1764-1842). Diss. Göttingen 1993

ROBELS 1974
Hella Robels: Sehnsucht nach Italien. Bilder deutscher Romantiker. München 1974

ROBERTS 1997
Jane Roberts: Royal Landscape. The Gardens and Parks of Windsor. Yale University Press 1997

RÖTTGEN 1982
Steffi Röttgen: Die Villa Albani und ihre Bauten (Forschungen zur Villa Albani. Antike Kunst und die Epoche der Aufklärung. Hrsg. von Herbert Beck und Peter C. Bol). Berlin 1982

ROSENAU 1960
Helen Rosenau: The Engravings of the Grand Prix of the French Académie of Architecture. In: Architectural History 3, 1960, S. 17-173

RÜFFER 1996
Michael Rüffer: Grand Tour – Die Reisen Leopolds III. Friedrich Franz von Anhalt-Dessau und Friedrich Wilhelm von Erdmannsdorffs. In: Weltbild Wörlitz. Entwurf einer Kulturlandschaft. Hrsg. von Frank-Andreas Bechtoldt und Thomas Weiss. Ausstellungskatalog. Deutsches Architekturmuseum Frankfurt a. M. Ostfildern-Ruit 1996, S. 117-130

RÜSCH 1998
Eckart Rüsch: David Gilly und Bohlendächer um 1800. In: Vom Schönen und Nützlichen. David Gilly (1748-1808). Ausstellungskatalog. Stiftung Preußische Schlösser und Gärten Berlin – Brandenburg. o. O. 1998, S. 42-45

SCAMOZZI 1615
Vincenzo Scamozzi: L'Idea della architettura universale. Venedig 1615

SCHARF 1984
Helmut Scharf: Kleine Kunstgeschichte des deutschen Denkmals. Darmstadt 1984

SCHEPERS 1978
Wolfgang Schepers: Zu den Anfängen des Stilpluralismus im Landschaftsgarten und dessen theoretischer Begründung in Deutschland. In: Michael Brix und Monika Steinhauser (Hrsg.): Geschichte allein ist zeitgemäß. Historismus in Deutschland. Gießen 1978, S. 73-92

SCHEPERS 1980
Wolfgang Schepers: Hirschfelds Theorie der Gartenkunst. Worms 1980

SCHLIPPE 1964
Joseph Schlippe: Burg Zähringen. In: Badische Heimat 44, 1964, S. 113-125

SCHMID 1998/1
F. Carlo Schmid: Naturansichten und Ideallandschaften. Die Landschaftsgraphik von Johann Christian Reinhart und seinem Umkreis. Berlin 1998

SCHMID 1998/2
F. Carlo Schmid: »...das Glück einen wahren Freund zu haben.« Anmerkungen zu den römischen Künstlerfreunden Johann Christian Reinhart, Albert Christoph Dies, Joseph Anton Koch und Johann August Nahl dem Jüngeren. In: Ars et Amicitia. Beiträge zum Thema Freundschaft in Geschichte, Kunst und Literatur. Festschrift für Martin Bircher zum 60. Geburtstag am 3. Juni 1998 (Chloe. Beiheft zum Daphnis, Bd. 28). Hrsg. von Ferdinand van Ingen und Christian Juranek. Amsterdam 1998, S. 623-643

SCHNATH 1956
Georg Schnath: Die Geschichte des Leineschlosses 1636-1943. In: Hannoversche Geschichtsblätter 9, 1956, S. 19-193

SCHUCHARD/CLAUSSEN 1985
Vergänglichkeit und Denkmal, Beiträge zur Sepulkralkultur. Hrsg. von Jutta Schuchard und Horst Claussen. Bonn 1985

SCHUCHARD/DITTSCHEID 1979
Jutta Schuchard und Hans-Christoph Dittscheid: Architektur und Gartenkunst. In: Aufklärung und Klassizismus in Hessen-Kassel unter Landgraf Friedrich II. 1760-1785. Ausstellungskatalog. Staatliche Kunstsammlungen Kassel. Kassel Orangerie. Kassel 1979, S. 76-85

SCHUDT 1959
Ludwig Schudt: Italienreisen im 17. und 18. Jahrhundert (Römische Forschungen der Bibliotheca Hertziana, Bd. 15). Wien/München 1959

SCHULZ 1998
Holger Schulz: Der frühromantisch-sentimentale Landschafts-park zu Riede. In: Die Gartenkunst 10, 1998, Heft 2, S. 243-259

SCKELL 1825 (1982)
Friedrich Ludwig von Sckell: Beiträge zur bildenden Gartenkunst für angehende Gartenkünstler und Garten-liebhaber. 2. Auflage. München 1825. Reprint Worms 1982

SEELIG 1998
Lorenz Seelig: Der Glücksburger Medaillenaufsatz des Heinrich Wilhelm Kompff – ein Geschenk Kurfürst Wilhelms I. von Hessen an seinen Bruder. In: Kasseler Silber. Hrsg. von Reiner Neuhaus und Ekkehard Schmidberger. Ausstellungs-katalog. Staatliche Museen Kassel. Kassel 1998, S. 164-173

SEESSELBERG 1919
Johannes Seeßelberg: Ein Kasseler Schloß-Projekt (1795). In: Hessenland 33, 1919, S. 159-160

SERLIO 1619
Sebastiano Serlio: Regole generali di architettura sopra le cinque maniere degli edifici [...]. Bd. III. Venedig 1619

SIEBURG 1985
Armin Sieburg: Burgen und Schlösser im Schwalm-Eder-Kreis (1). Burg Löwenstein und ihre Besitzer. In: Jahrbuch Schwalm-Eder-Kreis 11, 1985, S. 85-87

SIRÉN 1950
O. Sirén: China and Gardens of Europe. New York 1950

SKALECKI 1992
Liliane Skalecki: Das Reithaus. Untersuchungen zu einer Bauaufgabe im 17. bis 19. Jahrhundert. Hildesheim/Zürich/New York 1992

SPELER 1987
Ralf-Torsten Speler: Friedrich Wilhelm von Erdmannsdorf 1736-1800. Leben – Werk – Wirkung. In: Wörlitzer Hefte 2, 1987, S. 26-42

SPERLICH 1993
Martin Sperlich: Über das Gehen im Garten. In: Hermann Heckmann (Hrsg.): Berlin, Potsdam: Kunstlandschaft, Landeskultur, Bewahrung der Umwelt. Weimar/Köln/Wien 1993, S. 55-61

STEIN 1793
Johann Friedrich vom Stein: Nachricht von dem Denkmal welches auf Befehl seiner königlichen Majestät von Preussen Friedrich Wilhelm II. den am 2. December 1792 bei der Einnahme von Frankfurt gebliebenen Hessen errichtet worden ist. Frankfurt a. M. 1793

STEINER 1988
Ulrike Steiner: Voyages pittoresques in Italien. In: Hanno-Walter Kruft (Hrsg.): »vom Schönen gerührt...« Kunstliteratur des 17. und 18. Jahrhunderts aus Beständen der Bibliothek Oettingen-Wallerstein, Universität Augsburg. Nördlingen 1988, S. 43-47 und 94-99

STIEGLITZ 1792-98
Christian Ludwig Stieglitz: Encyklopädie der bürgerlichen Baukunst, in welcher alle Fächer dieser Kunst nach alphabetischer Ordnung abgehandelt sind. Ein Handbuch für Staatswirthe, Baumeister und Landwirthe. 5 Bde. Leipzig 1792-1798

STILLMAN 1988
Damie Stillman: English Neo-Classical Architecture. 2 Bde. (Studies in Architecture, Bd. XXVI). London 1988

STRIEDER 1781-1819
Friedrich Wilhelm Strieder: Grundlage zu einer Hessischen Gelehrten und Schriftsteller Geschichte seit der Reformation bis auf gegenwärtige Zeiten. 18 Bde. Göttingen u. a. 1781-1819

SZAMBIEN 1984
Werner Szambien: Jean-Nicolas-Louis Durand. 1760-1834. De l'imitation à la norme. Paris 1984

TEMPLE 1990
Nigel Temple: Das chinesische Dorf der Landgrafen von Hessen im Park von Wilhelmshöhe. In: Porzellan aus China und Japan. Die Porzellangalerie der Landgrafen von Hessen-Kassel. Ausstellungskatalog. Staatliche Kunstsammlungen Kassel. Berlin 1990, S. 87-106

TSCHIRA 1939
Arnold Tschira: Orangerien und Gewächshäuser. Ihre geschichtliche Entwicklung in Deutschland. Berlin 1939

TUZET 1955
Hélène Tuzet: La Sicile au XVIIIe siècle vue par les voyageurs étrangers. Straßburg 1955

ULLRICH 1989
Ruth-Maria Ullrich: Glas-Eisenarchitektur. Pflanzenhäuser des 19. Jahrhunderts. Worms 1989

VASARI 1878-85
Giorgio Vasari: Le Vite de' più eccellenti pittori scultori et architettori con nuove annotazioni e commenti di Gaetano Milanesi. 8 Bde. Florenz 1878-1885

VEHSE 1853 (1991)
Carl Eduard Vehse: Die Höfe zu Hessen. o. O. [Hamburg] 1853. Reprint Leipzig 1991

VOGEL 1956
Hans Vogel: Englische Kultureinflüsse am Kasseler Hof des späten 18. Jahrhunderts. In: Hessisches Jahrbuch für Landesgeschichte 6, 1956, S. 218-231

VOGT 1998
Christina Vogt: Herrenhäuser des 17. und 18. Jahrhunderts in Nordhessen. Windhausen. In: KulturMagazin 38, 1998, S. 10-14

WATT 1986
Teresa Watt: The Life and Work of Johann Heinrich Muntz, 1727-1798. Diss. Toronto 1986

WEIBEZAHN 1975
Ingrid Weibezahn: Geschichte und Funktion des Monopteros. Untersuchungen zu einem Gebäudetypus des Spätbarock und des Klassizismus. Hildesheim 1975

WEISS 1997
Thomas Weiss: Travel Notes of Friedrich Wilhelm von Erdmannsdorf from the Year 1764. In: For The Friends of Nature and Art. The Garden Kingdom of Prince Franz von Anhalt-Dessau in the Age of Enlightenment. Dessau-Wörlitz 1997, S. 30-73

WESTFEHLING 1977
Uwe Westfehling: Triumphbogen im 19. und 20. Jahrhundert. Passau 1977

WILTON-ELY 1994
John Wilton-Ely: Giovanni Battista Piranesi. The Complete Etchings. 2 Bde. San Francisco 1994

WITTKOWER 1974
Rudolf Wittkower: Palladio and English Palladianism. London 1974

WOLFF 1899
Aus der Selbstbiographie von Johann Heinrich Wolff, Architekt und Professor in Kassel (1792-1869). In: Hessenland 13, 1899, S. 228-230, 244-246, 261-263, 274-275

WOLTER 1991
Bettina-Martine Wolter: Deutsche Palastbaukunst 1750-1850. Theorie – Entwurf – Baupraxis. Braunschweig 1991

WOOD 1765
John Wood: Description of Bath. 1765

WORSLEY 1988
Giles Worsley: Alnwick Castle, Northumberland 11. The 18th Century Restoration. In: Country Life, 8.12.1988

YERBURY 1926
F. R. Yerbury: Englische Baukunst um 1800. Berlin 1926

ZEHNPFENNIG 1988
Marianne Zehnpfennig: Die Studien- und Ausbildungszeit von G. L. F. Laves. In: Vom Schloß zum Bahnhof. Bauen in Hannover. Zum 200. Geburtstag des Hofarchitekten G. L. F. Laves 1788-1864. Hrsg. von Harold Hammer-Schenk und Günther Kokkelink. Ausstellungskatalog. Institut für Bau- und Kunstgeschichte der Universität Hannover und Historisches Museum. Hannover 1988, S. 117-138

ZEHNPFENNIG 1990
Marianne Zehnpfennig: Architektenausbildung um 1800 – Das Beispiel der Akademie in Kassel. In: Revolutions-architektur. Ein Aspekt der europäischen Architektur um 1800. Hrsg. von Winfried Nerdinger, Klaus Jan Philipp und Hans-Peter Schwarz. Ausstellungskatalog. Deutsches Archi-tekturmuseum Frankfurt a. M. und Architekturmuseum der Technischen Universität München. München 1990, S. 60-68

ZIMMERMANN 1989
Reinhard Zimmermann: Künstliche Ruinen. Studien zu ihrer Bedeutung und Form. Wiesbaden 1989

Personenindex

BILDNACHWEIS

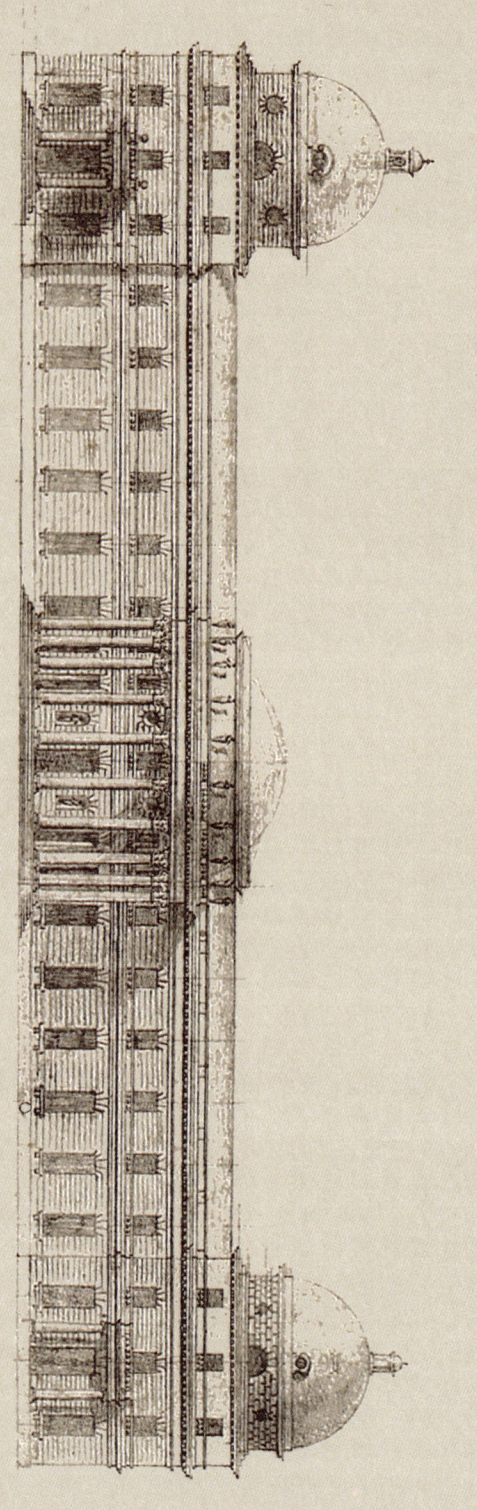

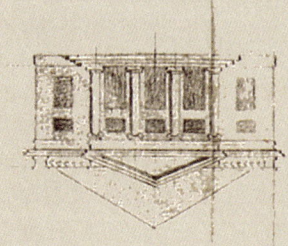